ENGLISH G

LIGHTHOUSE

Handreichungen für den Unterricht

mit Kopiervorlagen und
methodisch-didaktischem Glossar

5

Cornelsen

English G · Lighthouse · Band 5

Handreichungen für den Unterricht

Erarbeitet von:
Martin Bastkowski, Schellerten
Eugen Blumenstock, Loßburg
Annette Bondzio-Abbit, Bielefeld
Hartmut Bondzio, Bielefeld
Uwe Chormann, Einselthum
Martina Schroeder, Stedtlingen
Udo Wagner, Voerde

sowie
Wolfgang Biederstädt, Köln (Vorwort)

Redaktion:
Klaus Unger (Projektleitung);
Kathrin Spiegelberg; Cornelia Frisse, Franziska Gross
sowie beratend: Olivia Wintgens, Mara Leibowitz
freie Mitarbeit: Lena Posingies

Titelbild:
Shutterstock/Ralph Loesche (s. a. S. 15)

Bildquellen:
Shutterstock (S. 31: fire danger sign: Istimages;
S. 204 coat of arms of Australia: Alexander Zavadsky)
(alle anderen Bildquellen befinden sich direkt auf den Kopiervorlagen)

Umschlaggestaltung:
Cornelsen Schulverlage Design unter Verwendung der Entwürfe von Klein & Halm Grafikdesign, Berlin, und kleiner & bold, Berlin

Layoutkonzept (Inhalt):
Cornelsen Schulverlage

Layoutkonzept (Concept maps):
Yvonne Thron (designcollective), Berlin

Layoutkonzept (Kopiervorlagen):
zweiband media, Agentur für Mediengestaltung und -produktion GmbH, Berlin

Layout und technische Umsetzung:
le-tex publishing services GmbH, Leipzig
Yvonne Thron (designcollective), Berlin (Concept Maps)
zweiband media, Agentur für Mediengestaltung und -produktion GmbH, Berlin: Sabine Theuring (Kopiervorlagen)

www.cornelsen.de

1. Auflage, 1. Druck 2016

Alle Drucke dieser Auflage sind inhaltlich unverändert und können im Unterricht nebeneinander verwendet werden.

Druck: H. Heenemann, Berlin

ISBN 978-3-06-032722-5

PEFC zertifiziert
Dieses Produkt stammt aus nachhaltig bewirtschafteten Wäldern und kontrollierten Quellen.
www.pefc.de
PEFC/04-31-1156

Inhalt

Vorwort

Kommentar zum Schülerbuch

Vorwort

1 Einleitung

Angesichts einer sich stets verändernden Schullandschaft in Deutschland lösen sich die Grenzen zwischen den herkömmlichen Schulformen in zunehmendem Maße auf. Veränderte schulpolitische Zielvorstellungen, demographische Veränderungen und sich veränderndes Wahlverhalten vieler Eltern stellen Schulen und vor allem die Lehrkräfte in Bezug auf die Weiterentwicklung des Unterrichts vor wachsende Herausforderungen. Traditionelle Schulformen werden aufgelöst, erweitert oder umbenannt, so dass es zusätzlich zu Haupt-, Real- und Gesamtschulen eine Fülle neuer mittlerer Schulformen gibt, die in den einzelnen Bundesländern unterschiedliche Namen tragen. Ob Gemeinschaftsschulen, Mittelschulen, Oberschulen, Realschulen Plus, Regelschulen, Regionale Schulen, Sekundarschulen oder Stadtteilschulen – allen ist gemein, dass sie eine größere Bandbreite an Schülerprofilen unter einem Dach versammeln und in hohem Maße die Heterogenität der Schülerschaft abbilden. Für diese Fülle von Schulformen wurde das Lehrwerk English G LIGHTHOUSE konzipiert.

2 Zielgruppe

Das Lehrwerk English G LIGHTHOUSE richtet sich an Schülerinnen und Schüler (im Folgenden: S), die in all den oben erwähnten Schulformen länger gemeinsam lernen sollen.

Die Zielgruppe umfasst im Wesentlichen
- S mit Hauptschulprofilen,
- S mit Realschulprofilen,
- S an kooperativen wie integrierten Gesamtschulen,
- S, die auch gymnasialen Ansprüchen gerecht werden können,
- S mit sonderpädagogischem Förderbedarf, die in zunehmendem Maße Regelschulen besuchen.

English G LIGHTHOUSE bietet die Möglichkeit, schwächeren Lernern genauso gerecht zu werden wie stärkeren. Im Zentrum steht die individuelle Förderung und die Wahrnehmung und Wertschätzung von Heterogenität. Individualisierung und Differenzierung, Arbeit in Projekten und an Lernaufgaben, Methodencurriculum, veränderte Leistungsbewertung sowie eine gezielte Diagnose- und Feedback-Kultur setzen ein verändertes Verständnis der Lehrerrolle voraus. Um auf diese hohen Ansprüche angemessen reagieren zu können, bietet das Lehrwerk English G LIGHTHOUSE mit seinen wesentlichen Bestandteilen ein vielfältiges, aufeinander abgestimmtes und nachhaltiges Unterstützungssystem.

Das Lehrwerk English G LIGHTHOUSE ist so konzipiert, dass es auch in heterogener werdenden Klassen bzw. Lerngruppen als zentrale einbändige Ausgabe verwendet werden kann. Die Schulen, die sich dem längeren gemeinsamen Lernen verpflichtet haben, können mit English G LIGHTHOUSE nicht nur schwächere und langsamer lernende S fordern und fördern, sondern auch die gymnasialorientierten. Wie in den ersten vier Bänden des Lehrwerks wird auch in Band 5 grundsätzlich auf drei Kompetenzniveaus differenziert. Für die besonders lernstarken S gibt es unter der Bezeichnung *More challenge* zusätzlich eine vierte Anspruchsebene, sodass diese Zielgruppe langfristig wirksam auf den Übergang in die gymnasiale Oberstufe vorbereitet wird.

Diejenigen Schulen, die ab der Klasse 7 eine äußere Differenzierung vornehmen, können aus mehreren Optionen auswählen. Möchten diese Schulen weiterhin English G LIGHTHOUSE benutzen, ist es denkbar, mit den S des Grundkurses die Aufgaben, Texte und

Übungen auf dem leichten und mittleren Kompetenzniveau bearbeiten zu lassen, während in Lerngruppen des Erweiterungskurses die anspruchsvolleren Aufgaben bewältigt werden müssen.

Daneben kann die äußere Differenzierung auch mit zwei Ausgaben aus der English-G-LIGHT-Familie umgesetzt werden, zu der neben English G LIGHTHOUSE noch das (weniger fordernde) Lehrwerk English G HIGHLIGHT (z. B. für den Grundkurs) und das (stärker fordernde) Lehrwerk English G HEADLIGHT (z. B. für den Erweiterungskurs) gehören.

Je nach der spezifischen Situation an der Schule können Lehrkräfte neben English G LIGHTHOUSE auch mit einer der beiden anderen Ausgaben arbeiten. Diese Kombinierbarkeit und Durchlässigkeit wird erreicht durch
- gleiche Themen, gleiche inhaltliche Schwerpunkte sowie gleiche bzw. ähnliche Akteure,
- einen parallelen Einstieg und Unit-Aufbau,
- gleiche Aufgabenformate („Alle machen das Gleiche, aber nicht dasselbe."),
- die gleiche systemische Differenzierung, die die Schülerbücher und sämtliche Begleitmedien umfasst,
- die gleichen Kerngrammatikschwerpunkte,
- das abgestimmte Training der kommunikativen und methodischen Kompetenzen,
- ein vielfältiges Übungsangebot,
- dieselben Filme, jedoch mit unterschiedlichen Aufgaben,
- vergleichbare, aber unterschiedlich anspruchsvolle Hörtexte und insbesondere unterschiedlich anspruchsvolle Aufgaben,
- die *More challenge*-Angebote in den beiden Lehrwerksausgaben English G LIGHTHOUSE und English G HEADLIGHT.

Die vielfältigen Parallelen in Aufbau, Themen und Struktur ermöglichen es den S, auch bei der Arbeit mit unterschiedlichen Ausgaben jederzeit von einem Kurs in den anderen zu wechseln.

3 Methodisch-didaktische Leitlinien

3.1 Kompetenzorientierung

Der Englischunterricht verändert sich seit einigen Jahren in vielerlei Hinsicht, ausgelöst durch die Überlegungen der Europäischen Kommission zum lebenslangen Lernen, durch die Ergebnisse verschiedener Bildungsuntersuchungen und nicht zuletzt durch den Gemeinsamen Europäischen Referenzrahmen und die Bildungsstandards der Kultusministerkonferenz. Der Paradigmenwechsel hat zu einer klaren Output-Orientierung und zu kompetenzorientierten Curricula geführt. Im Mittelpunkt aller Überlegungen stehen Kompetenzen, also „die bei Individuen verfügbaren oder durch sie erlernbaren kognitiven Fähigkeiten und Fertigkeiten, um bestimmte Probleme zu lösen, sowie die damit verbundenen [...] Bereitschaften und Fähigkeiten, um die Problemlösungen in variablen Situationen erfolgreich und verantwortungsvoll nutzen zu können." (Weinert, 2001)

Die fremdsprachliche Kompetenz bzw. Diskursfähigkeit der S drückt sich darin aus,
- wie gut kommunikative Situationen bewältigt werden (Schüler-, Handlungs- und Erfahrungsorientierung),
- wie gut Texte unterschiedlicher Art verstanden werden (Verstehenskompetenz),
- wie gut sie selbst adressatengerechte Texte verfassen können,
- wie sehr ihre Fähigkeit ausgeprägt ist, grammatische Strukturen korrekt aufzubauen, anzuwenden und bei Bedarf zu korrigieren (Fähigkeit und Wissen),
- wie sehr Bereitschaft und Motivation vorhanden sind, sich offen und akzeptierend mit anderen Kulturen auseinander zu setzen.

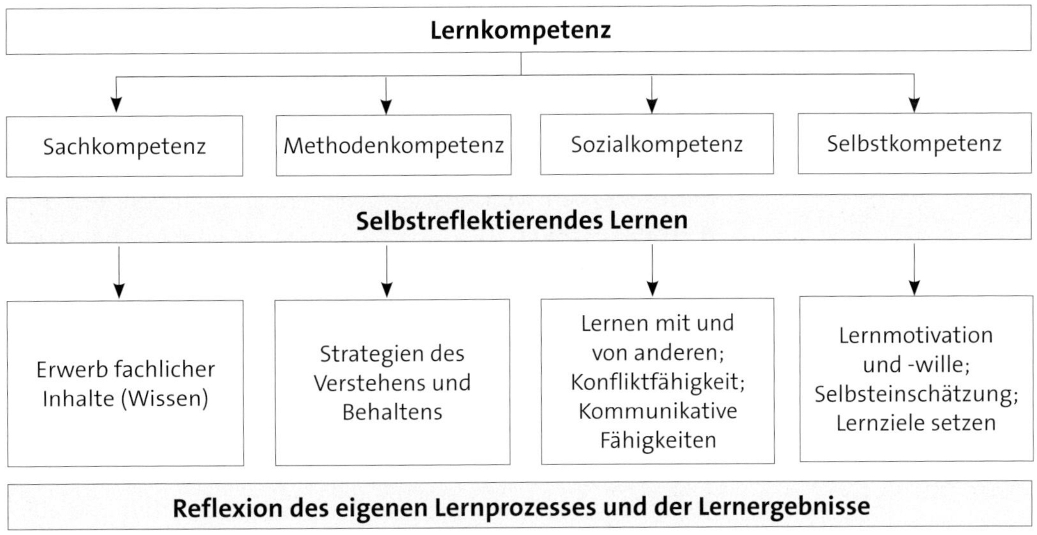

Grundlegendes Prinzip der Kompetenzschulung mit English G LIGHTHOUSE ist der kumulative und nachhaltige Aufbau aller Kompetenzen von Beginn an. Während in den ersten vier Bänden die kommunikativen Kompetenzen im Anschluss an den Haupttext der Unit geschult wurden, sind sie nun überwiegend in die jeweiligen *Themes (1–3)* integriert. Die Kompetenzen der Lernenden im Lesen, Hören und Schreiben sind in dieser Jahrgangsstufe weit genug entwickelt, um sie im Kontext der Aufgaben, die sich aus dem *Themes* ergeben, anwenden zu lassen.

Kam der Entwicklung der Mündlichkeit im Lehrwerk English G LIGHTHOUSE von Anfang an besondere Bedeutung zu, steht sie in Band 5 im Mittelpunkt der Kompetenzschulung. Nachdem es in Band 3 einen *Writing course* und in Band 4 einen *Reading course* gab, wird in Band 5 das dialogische und monologische Sprechen im Rahmen eines strukturierten *Speaking course* intensiv geschult. Das Spektrum reicht von der gelungenen Präsentation (Unit 1) über gängige Regeln für Gespräche mit Menschen aus anderen Kulturkreisen (Unit 2) bis hin zum überzeugenden Auftritt in Jobinterviews (Unit 3) und zur aktiven Teilnahme an Diskussionen (Unit 4).

Unterstützt wird die Schulung der Sprechkompetenz durch mehrteilige Filmszenen, die in jeder Unit in den *Speaking course* integriert sind. Diese so genannten *functional films* sind motivierend und bieten den Lernenden Gelegenheit zu erkennen, worauf es beim jeweiligen *Speaking*-Schwerpunkt ankommt. Zur Festigung und Anwendung schließt sich an jeden Teil des *Speaking course* eine komplexe Lernaufgabe an.

Soweit möglich, greift English G LIGHTHOUSE neurowissenschaftliche Erkenntnisse in Bezug auf das Lernen allgemein und auf das Erlernen der Fremdsprache auf und setzt sie lernerfreundlich um. „Die Gehirnforschung lehrt ..., dass das Allgemeine an Beispielen gelernt wird und gerade nicht durch das Auswendiglernen von Regeln." (Spitzer, 2011)

Lernen funktioniert optimal, wenn der zu lernende Stoff eine Bedeutung für die S hat (Anwendungsorientierung). English G LIGHTHOUSE bietet dazu viele Lerngelegenheiten. Die Lernenden setzen sich aktiv mit der Fremdsprache auseinander und sind emotional eingebunden. Aufgaben zum entdeckenden, selbstständigen und selbstbestimmten Lernen (z. B. YOUR TASK) vermitteln das Gefühl, etwas zu können, was vorher noch nicht gewusst oder gekonnt wurde.

Den Kerngedanken des methodisch-didaktischen Konzeptes des Lehrwerks English G LIGHTHOUSE bilden vielfältige Möglichkeiten und Angebote zur Differenzierung und Individualisierung. Nach der gemeinsamen Erarbeitung neuer Lerninhalte werden durch dif-

ferenzierende Maßnahmen unterschiedliche Lernwege möglich. Dabei ist der Grundgedanke, „jedem Lerner das zukommen zu lassen, was ihn voranbringt. Das sind
1. ein hohes Maß an Zuwendung und Aufmerksamkeit,
2. erfreuliche und beflügelnde soziale Beziehungen,
3. die Lernhilfen und -anregungen, die ihn bei seinem jeweils aktuellen Lernstand voranbringen und nicht blockieren.“ (Bönsch, 2011)

3.2 Vermittlung grammatischer Strukturen

Ob eine Sache gelingt, erfährt man nicht, wenn man darüber nachdenkt, sondern wenn man sie ausprobiert. Der Hirnforscher Manfred Spitzer sagt, „Gehirne sind Regelextraktionsmaschinen“ (Spitzer, 2002). Sie sind nicht darauf ausgelegt, einzelne Wissenselemente wie Ereignisse oder Fakten zu speichern. Das menschliche Gehirn als Informationsverarbeitungssystem merkt sich nur bedeutsame Einzelheiten. Allgemeines, Regeln, Muster und Zusammenhänge, die immer wieder vorkommen, werden gelernt. Kinder lernen dadurch sprechen, dass sie viele Beispiele verarbeiten und aus diesen Beispielen die Grammatikregeln selbst produzieren. Dazu sind viele Lernerfahrungen notwendig, die langsam die Synapsenstärken verändern. Dabei können Regeln, die auf unterschiedliche Art und Weise vermittelt werden, den Lernprozess unterstützen und reflektierend verfestigen, jedoch nicht ersetzen.

Es gibt zahlreiche Theorien und Untersuchungen zum Fremdsprachenerwerb, jedoch keine eindeutigen Ergebnisse. Als Zwischenergebnis kann festgehalten werden, dass Grammatikunterricht den S in einem gewissen Umfang beim Spracherwerb helfen kann. Als ein wichtiges Prinzip des kommunikativen Spracherwerbs gilt *message before accuracy* (Keßler/Plesser, 2011). Werner Bleyhl weist darauf hin, dass alle Lerner zwangsläufig Phasen von Entwicklungsfehlern durchlaufen. „Gelernte grammatische Konstruktionen, wie intensiv sie auch geübt worden sind, werden nur dann produktiv, wenn sie der augenblicklich anstehenden Stufe entsprechen. Andernfalls wird das Gelernte relativ schnell wieder vergessen.“ (Bleyhl, 2009) Diese Erkenntnisse der Hirnforschung sowie der Spracherwerbsforschung spielen im Lehrwerk English G LIGHTHOUSE eine große Rolle.

Jeremy Harmer (2007) hat ein Modell von drei Phasen für die Vermittlung von Sprache im Fremdsprachenunterricht entwickelt. Die erste Phase, *engage*, weckt das Interesse der Lernenden mithilfe von Bildern, Gesprächen, Geschichten, Spielen, Musik, *activities*, einfachen *tasks* etc. Die dafür notwendige Sprache wird situations- und textangemessen präsentiert und reproduktiv gebraucht, ohne dass neue grammatische Strukturen bewusst gemacht werden. Die Inhalte dominieren, die S sollen in die Sprache eintauchen. Diese Phase findet sich in den Units von English G LIGHTHOUSE auf den Auftaktseiten, dem *Lead-in*, sowie auf den *Theme*-Seiten. Der integrative Grammatikansatz des Lehrwerkes in diesen Unitteilen entspricht nicht nur neueren neurobiologischen Erkenntnissen, sondern kommt vor allem S mit geringerem Abstraktionsvermögen zugute.

In der zweiten Phase, *study*, geht es um das System der englischen Sprache, um das Erkennen von Gesetzmäßigkeiten und das Bewusstmachen von Regeln. Auf den Seiten *Focus on language* erkennen die S im Rahmen des entdeckenden Lernens einfache Regeln, formulieren sie nach Möglichkeit selbstständig und überprüfen sie mithilfe des *Language file*.
Im Lehrwerk English G LIGHTHOUSE stehen sogenannte Hauptstrukturen *(main structures)* aufgrund ihrer Bedeutung bei der Vermittlung grammatischer Strukturen im Mittelpunkt einer Unit. Daneben gibt es weniger zentrale Strukturen *(minor structures)* sowie Aspekte, die nur lexikalisch behandelt werden. Bei der Vermittlung und Wiederholung wichtiger Strukturen wird darauf geachtet, dass es nicht zu einer Häufung von Schwierigkeiten kommt. Die Phase der gelenkten Übungen und selbstständigen Anwendung, die Harmer als *activate* bezeichnet, schließt sich an und wird auf den Seiten *Stop! Check! Go!* ausgeweitet.

3.3 Systemische Differenzierung und individuelle Förderung im Lehrwerk English G LIGHTHOUSE

Das gemeinsame Lernen von S mit unterschiedlichen Lernvoraussetzungen und Begabungsprofilen in heterogenen Klassen oder Lerngruppen stellt eine große Herausforderung dar. Differenzierende Lern- und Übungsangebote, die sich an unterschiedlichen Leistungsvermögen orientieren, sollen Erfolgserlebnisse und Lernfortschritte ermöglichen, die sich positiv auf Motivation, Persönlichkeit und Lernverhalten der Lernenden auswirken. Die S sollen miteinander, aber auch voneinander lernen und sich mit ihren unterschiedlichen Stärken gegenseitig anregen und helfen. Durch unterschiedliche Lehr- und Lernarrangements gelangen sie auf unterschiedlichen Wegen zu gleichen, aber in Bezug auf Komplexität und Kompetenzniveau auch zu unterschiedlichen Ergebnissen. Eine innere Differenzierung im Unterricht ist daher unumgänglich.

Wodurch unterscheiden sich Lerner?
- Alter und Reife,
- sozialer Hintergrund,
- (inter)kultureller Hintergrund,
- muttersprachliche Kompetenz,
- intellektuelles Leistungsvermögen,
- Lerntempo, Arbeitsstil und Festigungsbedarf,
- Interessen und Bedürfnisse,
- Vorerfahrungen und Vorkenntnisse,
- Arbeitshaltung und Selbstkonzept,
- Bereitschaft und Fähigkeit zur Reflexion und Selbstständigkeit,
- soziale Kompetenz.

Das Lehrwerk English G LIGHTHOUSE mit seinen zentralen Bestandteilen – dem Schülerbuch, dem *Workbook*, den Interaktiven Übungen, den differenzierenden Vorschlägen zur Leistungsmessung sowie den Materialien zum Differenzieren | Fördern | Fordern und zum inklusiven Unterricht – bietet ein umfangreiches und aufeinander abgestimmtes Gesamtsystem, das einer großen Spanne an Leistungsprofilen auf Seiten der S gerecht wird. Neben unterschiedlich anspruchsvollen Aufgaben wird eine soziale, methodische, qualitative, quantitative und interessengeleitete Differenzierung ermöglicht. Zusätzlich zu diesen Vorschlägen finden sich immer wieder konkrete Tipps zu weiteren Differenzierungsmaßnahmen in den Handreichungen für den Unterricht. Es werden methodische, sprachliche und inhaltliche Hinweise für schwächere wie für stärkere S gegeben.

Die Differenzierung spielt in einem Schülerbuch für heterogene Lerngruppen eine zentrale Rolle. Das Ziel ist es, allen Lernniveaus mit diesem einen Schülerbuch gerecht zu werden, Aufgaben anzubieten, die die leistungsschwächeren S fördern und die leistungsstärkeren S fordern. Daher bieten Schülerbuch, *Workbook*, Förder- und Fordermaterialien sowie die differenzierenden Vorschläge zur Leistungsmessung Übungen und Aufgaben auf drei unterschiedlichen Niveaus an (leicht, mittel, schwer), wobei es eine gesonderte Kennzeichnung von leichteren und schwierigeren Übungen und Aufgaben gibt.
Leichtere Übungen sind im Schülerbuch und *Workbook* mit einem offenen Kreis gekennzeichnet, schwierige mit einem geschlossenen Kreis. Übungen und Aufgaben ohne besondere Kennzeichnung werden als normal eingestuft.

3.3.1 Zehn Tipps zur Differenzierung im Klassenzimmer

English G LIGHTHOUSE bietet eine gute Materiallage, um den Aufwand zum angemessenen und vielfältigen Differenzieren für Lehrkräfte möglichst gering zu halten.
Wichtig ist, dass die Lernenden möglichst selbstständig ihren Voraussetzungen und Bedürfnissen entsprechend arbeiten können. Soziales und fachliches Lernen ergänzen sich dabei sinnvoll. So wird erreicht, dass alle im Gespräch bleiben, es stets ein Ergebnis für

jeden gibt und sich keiner blamiert. Von zielgleichen und zieldifferenten Aufgaben, die zur Wahl stehen, profitieren alle S.

Im differenzierenden Unterricht sollten Lehrkräfte diese Hinweise beachten:
- Schwächere und stärkere S arbeiten für eine bestimmte Zeit zusammen.
- S werden gezielt in Helfersysteme eingebunden.
- Insbesondere schwächere S brauchen Routinen.
- Alle S werden angesprochen, alle sollen sich beteiligen können.
- Lehrkräfte sollen Geduld üben und Antworten in Ruhe abwarten.
- Übungssequenzen, die vom Einfachen zum Schwierigeren führen, werden bevorzugt.
- S brauchen Wahlmöglichkeiten.
- S bekommen unterschiedlich viel Zeit zur Bearbeitung von Aufgaben.
- Komplexere Lernaufgaben lassen alle S auf ihrem Niveau mitarbeiten.
- *Activity corners* bieten Möglichkeiten für schnellere Lerner *(fast finishers)*.

3.3.2 Differenzierung im Schülerbuch English G LIGHTHOUSE 5

Das Schülerbuch English G LIGHTHOUSE bietet eine Fülle unterschiedlicher Möglichkeiten zur Differenzierung und zum individuellen Fördern: Die große Vielfalt an Aufgaben und Sozialformen berücksichtigt unterschiedliche Lernniveaus, Begabungen, Interessen, Lerntypen und soziale Hintergründe. Darüber hinaus bietet English G LIGHTHOUSE ein umfassendes Differenzierungskonzept, das hier genauer dargestellt wird.

//● p.113

- **Parallelaufgaben**

Parallelaufgaben ermöglichen eine zeitgleiche Arbeit an unterschiedlich schwierigen, geschlossenen Übungen, die zur gleichen Lösung führen. Die leichtere Aufgabe befindet sich vorn in der Unit selbst und die schwierigere hinten in der *Diff bank* (SB-Seiten 98–141). Dieses Differenzierungsprinzip bietet im Unterricht ein großes Maß an Flexibilität. Die S entscheiden selbst, auf welchem Niveau sie eine Aufgabe lösen möchten. Benötigen sie konkrete Hilfen und eine stärkere Lenkung für ihren Lösungsweg, bieten sich die Aufgaben in der Unit an. Es ist denkbar, dass die leichteren oder anspruchsvolleren Aufgaben, die sich in der *Diff bank* im Anhang befinden, den Lernern zugewiesen werden. Es ist ebenso vorstellbar, dass zunächst alle S mit der schwierigeren Aufgabe hinten im Buch beginnen. Sollte sich eine Aufgabe als zu anspruchsvoll erweisen, stehen die Hilfen vorn im Buch zur Verfügung. Insbesondere im Anfangsunterricht und in der Phase der Routinebildung bei diesem Übungstyp erscheint eine Zuweisung durch die Lehrkraft durchaus sinnvoll.

More help p.102

- ***More help*-Aufgaben**

Für offene, kommunikative Aufgabenformen, die von den S eine komplexere Sprech- oder Schreibleistung verlangen, gibt es das Aufgabenformat *More help,* das sprachliche, aber auch inhaltliche Hilfen bei der Lösung dieser Aufgaben bietet. Alle S können zunächst versuchen, vorn in der Unit die schwierigere Aufgabe zu lösen. Wenn sich ihnen Probleme stellen, können die S in die *Diff bank* gehen, wo sie vielfältige Anregungen finden, die ein selbstständiges Weiterarbeiten ermöglichen.

More practice 1 p.107

- ***More practice*-Aufgaben**

Zur Vertiefung und quantitativen Differenzierung gibt es unter der Überschrift *More practice* in der *Diff bank* ein weiteres Übungsangebot. Sollten die S weiteren Übungsbedarf haben, wird auf der Unit-Seite vorn auf das Angebot in der *Diff bank* verwiesen, wo ähnliche Übungen versammelt sind, die hinreichend Gelegenheit bieten, eine bestimmte Struktur oder ein bestimmtes sprachliches Phänomen vertiefend zu üben.

- ***More challenge*-Angebot**

Mit Beginn des 9. Schuljahrs geht es nicht nur um die S, die die Schule am Ende des Jahres mit dem Ersten Allgemeinen Schulabschluss verlassen, sondern verstärkt auch um die S, die nach dem 10. Schuljahr in die gymnasiale Oberstufe wechseln. Daher wird das Angebot an diese S-Klientel in Band 5 noch einmal erweitert:

More challenge 1 p.121

- ***More challenge*-Aufgaben**

Zum einen gibt es die bereits aus den Vorgängerbänden bekannten *More challenge*-Aufgaben. Diese Aufgaben stellen eine besondere Herausforderung dar: Sie sind grundsätzlich offener und anspruchsvoller angelegt als mit *hard* gekennzeichnete Aufgaben. Sie erfordern höhere Denk- und Verstehensleistungen und kommen dem Lerneifer dieser Zielgruppe nicht nur besonders entgegen, sondern bereiten sie auch langfristig auf die Anforderungen der gymnasialen Oberstufe vor. Ziel dieser Aufgaben ist es, die kommunikativen Kompetenzen allgemein zu stärken. Es geht ausdrücklich um selbstständigeres freies, kreatives Schreiben, um das Lesen anspruchsvollerer Texte sowie um die Vermittlung spezieller grammatischer Strukturen. Wenn sich beispielsweise die gesamte Lerngruppe Basiswissen zur indirekten Rede erarbeitet, wird bei den *More challenge*-Aufgaben der *backshift of tenses* vertieft und auf andere Zeiten erweitert. Die *More challenge*-Aufgaben befinden sich in der Regel in der *Diff bank* im Anhang des Schülerbuchs und sind dort farblich hervorgehoben.

- **doppelseitige *More challenge*-Module**

Zusätzlich dazu finden gymnasial-orientierte S in Band 5 nach jeder Unit auf zwei Seiten fordernde Materialien und vielfältige Aufgaben. Hier werden die kommunikativen Kompetenzen vertieft, der Wortschatz ausgeweitet und komplexere grammatische Strukturen eingeführt und angewendet. In *More challenge 1* (nach Unit 1) geht es um das Verständnis englischer Idiome, *More challenge 2* (nach Unit 2) vertieft anhand des Themas Behinderung die *participle clause*, im dritten Modul (nach Unit 3) stehen *creative writing* und *question tags* im Mittelpunkt, und Modul 4 (nach Unit 4) befasst sich mit *street art* und Filmrezensionen.
Im differenzierenden Unterricht bietet es sich an, dass die Regel-S Aufgaben aus dem Bereich *Stop! Check! Go!* bearbeiten, während sich Lernende mit Gymnasialprofil den *More challenge*-Modulen widmen. Um die beiden unterschiedlichen Profilgruppen wieder zusammenzuführen, empfiehlt es sich, besonders interessante Ergebnisse präsentieren zu lassen. Hierfür bieten sich verschiedene Formate und Methoden an – von der klassischen Präsentation vor der Klasse über Ratespiele und Ausstellungen bis hin zu *slide shows* oder *class blogs*. Als Plattformen für die Produkte der S eignen sich u.a. https://threering.com, http://kidblog.org/home/ oder https://edublogs.org.

Grundsätzlich ist es im Sinne der Motivation der stärkeren S ratsam, das *More challenge*-Angebot als alternative Lerngelegenheit zu nutzen, und nicht so sehr als zusätzliche Anforderung nach Bewältigung der Basisaufgaben.

- **Differenzierung durch zwei Versionen des narrativen Haupttextes**

Angesichts der Tatsache, dass die auf authentischen Vorlagen fußenden Haupttexte der vier Units für die schwächeren S zu lang oder zu komplex sein können, lesen und bearbeiten diese Lernenden im Anhang des Buches eine leichtere Variante des Textes mit entsprechend leichteren Aufgaben. Auf diese Weise werden diese S auch gezielt und langfristig auf die Abschlussprüfungen vorbereitet, die ihrem Lernniveau entsprechen.

- **Aufgaben mit der Aufforderung *'as many as you can'***

Mit dem Appell *as many as you can* werden leistungsstärkere S angeregt, bei bestimmten Aufgaben soviel wie möglich zu sagen oder zu schreiben. Entscheidend ist, dass alle vor derselben Aufgabe stehen; der Wettbewerbscharakter kann motivierende Wirkung zeigen.

- ***Info-gap activities***

Bei *Info-gap activities* arbeiten die S in Partnerarbeit an zwei unterschiedlichen Stellen im Schülerbuch und verfügen über unterschiedliche Informationen, sodass eine reale Austauschsituation entsteht. Es kann dabei auch eine Leistungsdifferenzierung geben. In diesen Fällen sollte der Partner anfangen, der auf den *Partner B*-Seiten hinten im Buch auf die anspruchsvollere Variante trifft. Durch diese klare Zuordnung wissen beide Lerner Bescheid, wer zu beginnen hat. Unabhängig davon dient die sprachliche Äußerung des stärkeren Partners als Modell für den schwächeren.

- ***Wordbanks***

Die *Wordbanks* (SB-Seiten 142–145) bieten zusätzlichen Wortschatz zu den Wortfeldern aus den Units, z. B. für freiere Aufgaben. Sie können besonders von den leistungsstärkeren S zur Erweiterung ihres Wortschatzes genutzt werden.

- **Differenzierung durch kooperatives Lernen**

Durch kooperatives Lernen können sich alle S Wissen, Kenntnisse und Fertigkeiten selbst erarbeiten und im wechselseitigen Austausch mit anderen vertiefen. Das Lehrbuch English G LIGHTHOUSE greift in Band 5 die aus den Bänden 1–4 bereits bekannten kooperativen Lernformen *Walk around, Jigsaw, Appointments, Think–Pair–Share, Gallery walk* und *Reading circle* auf und profitiert so von den bereits entwickelten Routinen. Als weiteres kooperatives Verfahren in Band 5 kommen *Silent dialogues* hinzu.

- **Differenzierung durch Lernaufgaben *(tasks)***

Komplexere Lernaufgaben *(tasks)* stellen eine gute Möglichkeit zur Differenzierung dar. "A task is generally described as an activity in which people engage to attain an objective and which involves the meaningful use of language. The principal focus of tasks is not on displaying learners' ability to produce pre-specified language forms. It is on communicating their own meanings. On a general level this distinguishes tasks from exercises which focus on practising individual elements of the language, i.e. words or grammar." (Müller-Hartmann/Schocker-Ditfurth, 2011).

Lernaufgaben sind in aller Regel
- inhaltsorientiert und formorientiert,
- authentisch und anwendungsorientiert,
- hierarchisch nach Schwierigkeiten geordnet,
- lernerzentriert,
- lernprozessorientiert,
- produktorientiert.

Unter dem Label YOUR TASK werden in English G LIGHTHOUSE 5 komplexe Lernaufgaben angeboten, die sich ausgezeichnet zur vielschichtigen Differenzierung eignen (Unit 1, SB-Seite 23: *A presentation about Australia;* Unit 2, SB-Seite 37: *Do something!;* Unit 3, SB-Seite 67: *Who will get the job?*; Unit 4, SB-Seite 75: *A survey in your class*). Sie erlauben eine persönliche Schwerpunktsetzung je nach Interessenlage und Können, selbstständiges Arbeiten sowie kooperative Problembearbeitung. Insofern bieten Lernaufgaben fruchtbare Lerngelegenheiten, bei denen alle Lerner individuell nach ihren Kompetenzen arbeiten und am Ende ein Ergebnis präsentieren können, das der Aufgabenstellung entspricht, aber dennoch unterschiedlich ausgeprägt ist.

- **Differenzierung auf den Seiten *Stop! Check! Go!***

Die Seiten *Stop! Check! Go!* dienen in erster Linie der Übung, Festigung und Wiederholung sowohl sprachlicher Mittel als auch einzelner Kompetenzbereiche. Grundsätzlich müssen nicht alle S alle Aufgaben, die hier versammelt sind, erledigen. Sie können im Sinne individueller Förderung genutzt werden. Die geschlossenen Aufgaben des Abschnitts, die meist am Anfang stehen, können je nach Entwicklungsstand der Lerner auch selbstständig gelöst und anhand eines Lösungsblattes (Kopiervorlage in den HRU) auf Richtigkeit überprüft werden.

- **Differenzieren mit Lektüren, Hörmaterialien, praktischem Lernen**

Einen guten Weg zur Differenzierung bieten unterschiedliche Lesetexte und vor allem Lektüren. Es empfiehlt sich, für *fast finishers* Lesetexte aller Art bereitzuhalten. Das können Texte aus dem *Text file* (SB-Seiten 146–155), lehrbuchunabhängige Lesematerialien oder einfache Lektüren sein, die motivierend sind und vor allem ohne fremde Hilfe gelesen werden können.

Darüber hinaus können in einer *Activity corner* im Klassen- bzw. Fachraum einfache Hörmaterialien verfügbar gemacht werden, sofern Abspielgeräte und Kopfhörer vorhanden sind. Im Einzelfall ist es ebenfalls denkbar, dass sich in einem Klassenzimmer Medienecken befinden, in denen S Zugang zu einem Computer haben. In solchen Fällen bietet es sich an, dass sie auch Aufgaben aus den Interaktiven Übungen lösen oder einfache Recherchen auf www.cornelsen.de/lighthouse durchführen. Gerade für schwächere S eignen sich auch Materialien zum Basteln, zum Ausschneiden und Aufkleben, Lernspielsysteme, Spielkarten etc. Grundsätzlich sollte darauf geachtet werden, dass nicht nur schnellere Lerner die Gelegenheit erhalten, in einer *Activity corner* Aufgaben jenseits des Lehrbuches zu bearbeiten.

3.4 English G LIGHTHOUSE im inklusiven Unterricht

Inklusiver Englischunterricht – das gemeinsame Lernen von S mit und ohne sonderpädagogischem Förderbedarf – ist eine Herausforderung für die Lehrkraft und erfordert die Einbeziehung aller S. Die Stärkung der sozialen Kompetenz ist eine wichtige Voraussetzung für das gemeinsame Lernen von Menschen mit und ohne sonderpädagogischen Bedarf. Gleichzeitig wirkt sich gelungener inklusiver Unterricht positiv auf die soziale Kompetenz aller S aus und verstärkt diese.
Differenzierung innerhalb des inklusiven Unterrichts kann bedeuten, dass unterschiedliche Ziele angestrebt werden (zieldifferentes Unterrichten und Bewerten) oder dass Lernende mit sonderpädagogischem Förderbedarf bei zielgleichem Unterrichten und Bewerten einen Nachteilsausgleich erhalten (z. B. in Form von Arbeitszeitverlängerung oder von optischen Hilfen). Differenzierung innerhalb des inklusiven Unterrichts kann auch bedeuten, dass die Lerngruppe gemeinsam unterrichtet wird, wobei die Lernenden unterschiedliche, ihren Begabungen entsprechende Hilfen oder Anregungen erhalten (innere Differenzierung oder Binnendifferenzierung).
Die Lerngruppe kann auch vorübergehend in kleinere Gruppen geteilt werden, um eine individuelle Förderung zu erleichtern (äußere Differenzierung). Alle in Absatz 3.3.1 unter der Überschrift „Zehn Tipps zur Differenzierung im Klassenzimmer“ genannten Punkte gelten in besonderem Maße für den inklusiven Unterricht.

Um diesen Rahmenbedingungen Rechnung zu tragen, wurden die Materialien für Lernende mit erhöhtem Förderbedarf im inklusiven Unterricht entwickelt. In den Jahrgangsstufen 5 und 6 haben die S grundlegende Wortfelder und grammatische Basisstrukturen gelernt. In den Jahrgangsstufen 7 und 8 galt es für S mit dem Förderschwerpunkt Lernen, dieses Basiswissen zu festigen und behutsam zu erweitern. Band 5 des Lern- und Arbeitsheftes bietet den S der Jahrgangsstufe 9 nun Inhalte und Übungsformate, die sie auf mögliche Abschlussprüfungen vorbereiten. Gleichzeitig wiederholen und vertiefen die S die bisher erworbenen sprachlichen und methodischen Kompetenzen. Im *Exam file* können sie ihren Lernstand anhand von vereinfachten Prüfungsaufgaben testen. Der neu für Band 5 konzipierte Teil *Extra practice* bettet Wortschatzwiederholung und kommunikative Übungen in alltagsnahe Situationen ein. Den S soll bewusst gemacht werden, dass ihre Englischkenntnisse nicht nur im Ausland, sondern auch im deutschen Alltag (z.B. am Flughafen, in Begegnung mit Menschen aus verschiedenen Ländern, in der Werbesprache) nützlich sind.

Das Lern- und Arbeitsheft Band 5 führt die seit Band 3 bewährte Konzeption weiter: Es hat dieselbe Unit-Struktur und vermittelt ähnliche Themen, Kompetenzen und Strukturen wie das Schülerbuch; gleichzeitig bietet es Aufgabenformate wie das *Workbook* (abhaken, farbig markieren, Lückentexte ergänzen u. a.).

Mit folgenden Prinzipien geht das Lern- und Arbeitsheft auf die besonderen Lernbedürfnisse von S mit dem Förderschwerpunkt Lernen ein:

- klares Layout und größere Schrift,
- reduzierter Wortschatz und reduzierte Grammatik,
- vereinfachte Lesetexte,

- vereinfachte Hörtexte bzw. vereinfachte *Listening*-Aufgaben,
- ritualisierte Aufgabenformate mit kurzen Arbeitsanweisungen (unterstützt durch Symbole),
- integriertes Methoden- und Sprachtraining mit deutschsprachigen Hinweis-Kästen direkt in den Units,
- viele Übungen zum Festigen und Vertiefen von bereits Gelerntem,
- eine Portfolio-Seite am Ende jeder Unit.

Abhängig von der Zusammensetzung der Lerngruppe und den individuellen Lernbedürfnissen der Förder-S wird die Lehrkraft entscheiden, wann gemeinsame Lernphasen und wann individuelle bzw. äußerlich differenzierte Phasen pädagogisch und organisatorisch sinnvoll sind. Das Lern- und Arbeitsheft macht Angebote zur Differenzierung für beide Unterrichtsszenarien. So bietet sich beispielsweise bei den bildgestützten *Lead-ins* ein gemeinsamer Einstieg an. Die Übungsangebote in den Unit-Teilen *Focus on language* und *Stop! Check! Go!* eignen sich hingegen besonders für individuelle Lernphasen. Der Lehrerkompass, der im Lehrermaterial auf CD-ROM enthalten ist, macht vielfältige Vorschläge für einen abwechslungsreichen inklusiven Englischunterricht.

Die CD-ROM enthält folgende Materialien:
- einen Lehrerkompass: Unterrichtskommentar mit Vorschlägen, wie das Lern- und Arbeitsheft im inklusiven Unterricht mit dem Schülerbuch kombiniert werden kann,
- die Lehrerfassung des Lern- und Arbeitsheftes mit Lösungen (als PDF),
- editierbare Kopiervorlagen zur Lernstandsermittlung und das unitübergreifende Methodentraining,
- editierbare Wortschatzlisten *(Vocabulary* und *Dictionary),*
- Bild- und Wortkarten (PDF) zur weiteren Differenzierung,
- alle Tonaufnahmen im MP3-Format mit Audioskripten.

Auf diese Weise setzen die Inklusionsmaterialien das grundlegende Prinzip von Differenzierung optimal um, nach dem alle das Gleiche machen, aber nicht jeder dasselbe.

3.5 English G LIGHTHOUSE im bilingualen Unterricht

In jüngster Zeit hat bilingualer Unterricht enorm an Bedeutung gewonnen. *Content Integrated Language Learning* (CLIL) geht in erster Linie von den inhaltlichen, methodischen und sozialen Kompetenzerwartungen des deutschen Sachfachunterrichts aus. Die Fremdsprache soll dabei als Arbeitssprache zur Bewältigung fachspezifischer Lern-und Arbeitsprozesse dienen.

Dieser Herausforderung stellt sich English G LIGHTHOUSE 5 und bietet im *Text file 3: Job description: Cleaner of the world's oceans* ein bilinguales Unterrichtsbeispiel aus dem Erdkundeunterricht. Den größeren sprachlichen Herausforderungen (Fremdsprache = Arbeitssprache) im bilingualen Unterricht wird durch folgende didaktische und methodische Prinzipien Rechnung getragen:

- Anschaulichkeit der Inhalte durch verstärkte Visualisierung und Kleinschrittigkeit,
- Vorrang nonverbaler Semantisierungstechniken (siehe Glossar in den HRU),
- terminologische Zweisprachigkeit: Die Lerner kennen die wichtigsten Fachbegriffe auf Deutsch und Englisch (unter der Überschrift *Key terms*),
- Unterstützung bei der fremdsprachlichen Produktion durch *prompting and bridging* sowie Bereitstellen fachspezifischer Redemittel (unter der Überschrift *Activate your English*),
- höhere Fehlertoleranz *(message before accuracy).*

4 Übersicht über das Lehrwerk English G LIGHTHOUSE und Begleitmedien

Schülerbuch (SB)
- ausführliche Hinweise s. S. 16–17
- als E-Book auf www.scook.de

Workbook (WB) + Audio-CD
- Übungen zu allen SB-Units in drei Schwierigkeitsstufen + *Revision* nach jeder Unit
- *Stop and Check* als Verbindung zwischen *Stop! Check! Go!* in SB und DFF
- Ampelsystem zur Selbsteinschätzung
- *Language file* kompakt + Audio-CD
- 8 Seiten *Test preparation*

Workbook + Audio-CD + Interaktive Übungen
- Workbook-Ausstattung s. o.; zusätzlich:
- Interaktive Übungen: online und mit Übungspaketen zu jeder Unit in drei Schwierigkeitsstufen

Wordmaster
- Heft mit Übungen zum neuen Wortschatz aller SB-Units
- Üben der Vokabeln im Kontext (Lückentext) und spielerische Umwälzung
- herausnehmbares Lösungsheft zur (Selbst-)Kontrolle

Klassenarbeitstrainer
- Heft zur selbstständigen Vorbereitung auf schriftliche u. mündliche Prüfungen
- typische Aufgabenformate zu diversen Kompetenzen, Wortschatz, Strukturen
- mit Lösungsheft, Hörskripten und Bewertungsschlüssel
- zahlreiche Hörtexte online

Vokabeltrainer-App
- Vokabellernen unterwegs auf dem Smartphone
- abgestimmt auf SB, seitengenaue Vokabelauswahl
- Aussprachehilfe für alle Vokabeln
- Wörterbuch
- Wortschatzaufbau mit dem Tagestraining
- Extratraining zur Vorbereitung auf Prüfungen

- **Lektüre:** *Riot* von David Fermer mit passendem Online-Angebot (Arbeitsblätter und Hilfen)

Website www.cornelsen.de/lighthouse
- Online-Angebot für S: Informationen zu zentralen SB-Inhalten und Landeskunde
- Online-Materialien für Lehrkräfte

Schülerbuch – Lehrerfassung
- inhaltlich identisch mit dem SB; dazu:
- Markierungen für neuen Wortschatz und neue Strukturen
- Hinweise zu Kompetenzen, Aussprache, Namen, ...
- Verweise auf Begleitmedien und Audio-CD-Tracks

Workbook – Lehrerfassung
- Workbook-Ausstattung s. WB mit Interaktiven Übungen; zusätzlich:
- eingetragene Musterlösungen

Audio-CDs
- Lehrerfassung der Audio-CD: Dialoge und Haupttexte aus diversen Unit-Bereichen, reine *Listening*-Texte und authentische Storys
- Skripte der Tonaufnahmen
- Kurzfassung für S auf Audio-CD im Workbook: ausgewählte Unit-Texte sowie weitere *Listening*- und Ausspracheübungen

Video-DVD
- DVD zur Förderung des Hör-/Sehverstehens mit Filmclips unterschiedlicher Genres zu zentralen Themen jeder SB-Unit:
- Der *Speaking course* enthält unterschiedliche Filmclips zu Präsentationstechniken, Gesprächsregeln, Mediennutzung und Bewerbungsgesprächen.
- Weitere *Viewing*-Szenen und Musikclips befassen sich mit interessanten landeskundlichen Themen wie Cyberbullying, Rassismus und Identitätssuche.
- Englische oder deutsche Untertitel können aktiviert oder deaktiviert werden.

Unterrichtsmanager (UM)
- digitale Variante des SB zur Unterrichtsvorbereitung und -durchführung
- UM Vollversion mit HRU und zahlreichen Begleitmaterialien, online erhältliche Zusatzmodule

Handreichungen für den Unterricht
- didaktisch-methodische Vorschläge zur Arbeit mit dem SB mit Lösungen
- Überblick über Kompetenzschwerpunkte der Units *(Concept maps)*
- Verweise auf Begleitmedien und auf Audio-CD-Tracks
- Kopiervorlagen (KV)
- didaktisch-methodisches Glossar

Differenzieren | Fördern | Fordern (DFF)
- Ordner mit Kopiervorlagen zur Binnendifferenzierung
- Übungen zu Kompetenzschwerpunkten der SB-Units auf drei Niveaustufen mit Lösungen
- Lernlandkarten zur Einschätzung und Dokumentation des Lernfortschritts
- Audio-CD zum Hörverstehenstraining
- CD-ROM mit allen Kopiervorlagen als editierbare Word-Dateien

Differenzieren | Fördern | Fordern digital
- CD-ROM mit allen Kopiervorlagen als editierbare Word-Dateien

Diagnose und Fördern
- online diagnostizieren: kostenlos, schnell und gezielt auf school.scook
- zwei Eingangstests und ein Halbjahrestest
- individuelle Lernstände und Leistungsstand der ganzen Klasse ermitteln
- automatische Auswertung der Tests
- Zuweisung passender Fördermaterialien in digitaler Form

Materialien für Lernende mit erhöhtem Förderbedarf im inklusiven Unterricht
- Lern- und Arbeitsheft mit Materialien für Förder-S, mit Audio-CD
- eng verzahnt mit dem SB
- Lehrer-CD-ROM mit editierbaren KV, Unterrichtskommentar, inhaltlich und sprachlich angepassten Hörtexten im MP3-Format, Bild-Wortkarten

Vorschläge zur Leistungsmessung
- Audio-CD sowie CD-ROM mit editierbaren Word-Dokumenten zum Erstellen individueller Klassenarbeiten mit Aufgaben zu kommunikativen Kompetenzen sowie Wortschatz und Strukturen
- Differenzierungs-, Bewertungs- und Lösungsvorschläge
- anklickbare Hörtexte mit Transkripten

5 Das Schülerbuch

Die S lernen die Bestandteile des Schülerbuchs English G LIGHTHOUSE am besten durch eine *book rally* kennen.

- **Vier Units**

Der fünfte Band des Lehrwerks English G LIGHTHOUSE besteht aus vier Units, so dass das Angebot auch in den Bundesländern bewältigt werden kann, in denen die Wochenstundenzahl auf drei reduziert worden ist.

- ***Stop! Check! Go!***

Diese Seiten am Ende jeder Pflichtunit dienen dem selbstständigen Überprüfen der Kenntnisse sowie dem Wiederholen und Festigen.

- ***Partner B/Diff bank***

Auf diesen Seiten befindet sich ein umfangreiches Angebot an differenzierenden Übungen und Aufgaben sowie die kürzere und leichtere Version des narrativen Unit-Haupttextes.

- ***More challenge***

Nach jeder Unit gibt es jeweils ein *More challenge*-Modul mit weiteren differenzierenden Übungen für lernstärkere S.

- ***Exam file***

Da zum Ende des 9. Schuljahres einige S eine Abschlussprüfung auf dem Niveau A2 / A2+ ableisten müssen, steht in erster Linie für diese Zielgruppe ein sechsseitiges *Exam file* mit drei kompetenzorientierten *exams* zur Verfügung.

- ***Text file***

Das *Text file* im Anhang ist ein optionales Angebot unterschiedlicher Texte (Sachtexte, narrative Texte, Info-Grafiken ...), die an den Interessen der Zielgruppe ausgerichtet sind. Thematisch den einzelnen Units zugeordnet, eignen sich die *Text files* sowohl für die gezielte Erweiterung der Lesekompetenz der gesamten Lerngruppe als auch für *fast finishers* als Fundgrube zum Lesen. Das *Text file* enthält auch ein bilinguales Modul aus dem Erdkundeunterricht.

- ***Skills file***

Zur Förderung der Methodenkompetenz eignen sich die Seiten des *Skills file*, die den jeweiligen methodischen Schwerpunkten in den Units zugeordnet sind.

- ***Language file***

Der grammatische Anhang dient als Nachschlagewerk und bietet den S die Gelegenheit, selbstständig bestimmte sprachliche Phänomene und Regelhaftigkeiten zu erkennen.

- ***Wordbank***

Um produktive Aufgaben zum Sprechen und Schreiben bewältigen zu können und ihren Wortschatz zu erweitern, nutzen die S die Sach- bzw. Wortfelder in den *Wordbanks*.

- ***Vocabulary***

Das Vokabular bildet den Lernwortschatz chronologisch ab und gibt vielfältige Lernhilfen zu Aussprache, grammatischen Fragen und sprachlichen Besonderheiten.

- ***Dictionary***

Die alphabetische Wörterliste (Englisch-Deutsch) enthält den gesamten Wortschatz der ersten fünf Bände. Die S habitualisieren ihre in den ersten vier Bänden erworbenen Fähigkeiten im Umgang mit Wörterlisten.

- ***List of names***

Diese Listen dienen in erster Linie zum Nachschlagen der Schreibweise und Aussprache von Eigennamen und Ortsnamen.

- ***Typical instructions in tests and exams***

Die S haben hier die Gelegenheit, sich mit testtypischen Arbeitsanweisungen vertraut zu machen, die authentischen Abschlussprüfungen der letzten Jahre entnommen sind.

5.1 Schwerpunktsetzung

Band 5 von English G LIGHTHOUSE hat verschiedene räumliche und inhaltliche Schwerpunkte. In Unit 1 steht mit Australien ein weiteres englischsprachiges Land im Mittelpunkt. Unit 2 widmet sich den Themen Cybermobbing und Gruppendruck. Unit 3 beschäftigt sich mit Fertigkeiten rund um das Thema Bewerbung wie Lebenslauf, Anschreiben und Bewerbungsgespräch. In Unit 4 geht es um das spezifische Lebensgefühl heutiger Teenager, die als sogenannte *screenager* viel Zeit mit digitalen Medien verbringen.

5.2 Aufbau einer Unit

Um den besonderen Anforderungen der S, für die das Lehrwerk English G LIGHTHOUSE konzipiert ist, gerecht zu werden, folgen die einzelnen Units einem linearen Aufbau.

- ***Lead-in***

Jede Unit führt mit einer Doppelseite in das Thema der Unit ein. Die Seiten sollen die Lernenden neugierig machen und sie mit wichtigen Facetten des Unit-Themas vertraut machen. Die Seiten beinhalten jeweils viele Abbildungen, Hörtexte, schülerorientierte Aufgaben sowie Filmangebote, die das Thema vertiefen.

- ***Themes (1–3)***

Auf diesen pro Unit jeweils zwei bis drei Doppelaufschlägen werden die Subthemen einer Unit entwickelt sowie Übungen und Aufgaben vielfältigster Art angeboten.

- ***Focus on language***

Den Prinzipien entdeckenden Lernens folgend wird hier ein erstes Bewusstsein für die jeweils zentrale grammatische Struktur geschaffen, so dass sie in einer immer komplexer werdenden Kette von Aufgaben geübt und angewendet wird.

- ***Text***

In den Units 1–4 gibt es jeweils eine zwei- bis vierseitige Geschichte. Gemäß der Lehrplananforderungen handelt es sich vornehmlich um authentische literarische Texte englischsprachiger Autoren (Kurzgeschichte, Romanauszüge), die durch vielfältige, motivierende Aufgaben ausgewertet werden.

- ***Speaking course***

English G LIGHTHOUSE Band 5 fokussiert bei der Kompetenzschulung explizit auf das Sprechen – der *Speaking course* bildet die abschließende Doppelseite jeder Unit und enthält jeweils einen *functional film* (siehe auch Abschnitt 3.1).

- ***Stop! Check! Go!***

Nach den Units 1 bis 4 werden auf je vier Seiten Übungen und Aufgaben präsentiert, die dem Üben und Wiederholen, aber auch dem selbstständigen Lernen dienen. Auf diesen Seiten finden sich Aufgaben zu den sprachlichen Mitteln und kommunikativen Kompetenzen, *revision exercises* und komplexere Lernaufgaben bzw. *tasks*. Einen Lösungsschlüssel zu den geschlossenen Aufgaben gibt es als Kopiervorlage im Anhang der HRU.

6 Kompetenzraster

Kompetenzraster können im Rahmen eines kompetenzorientierten Englischunterrichts vielfältige Aufgaben erfüllen. Sie sind eine geeignete Möglichkeit der Unterrichtssteuerung in einem mehr oder weniger weitgehend von den S selbstständig gesteuerten Englischunterricht. Diese Raster enthalten Aussagen über die Kompetenzbereiche und die entsprechenden Lernfortschritte, die die S erreichen sollen bzw. erreicht haben, so dass auf diese Weise sowohl für die Lernenden als auch für die Lehrenden individuelle Lernprozesse sichtbar werden. Dadurch wird auf anschauliche Weise deutlich, in welchen Bereichen die S gefördert und gefordert werden können. Kompetenzen umfassen unterschiedliche Fähig- und Fertigkeiten sowie Strategien, die die Lernenden an ausgewählten Lerninhalten erwerben und weiterentwickeln sollen.

Dieses komplexe Wirkungsgefüge lässt sich in sogenannten Lernwegelisten darstellen. „Lernwegelisten führen aus, welche Fähigkeiten und Fertigkeiten zu einer (Teil-)Kompetenz gehören, sie erlauben die Zuordnung von Lernmaterialien zu speziellen Fähigkeiten und Fertigkeiten, und sie enthalten die qualitativen Differenzierungen nach Anforderungsbereichen/Durchdringungstiefen A, B, C." (Landesinstitut für Schulentwicklung 2013, S. 25)

Für das Lehrwerk English G LIGHTHOUSE gibt es auf der Website www.cornelsen.de/lighthouse im Lehrerbereich Vorlagen für Kompetenzraster, Lernwegelisten und einen Leitfaden zur Arbeit mit ihnen.

Sind die Lernwegelisten formuliert, lassen sich entsprechende Texte, Aufgaben, Übungen, Strategien etc. gezielt zuordnen, die sowohl aus der jeweiligen SB-Unit und den zugehörigen *Stop! Check! Go!*-Seiten als auch aus den Begleitmedien zum Lehrwerk English G LIGHTHOUSE gespeist werden. So lassen sich mithilfe der Diagnose der in den Kompetenzrastern erkennbaren Lernfortschritte z. B. die unterschiedlich anspruchsvollen Arbeitsblätter aus dem Ordner Differenzieren | Fördern | Fordern zuordnen. Die dortigen Lernlandkarten bieten eine Hilfe zur leichten Orientierung und Differenzierung.

Schließlich können Kompetenzraster und Lernwegelisten den Lernenden vor einer geplanten Leistungsüberprüfung helfen, sich gezielt auf eine Arbeit vorzubereiten, da konkret ausgewiesen wird, anhand welcher Materialien die jeweiligen Kompetenzbereiche erworben werden können.

7 Zeit- und Verlaufsplanung

Aufgrund der recht unterschiedlichen Rahmenbedingungen in den Schulen kann die Zeit- und Verlaufsplanung für die Arbeit mit dem Lehrwerk English G LIGHTHOUSE nur Vorschlagscharakter haben. Sie wird u.a. dadurch beeinflusst, nach welchem Zeitraster, beispielsweise 45 oder 60 Minuten, der Stundenplan organisiert ist. Die folgende Planung ist daher lediglich als Grobraster zu verstehen.

Ein Schuljahr umfasst ca. 39 Schulwochen. Daraus ergeben sich bei

	3 Wochenstunden	**4 Wochenstunden**
	117 Stunden	156 Stunden
abzüglich 10% mutmaßliche Ausfälle	12 Stunden	16 Stunden
verbleiben	**105 Stunden**	**140 Stunden**

7.1 Beispiel für eine Grobplanung des Schülerbuchstoffs

	3 Wochenstunden	**4 Wochenstunden**
Unit 1–Unit 4	64 Stunden	80 Stunden
Stop! Check! Go! (alternativ: *More challenge*-Module und ggf. bilinguales Modul)	10 Stunden	12 Stunden
Text files (optional)	10 Stunden	14 Stunden
ergeben	74–84 Stunden	92–106 Stunden
6 Klassenarbeiten	12 Stunden	12 Stunden
ergeben	86–96 Stunden	104–118 Stunden

7.2 Beispiel für eine Grobplanung einer Unit mit dem dazugehörigen *Stop! Check! Go!* oder *More challenge*-Modul

Unit 3	**4 Wochenstunden**
Lead-in	2 Stunden
Theme 1	3 Stunden
Theme 2	3 Stunden
Theme 3	3 Stunden
Focus on language	3 Stunden
Text	3 Stunden
Speaking course	3 Stunden
ergeben	**20 Stunden**
Stop! Check! Go! / *More challenge*-Modul	3 Stunden

Literaturhinweise

Bach, G. / Timm, J.-P. (Hrsg.): *Englischunterricht*, UTB, Francke Verlag, Tübingen und Basel 2003

Biederstädt, W. (Hrsg.): *Bilingual unterrichten*, Cornelsen Scriptor, Berlin 2013

Blaz, D.: *Differentiated Instruction. A Guide for Foreign Language Teachers. Eye on Education*, Larchmont, New York 2006

Bönsch, M.: „Was ist guter Unterricht? – Oder besser: Wie kann man Lernen erfolgreich initiieren?", in: *Realschule in Deutschland,* Heft 3/2010, S. 14ff.

Ders.: „Individualisierende Lernwege", in: *Schulmagazin 5–10*, Heft 5/2011, S. 7ff.

Bleyhl, W.: „Sündhafte" Verstöße. Über den Umgang mit Fehlern", in: *Praxis Englisch*, Heft 3/2009, S. 44f.

Ders.: „Die Defizite des traditionellen Fremdsprachenunterrichts oder Weshalb – endlich – ein Paradigmenwechsel, eine Umkehr, im Fremdsprachenunterricht erfolgen muss", in: http://creativedialogues.lernnetz.de/docs/1.4Expertenstimmen.pdf (25.03.2012)

Börner, O. / Edelhoff, Ch. / Lohmann, Ch. (Hrsg.): *Individualisierung und Differenzierung im kommunikativen Englischunterricht*, Diesterweg, Braunschweig 2010

Brüning, L. / Saum, T.: „Individualisierung und Differenzierung – aber wie? Kooperatives Lernen erschließt neue Zugänge", in: *Pädagogik*, Heft 11/2010, S. 12ff.

De Florio Hansen, I. / Klewitz, B.: „Angst vor Kompetenzorientierung? Zur Planung von kompetenzförderndem Fremdsprachenunterricht", in: *Praxis Fremdsprachenunterricht*, Heft 6/2012, S. 11ff.

Eckstein, R.: „Kompetenzorientiertes Lernen", in: *Schulmanagement*, Heft 3/2011, S. 15ff.

Eisenmann, M.: *Differenzierung im Englischunterricht,* Eichstaett Academic Press, Eichstätt 2011

Engel, A. / Wiedenhorn, Th.: *Stärken fördern – Lernwege individualisieren*, Beltz, Weinheim und Basel 2010

Hallet, W.: *Lernen fördern. Englisch*, Klett, Kallmeyer, Seelze 2011

Harmer, J.: *The Practice of English Language Teaching*, Pearson Education, Harlow 2007

Harting, A.: „Eigenverantwortliches Lernen", in: *Schulmanagement*, Heft 3/2011, S. 8ff.

Hattie, J.: *Lernen sichtbar machen*, Schneider Verlag Hohengehren, Baltmannsweiler 2013

Heacox, D.: *Differentiating Instruction in the Regular Classroom*, Free Spirit Publishing, Minneapolis 2002

Heymann, H. W.: „Binnendifferenzierung – eine Utopie?", in: *Pädagogik*, Heft 11/2010, S. 6ff.

Hinz, R.: „Heterogenität – eine pädagogische Herausforderung", in: *Schulverwaltung*, Heft 5/2011, S. 137f.

Hoffmann, C.: *Kooperatives Lernen / Kooperativer Unterricht. Pocket-Ratgeber Schule*, Verlag an der Ruhr, Mülheim an der Ruhr 2010

Keßler, J.: „Englisch ab Klasse 1. Zu früh? Zu wenig erforscht? Wirkungslos? – Zu wichtig!", in: *Schule NRW*, Heft 04/2009, S. 158ff.

Keßler, J. / Plesser, A.: *Teaching Grammar*, UTB, Schöningh Verlag, Paderborn 2011

Kuty, M.: „Binnendifferenzierung in Aktion", in: *Praxis Fremdsprachenunterricht*, Heft 3/2009, S. 16ff.

Lau, R. / Boller, S.: „Innere Differenzierung konsequent anwenden", in: *Pädagogik*, Heft 11/2010, S. 28ff.

Metzger, K. / Erich W. (Hrsg.): *Inklusion – eine Schule für alle,* Cornelsen Scriptor, Berlin, 2010

Mittendrin e.V. (Hrsg.): *Eine Schule für alle. Inklusion umsetzen in der Sekundarstufe*, Verlag an der Ruhr, Mülheim an der Ruhr, 2012

Müller-Hartmann, A. / Schocker, M. / Pant, H. A.: *Lernaufgaben Englisch aus der Praxis*, Diesterweg Verlag, Frankfurt am Main 2013

Müller-Hartmann, A. / Schocker-von Ditfurth, M.: *Teaching English: Task-supported Language Learning*, UTB, Schöningh Verlag, Paderborn 2011

Dies.: „Mit Lernaufgaben Kompetenzen entwickeln", in: *Der fremdsprachliche Unterricht. Englisch.* Heft 109/2011, S. 2ff.

Paradies, L. / Linser, H. J.: *Differenzieren im Unterricht*, Cornelsen Scriptor, Berlin 2010

Paradies, L. / Wester, F. / Greving, J.: *Individualisieren im Unterricht,* Cornelsen Scriptor, Berlin 2010

Pienemann, M. / Keßler, J. / Roos, E. (Hrsg.): *Englischerwerb in der Grundschule.* UTB, Schöningh Verlag, Paderborn 2006

Prodromou, L. / Clanfield, L.: *Dealing with Difficulties*, Delta Publishing, Peaslake 2007

Raya, M. J. / Lamb, T.: *Differentiation in the Modern Languages Classroom*, Peter Lang, Frankfurt 2003

Spitzer, M.: *Lernen. Gehirnforschung und die Schule des Lebens*, Spektrum Akademischer Verlag, Heidelberg, Berlin 2002

Ders.: „Medizin für die Schule. Neurowissenschaftliche Erkenntnisse nutzen", in: *Schule NRW*, Heft 04/2011, S. 158ff.

Staatsinstitut für Schulqualität und Bildungsforschung (Hrsg.): *Aufmerksamkeitsgestörte, hyperaktive Kinder und Jugendliche im Unterricht*, Auer Verlag, München 2011

Ders.: *Sprachen leben. Kompetenzorientierte Aufgaben in den modernen Fremdsprachen. Band 2,* Cornelsen, München 2011

Thaler, E.: *Englisch unterrichten*, Cornelsen Schulverlage, Berlin 2012

Tomlinson, C. A.: *How to Differentiate Instruction in Mixed-Ability Classrooms,* Pearson / Merrill Prentice Hall, Upper Saddle River, New Jersey 2006

Tomlinson, C. A. / Cunningham Eidson, C.: *Differentiation in Practice. Association for Supervision and Curriculum Development*, Alexandria, Virginia 2003

Tschekan, K.: *Kompetenzorientiert unterrichten*, Cornelsen Scriptor, Berlin 2011

Weinert, F. E.: *Leistungsmessungen in Schulen*, Beltz, Weinheim und Basel 2001

Winterhoff, M.: *Lasst Kinder wieder Kinder sein!*, Gütersloher Verlagshaus, Gütersloh 2011

Wolff, M.: „Individualisierung und Differenzierung. Ihre Bedeutung für schwächere Lerner", in: *Praxis Fremdsprachenunterricht*, Heft 3/2009, S. 4ff.

Symbole für Kompetenzen

Kommunikative Kompetenzen:

	Listening
	Viewing
	Reading
	Writing
	Speaking
	Mediation

Methodische Kompetenzen:

	Lern- und Arbeitstechniken *(Skills)*
/	Kooperative Lernformen
	Interkulturelle Kompetenzen

Symbole für Übungen

	Partnerarbeit
	Gruppenarbeit
	Hörtext nur auf CD
	Hörtext auf CD und im Schülerbuch
	Filme auf der DVD
○	Leichtere Übung
●	Schwierigere Übung
○ //●	Parallelaufgaben: die leichtere in der Unit – die schwierigere in der *Diff bank*
//● p.109	Schwierigere Parallelübung mit Seitenzahl
More help p.105	Hilfen zu einer Aufgabe in der *Diff bank* mit Seitenzahl
More practice 1 p.105	Weitere Übungen in der *Diff bank* mit Seitenzahl
More challenge 1 p.106	Weitere Übungen mit höherem Schwierigkeitsgrad

Verweise

► KV 1	Verweis auf Kopiervorlagen in den HRU
► Partner check	Verweis auf Glossareinträge in den HRU
► DFF 1.1	Verweis auf Ordner zum Differenzieren | Fördern | Fordern
► INKL p.2	Verweis auf Materialien für Lernende mit erhöhtem Förderbedarf im inklusiven Unterricht
► WB 1, p.2	Verweis auf Workbook-Übungen mit Seitenzahl

Abkürzungen

L	Lehrer / Lehrerin	EA	Einzelarbeit	HRU	Handreichungen für den Unterricht
S	Schüler / Schülerin	PA	Partnerarbeit	SB	Schülerbuch
KV	Kopiervorlage	GA	Gruppenarbeit	HA	Hausaufgabe

Life down under

1

Kommunikative Kompetenzen

Listening

- The Flying Doctors (p. 12, 1b)*
- Emergencies on the beach (p. 13, 3a/b)
- A window on your life (p. 16, 1a, texts C+D)
- The end of the story (p. 21+105, 5)

Reading

- JIGSAW What makes Oz special? (p. 10–11, 1)
- Tips from the RFDS website (p. 12, 2)
- Tips for tourists in Australia (p. 13, 5b)
- First Australians (p. 15, 3a–c)
- A window … (p. 16, 1a, texts A+B)
- Swerve (pp. 18–21 / pp. 103–104)
- Before you read (p. 18+103, 1)
- True, false or not in the text (p. 21+105, 2)
- Retell the story (p. 21+105, 3)
- A character network (p. 21+105, 6)

Speaking

- What do you know about Oz? (p. 8, 1c)
- An Australian road trip (p. 9, 2c)
- JIGSAW What makes Oz special? (p. 11, 1d)
- Emergencies … (p. 13, 3c)
- Getting help (p. 13, 4 b/c)
- Eyes wide open (p. 14, 2b)
- The end of the story (p. 21+105, 5)
- NOW YOU What to work on? (p. 22, 2)
- YOUR TASK A presentation about Australia (p. 23, 3)

Writing

- Australia: a place to visit? (p. 11, 2)
- Tips for tourists … (p. 13, 5a)
- First Australians (p. 15, 3d)
- NOW YOU A window … (p. 17, 5)
- At the Million Star Motel (p. 21+105, 4a/b)

Viewing

- An Australian road trip: (p. 9, 2a/b)
- The Burdekin Crew (p. 14, 1)
- How to improve your presentations (p. 22, 1)

Mediation

- Eyes wide open (p. 14, 2a)

Life down under

Anhand verschiedener, z. T. authentischer Materialien erhalten die S einen Eindruck von der Vielfalt Australiens, z. B. Sehenswürdigkeiten, klimatische Extreme, Tierwelt sowie Geschichte und heutiges Leben der Aborigines. Sie erhalten Einblick in das Leben in den großen Städten im Vergleich zu den dünn besiedelten Gebieten des Binnenlandes (School of the Air; Flying Doctors).

Sprachliche Mittel

Wortfelder

- Describing places and activities (pp. 8/9, 1/2; 10/11, 1/2; …)
- Avoiding emergencies / Getting help (pp. 12/13, 1–5)
- Talking about Australian history + everyday life (pp. 14/15, 1–3; p. 16, 1)

Grammatische Strukturen

- Using tenses correctly – Revision: *simple present, simple past, present perfect, going to-future, past prog.* (pp. 16–17, 1–4; LF 1, p. 182; LF 3–5, pp. 183ff; LF 8, p. 187; LF 10, pp. 187f)

Interkulturelle Kompetenzen

- Besonderheiten des Kontinents Australien erfahren
- Die Lebensweisen von Jugendlichen in unterschiedlichen Regionen Australiens kennen lernen
- Besinnung auf Traditionen als Möglichkeit der kulturellen Identitätsfindung nachvollziehen

Methodische Kompetenzen

Lern- und Arbeitstechniken

- Note-making (p. 9, 2a; p 12, 1b; p 22, 1c)
- Listening for detail (p. 13, 1b)
- Making a character network (p. 21, 6)
- SPEAKING COURSE (1) Giving a presentation (pp. 22/23, 1–3)

Selbsteinschätzung (Stop! Check! Go!)

- LISTENING Planning a trip (p. 24, 1)
- LANGUAGE Rani's Oz Travel Blog (p. 24, 2)
- READING Aussies – crazy about sports (p. 25, 3)
- SPEAKING Talking about a picture (p. 26, 4)
- WRITING Slip, slop, slap, seek and slide (p. 26, 5)
- MEDIATION Understanding signs and advice in Australia (p. 27, 6)

Kooperative Lernformen

- Think-Pair-Share (p. 8, 1; p. 22, 2)
- Jigsaw (p. 10–11, 1)
- Silent dialogue (p. 13, 4a)
- Reading circle (p. 13, 5b)
- Giving feedback (p. 22, 2; p. 23, 3-Step 5)
- Partner check (p. 9, 2a; p. 12, 1b; p. 21, 3b)
- Weitere Formen von PA und GA (p. 14, 2a/b; p. 15, 3 a–c; p. 16, 1b; p. 21, 5; p. 22, 1c; p. 24, 1; p. 26, 4)

* p. 12, 1b = SB-Seite, Übungsnummer

1 Life down under

LEAD-IN

Inhalt Auf der Doppelseite erhalten die S durch Fotos, Bildunterschriften, Karten und ein Reisevideo (erste) Eindrücke und wichtige Informationen über Australien. Dabei können sie mithilfe der kooperativen Lernform ▸ Think-Pair-Share auch eigene Vorkenntnisse einbringen und sich über neu gewonnene Erkenntnisse und Besonderheiten austauschen.

S. 8/9

1 What do you know about Oz?

Wortschatz **Aboriginal • nickname • inland • landscape • climate • reef •** °the outback • °sheep station *(AustE)* • °file • °table

Einstieg **SB geschlossen.** Zur Aktivierung des Vorwissens leitet L das Thema Australien durch einen stillen Impuls ein, indem er eine ▸ Flashcard mit dem Begriff *Australia* oder eine Umrisskarte (siehe auch ▸ KV 1: Australia Fact File) präsentiert. S äußern in Stichworten oder Sätzen, z. B. in Form einer ▸ Meldekette, was ihnen dazu einfällt, z. B.: *kangaroos; famous cities in Australia are Sydney, Melbourne, Darwin, ...; Australia is an island / a continent; hot climate; boomerang; famous Australian bands / pop singers / actors / ... are AC/DC, INXS, ... / Kylie Minogue, ... / Cate Blanchett, Nicole Kidman, Liam Hemsworth, ...*

Alternative Zur Aktivierung des Vorwissens der S erhalten in einer Gruppenarbeitsphase jeweils drei bis fünf S von L ein Blatt mit einem vorbereiteten *network* (Umrisskarte von Australien in der Mitte, Begriffe wie *sights, history, landscape, people, music, animals, ...*) ringsherum, siehe auch Vorlage auf ▸ KV 1: Australia Fact File (ggf. auf DIN-A3 hochkopieren). Jede Gruppe notiert dazu in einer vorgegebenen Zeit ihre Assoziationen, Begriffe und Stichworte. Anschließend Präsentation im Plenum (▸ Meldekette von Gruppe zu Gruppe).

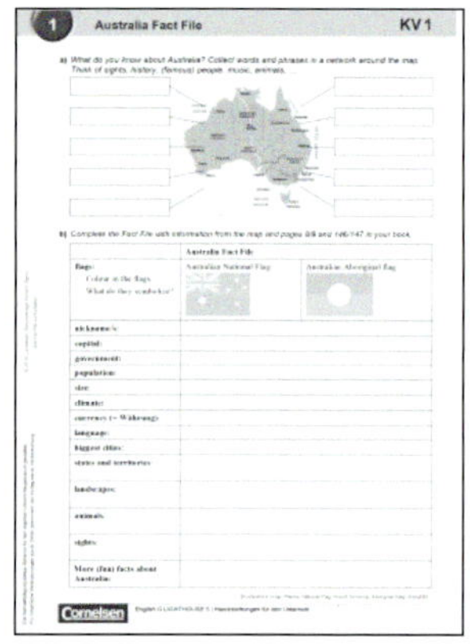

Überleitung **SB geöffnet.** S betrachten die Bilder und setzen dann die ▸ Meldekette fort, um weitere Assoziationen zu ergänzen.

Hinweis: Ein Teil des neuen Wortschatzes kann bereits in dieser Phase anhand der S-Äußerungen und der Bilder von L eingeführt werden, z. B.: *Aboriginal, nickname, climate, reef, the outback*; siehe auch ▸ Wortschatzsemantisierung.

Erarbeitung **a) Think:** In EA schreiben die S die Ziffern 1 bis 9 untereinander in ihr Heft und notieren dahinter die Antworten, die auf der Doppelseite und im *Text File* (*TF 1 Oz: Facts for visitors,* SB-Seiten 146/147) zu finden sind.

Lösung ***1*** *Oz / Aus / down under •* ***2*** *more than 85% live near the coast •* ***3*** *Sydney, Melbourne, Brisbane, Perth, Adelaide •* ***4*** *desert, beaches, rocks, tropical rainforests, wild landscapes, waterfalls (Tasmania) •* ***5*** *kangaroo, platypus, wombat, koala, kookaburra •* ***6*** *tropical in the north (hot wet summer / warm dry winter), sunny and warm all year, hot and dry in the desert •* ***7*** *on the left •* ***8*** *Indigenous Australians •* ***9*** *summer*

Erarbeitung **b) Pair:** S vergleichen und ergänzen in PA ihre Notizen.

Erarbeitung **c) Share:** Nach der Ergebnispräsentation im Plenum formulieren die S weitere Fragen zu Australien, die L (oder lernstärkere S) notieren (Tafel / Folie).

Auswertung Abschließend wird in der Klasse vereinbart, wer welche Informationen zu den gesammelten Fragen einholt und in welcher Form diese in der Folgestunde präsentiert werden (z. B. zu Beginn der Stunde, indem jeweils ein S eine Frage vorliest und mehrere S die von ihnen gefundenen Informationen vortragen und vergleichen).

Alternative Alle Fragen zu Australien, die nicht aus dem Vorwissen der S oder aufgrund von Informationen auf dieser Doppelseite (einschließlich *Text file 1*) beantwortet werden können, werden auf ein Plakat geschrieben und in der Klasse ausgehängt. L verdeutlicht, dass im Laufe der nächsten Unterrichtsstunden viele Fragen geklärt werden und am Ende der Unit geprüft wird, was offen geblieben (und ggf. abschließend noch zu recherchieren) ist.

Lösungsbeispiel Mögliche S-Fragen: *At what age can young people in Australia get a driving licence? / What's the most popular sport in Australia? / Do the Australians have a king or a queen? / Are there sharks at the beaches? / …*

Zusatz Gemäß der Anregung im *TF 1 Oz: Facts for visitors* (Task **1**, SB-Seite 146) suchen die S weitere interessante Informationen über Australien (z. B. online), notieren sie im Heft und stellen sie einander vor. (Näheres zur Erarbeitung sowie Lösungsbeispiele siehe auch Kommentar zum *Text File 1*.)

2 VIEWING An Australian road trip

Einstieg **SB geschlossen.** Ausgehend von den in **1c)** gesammelten Fragen leitet L zum *Viewing* über, in dem einige der Fragen voraussichtlich bereits geklärt werden. L: *Let's follow two young people on their road trip in Australia and find out more.*

Hinweis: Zur Sicherung des Globalverstehens kann L folgende *While viewing*-Fragen zum Reiseverlauf (siehe auch Karte zu Beginn des Films) vorgeben (Tafel / Folie): *Where do they start / end their trip? (Cairns – Brisbane) Which cities / sights do they visit? (Cairns / Great Barrier Reef – Brisbane – Sydney – Melbourne – Adelaide) Do you think they are enjoying their trip? Why (not)? (Yes, because they are smiling / dancing / doing lots of different sports and activities / …)*

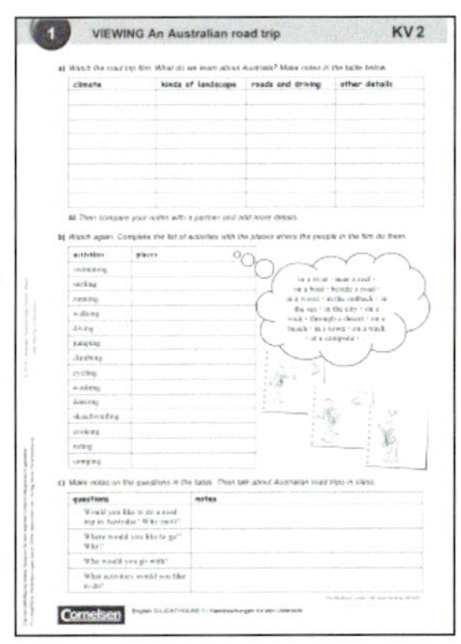

Erarbeitung ▶ a) **SB geöffnet.** S übertragen die vorgeschlagene Tabelle ins Heft oder nutzen den Tabellenvordruck auf ▶ KV 2: VIEWING An Australian road trip und tragen nach dem **1. Sehen** des Films in EA die Dinge ein, an die sie sich erinnern.
Anschließend vergleichen und ergänzen sie in PA ihre Tabellen.

Auswertung Zusammentragen der Ergebnisse im Plenum (z. B. als ▶ Meldekette).

O Differenzierung In lernschwächeren Gruppen kann L den Film mehrfach zeigen und ggf. auch zwei- bis dreimal zwischendurch stoppen, um den S Zeit zu geben, sich Notizen zu machen. Zudem kann L die verschiedenen Sehaufträge (Tabellenüberschriften) einzeln an bestimmte S vergeben, z. B. Fensterseite: *climate*, Mitte: *kinds of landscape*, Wandseite: *roads and driving*. (Weitere auffällige Details *(other details)* sollten ggf. von allen Gruppen ergänzt werden können.)

Lösungsbeispiel (Als Tafelanschrieb in Tabellenform:)

climate	kinds of landscape	roads and driving	other details
hot	beach / sea	long, straight, empty, lonely roads	lots of different water sports: diving, sailing, swimming, surfing, …
sunny	cliffs / rocks	coast roads	beautiful sunsets, rainbow

climate	*kinds of landscape*	*roads and driving*	*other details*
dry	*desert / outback*	*sand roads / dusty tracks (through desert / outback)*	*camping / picnic by the roadside*
tropical (rain)	*wild landscapes: mountains, rivers, waterfalls, (rain) forests*	*driving on the left; driver sits on the right*	*strange wild animals (wombat, kangaroo)*
...	...	...	...

Erarbeitung **b)** 👁 **2. Sehen** gemäß SB. Die S machen sich ggf. im Heft Notizen zu den im Film gezeigten Aktivitäten und Orten ▸ Note-taking.

More help p. 98 Lernschwächere S nutzen die in den vorgegebenen Boxen nach *activities* und *places* sortierten Begriffe als Hilfestellung für diese Aufgabe sowie die Ausformulierung ihrer Lieblingsaktivitäten in **2c)**.

Auswertung Nach dem **2. Sehen** werden die Ergebnisse im Plenum gesammelt (Tafel / Folie), indem per ▸ Meldekette jeder S einen Begriff ergänzt (siehe Lösungsbeispiel). Um die Liste abzugleichen und zu ergänzen ist ggf. ein nochmaliges Sehen des Films möglich. L: *Now watch again and check / complete the list.*

Lösungsbeispiel (Als Tafelanschrieb in Tabellenform:)

activities	*places*
swimming	*in the sea / in a pool*
surfing	*in the sea*
running	*on a beach*
walking	*in a town / on a track / in the outback / through a desert / on a cliff*
diving	*in the sea / near a reef*
jumping	*on a trampoline / at a campsite*
climbing	*on a rock / in the mountains*
cycling	*in the city*
washing	*beside a road*
dancing	*on a beach / on a rock*
skateboarding	*in a town*
cooking	*beside a road*
riding	*in a river / in a wood*
camping	*beside a road / at a campsite*
sailing	*on a boat*
driving	*through a desert / on a track / on the road / in the outback*

Erarbeitung

c) Klassendiskussion gemäß SB. Vorbereitend machen sich die S in EA Notizen zu den vier Fragen (ggf. auf einzelnen Karteikarten), anhand derer sie ihre Meinung zusammenhängend und flüssig im Plenum äußern können.

Alternative

Die S nutzen für die Vorbereitung ihrer Stellungnahme die Tabellenvorlage auf ▶ KV 2: VIEWING An Australian road trip (c).

Lösung

Individuelle Lösungen.

▶ WB 1, p.4 ▶ INKL pp. 8–9

More practice 1 p. 98 More about the film

Wortschatz

°time lapse • °effect

Erarbeitung ▶

Die S übertragen die Fragen (stichwortartig) in ihr Heft und notieren dahinter beim bzw. nach dem anschließenden **3. Sehen** des Films ihre Meinung zum Effekt der Gestaltungstechniken (Hintergrundmusik, Zeitraffer); siehe auch ▶ Note-making.

Anschließend tauschen sich jeweils zwei S in PA über ihre Eindrücke aus.

vAuswertung

Präsentation einzelner Meinungen im Plenum.

Alternative

S-Paare stellen in einem Dialog vor der Klasse ihre unterschiedlichen Meinungen vor.

Lösungsbeispiel

1 music

- *what kind? electronic (dance) music*
- *like it?* (Individuelle Meinungen, ggf. mit Begründung, z. B.:) *I (don't) like the music because it goes with / doesn't go with the pictures / it's very fast / slow / boring / exciting / dynamic* (U3, SB-Seite 58) */ ... / I (don't) like electronic music / ...*

2 time lapse

- *why used? Time lapse is used to show that they have to drive a long way through very different landscapes. / It gives you an idea of how long they spend on the road (without any special events). / It underlines their movement / ...*
- *how does it make you feel?* (Individuelle Meinungen, ggf. mit Begründung, z. B.:) *I (don't) like the rhythm / beat because it makes me feel happy / excited / nervous / dizzy / ... It makes me want to dance / move / sing along / go on holiday / ...*
- *like the effect?* (Individuelle Meinungen, ggf. mit Begründung, z. B.:) *I (don't) like the effect of time lapse because it makes these parts of the film very fast / interesting / dynamic* (U3, SB-Seite 58) */ stressful (to watch) / ... It gives you an idea of how big Australia is / how far they have to drive / how different the landscapes are / ...*

More challenge 1 p. 98 Your road trip film

Wortschatz

°include

Erarbeitung

a) In EA machen sich die S zunächst Notizen zu den einzelnen Fragen (▶ Note-taking), z. B. in Form einer Tabelle (siehe Lösungsbeispiel).

Alternative

Für lernstärkere oder abenteuerlustigere S kann L den Arbeitsauftrag aus dem SB auch für weitere Länder öffnen: *What would you include in a two-minute film about a road trip in your favourite country?* (Siehe blaue Ergänzungen im Lösungsbeispiel).

Auswertung

Anschließend tauschen sich jeweils zwei S dazu aus, begründen ihre Auswahl und greifen ggf. weitere Anregungen ihrer Partner auf.

Lösungsbeispiel

questions	*notes*
– *Where would you make your film?*	– *in my neighbourhood / Bundesland or in and around our town* – *at the coast / in the mountains / …* – *driving through Germany from north to south or east to west* – *in my favourite holiday country, e.g. Turkey / Greece / the USA / South Africa / Iceland / …*
– *What things would you show?*	– *different landscapes, people, animals, …* – *famous sights* – *typical activities, … e.g. …*
– *What music would you use?*	– *my favourite songs / music by my favourite band: …* – *typical road music / trucker songs, e.g. …* – *(folk) music from the country that I'm travelling in, e.g. …*
– *When would you use time lapse (…)?*	– *for scenes that take place on the road* – *for boring / exciting / … parts of the trip*

Erarbeitung

b) Mithilfe ihrer Notizen schreiben die S in EA oder – wenn sie sich auf einen gemeinsamen *Road trip*-Verlauf einigen können – in PA einen Plan zur Erstellung eines eigenen Films (Drehbuch).

Auswertung

Mithilfe der kooperativen Lernform ▶ Appointments tauschen sich die S / S-Paare mit zwei bis drei weiteren S / S-Paaren aus und ergänzen ggf. das eigene Drehbuch. Zum Abschluss Präsentation im Plenum oder Aushang aller Ergebnisse im Klassenraum, z. B. in der ▶ English corner oder als ▶ Gallery walk.

Lösung

Individuelle Lösungen.

Zusatz

Verfassen und Verfilmung eines Drehbuches für die nächste Klassenfahrt.

THEME 1 Articles from around Australia

Inhalt

In fünf kurzen Sachtexten (Zeitungsartikeln) lernen die S Besonderheiten Australiens kennen, z. B.:

- die Debatte um ein mögliches Verbot von Klettertouren auf dem weltbekannten und von den australischen Ureinwohnern als heilig verehrten Felsen Uluru
- die Geschichte der Einwanderung (am aktuellen Beispiel einer jungen Chinesin)
- den Einsatz von Jugendlichen bei der Bekämpfung von Buschfeuern
- Probleme mit ausgewilderten Kamelen
- die Bedrohung durch gefährliche Tiere.

Mithilfe der kooperativen Lernform ▶ Jigsaw (Gruppenpuzzle) beschäftigen sich die S zunächst in EA intensiv mit einem der fünf Texte und lernen dann mit und von den Gruppenmitgliedern die Inhalte der übrigen Texte kennen.

S. 10

1 JIGSAW What makes Oz special?

Wortschatz

°jigsaw • °rank

(Text A:) ban (on) • ban *(v)* **• best-known • well-known • better-known • flat** *(adj)* **• central** Sydney • **burn** • °sacred

(Text B:) citizen • continue • be born • compare (with / to) • settle • large • °one in four • °Aussie *(infml)* • °two out of five • °majority

(Text C:) exam • take / do an exam • final (school) exam • °go into action • °Rural Fire Service

(Text D:) camel • as • expert • native animals / plants • such as • suffer (from) • °import • °explode • °herd • °kangaroo • °emu

(Text E:) deadly • spider • likely • be likely to do sth. • surprise • allergic (to) • sting *(n)* **• sting, stung, stung • salt • pepper • spot • a tourist hot spot** • °based on • °jellyfish, *pl* jellyfish

Erarbeitung

a) **SB geöffnet.** L sichert ggf. zunächst das Verständnis des Begriffes und der kooperativen Lernform ▶ Jigsaw (Gruppenpuzzle) durch gemeinsames Lesen der Aufgabenstellungen **a)–d)** im Plenum. Anschließend bilden sich Gruppen à fünf S (▶ Gruppenbildung), in der sich die Mitglieder eigenverantwortlich über die Verteilung der Texte A–E einigen.

Erarbeitung

b) Beim arbeitsteiligen **1. Lesen** klären die S zunächst in EA ggf. unbekannte Begriffe und notieren all die Dinge, die ihnen in ihrem jeweiligen Artikel als typisch für Australien erscheinen. L weist ggf. darauf hin, dass die Notizen möglichst keine bloßen Zitate sondern eigene Formulierungen sein sollten (kurze Zusammenfassungen, Stichwörter).

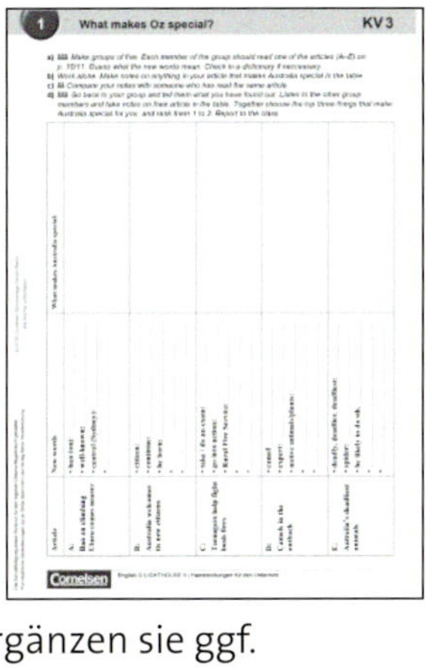

Hinweis: Im Text E kann L die S darauf hinweisen, den Begriff *deadliest* zu (er)klären (Steigerungsform: *deadly, deadlier, deadliest*; obwohl tödlich im Wortverständnis eigentlich nicht zu steigern ist. Bedeutung hier z. B.: „absolut keine Überlebenschance").

Differenzierung

L verteilt die Tabellenvorlage auf ▶ KV 3: What makes Oz special?, in der die neuen Begriffe bereits vorgegeben sind und jeder S in seiner Zeile weitere Notizen zum Text einträgt. Zur möglichen weiteren Verwendung der KV siehe **1d)**.

Erarbeitung

c) Jeder S sucht sich einen Partner, der den gleichen Text gelesen und erschlossen hat. Die Partner erklären sich abwechselnd die neuen Begriffe, vergleichen ihre Notizen und ergänzen sie ggf.

Lösungsbeispiel (In Tabellenform, s. auch ► KV 3: What makes Oz special?)

Article	New words	What makes Australia special:
A: Ban on climbing Uluru comes nearer	• ban (on) • well-known / better-known / best-known • central (Sydney) • burn • sacred	• famous tourist sights: Sydney Harbour Bridge, Great Barrier Reef and the rock Uluru • Uluru = Aboriginal name for the rock • over 200,000 tourists travel through the outback (= flat, empty landscape of central Australia) to see or climb it • for the local Aboriginals (called Anangu) Uluru is sacred: they don't climb it and ask tourists not to climb it
B: Australia welcomes its new citizens	• citizen • continue • be born • compare (with / to) • settle • large	• January 26th is Australia Day • lots of Chinese people live in Oz • "Aussie" = nickname for Australian people • Australia = a country of immigrants (since 1788) • today one in four Australians (25% of over 23.6 million) are immigrants • most of them live in the large cities on the coast (Sydney, Melbourne, Perth)
C: Teenagers help fight bush fires	• take / do an exam • final (school) exam • go into action • Rural Fire Service	• bush fires = a big problem in Australia • every year, bush fires destroy lots of houses and burn large areas of land • teenagers / students can join the Rural Fire Services and take time off school to help fight bush fires (e.g. in the Blue Mountains)
D: Camels in the outback	• camel • since • as • expert • native • such as • suffer (from)	• camels were brought to Oz in the 1800s and went wild • today more than a million wild camels live in the outback (the largest camel herd on earth) • problems for farmers: they drink water + destroy fences • native animals (kangaroos / emus) might suffer too
E: Autralia's deadliest animals	• deadly, deadlier, deadliest • spider • be likely to do sth. • surprise • allergic (to) • sting (n) • sting, stung, stung • salt • (tourist) hot spot	• some of the most dangerous animals in the world live in Oz: sharks, spiders, snakes • but according to a recent list the deadliest animals are: 1. jellyfish, 2. bees ... and salt water crocodiles are only at number 6

Zusatz In leistungsstärkeren Gruppen ergänzen S die Informationen aus den SB-Texten mithilfe zusätzlicher Recherchen (Literatur, Internet; Ideen siehe auch Info-Box) und präsentieren diese in der Klasse (mündlich oder durch Ergänzung ihrer schriftlichen Unterlagen).

INFO-BOX **Landeskundliches Hintergrundwissen zu den Artikeln**

Berowra / Blue Mountains (zu Text C):

Berowra ist ein im Bundesstaat *New South Wales* gelegener, nördlicher Vorort Sydneys mit rund 5.500 Einwohnern (2014). Der Ort ist anhand des *Pacific Highways*, des *M1 Freeway* sowie verschiedener Züge gut erreichbar, stellt aber als Wohngegend kein typisches Touristenziel dar. Der Ortsname wird auf die Aborigines zurückgeführt und im Englischen mit *place of many winds* übersetzt.

Der Fuß der *Blue Mountains* liegt etwa 65 km von Sydney entfernt und erhebt sich zu einem 1.100 m hohen Sandstein-Plateau, in dessen Mitte über Tausende von Jahren hinweg durch Erosion Klippen, Täler und Schluchten entstanden sind. Die Gebirgskette erhielt ihren Namen aufgrund ätherischer Öle, die bei warmer Luft von den Eukalyptuswäldern aufsteigen und einen blauen Dunst produzieren. Die Samen der Eukalyptusbäume benötigen Feuer, um aufzukeimen. Durch das abgesonderte Öl werden kleinere Schwelbrände verursacht, die den Waldboden in für die Pflanzen fruchtbare Asche verwandeln. Die Eukalyptuswälder sind durch eine Artenvielfalt gekennzeichnet, aufgrund derer die *Blue Mountains* zum Weltnaturerbe der UNESCO zählen.

Bush fires in Australia (zu Text C):

Buschbrände in Australien sind ein ernsthaftes ökologisches Problem, das sich durch Wasserknappheit und Klimawandel in den letzten Jahren noch deutlich verschärft hat.

Als *Black Saturday Bushfires* werden eine Reihe von Buschfeuern bezeichnet, die im Februar 2009 im Bundesstaat *Victoria* entflammten und als fatalste Brandkatastrophe in der Geschichte Australiens gelten. Um die 400 einzelne Brandherde zerstörten eine Gesamtfläche in der Größe des Saarlandes. Die Feuer breiteten sich so schnell aus, dass 173 Menschen starben, 414 weitere Personen verletzt wurden und 1.800 Häuser abbrannten. Als Reaktion auf diese Katastrophe trieb die australische Regierung den Ausbau des ausgefeilten Frühwarnsystems voran.

Camels in the outback (zu Text E)

Da Kamele in der Lage sind, sich an extreme Lebensbedingungen in unwirtschaftlichen Landzügen anzupassen, eigneten sie sich ursprünglich als Arbeitstiere und zum Transport von Lasten durch die Wildnis Australiens. Mit der Entwicklung erster Verbrennungsmotoren verloren die Tiere jedoch an Bedeutung für die Europäer und wurden ins *Outbac*k entlassen, wo sie sich in Ermangelung natürlicher Feinde rasant vermehrten. Heutzutage fügen Kamele der australischen Natur einen nicht unerheblichen Schaden zu. Sie grasen bis zu 80 % der lokalen Pflanzen ab und treten dadurch mit im *Outback* lebenden Aborigines, Rinderfarmern sowie einheimischen Tierarten in Konkurrenz um Nahrung und knappe Wasserreserven. Die breiten Hufe der Kamele tragen zudem zur Erosion des Bodens bei und die wenigen existierenden Wasserstellen werden in Dürrezeiten durch hohe Zahlen gesunder, erkrankter und verstorbener Tiere verschmutzt. Um den Bestand zu kontrollieren, ließ die australische Regierung in den letzten Jahren Zehntausende Kamele von Jägern in Helikoptern erschießen.

S. 11

Erarbeitung

d) Die S treffen sich wieder in ihren Ausgangsgruppen und informieren sich gegenseitig anhand ihrer Notizen über die Inhalte der Artikel, die sie gelesen haben. Für die Einigung auf die Top 3 der Gruppe kann L ggf. Redemittel vorgeben (Tafel / Folie), z. B.:

- What makes Australia special for me is that … and …
- I think the (three) most interesting / special things about Australia are …

- I (don't) agree with you.
- In my opinion, … is the most important thing that makes Australia different. Other special things are … and …
- My three favourite "special facts" about Oz are …

Differenzierung

Wenn die S in Schritt **b)** die Tabellenvorlage für ihre Notizen genutzt haben, schneidet jedes Gruppenmitglied seine Zeile aus der Tabellen-Vorlage aus und legt sie auf den Gruppentisch. Nachdem alle Texte vorgestellt wurden, einigen sich die S zunächst auf die drei interessantesten Texte, anschließend auf eine Reihenfolge. Dazu legen sie die ausgeschnittenen Textzeilen in die abgestimmte Folge. Abschließend stellt jede Gruppe ihr Ergebnis (Reihenfolge der interessantesten Artikel) im Plenum vor.

Lösung

Individuelle Lösungen.

▶ DFF 1.1

More practice 2 p. 98

An Aussie network

Erarbeitung

Die S übertragen die *Network*-Vorlage ins Heft und ergänzen sie in EA durch Begriffe auf den Seiten 10 und 11. Dazu ggf. **2. Lesen** aller Artikel, da beim ▶ Jigsaw nicht alle S alle Texte intensiv gelesen haben. Alternativ kann diese Aufgabe daher auch in GA bearbeitet werden (Gruppen wie in Aufgabe **1a)**).

Auswertung

Abschlusspräsentation der Ergebnisse *(networks)* im Plenum.

Lösungsbeispiel

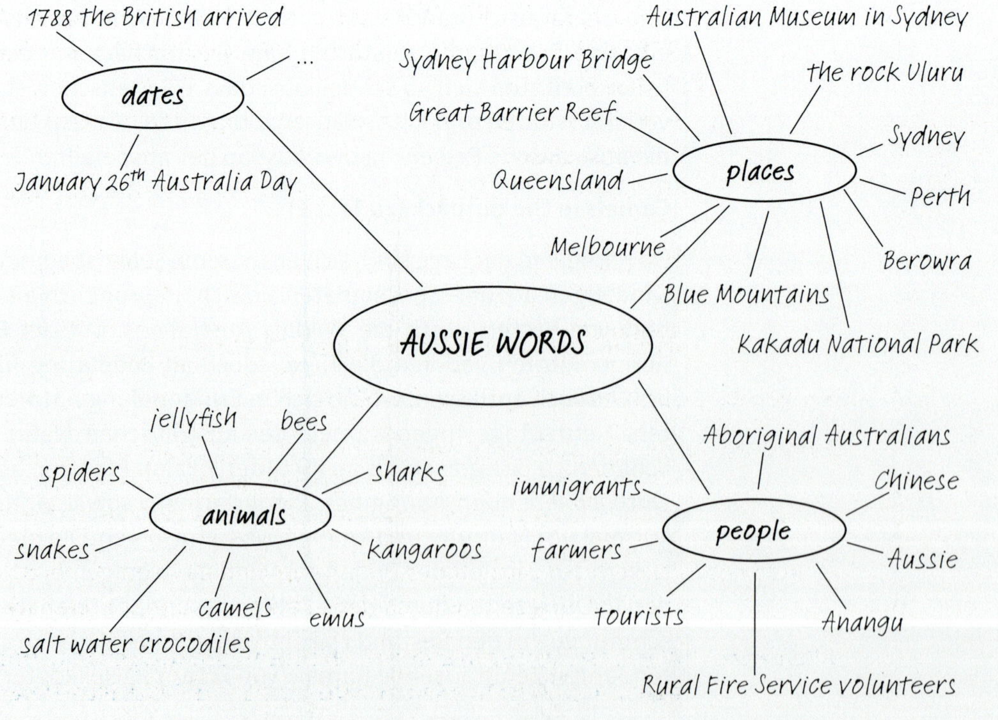

2 WRITING Australia – a place to visit?

Erarbeitung: Auf Basis ihrer Notizen aus **1** (und ggf. des *Aussie network* aus *More practice 2* sowie der Gestaltungshinweise im *SF 8.2 Writing a comment* (SB-Seite 174) verfassen die S einen Kommentar zur Fragestellung aus der Überschrift. Darin beschreiben sie die Dinge, die für Besucher Australiens ihrer Meinung nach besonders interessant sind und begründen, ob und warum sie selbst Australien gerne bereisen würden (oder nicht).

Auswertung: Vorlesen einzelner Kommentare im Plenum oder / und Aushängen und Würdigung aller Schülertexte in Form eines ▶ Gallery walk.

Lösung: Individuelle Lösungen.

▶ WB 2–5, p. 5 ▶ DFF 1.2 ▶ INKL pp. 10–11

More practice 3 p. 99 What have you learned about Oz?

Wortschatz: °complete

Erarbeitung: Die S übertragen die vorgegebenen Satzanfänge 1–10 ins Heft und ergänzen sie mithilfe der passenden Informationen aus den Artikeln auf den SB-Seiten 10/11 (▶ Scanning).

Auswertung: Kontrolle durch ▶ Partner check oder / und ▶ Meldekette im Plenum.

Lösung:

1. *The most popular places for tourists are* ***Sydney Harbour Bridge, the Great Barrier Reef and the big rock Uluru****.*
2. *Some people decide not to climb Uluru because* ***for the local Anangu people Uluru is sacred / the Anangu people politely ask visitors not to climb it****.*
3. *25% of the Australian population today are* ***not originally from Australia****.*
4. *Many people in Australia live* ***in the large cities on the coast, especially Sydney, Melbourne and Perth****.*
5. *Australian teenagers who want to fight fires join* ***the Rural Fire Service****.*
6. *It's important to stop bush fires because* ***(every year) they destroy houses and burn large areas of land****.*
7. *Examples of Australian native animals are* ***kangaroos and emus****.*
8. *Camels are a problem because* ***they drink water (that is needed for other animals) and destroy fences****.*
9. *When people think of dangerous Australian animals, they first think of* ***sharks, spiders and snakes****.*
10. *But the most dangerous animals in Australia are* ***jellyfish and bees****.*

More challenge 2 p. 99 Another point of view

Wortschatz: perspective • °pledge • °firefighter

Erarbeitung: Die S schreiben zu einer der im SB vorgeschlagenen Situationen eine Geschichte, wobei sie die Rolle eines Touristen oder Neubürgers in Australien übernehmen. Bei der Ausarbeitung können sie sich an *SF 7 Writing course* (SB-Seite 172 ff) orientieren.

Auswertung: Zu jeder der Situationen wird (mindestens) eine Geschichte im Plenum vorgelesen. Zuhörende Mit-S geben ein möglichst ausgewogenes ▶ Feedback.

Alternative: Alle Geschichten werden im Klassenraum ausgehängt und in Form eines ▶ Gallery walk gewürdigt. Abschließend können die S ihre Texte illustrieren und im Portfolio abheften.

THEME 2 Emergencies in Oz

Inhalt

Die Doppelseite thematisiert die besonderen Gefahren für Bürger und Touristen in Australien, bedingt durch Naturphänomene (Hitze und Sonneneinstrahlung, gefährliche Meeresströmungen) oder die einheimische Tierwelt (von Schlangen bis zu giftigen Quallen). Die S setzen sich mit Erste Hilfe-Ratschlägen auseinander und lernen sowohl die Arbeit der *Flying Doctors* in den dünn besiedelten Gebieten *(Australian outback)* kennen als auch die Bedeutung der Lebensrettungsdienste *(lifeguards)* an den Stränden Australiens.

S. 12

1 LISTENING The Flying Doctors

Erarbeitung

a) **SB geöffnet.** Gemäß SB.

Alternative

Bildbeschreibung und Spekulieren über die Funktion des RFDS in Form einer ▶ Meldekette im Plenum (je ein Satz pro S), z. B.:

S1: *I can see some people in front of a small plane in the outback.*
S2: *They are standing around a person who is lying on a bed / stretcher.*
S3: *The door of the plane is open.*
S4: *The people are about to get / put / carry the person into the plane.*
S5: *A man is standing in the open door and trying to help.*
S6: *The person on the bed is probably ill.*
S7: *Or maybe he or she was hurt in an accident.*
S8: *So I think the RFDS helps people who are in trouble in the outback. (...)*

Auswertung

Ergebnissicherung im Plenum.

Lösungsbeispiel

The RFDS is an emergency service for people in the Australian outback. They use planes to get people who are ill or injured to the nearest hospital or doctor.

Überleitung

Zur Ergebnissicherung und Vorentlastung des Hörverstehens sichert L Bedeutung und Aussprache zentraler neuer Begriffe, zum Beispiel durch einen Vergleich der Erreichbarkeit eines Arztes und Luftrettung in Deutschland und im *Outback*.

L: *What do you do when you see an accident or an emergency in Germany?*
S: *You call the emergency services / 112 / ...*
L: *Right, and the emergency services usually arrive very fast. However, it's difficult if there is an emergency "in the middle of nowhere", far away from the next town, for example in the huge* (Gestik) *Australian outback. That's why they have the "Royal Flying Doctor Service" (RFDS) in Australia. The "Royal Flying Doctor Service" is a rescue service supported by the government / the British Queen (= "Royal") that helps to get patients (= people who are seriously hurt or ill) in the outback to the next doctor or hospital by plane. That's quite expensive, so the RFDS asks people to donate (= give money) to keep up their service. Let's listen to a radio advert and find out more about the RFDS.*

Erarbeitung

b) Vor der Präsentation des Hörtextes lesen die S zunächst die Aufgabenstellung (entweder still in EA oder gemeinsam im Plenum) und notieren die drei Fragen im Heft. Während des **1. Hörens** und im Anschluss machen sie sich im Heft Notizen zu den Fragen.

O Differenzierung
▶ 1.01

In lernschwächeren Gruppen kann L den Hörtext mehrfach vorspielen oder / und die Aufnahme nach einzelnen – für die Beantwortung relevanten – Abschnitten stoppen, um den S mehr Zeit für ihre Notizen zu geben.

Auswertung

Austausch zu den Fragen anhand der Notizen (▶ Partner check) und ggf. **2. Hören** zur Kontrolle.

Lösung

- *Where do the flying doctors work?* ***In the outback / in the huge inland area of Australia / in the middle of nowhere / far from the cities, towns, beaches.***

- *Why are they important?* ***There are no towns, doctors, hospitals in the outback / they are often the only health care for people who live in the middle of nowhere or for tourists who visit Australia's outback / they save the lives of people in places that are hard to get to.***
- *What do they need?* ***Help and support / money.*** ▶ DFF 1.3

2 READING Tips from the RFDS website

Wortschatz
expect • litre • break down • shade • shadow • light a fire • light, lit, lit • heat • heat stress • I'm / I feel sick. • sick • cool down • bite *(n)* **• bite, bit, bitten • still • phone for an ambulance** • °identify • °anti-venom

Erarbeitung
a) **SB geöffnet. 1. Lesen** bzw. ▶ Scanning der Ratschläge von der Website gemäß der Fragestellungen im SB. Die S notieren ihre Antworten stichwortartig im Heft und diskutieren sie mit einem Partner.

O Differenzierung
Da die S zur Beantwortung der Fragen *(problems / climate)* relativ viel unbekannten Wortschatz aus dem Kontext erschließen müssen, ist es speziell in lernschwächeren Gruppen sinnvoll, einige zentrale (Such-)Begriffe bereits vor dem **1. Lesen** bzw. ▶ Scanning bewusst zu machen, z. B.: *break down, shade, light a fire, heat stress, (feel) sick, snake bite.*

Hinweis: Die Detailkenntnisse werden spätestens für die Teilaufgaben **b)** und **c)** benötigt.

Auswertung
Ergebnissammlung im Plenum.

Lösung
- *problems in the outback:* ***your car can break down • you can get lost • you might suffer from heat stress / feel sick • there's no water / no shade • a snake might bite you • ...***
- *climate:* ***hot, sunny and dry***

Erarbeitung
b) Orientiert an den Wendungen aus dem Website-Text fügen die S die Begriffe aus beiden Kästen zusammen. Dazu ist ggf. ein detaillierteres **2. Lesen** notwendig.

Auswertung
Ergebniskontrolle im ▶ Partner check oder / und ▶ Meldekette im Plenum.

Lösung
break down • call a doctor • cool down • get into the shade • get into trouble • get lost • get out of the sun • get to a hospital • light a small fire • stay calm and still • stay safe • use your torch and your whistle

Erarbeitung
c) Die S übertragen die Wendungen 1–6 ins Heft und notieren dahinter die zugehörigen Synonyme bzw. Bedeutungen aus dem Text in **a)**.

Auswertung
Ergebniskontrolle im ▶ Partner check und ggf. abschließende ▶ Meldekette im Plenum.

Lösung
1 *stay safe •* ***2*** *get lost •* ***3*** *get into the shade •* ***4*** *cool down •* ***5*** *stay calm and still •* ***6*** *call the emergency services*

More practice 4 p. 99 What's the problem?

Wortschatz
°be around

Erarbeitung
Die S lesen zunächst (still in EA oder laut im Plenum) die Problembeschreibungen **a)–g)**. Dann lesen sie die nachfolgenden Erfahrungsberichte von vier Touristen, übertragen deren Namen ins Heft und ordnen ihnen das passende Problem zu.

Auswertung
Ergebniskontrolle im ▶ Partner check und ggf. abschließende ▶ Meldekette im Plenum.

Lösung
Erin: c) *... was bitten by a snake. •* ***Rob: e)*** *... suffered from heat stress. •* ***Danny: f)*** *...'s car broke down. •* ***Laura: a)*** *... got lost in the outback.*

S. 13

3 LISTENING Emergencies on the beach

Wortschatz

care *(n)* **• with care • protect • over there • bleed, bled, bled • redness • take sb.'s temperature •** °rip current • °slip on (a T-Shirt) • °slap on a hat *(infml)* • °slop on some suncream *(infml)* • °seek shade, sought, sought • °slide on some sunglasses, slid, slid • °verb • °mate

Erarbeitung ► 1.02

a) **SB geöffnet.** Die S betrachten zur Vorentlastung der Höraufgabe die Schilder A, B und C und lesen den Hinweis auf *Australian phrases* (still in EA oder laut im Plenum). Während des **1. Hörens** halten sie die Zuordnung der Hörtexte zu den Bildern in Kurzform im Heft fest (► Note-taking).

Auswertung

► Partner check und abschließender Abgleich im Plenum. L visualisiert die Zuordnung z. B. in Form einer Tabelle (Tafel / Folie):

conversation	sign
1	B
2	A
3	C

Lösung

1 B • 2 A • 3 C

Erarbeitung

b) Die S übertragen die Lückensätze in ihr Heft und setzen dabei die passenden Verben aus der grünen Auswahlbox ein.

//● p.100 Es handelt sich um eine Parallelübung auf zwei Niveaus. Lernstärkere S wählen die Aufgabe auf SB-Seite 100 (ohne Verbauswahl) und müssen bei fünf von sechs Sätzen jeweils zwei Verben einsetzen (siehe blaue Lösungswörter im Lösungsbeispiel).

Auswertung

2. Hören zur Selbstkontrolle und abschließender Abgleich im Plenum.

Alternative

Kontrolle mithilfe des Hörtextes auch als ► Partner check möglich. Da die Sätze beider Niveaustufen identisch sind, können die Paare bewusst gemischt zusammengesetzt sein, wobei lernschwächere S, die die leichtere Aufgabe (SB-Seite 13) bearbeitet haben, die Lösungen der lernstärkeren Mit-S zur schwereren Parallelübung (SB-Seite 100) anhand ihrer ausführlicheren Vorgaben im Hinblick auf inhaltliche und orthografische Richtigkeit überprüfen.

Lösung

1 *"G'day. I don't **think** you **should** swim here. It's dangerous."*
2 *"If I were you, I'd **swim** between the flags – it's safer over there."*
3 *"G'day. Can you **help** us? My mate has **hurt** his foot."*
4 *"It isn't bleeding, but I **(can) see** some redness. Does it **hurt** now?"*
5 *"I **feel** a bit sick and I **have** a headache."*
6 *"**Let** me **take** your temperature. It's quite high and you **look** a bit red."*

Erarbeitung

c) Gemäß SB. Vorbereitend wählt jeder S ein Schild aus und macht sich einige Notizen (► Note-making) zu dessen Bedeutung (keine Bildbeschreibung!).

Lösungsbeispiel

A *You can find this sign at a beach. It means there are dangerous jellyfish in the water.*
B *You can find this sign at a beach. It means that swimmers must be careful because there are dangerous currents. In a current even a good swimmer will find it difficult to swim back to the beach.*
C *This sign shows some tips on how to protect yourself from the sun by wearing a shirt, a hat and sunglasses, using suncream and looking for shade, e.g. under a tree.* ► DFF 1.4

4 SPEAKING Getting help

Wortschatz °silent • °act

Einstieg **SB geöffnet.** Gemeinsame Bildbeschreibung im Plenum (reihum, je ein Satz pro S oder als ▶ Meldekette). Die S stellen Vermutungen an, welches Problem das Bild darstellt.

L: *Look at this picture of a nice Australian beach. There seems to be a problem. Describe the beach scene and guess what the problem might be.*
S: *I can see a sandy beach with a rock in the background. – Some people are diving from the rock into the sea. – In the foreground on the right a woman with a big blue hat is sitting on a (blue and white) towel. – She's reading. – Next to her there's a yellow warning sign with a jellyfish on it. – In the foreground on the left, a boy is standing next to his towel. – He's holding his left arm. – A girl is looking at his arm. – It's red. – A man or woman with a bag is running towards the boy. – Maybe it's a lifeguard with a first-aid kit who wants to help the boy. – I think the boy was hurt / stung by a jellyfish while he was swimming. – …*

Erarbeitung **a)** **Silent dialogue:** Die S lesen zunächst die Aufgabenstellungen für Partner A und B und einigen sich anschließend auf ihre Rollen. Partner A beginnt das ▶ Stumme Schreibgespräch, indem er den ersten Satz auf ein DIN-A4-Blatt schreibt. Partner B liest den ersten Satz, schreibt die Antwort dazu und gibt das Blatt zurück. Partner A schreibt einen weiteren Satz usw.

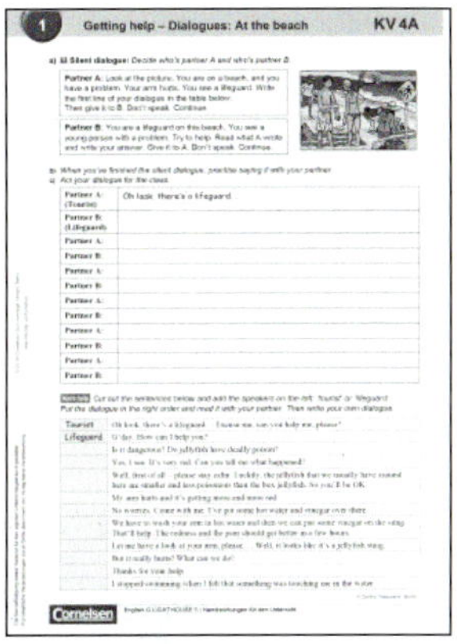
Getting help – Dialogues: At the beach KV 4A

Differenzierung S nutzen das Dialoggerüst auf ▶ KV 4A: Getting help – Dialogues: At the beach und sortieren zunächst die vorgeschlagenen Satzbausteine *(scrambled dialogue)*.

Auswertung Wenn beide Partner sich auf ein Ende geeinigt haben, lesen sie ihren Dialog zunächst einmal halblaut mit verteilten Rollen vor um zu prüfen, ob die Abfolge (Frage – Antwort) logisch und nachvollziehbar ist. Falls nicht, korrigieren sie ggf. noch an den nötigen Stellen.

Zusatz Anschließend finden sich je zwei S-Paare zu einer Vierergruppe zusammen, lesen einander ihre Dialoge vor und holen Rückmeldung des Partner-Paares ein, auf deren Basis sie ihre Texte ggf. noch überarbeiten.

Erarbeitung **b)** Einüben des Dialogs gemäß SB. Dazu lesen die S ihren geschriebenen Dialog zunächst mehrfach mit verteilten Rollen laut vor. Zur Vorbereitung des freien Sprechens (Aufgabenteil **c)**) liest danach jeweils nur ein Partner seine Sätze vor, der andere Partner antwortet frei. Nach mehrfachem Wechsel versuchen beide Partner ihre jeweilige Rolle frei zu sprechen.

Auswertung **c)** Freiwillige S-Paare spielen ihre Dialoge in der Klasse vor. Lernschwächere S nutzen (noch) ihre schriftlichen Aufzeichnungen als Hilfe (▶ Read-and-look-up technique). Zuhörende S würdigen die Leistungen ihrer Mit-S und geben sachdienliches ▶ Feedback.

Alternative Zur Festigung und damit möglichst alle S ihre Leistungen präsentieren können, bieten sich folgende Möglichkeiten an:

- Teilung der Klasse in zwei oder drei Gruppen, in denen die Dialoge gespielt werden.
- Teilung der Klasse in vier bis sechs Gruppen. In jeder Gruppe werden die Partner A/B-Rollen von S gespielt, die vorher nicht als Partner geübt haben (Partnerzuordnung möglich über Losverfahren, würfeln, …).
- Aufnahme der Spielszenen (mit Videokamera, Smartphone, …) und Präsentation im Plenum. Dies bietet den Vorteil, dass lernschwächere S Einzelsätze wiederholen können, um im Gesamtzusammenschnitt eine möglichst gute Darstellung zu bieten.

Lösungsbeispiel Individuelle Lösungen. Erwartungshorizont siehe Satzbausteine auf der KV:

Partner A	*Oh look, there's a lifeguard. – Excuse me, can you help me, please?*
(Partner B) Lifeguard	*G'day. How can I help you?*
Partner A	*My arm hurts and it's getting more and more red.*
Lifeguard	*Yes, I see. It's very red. Can you tell me what happened?*
Partner A	*I stopped swimming when I felt that something was touching me in the water.*
Lifeguard	*Let me have a look at your arm, please. ... Well, it looks like it's a jellyfish sting.*
Partner A	*Is it dangerous? Do jellyfish have deadly poison?*
Lifeguard	*Well, first of all – please stay calm. Luckily, the jellyfish that we usually have around here are smaller and less poisonous than the box jellyfish. So you'll be OK.*
Partner A	*But it really hurts! What can we do?*
Lifeguard	*We have to wash your arm in hot water and then we can put some vinegar on the sting. That'll help. The redness and the pain should get better in a few hours.*
Partner A	*Thanks for your help.*
Lifeguard	*No worries. Come with me. I've got some hot water and vinegar over there.*

▶ DFF 1.5

More practice 5 p. 100 At the doctor's

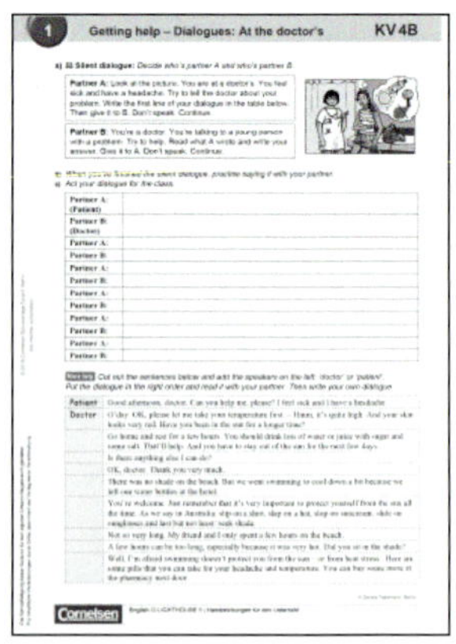
Getting help – Dialogues: At the doctor's KV 4B
Cornelsen

Wortschatz °doctor's office

Erarbeitung a) **Silent dialogue:** Verfahren wie bei Aufgabe **4a)** (HRU-Seite 37) beschrieben.

O Differenzierung S nutzen das Dialoggerüst auf ▶ KV 4B: Getting help – Dialogues: At the doctor's und sortieren zunächst die vorgeschlagenen Satzbausteine *(scrambled dialogue)*.

Erarbeitung b) Gemäß SB. Weitere Tipps zum Einüben der Dialoge siehe auch Kommentar zu Aufgabe **4b)** (HRU-Seite 37).

Auswertung c) Gemäß SB, siehe auch Kommentar zu Aufgabe **4c)** (HRU-Seite 37).

Lösungsbeispiel Individuelle Lösungen. Erwartungshorizont siehe Satzbausteine auf der KV:

Partner A (Patient)	*Good afternoon, doctor. Can you help me, please? I feel sick and I have a headache.*
Partner B (Doctor)	*G'day. – OK, please let me take your temperature first. ... Hmm, it's quite high. And your skin looks very red. Have you been in the sun for a longer time?*
Patient	*Not so very long. My friend and I only spent a few hours on the beach.*
Doctor	*A few hours can be too long, especially because it was very hot. Did you sit in the shade?*
Patient	*There was no shade on the beach. But we went swimming to cool down a bit because we left our water bottles at the hotel.*
Doctor	*Well, I'm afraid swimming doesn't protect you from the sun – or from heat stress. Here are some pills that you can take for your headache and temperature. You can buy some more at the pharmacy next door.*
Patient	*Is there anything else I can do?*
Doctor	*Go home and rest for a few hours. You should drink lots of water or juice with sugar and some salt. That'll help. And you have to stay out of the sun for the next few days.*
Patient	*OK, doctor. Thank you very much.*
Doctor	*You're welcome. Just remember that it's very important to protect yourself from the sun all the time. As we say in Australia: slip on a shirt, slap on a hat, slop on suncream, slide on sunglasses and last but not least: seek shade.*

5 WRITING Tips for tourists in Australia

Wortschatz °avoid

Erarbeitung **a)** Anhand des Einstiegssatzes und der Vorgaben im SB (s. auch *SF 8.1 The steps of text writing*, SB-Seite 172–173) verfassen die S einen kurzen Artikel mit Reisetipps für Touristen in Australien. Dabei formulieren sie geeignete Inhalte der RFDS-Webseite von SB-Seite 12 sowie des Hörtextes zu Aufgabe **3** (SB-Seite 13) adressatengerecht um.

O Differenzierung Um den Schreibprozess strukturiert zu planen, bietet es sich an, vorab gemeinsam im Plenum oder in PA Stichwörter und nützliche Wendungen in einer ▸ Mindmap oder einer Tabelle zu sammeln, z. B.:

Tips for tourists in Australia: Avoiding problems			
outback travelling	*sun*	*snake bites*	*swimming*
– bring lots of water, a torch and a whistle	*– heat stress*	*– stay calm and still*	*– take warning signs seriously*
– if your car breaks down: never leave it / use it for shade	*– drink lots of water*	*– don't try to catch / kill the snake (= it could bite again!)*	*– swim with care: watch out for dangerous animals (jellyfish, sharks, ...)*

outback travelling	sun	snake bites	swimming
- if you get lost: go to high ground + light a fire; at night: use your torch and whistle	- get into the shade	- get to a doctor / hospital fast or call the emergency services	- swim between flags (avoid rip currents!)
- ...	- slip, slap, slop, seek, slide	- identify the snake (= helps the doctor to find an anti-venom)	- ...

Lösung Individuelle Lösungen.

Erarbeitung **b)** ▤ **Reading circle:** Alle Texte werden in der Klasse ausgehängt und kommentiert.

Hinweis: L kann für die Kommentare beim ▸ Reading circle Karten in zwei Farben verteilen: gelbe Karten für Anerkennung und Lob; blaue Karten für Tipps zur Optimierung.

Lösung Individuelle Lösungen. ▸ WB 4–6, p. 6 ▸ INKL pp. 12–13

THEME 3 Pride in my people

Inhalt Anhand eines Video-Clips der australischen Schülerband *The Burdekin Crew* aus der Kleinstadt Ayr und eines Lesetextes setzen sich die S mit der Identitätsfindung der Australischen Ureinwohner *(Indigenous Australians)* auseinander. Dazu gehören Einblicke in die Geschichte Australiens, die Darstellung kultureller Besonderheiten, aber auch heutige Probleme, z. B. von jugendlichen *Indigenous Australians.*

S. 14

1 VIEWING The Burdekin Crew

Wortschatz **crew • body • paint** *(v)* **• painter • painting • body painting • traditional**

Einstieg L zeigt auf einer Australienkarte (s. auch Umschlaginnenseite des SB) den Ort Ayr, die Region und den Fluss Burdekin und führt in die Thematik ein.

L: *Burdekin is a river and a small area in Queensland. The biggest town, Ayr, has less than ten thousand inhabitants, and there are two high schools. One of them is the Ayr State High School, and that's where the 'Burdekin Crew' comes from. Can you guess what the 'Burdekin Crew' is? (a sports team, a (school) band, a group of teachers, ...) – Let's find out more on page 14 in your book.)*

INFO-BOX Shire of Burdekin – The Burdekin Crew

Burdekin ist der Name eines lokalen Verwaltungsgebiets im Norden des australischen Bundesstaats Queensland. Mit einer Einwohnerzahl um die 18.000 (2014) auf einer Fläche von 5.052 km² liegt das Gebiet nördlich von Brisbane am Delta des Burdekin River. Der Fluss wurde 1849 nach dem Sponsor einer Entdecker-Expedition, Thomas Burdekin, benannt. *Ayr*, der Verwaltungssitz des Burdekin Shire, hat ca. 8.400 Einwohner (2011) und stellt somit die größte Stadt der Region dar.

Die *Burdekin Crew* ist eine Gruppe von Schülerinnen und Schülern der *High school* in *Ayr*, die 2012 mit ihrem Song *Eyes Wide Open* an dem landesweiten Projekt *Song Nation* der Wohltätigkeitsorganisation *Desert Pea Media* teilnahm. Anliegen von *Desert Pea Media* ist es, die anhaltende soziale Benachteiligung der Aborigines in Australien in musikalischen Projekten sowie Dokumentationen öffentlich zu kritisieren.

Erarbeitung ▶ **a)** Gemeinsames Lesen des Einleitungstextes im Plenum (dabei ggf. Überprüfung der Vermutungen aus dem Einstieg) und **1. Sehen** des Videos gemäß SB.

Auswertung S äußern ihre spontanen Eindrücke und Empfindungen zum Video im Plenum, z. B. in Form einer ▶ Meldekette (Stichworte oder Sätze).

Lösung Individuelle Lösungen.

Erarbeitung **b)** Beim **2. Sehen** achten die S anhand der Bilder im SB gezielt darauf, an welchen Stellen Symbole der Aborigine-Kultur auftauchen und machen sie sich dazu Notizen (s. Tabelle).

Auswertung Vergleich im Plenum.

Lösungsbeispiel

body painting	*the colours of the Aboriginal flag*	*traditional dance steps*
- *white paintings on their cheeks (white circle with white dots around it and one dot in the middle + two white lines)*	- *black and red shirts* - *red caps and sunglasses* - *red and yellow scarves around their heads* - *red flowers in their hair*	- *simple steps left-right-left (in the sunset, towards the end of the video)* - *steps / walking towards the audience*

Erarbeitung

c) ▸ Gruppenbildung (à je drei S) und Aufgabenverteilung gemäß SB. Beim **3. Sehen** machen sich die einzelnen Gruppenmitglieder Notizen zu ihrer ausgewählten Frage. Abschließend tauschen sie sich innerhalb ihrer Dreiergruppen über ihre Ergebnisse aus.

Hinweis: Vor dem Austausch in der Dreiergruppe können sich alle S, die dieselbe Frage (1, 2 oder 3) bearbeitet haben, in jeweils einer Klassenecke treffen, um ihre Ergebnisse auszutauschen und ggf. zu ergänzen.

Lösung

1 The music is (slow) rap, hip hop. / I like it. / It's my favourite music, too. / I don't like it. The dancing is hip hop / breakdance and traditional dance.
2 Ayr seems to be a nice small town. I can see a park, trees, rocks, a river, no skyscrapers.
3 The Burdekin Crew: about ten or more boys and girls; about 17 or 18 years old; they are wearing jeans, black and red shirts, red caps, red and yellow scarves around their heads, red flowers in their hair, red sunglasses; ...

Erarbeitung

d) S diskutieren die vorgegebenen Botschaften im Plenum und begründen ihre Auswahl anhand geeigneter Stellen im Videoclip.

Lösung

C Be proud of who you are.

2 Eyes wide open

Wortschatz

wide • ° mediation • °verse • °roll as one • °stay on track • °stand tall • °pop *(infml)*

Erarbeitung

a) **MEDIATION** Die S einigen sich zunächst, wer welche Strophe (A oder B) in EA erschließt. Dazu machen sie sich ggf. Notizen, anhand derer sie einander im ▸ Partner talk die zentrale Botschaft in wenigen deutschen Sätzen erklären.

Auswertung

Freiwillige S-Paare präsentieren ihre Interpretationen von Strophe A und B im Plenum, die Zuhörer ergänzen, wenn nötig.

Alternative

Die S treffen sich in kleineren Gruppen (z. B. jeweils zwei Gruppen zu Strophe A und zwei zu Strophe B), tauschen sich anhand ihrer Notizen über ihre Ergebnisse aus und ergänzen sie, wenn nötig.

Lösungsbeispiel

(A) Die Ureinwohner Australiens können stolz auf sich sein, denn sie haben viel erkämpft (Anerkennung, Gleichberechtigung). Ihr Weg ist jedoch noch weit und sie müssen sich gemeinsam und mit offenen Augen / kritischem Blick in eine bessere Zukunft aufmachen.
(B) Es ist wichtig, dass die Ureinwohner ihre Herkunft / Vergangenheit bewahren und gleichzeitig zielgerichtet und positiv den Weg in eine bessere Zukunft fortsetzen. Statt (zornig) auf schwierige Zeiten zurückzublicken, sollten sie aktiv für ihre Anerkennung / Rechte eintreten, um das Leben in Burdekin zu verbessern.

Erarbeitung

b) Plenumsdiskussion zum Thema Stolz (= Freude über eine eigene Leistung / Sache) gemäß Aufgabenstellung.

Auswertung

L notiert Diskussionsergebnisse (Leistungen / Sachen / ...) stichwortartig an der Tafel.

Zusatz

L gliedert die Diskussionsergebnisse in zwei Spalten und fordert die S auf, die Intention herauszufinden und Überschriften für beide Spalten zu formulieren, z. B.:

proud of things I've done	*proud of other people or things*
a good mark in my last English / ... test	*my parents, family*
winning a match	*my town, country*
passing a test	*my football club, my ... team*
my volunteer job: ...	*...*

S. 15

3 READING First Australians

Wortschatz **almost • indigenous (to) • indigenous people • indigenous Australian • simple • disease • continent • way of life • health • dot • dot painting • secret • fantastic •** °nomadic • °gather • °total • °minority • °stick • °boomerang • °didgeridoo • °dig, dug, dug • °match • °description • °farming

INFO-BOX Didgeridoo

Das *Didgeridoo*, ein australisches Holzblasinstrument, ist bereits in 2500-3000 Jahre alten Felsmalereien der Aborigines abgebildet. Der Name *Didgeridoo* beruht vermutlich auf lautmalerischer Klangnachahmung des Instruments. Das Instrument wird aus von Termiten ausgehöhlten Eukalyptusstämmen hergestellt, die zwischen einem und zweieinhalb Metern lang sind. Damit die Lippen des Bläsers beim Spielen unverletzt bleiben, wird das ausgehöhlte Instrument mit Wachs überzogen. Das *Didgeridoo* wird beim gemeinsamen Musizieren und zu festlichen Anlässen hockend oder sitzend gespielt, sodass das Ende des langen Instruments auf dem Boden abgelegt werden kann. Um den tiefen Grundton während des Spiels dauerhaft aufrecht zu erhalten, ist ein komplexes Zusammenspiel von Mundbewegungen, Atemtechnik und Stimmeffekten erforderlich. Daher wird das *Didgeridoo* heutzutage auch zur Therapie von Atemwegserkrankungen eingesetzt.

Erarbeitung **a)** **SB geöffnet.** Gemäß SB. L sichert ggf. vor Beginn des ► Partner talk die Bedeutung der Arbeitsanweisung: *Skim this text ...* = überfliegendes Lesen (s. auch ► Lesetechniken: *Skimming*) im Plenum.

Auswertung Einzelne S-Paare präsentieren ihre Vermutungen zum Thema des Textes im Plenum und begründen sie auf Grundlage der Bilder und Überschriften.

Hinweis: Dabei (oder im Anschluss) kann L zentrale neue Begriffe einführen und die Aussprache sichern, z. B.: *indigenous (to), indigenous Australian, indigenous people, disease, dot painting, °nomadic, °minority, °boomerang, °didgeridoo.*

Lösungsbeispiel Mögliche S-Äußerungen: *I think it's about the first Australians / Aboriginal Australians and their history / past, about their culture (dances, instruments) and their problems today. / ...*

Erarbeitung **b)** **1. Lesen** und Sicherung des Globalverstehens gemäß SB: die S ordnen die beiden vorgegebenen Kurzbeschreibungen dem jeweils passenden Textabschnitt zu.

Auswertung Vergleich im Plenum.

Lösung

- *This paragraph describes the terrible things that happened when settlers came to Australia. = the first paragraph:* ***A difficult past***
- *In this paragraph we discover some of the fantastic things that Aboriginal Australians can make. = the last paragraph:* ***A special culture***

Erarbeitung **c)** Die S formulieren im ► Partner talk eine Kurzbeschreibung für den Inhalt des zweiten Absatzes *(Problems today).*

Auswertung Jedes Paar, das eine Beschreibung erstellt hat, sucht sich ein weiteres Paar. Nach gegenseitiger Vorstellung der beiden Beschreibungen einigt sich diese Vierergruppe auf eine gemeinsame Lösung, die sie abschließend im Plenum vorstellt.

Lösungsbeispiel *In this paragraph we learn that today, Indigenous Australians are a minority in their own country and that lots of them are poor, unemployed and have bad health.*

Zusatz Nochmaliges Lesen aller Textabschnitte im Zusammenhang. Die S erschließen den Text, notieren und klären ggf. weitere unbekannte Begriffe mit dem jeweiligen Partner und sichern so auch das Detailverständnis (notwendig u.a. für Teilaufgabe **d)** und *More practice 6*).

More practice 6 p. 100 Understanding Aboriginal people

Erarbeitung Die S lesen die Satzanfänge sowie die jeweilige Antwortauswahl (A–D) und notieren nach dem **2. Lesen** in EA die korrekten Lösungen (in Kurzform: Zahl, Buchstabe) im Heft. L weist ggf. darauf hin, dass zur Lösung ein nochmaliges detailliertes Lesen und Verständnis der betreffenden Textstellen notwendig sein kann.

Auswertung ▸ Partner check oder / und Abschlusskontrolle im Plenum; danach übertragen die S die komplettierten Sätze ins Heft.

Lösung ***1*** *D* • ***2*** *A* • ***3*** *C* • ***4*** *B* • ***5*** *B* • ***6*** *B*

Erarbeitung **d)** **WRITING:** Die S nutzen den vorgegebenen Anfangssatz als Einstieg und formulieren anhand ihrer Vorkenntnisse und der Stichwörter aus der orangefarbenen Box einen Text (ca. 100–150 Wörter) zum Thema *Aboriginal Australians*.

Differenzierung Um den Schreibprozess strukturiert zu planen, bietet es sich an, wie in *Theme 2* Stichwörter und Begriffe in einer Mindmap oder einer Liste / Tabelle zu sammeln, z. B.:

Indigenous Australians

history	*problems today*	*culture*	*other interesting things*
– nomadic, lived a simple life	*– poor*	*– no written language*	*– Aboriginal flag: black, yellow, red*
– changes when the Europeans came & took their land	*– bad health, don't live long, problems with alcohol*	*– dances and dot paintings that tell (secret) stories*	*– proud of their people / culture / history*
– indigenous Australians moved into the outback	*– leave school early; are unemployed*	*– boomerangs*	
– Europeans brought diseases	*– small minority in their own country*	*– didgeridoos*	
– many indigenous Australians died or were killed			

Lösung Individuelle Lösungen.

▸ WB 7–8, p. 7 ▸ DFF 1.6 ▸ INKL pp. 14–15

More challenge 3 p.101 Aboriginal culture in the song

Erarbeitung **a)** Intensivere Auseinandersetzung mit dem Songtext der *Burdekin Crew* (siehe Übung **2 A / B**, SB-Seite 14) auf der Basis des Hintergrundwissens aus dem Text in **3**.

Dazu ggf. auch nochmaliges Hören des Songs möglich.

Lösung

1 *verse* ***A****, lines 1/2: … how far we've come / The journey is long but it has just begun*
2 *verse* ***A****, line 3: Eyes wide open, walking into the sun; verse* ***B****, lines 3/4: Stay positive, stand tall like my pop / Burdekin from the bottom all the way to the top*
3 *verse* ***A****, line 4: Pride in my people, roll as one*
4 *verse* ***B****, line 2: Look to the future, don't look back*
5 *verse* ***B****, line 1: Remember where you come from, stay on track*

Erarbeitung **b)** Gemäß SB.

Lösung Individuelle Lösungen.

FOCUS ON LANGUAGE

Inhalt Die S entnehmen zwei Lese- und zwei Hörtexten aus dem (fiktiven) Jugendschreibwettbewerb *A window on your life* Besonderheiten und Alltagseindrücke des Lebens von Jugendlichen in Australien. Dabei wiederholen sie den kontextgerechten Gebrauch unterschiedlicher Zeitformen im Englischen.

Beschrieben werden u. A. der Tagesablauf auf einer Farm im *Outback* mit *School of the Air*, das gemächliche Leben am Meer sowie außergewöhnliche Hobbys oder einschneidende Erfahrungen durch Unfälle. Zum Abschluss schreiben die S auf Basis der Vorlagen und unter Verwendung angemessener Zeitformen eine eigene Geschichte nach den Vorgaben des Wettbewerbs.

S. 16

1 A window on your life

Wortschatz **enter** • **personal** • °print • °audio • °fascinate / fascinating

(Text A:) cattle *(pl)* • **cattle station** *(AustE)* • **the nearest ...** • **horse** • **repair** • **worth** • °remote • °acre

(Text B:) turn over • **upside down** • **tyre** • **waterproof** • **race** *(v)* • **race** *(n)* • **figure** • °freak out *(infml)* • °stick with sth.

(Text C:) °dreamy

Struktur Wiederholung von Bildung und Gebrauch der Zeitformen: *simple present, simple past, present progressive, past progressive* und *going to-future* (Bewusstmachung, z. B.: *Why does Ella use the simple present in the second paragraph?*).

Einstieg **SB geschlossen.** Vorstellung des Schreibwettbewerbs *A window on your life* im Plenum. L schreibt den Titel an (Tafel / Folie) und lässt die S raten, worum es geht.

L: *Can you guess what 'A window on your life' might be?*
S: *A song title / story / computer game / shop / website / ...*
L: *It's the name of a competition for young people in Australia. If you want to enter (= take part in) this competition, you have to tell a (short) personal story (= a story about yourself). What could it be about?*
S: *About your everyday life / a great event / a special talent / an accident / an unforgettable experience / a nice holiday / ...*
L: *Let's read more on page 16.*

Überleitung **SB geöffnet.** Gemeinsames Lesen des Themenaufrufs in der blauen Box und der Aufgabenstellung im Plenum zur Verständnissicherung und situativen Einbettung. Dabei kann ggf. auch weiterer neuer Wortschatz eingeführt werden.

Erarbeitung ▸ 1.03 ▸ 1.04 **a)** Textauswahl, **1. Lesen / Hören** und ▸ Note-taking gemäß SB in EA. Zur Erleichterung der Textauswahl kann L zunächst alle Texte im Plenum präsentieren, z. B. durch Vorlesen / im ▸ Mitleseverfahren (Text A + B) oder als reinen Hörtext von der CD (Text B + C).

O Differenzierung Zur Sicherung des Globalverstehens gibt L folgende Inhaltsangaben zum Zuordnen vor (Tafel / Folie): *Look at the headings and the photos to find out what the texts are about.*

This text is about a teenager who ...	*... changed hobbies after a sports accident. (D)* *... lives on a cattle station (farm) in the outback. (A)* *... enjoys the quiet life on the coast. (C)* *... has a fast and exciting hobby. (B)*
((Mögliche Distraktoren:))	*... had a car accident in the rain.* *... became a famous basketball player.* *... enjoys the exciting life on Bondi Beach in Sydney.*

Alternative L kann den S alle Texte (A–D) an vier verschiedenen „Stationen“ im Klassenraum bereitstellen. Dabei legt L an den Stationen A+B Kopien der jeweiligen Lesetexte zum Unterstreichen der interessantesten Stellen aus. An den beiden Stationen für die Hörtexte (C+D) sollte jeweils ein Abspielgerät bereitstehen, das die S gemäß ihrer Lernvoraussetzungen bedienen können (mehrfaches Hören, zwischenzeitliches Stoppen der Tonaufnahme zum Anfertigen von Notizen, ...). Aufgabe der S ist es, mindestens eine Hör- und eine Lesestation zu „besuchen“ und ein von L vorgegebenes Tabellengerüst (siehe Lösungsbeispiel) nach und nach zu befüllen. S, die schnell arbeiten, haben die Möglichkeit, mehr als zwei Stationen zu besuchen.

Hinweis: In einer Doppelstunde kann L das ► Lernen an Stationen ggf. auch ausweiten auf alle Aufgaben des Aufschlags und dazu einen entsprechenden „Laufzettel“ vorgeben, z. B.:

- **Station 1:** Beide Lesetexte + Auftrag: *Read both print stories. Then choose one and take notes on things that you find fascinating or different.*
- **Station 2:** Beide Hörtexte + Auftrag: *Listen to both audio stories. Then choose one and take notes on things that you find fascinating or different.*
- **Station 3:** Aufgabe 2 (SB-Seite 17): *REVISION Using tenses*
- **Station 4:** Aufgabe 3 (SB-Seite 17): *Living in the Gong*
- **Station 5:** Aufgabe 4 (SB-Seite 17): *It was my 18th birthday*
- **Station 6:** Aufgabe 5 (SB-Seite 17): *NOW YOU A window on your life*

Auswertung Sammeln der interessantesten Aspekte der jeweiligen Geschichte in Kleingruppen oder im Plenum, z. B. in einer Tabelle, die die S abschließend ins Heft übertragen.

Lösungsbeispiel *Fascinating or different things in the stories* – Darstellung im Tabellengerüst:

Living in the Kimberley	*I'm a mud racer*	*Beach culture*	*One day changed my life*
- *very big cattle stations*	- *mud racing is a popular sport in Oz*	- *never far from the beach, the breeze cools*	- *a boy gave up his favourite hobby (basketball) after an accident*
- *300 km from the nearest town / school*	- *Ella is 16 and has her own car / you can start mud racing from the age of 15*	- *people are calm, easy-going (like the place / the waves)*	- *he became happy and successful with his second hobby (playing the guitar)*
- *School of the Air*	- *the car has tractor tyres*	- *no traffic noise; you can hear the sounds of animals*	- *music became the most important hobby for him*
- *school camp once a year for a week*	- *the car is waterproof / it can go through a metre of mud*	- *not many people at the beach / not crowded (plenty of space for towels)*	
- *in the wet season (from December to April) roads are closed*	- *in an accident her car turned over*	- *everybody knows everybody*	

Erarbeitung **b)** Wahl der faszinierendsten Geschichte gemäß SB. L sichert bei der ► Gruppenbildung, dass in jeder Gruppe jeder Text von mindestens einem S intensiv bearbeitet wurde.

Mögliches Verfahren: L wählt fünf S aus, die beispielsweise Text A intensiv erschlossen haben. Diese S verteilen sich an unterschiedlichen Standorten im Klassenraum. Dazu ordnen sich anschließend S zu, die Text B bearbeitet haben. Danach diejenigen mit Hörtext C, abschließend diejenigen mit Hörtext D. Da jeder S mindestens zwei Texte genau kennt, kann bei extrem ungleicher Gruppengröße noch ausgetauscht werden. In jeder Gruppe stellen die S ihre Notizen zum jeweiligen Text vor und entscheiden über eine Reihenfolge der interessantesten Texte. Dazu vergeben sie jeweils vier Punkte (für den interessantesten Text) bis einen Punkt (für den am wenigsten interessanten Text).

INFO-BOX The Kimberley

Die *Kimberley*-Region im Bundesstaat *Western Australia* ist mit ca. 38.000 Menschen auf einer Gesamtfläche von 425 km² dünn besiedelt. Die Mehrzahl der Einwohner lebt in den Städten *Derby, Broome, Kununurra* und *Wyndham*. Aborigines lebten bereits vor 40.000 Jahren im *Kimberley* und stellen heutzutage in etwa die Hälfte der Einwohner dar. Die Region ist durch ein zentrales Plateau geprägt (siehe auch Karte auf der Umschlaginnenseite), welches durch eine Gebirgskette *(King Leopold Ranges)* eingegrenzt ist. Es wird von zwei großen Flüssen durchkreuzt *(Ord River, Fitzroy River)* und im Osten befindet sich ein künstlicher Stausee *(Lake Argyle)*. Im *Kimberley* existieren nur zwei Jahreszeiten: die beständige Trockenzeit und die relativ unberechenbare Regenzeit (November bis April), in der ca. 90 % des jährlichen Niederschlags fallen und eine hohe Luftfeuchtigkeit von 80 % bis 90 % bei Temperaturen bis zu 40°C herrscht.

Auswertung L gibt folgende Tabelle vor (Tafel / Folie), die Gruppen tragen ihre jeweiligen Punkte in der entsprechenden Tabellenzeile ein. Der Text mit den meisten Punkten ist der beliebteste Text der gesamten Klasse.

	Living in the Kimberley	**I'm a mud racer**	**Beach culture**	**One day changed my life**
group 1				
group 2				
group 3				
group 4				
group 5				
total (points)				

S. 17

2 REVISION Using tenses

Wortschatz **regular • not ... at all • Box "not ... at all"** (SB-Seite 211) • °tense • °focus • °simple present • °simple past • °present perfect • °going to-future • °past progressive

Erarbeitung Die S lesen zunächst alle Fragen in der FOCUS-Box im Zusammenhang durch (still in EA oder gemeinsam laut im Plenum). Anschließend bearbeiten sie jede Frage einzeln nacheinander, wobei sie sich ggf. im *Language File* noch einmal über Bildung und Gebrauch der jeweiligen grammatischen Zeiten vergewissern. Schwerpunkte:

- in Aufgabe **1** (Text A) und **2 a) / b)** (Text B, Absatz 1 + 2): *LF 1 simple present / LF 3 simple past* (SB-Seiten 182/183);
- in Aufgabe **2c)** (Text B, Absatz 3): *LF 3 simple past* (SB-Seite 183), *LF 5 present perfect* (SB-Seite 185), *LF 8 going to-future* (SB-Seite 187);
- in Aufgabe **3** (Text B, Absatz 1): *LF 3 simple past / LF 4 past progressive* (SB-Seiten 183/184).

Anschließend überprüfen sie die jeweils genannten Textabschnitte im Hinblick auf die verwendeten Zeitformen, notieren die korrekten Antworten im Heft und belegen ihre Auswahl gemäß der Aufträge im SB durch entsprechende Zitate / Textstellen.

Auswertung S vergleichen ihre Antworten zu Frage 1–3 der FOCUS BOX und die zugehörigen Textstellen (Verbformen) im ▸ Partner check; abschließender Abgleich im Plenum.

Lösung *1 simple present*

2 ***a)*** *In paragraph two she only uses the simple present because she talks about something that she does regularly and gives some general facts about her hobby. (Examples: I drive cars (l. 12) • I'm a mud racer. (l. 12) • I'm a 16-year-old girl (ll. 12/13) • I have an awesome car (l. 13) • It's white (l. 13) • it's got tractor tyres (l. 14) • it's waterproof (l. 14) • so it can go through a metre of mud (l. 15) • The idea is that two cars race around ... (ll. 15/16) • the fastest (car) wins ... (l. 17))*

b) *In the first paragraph Ella doesn't use the simple present because she describes something / a special event / an accident that happened in the past.*

c)
- *simple past: Dad did most of the work on the car (l. 20) • dad gave me the car (l. 22)*
- *present perfect: but I've learned a lot about cars too (ll. 20/21)*
- *going to-future: So now I'm going to stick with it ... (ll. 22/23)*

3 ●
- *simple past: It was the day before my 16th birthday (ll. 2/3) • I was so excited. (ll. 4/5) • The track was wet, ... (ll. 5/6) • Then I hit the side (ll. 8/9) • my car turned over (l.10).*
- *past progressive: ... the car was going everywhere (ll. 6–8) • I was hanging upside down in my seat (ll. 10/11) • I was freaking out (l. 11). – Ella uses the past progressive to describe what was happening at a particular time in the past or when another action / event took place in the past.*

3 Living in the Gong

Wortschatz **cooking**

Struktur Bildung und Gebrauch des *simple present* (Aussagesätze, Fragen, Verneinung)

Erarbeitung ◎ S übertragen die vorgegebenen Sätze ins Heft und setzen dabei das jeweils vorgegebene Verb im *simple present* ein.

Auswertung ▸ Partner check und abschließender Abgleich im Plenum.

Lösung ***1 Do** you **like** it? • **2 is / 's** • **3 cooks** • **4 feel** • **5 live** • **6 Do** you **know** • **7 means** • **8 is / 's** • **9 is not / isn't** • **10 live** • **11 are** • **12 get on***

Zusatz Verständnissicherung von *The Gong* (Kurzform für die Stadt *Wollongong*) und der Wendung *it's a pretty big town* (eine ganz schön große Stadt).

INFO-BOX The Gong

Die im Bundesstaat *New South Wales* gelegene Universitätsstadt *Wollongong* (Spitzname: *The Gong*) ist mit 246.000 Einwohnern (2011) die drittgrößte Stadt Australiens und liegt 82 Kilometer von Sydney entfernt am Pazifischen Ozean. Es wird angenommen, dass der Name *Wollongong* aus der lokalen Aborigine-Sprache abgeleitet wurde, die genaue Bedeutung des Wortes ist jedoch unklar. Als mögliche Übersetzungen gelten u.a. „Meere des Südens", „Klang der Wellen" oder „Fünf Inseln". *The Gong* ist industriell durch den Kohleabbau sowie den Handelshafen geprägt. Die Bevölkerung der Stadt ist multikulturell geprägt; die religiöse Vielfalt zeigt sich u. a. durch zwei Kathedralen, zahlreiche kleinere Kirchen sowie den größten Buddhistischen Tempel der südlichen Hemisphäre. In der Universität sind um die 37.000 Studenten immatrikuliert.

4 It was my 18th birthday

Struktur Bildung und Gebrauch des *simple past* (Gegenüberstellung zum *past progressive*)

Erarbeitung S übertragen die vorgegebenen Sätze ins Heft und setzen dabei das jeweils vorgegebene Verb im *simple past* ein.

//● p.101 Es handelt sich um eine Parallelübung auf zwei Niveaus. Lernstärkere S bilden zusätzlich zu den *simple past*-Formen auch die in der schwereren Version ebenfalls fehlenden *past progressive*-Formen selbst (siehe blaue Verbformen im Lösungsbeispiel).

Auswertung Da die Sätze in der Parallelaufgabe identisch sind, können zur Differenzierung in der Auswertungsphase für einen ▸ Partner check immer zwei S zusammenarbeiten, die unterschiedliche Niveaustufen bearbeitet haben. Lernschwächere S, die die leichtere Aufgabe auf SB-Seite 17 bearbeitet haben, können so die Ergebnisse ihrer lernstärkeren Partner (von SB-Seite 101) absichern, da in ihren Sätzen die *past progressive*-Formen bereits vorgegeben sind.

Lösung
2 *One day we **came** to a river. Two tourists **were waiting** there.*
3 *We **didn't try** to cross because the water **was moving** very quickly. But we **didn't panic**.*
4 *So we **decided** to make camp for the night.*
5 *When we **got up** the next morning, it **was raining** hard. The river **was** even higher than the night before.*
6 *We **started** to panic when we saw that the water **was getting** closer and closer to our tent.*

▶ DFF 1.7

5 ● NOW YOU A window on your life

Wortschatz **general • record • slide •** °dossier

Struktur Bildung und kontextgerechter Gebrauch unterschiedlicher Zeitformen *(simple present, simple past, past progressive, present perfect, going to-future)*

Einstieg **SB geschlossen.** L: *Do you remember the topic of the competition? (A window on your life) Now I'd like you to write a story for the competition. You can use the stories on page 16 for help / ideas.*

Erarbeitung **a) SB geöffnet.** S überlegen in einer Stillarbeitsphase, welche Art von persönlicher Geschichte sie erzählen möchten. Sie orientieren sich an den Tipps in der nebenstehenden Box und nutzen ggf. die Texte von SB-Seite 16 als Ideen- und Strukturvorlage. Abschließend treffen sie für sich die Entscheidung, in welcher Form sie ihren Text verfassen (Lese- oder Hörtext; ggf. auch als Video, Dia-Show, ...) und überlegen sich eine passende Überschrift.

More help p. 102 Lernschwächere S nutzen die inhaltlichen Hinweise, Leitfragen und Strukturierungshilfen auf SB-Seite 102 als Basis für ihren Text.

Zusatz Um eine Übersicht der geplanten unterschiedlichen Themen und Textsorten zu erhalten (z. B. um sich bei der anschließenden Textproduktion gegenseitig helfen und abschließend einen Gewinner des Wettbewerbs ermitteln zu können, s. u.), tragen die S ihren Namen und den Titel ihrer geplanten Geschichte in eine vom L vorbereitete Tabelle ein (Tafel / Poster):

	reading text	*listening text*	*other (video, slide show, ...)*
title of my story / my name			
title of my story / my name			
...			

Lösung Individuelle Lösungen. ► WB 11–16, pp. 10–11

Erarbeitung **b)** Die S erstellen ihre Texte (evtl. auch als Hausaufgabe, da Höraufnahmen, Dia-Show oder Videoaufnahmen im Unterricht nur unter erschwerten Bedingungen möglich sind) und präsentieren sie in der Klasse.

Auswertung Da die Texte (theoretisch) für den Wettbewerb *A window on your life* erstellt werden, sollte auch ein Gewinner ermittelt werden. Dies kann in Form eines ► Gallery walk erfolgen. Dazu hängen die S ihre Texte im Klassenraum aus oder präsentieren ihre Ton- bzw. Videoaufnahmen in elektronischer Form. Jeder S erhält drei (farbige) Klebepunkte, die er an die seiner Meinung nach besten Geschichten verteilt (z. B. in der Tabelle aus dem Zusatz zu **a)** auf Tafel / Flipchart / Poster). Die Geschichten mit den meisten Punkten sind die Gewinner.

Lösung Individuelle Lösungen. ► INKL p. 19

TEXT Swerve

Inhalt

In diesem Ausschnitt aus dem Jugendbuch *Swerve* von Phillip Gwynne begegnet der 17-jährige Protagonist Hugh erstmals in seinem Leben seinem Großvater (Poppy), der überhaupt nicht den üblichen gesellschaftlichen Normen entspricht. Nach anfänglichem Zögern lässt Hugh sich von Poppy überreden, aus dem Alltag auszubrechen und gemeinsam zum 2500 km entfernten Felsen Uluru im *Outback* zu fahren. Dabei spielt auch die Versuchung, das besondere Auto des Großvaters, ein *muscle car* der Marke *Holden Monaro* selbst fahren zu können, eine große Rolle. Ein Anhalter, den beide unterwegs mitnehmen, entpuppt sich im Verlauf der Geschichte als Mädchen, das von zwielichtigen Gestalten verfolgt wird und ihre Hilfe benötigt.

S. 18–21

Einstieg

SB geöffnet. Gemeinsames Lesen des Einführungstextes im Plenum und ggf. Austausch über die Bedeutung des Titels der Geschichte: *Swerve* (= das Auto / Steuer herumreißen, ausweichen, einen Bogen / Schlenker fahren). L erklärt anhand des Bildes auf SB-Seite 18 oben, was ein *muscle car (= a coupé car; a bit like a sports car with a big / strong engine; ...)* und was ein *Holden Monaro* ist (s. Info-Box). Anschließend individuelle Entscheidung der S (ggf. nach Beratung durch L), welche Version der Geschichte sie lesen wollen (siehe Differenzierung).

INFO-BOX Muscle cars / Der Holden Monaro

Amerikanische Autos mit starken Motoren, die ähnlich wie ein Sportwagen oder Cabrio nur zwei Türen besitzen, und u.a. als Rennautos eingesetzt werden können, werden im Englischen als *muscle cars* bezeichnet. *Muscle cars* sollten ursprünglich vor allem junge Käufer ansprechen und wurden auf der Grundlage von Serienmodellen produziert, die jedoch mit erheblich stärkeren V8-Motoren ausgestattet wurden als reguläre PKWs. Insbesondere im Zeitraum zwischen 1960 und 1974 wurden *muscle cars* in hoher Stückzahl produziert, sodass ein niedriges, für die Mittelschicht bezahlbares, Preisniveau gegeben war.

Der *Holden Monaro* ist ein Coupé, das in den Jahren zwischen 1968 und 1976 sowie zwischen 2001 und 2005 durch die australische Dependance von *General Motors* gebaut wurde. 1969 wurde dieses *muscle car* durch die australische Motorzeitschrift *Wheels* zum Auto des Jahres 1968 gekürt.

O Differenzierung

Lernschwächere S lesen die einfachere und kürzere Version der Geschichte *(Easier version)* auf SB-Seiten 103–104. Da auch das *Before you read* und die weiteren Auswertungsaufgaben in Umfang und Schwierigkeitsgrad an die Bedürfnisse dieser Zielgruppe angepasst sind, findet sich der HRU-Kommentar zur *Easier version* en bloc im Anschluss an den Kommentar zu SB-Seite 18–21.

1 Before you read

Wortschatz **swerve • grandson • granddaughter** • °muscle car

Erarbeitung **SB geöffnet.** S lesen die Aufgabenstellung, schreiben die Fragen (oder Fragenummern) 1–5 in ihr Heft und notieren dahinter die Antworten in Stichworten.

Auswertung ► Partner check und Ergebnissicherung im Plenum.

Lösung *1 Hugh, Poppy and Bella.* • **2** (gemäß der Karte auf SB-Seite 19:) *About 2500 kilometres.* • **3** *The trip started in Sydney and finished at Uluru.* • **4** *They travelled through the outback.* • **5** *It looks quite big / old / fast / sporty / ... (It's a sports car / coupé) / ...*

INFO-BOX Uluru

Der berühmteste Berg Australiens, in der Sprache der Aborigine *Uluru* genannt, wird jährlich von mehr als 500.000 Touristen besichtigt. Europäische Siedler benannten die Felsformation aus Sandstein 1873 nach Sir Henry Ayers, dem damaligen Premierminister Australiens. Obwohl die Verwendung der Bezeichnung *Uluru* aus Respekt vor den einheimischen Aborigines oft vorgezogen wird, ist der Berg daher bis heute unter dem Zweitnamen *Ayers Rock* bekannt. Der Felsen ist 3 km lang, stellenweise bis zu 2 km breit und ca. 350 m hoch. Die höchste Stelle liegt somit rund 867 m über dem Meeresspiegel. Der Uluru-Kata Tjuta Nationalpark zählt zum UNESCO-Weltkulturerbe und die Gegend wurde schon vor über 10.000 Jahren von Aborigines des Stammes Anangu bewohnt. Für sie steht *Uluru* in engem Zusammenhang zur Traumzeit und gilt als heiliger Berg. Der Felsen ist das wohl eindrucksvollste Wahrzeichen Australiens und ein beliebtes Fotomotiv, da die Sonne den Sandstein je nach Tageszeit in verschiedenen, prächtigen Rottönen erscheinen lässt.

Swerve (adapted from the novel by Phillip Gwynne)

Wortschatz
► 1.05

S. 18: ponytail • chin • °waistcoat • °turn up • °familiar • °threaten • °novel

S. 19: any • Box "any" (SB-Seite 211) **• whose • his • Box "Possessivpronomen"** (SB-Seite 212) **• be up for** sth. *(infml)* **• engine • risk • clearing • °You got it.** *(infml)* **• °head west • °boot**

S. 20: goat • hitchhiker • fuel • kind of glamorous • glamorous • nail • fingernail • nail polish • °appear • °overtake, overtook, overtaken • °bully *(v)* **• °counter** • °pull over • °a hooded figure • °fly, flew, flown • °turbocharged engine • °sink, sank, sunk • °rocket • °sit up • °stud

S. 21: °while • °teach sb. a lesson • °arsehole *(taboo)* • °press • °redial • °The phone went dead. • °put your foot down

INFO-BOX Phillip Gwynne: *Swerve*

Der australische Jugendbuchautor Phillip Gwynne wurde 1958 in Melbourne geboren. Als professioneller Spieler des *Australian Rules Football* wurde Gwynne in den ersten Jahren der Berufstätigkeit durch eine Verletzung gezwungen, sich neu zu orientieren und studierte Meeresbiologie. Nach Abschluss des Studiums arbeitete er mehrere Jahre im Ausland, u.a. als Lehrer und Programmierer in Thailand, Belgien und Brasilien. Sein Debütroman *Deadly, Unna?* erschien 1998, nachdem Gwynne ein Seminar zum kreativen Schreiben bei der australischen Kinderbuchautorin Libby Gleeson besucht hatte, und wurde mit australischen und internationalen Jugendliteraturpreisen ausgezeichnet.

Gwynnes sechstes Buch, *Swerve*, erzählt die Geschichte des 16-jährigen Hugh Twycross, eines begabten australischen Cellisten, der kurz vor seiner Aufnahmeprüfung in ein berühmtes Konservatorium steht. Der verantwortungsbewusste Hugh hat eine geheime Leidenschaft: amerikanische Rennautos, sogenannte *muscle cars*. Als der Protagonist unerwartet auf seinen ihm bis dato unbekannten Großvater trifft, beginnt eine abenteuerliche Reise in dessen 1969-er *Holden Monaro* durch die australische Wildnis in Richtung Uluru.

Erarbeitung

SB geöffnet. 1. Lesen des gesamten Romanausschnitts im Zusammenhang. Die S notieren ggf. unbekannte Begriffe und erschließen deren Bedeutung zunächst in EA.

Hinweis: Da der Romanausschnitt als Hörtext (auch in der einfacheren Form, SB-Seiten 103–104) zur Verfügung steht, kann er auch im ► Mitleseverfahren in den jeweiligen Gruppen abschnittsweise oder ganz präsentiert werden.

S. 21

2 True, false or not in the text?

Erarbeitung — **SB geöffnet.** S notieren die Ziffern 1 bis 6 untereinander im Heft und ergänzen nach dem **1. Lesen** die entsprechenden Lösungen (ggf. in Kurzform: T – F – NIT) im Heft.

Differenzierung — Lernstärkere S zitieren die entsprechenden Textstellen, die sie zur Lösung geführt haben, und korrigieren die falschen Aussagen (siehe blaue Klammern im Lösungsbeispiel).

Auswertung — Vergleich durch ► Partner check oder / und im Plenum; ggf. **2. Lesen** zur Kontrolle.

Lösung — *1 true (l. 23: "Because I'm your grandfather."; ll. 29–31: He did look familiar. He had my mother's nose and chin – my nose and chin.) • 2 false (ll. 77–79: ... but it wasn't just any car. It was the best muscle car – a 1969 Holden Monaro.) • 3 not in the text • 4 false (ll. 116–117: It was 415 ks to Port Augusta and 1700 to the Big Rock. (...), l. 128: I saw a hooded figure standing by the road.) • 5 not in the text • 6 true (ll. 224: "Bella's in trouble," I said, getting into the car.)*

More practice 7 p.105

Work with the text

Wortschatz — °gap

Erarbeitung — **a)** Die S lesen die vorgegebenen Sätze und finden durch detailliertes **2. Lesen** von Teil 1 *(Sydney School)* die jeweils passenden Begriffe A, B oder C.

Auswertung — Vergleich der Teilaufgaben **a)** bis **f)** zunächst einzeln nacheinander im ► Lerntempoduett. Abschließend ggf. Ergebnissicherung im Plenum.

Lösung — ***1** B • **2** A • **3** C • **4** B • **5** C*

Erarbeitung — **b)** Die S lesen die vorgegebenen Satzhälften und finden durch detailliertes **2. Lesen** von Teil 2 *(Plans)* die passenden Zuordnungen.

Lösung — *1 Poppy lived **in an apartment**. • 2 It's a long way from **Sydney to Uluru**. • 3 Poppy always wanted **to go to Uluru**. • 4 A Holden Monaro is **a muscle car**. • 5 Hugh agreed **to drive Poppy**.*

Erarbeitung — **c)** Die S lesen die vorgegebenen Satzanfänge und formulieren nach dem detaillierten **2. Lesen** von Teil 3 *(The Million Star Motel)* die passenden Satzenden selbst aus.

Lösung — *1 Hugh felt excited when **they left Sydney (behind)**. • 2 Poppy looked happy because **Hugh (had) agreed to drive him to Uluru**. • 3 Poppy told Hugh not to **swerve when he saw a kangaroo on the road**. • 4 At the Darling River Hugh and Poppy **stopped the car, got out and made a fire / some tea**. • 5 The 'Million Star Hotel' means **(that they are) camping / sleeping outside (under the stars)**.*

Erarbeitung — **d)** Die S lesen die vorgegebenen Sätze und füllen durch detailliertes **2. Lesen** von Teil 4 *(South Australia)* die Textlücken.

Lösung — *1 Poppy didn't want Hugh to drive **faster**. • 2 Hugh stopped the car to let a **road train** pass. • 3 Another danger on the highway were the **animals**. • 4 Hugh couldn't see Jimmy's face because **he was wearing a hoodie (with the hood up), hiding his face**. • 5 A Typhoon is a **muscle car**.*

Erarbeitung — **e)** Die S lesen die vorgegebenen Sätze und korrigieren durch detailliertes **2. Lesen** von Teil 5 *(In the roadhouse)* die Fehler in jedem Satz.

Lösung — *1 Hugh ate a **cheese and tomato** sandwich. • 2 Hugh **didn't help** the people to find Bella. • 3 When Hugh went back to the car, Jimmy was **asleep**. • 4 The people in the black car were **dangerous**. • 5 The hitchhiker was a teen **girl**.*

Erarbeitung

f) Die S lesen die Fragen und beantworten sie nach dem detaillierten **2. Lesen** von Teil 6 *(At Yulara, near Uluru)* in ganzen Sätzen.

Lösungsbeispiel

1 Hugh was able to listen to Bella on his phone because she had probably pressed "redial" to call him. He heard the man threaten and hit Bella.

2 I think Hugh was a good friend because he wanted to find Bella and help her. He didn't lose any time and drove to Uluru as fast as he could without thinking about possible dangers for himself.

3 Retell the story

Wortschatz

retell, retold, retold

Erarbeitung

a) L erklärt den Begriff *retell (= giving the main points of a story in your own words and in a short form)*. Mithilfe der vorgegebenen Textbausteine schreiben die S eine angeleitete Nacherzählung des gesamten Textes. In den Kästen 4–6 wandeln sie dazu die Verben in die passende grammatische Zeitform um.

Lösungsbeispiel

*1 Hugh was a student at **Sydney School**. One day Poppy**, Hugh's grandfather, turned up at the school gate**. Hugh was surprised because **he thought his grandfather was dead**. Poppy said he wanted to **go to the Big Rock**.*

*2 Hugh visited Poppy at **his apartment**. They looked at a map of **Australia**. Then Poppy showed Hugh a **muscle car**. Hugh decided to **drive his Poppy the 2800 kilometres to Uluru**.*

*3 Hugh and Poppy left Sydney and drove through **the Blue Mountains**. They camped beside **a river / the Darling River**. They made **a fire and some tea**. In the sky they saw **lots of stars**.*

*4 Hugh and Poppy **drove through the desert**. **They pulled over for a hitchhiker**. He **was wearing a hoodie, so they couldn't see his face**. At a roadhouse they **stopped for fuel and something to eat**.*

*5 In the roadhouse Hugh **had a sandwich**. A man and woman **came in**. **They were looking for a girl / "their daughter"**. The hitchhiker **said that they were dangerous / weren't her parents**.*

*6 Bella **phoned Hugh because the man and woman had found / caught / kidnapped her**. They **were at 'The Brain'**. Hugh and Poppy **got into their car**. They **wanted to help Bella**.*

Erarbeitung

b) ▸ Partner check gemäß SB. Partner finden sich z. B. in Form des ▸ Lerntempoduetts *(Bus stop)*, vergleichen gegenseitig ihre Texte und korrigieren / ergänzen sie ggf. Da die Ergebnisse für die beiden Textversionen unterschiedlich sind, finden sich nur Partner, die den gleichen Text bearbeitet haben, z. B. an unterschiedlich ausgezeichneten *Bus stops*.

Auswertung

Vorlesen der vervollständigten Nacherzählungen im Plenum, ggf. reihum abschnittsweise von sechs unterschiedlichen S.

Lösung

Individuelle Lösungen.

4 At the Million Star Motel

Einstieg

SB geöffnet. Die S betrachten zunächst noch einmal in Ruhe das Bild auf SB-Seite 19 (unten rechts) und entscheiden sich dann für eine der beiden Aufgaben **a)** oder **b)**. L wiederholt ggf. die Vorgehensweise bzw. Schritte für einen strukturierten Schreibprozess (Ideen sammeln, Entwurf schreiben, korrigieren lassen, Reinschrift anfertigen) anhand *SF 8.1 The steps of text writing* (SB-Seiten 172–173). Die S verfassen anschließend einen den Anforderungen der jeweiligen Textsorte (Nachricht, Dialog) entsprechenden Text.

Erarbeitung a) Die S sammeln zunächst in EA mögliche Inhalte und Satzanfänge der Mitteilung an Hughs Mutter *(Dear Mum, We are in … / at …; At the moment we are …; I went with Poppy because …; We are planning to drive / travel to …; …)* und formulieren diese anschließend zu einer zusammenhängenden Nachricht aus. Auch die emotionale Ebene sollte dabei berücksichtigt werden *(Mum, don't worry …; I'm fine …; Poppy is taking care of me …; Driving is not dangerous …; School …)*.

Lösung Individuelle Lösungen.

Erarbeitung b) S erstellen in EA eine Liste (oder ▸ Mindmap) möglicher Inhalte eines Gesprächs zwischen Poppy und Hugh. Anschließend verfassen sie einen zusammenhängenden Dialog und lassen ihn von Mit-S oder L korrigieren.

Alternative S erstellen den Dialog in PA, z. B. als ▸ Stummes Schreibgespräch, und stellen ihn dann szenisch dar. Eine zusätzliche digitale Aufzeichnung bietet neben der S-Motivation auch den Vorteil, dass durch mehrfache Korrekturen eine optimierte Form erreicht wird, die anschließend in der Klasse präsentiert werden kann.

Auswertung Präsentation unterschiedlicher S-Dialoge (ggf. mit verteilten Rollen) im Plenum.

Lösung Individuelle Lösungen.

5 The end of the story

Erarbeitung ▸ 1.07 Die S machen sich zunächst in EA einige Notizen zu einem möglichen Ende der Geschichte und tauschen sich anschließend mit einem Partner mündlich über ihre Ideen aus (gut geeignet auch in Form des ▸ Lerntempoduetts *(Bus stop)*. Anschließend präsentiert L den Hörtext mit dem wirklichen Ende zum Vergleich.

Auswertung S diskutieren mit ihren jeweiligen Partnern, inwieweit die eigenen Vermutungen mit dem Originalende aus dem Hörtext übereinstimmten und ob ihnen dieses Ende der Geschichte besser oder schlechter gefällt als ihre eigenen Ideen.

6 A character network

Wortschatz More help p. 106 °cowardly • °dishonest

Erarbeitung Die S erstellen in einem ersten Schritt eine grafische Übersicht über die Beziehungen der Hauptpersonen der Geschichte zueinander und bezeichnen diese, wo es möglich ist, näher. Anschließend notieren sie zu jeder Person die Charaktereigenschaften, die im Text beschrieben werden.

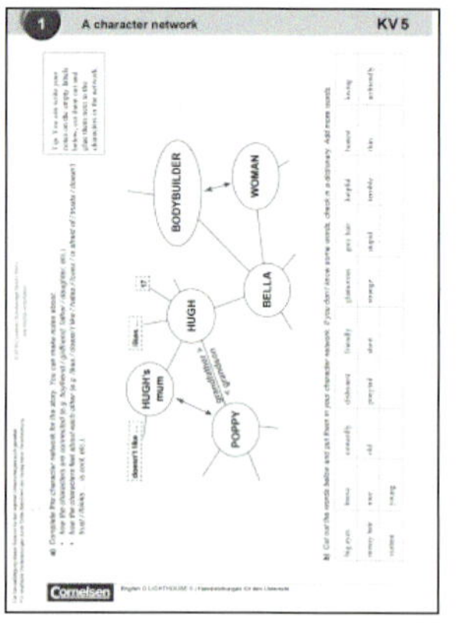

More help p. 106 S, die Hilfe benötigen, übertragen die *Network*-Vorlage von SB-Seite 106 ins Heft oder nutzen die ▸ KV 5: A character network und vervollständigen sie u. a. mit den dort vorgegebenen Wörtern und Wendungen.

Hinweis: In der Vorlage sind die Randfiguren der Geschichte *(woman in the roadhouse, some truckies)* nicht aufgeführt.

Lösung Individuelle Lösungen. ▸ WB 19–20, p. 13

More practice 8 p.107 An interesting character

Wortschatz °personality • °swap

Erarbeitung **a)** Die S wählen eine Person aus der Geschichte für eine detaillierte Beschreibung aus. Anhand ihrer Notizen aus dem *character network* in **6** beschreiben sie die Person und ergänzen nähere Details und Gründe für ihre Einschätzung aus dem Romanausschnitt.

O Differenzierung Lernschwächere S lesen die Geschichte noch einmal (oder mehrmals) und ordnen alle Details zu ihrer gewählten Person gemäß der Anforderungen der Aufgabe tabellarisch zu.

My interesting character (name):	
- what he / she looks like:	
- what he / she is like (his / her personality):	
- what the other characters think of him / her:	
- if I like him / her and why (not):	

Lösung Individuelle Lösungen.

Erarbeitung **b)** Die S lesen die Personenbeschreibungen ihrer Partner und tauschen sich anhand der Fragen im SB über Gemeinsamkeiten und Unterschiede in der Wahrnehmung der Charaktere aus.

Alternative Mithilfe der kooperativen Lernform ▸ Appointments tauscht sich jeder S nacheinander mit drei Partnern über die Personenbeschreibungen aus. Dabei können gezielt drei Partner gesucht werden, die dieselbe oder eine andere Person beschrieben haben. Die jeweiligen Partner bestätigen übereinstimmende Meinungen und versuchen divergierende Einschätzungen durch Textstellen zu belegen.

Auswertung Die Texte aller S werden nach Personen sortiert auf Flipcharts geheftet. Anschließende Würdigung aller Ausarbeitungen in einem ▸ Gallery Walk.

Lösung Individuelle Lösungen.

▸ INKL pp. 16–18

More challenge 4 p.107 Hugh and Poppy

Wortschatz °relationship

Erarbeitung Lernstärkere S beschreiben anhand der Satzanfänge im SB die Entwicklung des Verhältnisses von Hugh zu seinem Großvater Poppy, beginnend mit dem ersten Treffen vor der Schule bis zum Ende der Geschichte.

Auswertung Präsentation in der Klasse (Vorlesen, Aushang).

Lösungsbeispiel *At the beginning Hugh ...* ***doesn't trust Poppy, because he's a stranger to him****. (ll. 12–17)* ***His mother says that he should have nothing to do with the old man, so at first Hugh tries to ignore him****. (ll. 43–48)* ***However, when Poppy keeps coming to the school, Hugh starts talking to him – and enjoys it****. (ll. 48–52)*
Then Poppy and Hugh ... ***begin their trip to Uluru. On the way, they get to know each other better and they start to like each other****. (ll. 90ff)*
In the end they ... ***are good friends and Poppy helps Hugh to find Bella****. (ll. 223ff)*

S. 103–104

TEXT – Easier version

1 Before you read

Wortschatz **swerve • grandson • granddaughter •** °muscle car

Erarbeitung **SB geöffnet.** S lesen die Aufgabenstellung, schreiben die Fragen (oder Fragenummern) 1–3 in ihr Heft und notieren dahinter die Antworten in Stichworten.

Hinweis: S, die die einfachere Textversion auf SB-Seiten 103–104 lesen, beantworten nur die ersten drei Fragen der schwereren Fassung.

Lösung ***1*** *Hugh, Poppy and Bella.* • **2** (gemäß der Karte auf SB-Seite 19:) *About 2500 kilometres.* • ***3*** *The trip started in Sydney and finished at Uluru.*

Swerve (adapted from the novel by Phillip Gwynne)

Wortschatz ▸ 1.06 **S. 103: ponytail • chin • any • Box "any"** (SB-Seite 211) **• whose • his • Box "Possessivpronomen (Possessive pronouns)"** (SB-Seite 212) **• be up for** sth. *(infml)* **• engine**

S. 104: risk *(v)* **• clearing • goat • hitchhiker • fuel • kind of glamorous • glamorous • nail • fingernail • nail polish**

Erarbeitung **SB geöffnet. 1. Lesen** des gesamten Romanausschnitts auf SB-Seiten 103–104 im Zusammenhang, z. B. im ▸ Mitleseverfahren. S notieren ggf. unbekannte Begriffe und erschließen deren Bedeutung zunächst in EA.

S. 105

2 True, false or not in the text?

Erarbeitung Gemäß SB. Weitere Ideen zur Erarbeitung und Auswertung siehe auch Kommentar zu Aufgabe 2 auf SB-Seite 21.

Hinweis: Diese Aufgabe ist für beide Textversionen identisch.

Lösung ***1*** *true* • ***2*** *false* • ***3*** *not in the text* • ***4*** *false* • ***5*** *not in the text* • ***6*** *true*

3 Retell the story

Wortschatz **retell, retold, retold**

Erarbeitung **a) SB geöffnet.** Gemäß SB. Weitere Ideen zur Erarbeitung und Auswertung siehe auch Kommentar zu Aufgabe **3a)** auf HRU-Seite 54.

Hinweis: Indem die S die vorgegebenen Satzanfänge ergänzen, erhalten sie einen kohärenten Text, der die Ereignisse kürzer als in der Version auf SB-Seite 21 wiedergibt.

Lösungsbeispiel

1 *One day Hugh's grandfather came to **Sydney School**. Poppy said he wanted to go to **the Big Rock / Uluru**.*
2 *Hugh visited Poppy at his **apartment**. Then Poppy showed Hugh a **muscle car**. Hugh decided to go to **Uluru with Poppy**.*
3 *Hugh and Poppy camped beside a **river**. They made a fire and some **tea**. In the sky they saw lots of **stars**.*
4 *Hugh and Poppy saw a hitchhiker and they **stopped**. He was wearing a **hoodie**. They stopped at a roadhouse for **fuel and something to eat**.*

5 *In the roadhouse a man and a woman were looking for their* ***daughter****. The hitchhiker said they were* ***dangerous*** */ they weren't* ***her parents****.*
6 *Bella phoned Hugh because she was* ***in trouble****. Hugh and Poppy drove* ***to 'The Brain'****. They wanted to* ***help Bella****.*

Erarbeitung **b)** ► Partner check gemäß SB. Weitere Ideen zur Erarbeitung und Auswertung siehe auch Kommentar zu Aufgabe **3b)** auf HRU-Seite 55.

Lösung Individuelle Lösungen.

4 At the Million Star Motel

Erarbeitung **a)** **SB geöffnet.** Gemäß SB. Weitere Ideen zur Erarbeitung und Auswertung siehe auch Kommentar zu Aufgabe **4a)** auf HRU-Seite 56.

Oder:
b) **SB geöffnet.** Gemäß SB. Weitere Ideen zur Erarbeitung und Auswertung siehe auch Kommentar zu Aufgabe **4b)** auf HRU-Seite 56.

Hinweis: Die Aufgaben sind für beide Textversionen identisch; jedoch sollte L ggf. zur Differenzierung deutlich geringere Anforderungen an Länge und Komplexität der S-Texte stellen.

Lösung Individuelle Lösungen.

5 The end of the story

Erarbeitung
► 1.07 Gemäß SB. Weitere Ideen zur Erarbeitung und Auswertung siehe auch Kommentar zu Aufgabe **5** auf HRU-Seite 56.

6 A character network

Wortschatz °cowardly • °dishonest

Erarbeitung Gemäß SB. Weitere Ideen zur Erarbeitung und Auswertung siehe auch Kommentar zu Aufgabe **6** auf HRU-Seite 56 sowie *More help* (SB-Seite 106) und ► KV 5: A character network.

Lösung Individuelle Lösungen.

SPEAKING COURSE (1) Giving a presentation

Inhalt

In fünf aufeinander aufbauenden VIEWING-Sequenzen erhalten die S Hinweise zur Gestaltung von Präsentationen – von der Themenwahl über die Informationsbeschaffung und -aufbereitung bis hin zur bildgestützten Erprobung und Rückmeldung in der Lerngruppe. Die S sehen die Teile *(Parts)* 1–5 einzeln nacheinander und bearbeiten die zugehörigen Hör-/Sehverstehensaufträge zur Gegenüberstellung eines positiven und eines negativen Beispiels in der Filmvorlage. Auf dieser Basis gestalten sie dann eine eigene Präsentation zum Thema Australien.

S. 22

1 VIEWING How to improve your presentations

Wortschatz

presentation • give a presentation • copy *(v)* **• structure** *(n)* **• materials** *(pl)* **• make sure that … • visuals** *(pl)* **/ visual materials** • °at the end • °impress

Einstieg

SB geschlossen. L sichert das Verständnis von *visual materials / visuals, make sure, prepare / practice / give a presentation.*

Erarbeitung ►

a) Part 1 – Oh no! A presentation for Friday!: SB geöffnet. S lesen zunächst die beiden Fragen bzw. Sehaufträge im SB still in EA oder laut im Plenum. Nach dem **1. Sehen** des ersten Teils notieren sie stichwortartig die Antworten zu den Fragen (► Note-taking).

Auswertung

Vergleich im ► Partner check, danach im Plenum.

Lösung

- *Tim wants to give a good presentation because he wants to impress Millie.*
- *They can help each other by practising their presentations together (on Thursday).*

Erarbeitung ►

b) Part 2 – Practising the presentation: Nach dem **1. Sehen** des zweiten Teils machen sich die S Notizen zu ihren spontanen Reaktionen auf *Tim's presentation.*

Auswertung

Austausch über die Fragestellungen aus dem SB mit einem oder mehreren Partnern anhand der angefertigten Notizen oder / und ggf. Diskussion im Plenum, ob / warum Tim mit seinem Referat Milly beeindrucken wird.

Lösungsbeispiel

- *I enjoyed / didn't enjoy the presentation because the topic was / wasn't very interesting.*
- *I (don't) like the song.*
- *I got / didn't get lots of new / interesting information, for example …*
- *Tim was well-prepared and cool.*
- *Tim used different media and asked his fellow students to sing with him.*
- *Tim seemed / didn't seem to be really enthusiastic about his topic. / …*
- *I (don't) think Tim will impress Milly because he behaved very much like an actor.*
- *I (don't) think it's realistic that students sing together during a presentation. / …*

Erarbeitung ►

c) Die S lesen gemeinsam die Checkliste und sortieren die angegebenen Stichpunkte in Form einer Tabelle (siehe Lösung am Ende von Aufgabe **d)**).

Auswertung

Nach dem **2. Sehen** des zweiten Teils kontrollieren sie ihre Notizen und ergänzen sie, falls nötig.

Lösung

Siehe Lösungsbeispiel zu Aufgabe **d)**.

Erarbeitung ►

d) Part 3 – Feedback for Tim: Beim **1. Sehen** des dritten Teils vergleichen die S die Rückmeldungen von Tims Freunden im Film mit ihren Notizen.

Auswertung

Im Plenum berichten die S über ihre Übereinstimmungen oder Unterschiede zu den Rückmeldungen im Film.

Lösungsbeispiel

	feedback in the film	*more ideas from my checklist*
What things did Tim do well?	– *The structure was clear.* – *Tim had an introduction.* – *He let the audience know when he was moving from one point to the next.* – *He spoke clearly, not too fast.* – *He kept his notes short, he didn't read them and he used his own words.* – *The pictures were good.*	– *Tim checked his equipment before he started.* – *He told the audience in advance about the different parts of his presentation.* – *He used good phrases.* – *He smiled at the audience.* – *He asked for questions at the end.*
What things could he do better?	– *He should avoid saying "OK".* – *He should look at the audience more often.*	*Tim should …* – *explain his pictures a bit more.* – *…*

Erarbeitung ▶ 🎥

e) 👁 **Part 4 – Amy's presentation:** Nach dem **1. Sehen** des vierten Teils notieren die S ihre Eindrücke und tauschen sie sich ggf. mit ihrem Partner über Amys Präsentation aus. Sie nutzen dazu die sprachlichen Mittel der Checkliste und achten darauf, dass sie die positiven Dinge zuerst nennen.

Alternative Die jeweiligen Partner legen eine Liste wie in Aufgabe **2c)** an (siehe Lösungsbeispiel zu **f)**). Dazu ggf. **2. Sehen** des vierten Teils zur Kontrolle und Ergänzung der Notizen möglich.

Auswertung Nach Aufgabe **f)**.

Lösung Siehe Lösungsbeispiel zu Aufgabe **f)**.

Erarbeitung ▶ 🎥

f) 👁 **Part 5 – Feedback for Amy:** Beim **1. Sehen** von Teil 5 vergleichen die S die Rückmeldungen von Amys Freunden im Film mit ihren Notizen.

Auswertung Im Plenum berichten die S über ihre Übereinstimmungen oder Unterschiede zu den Rückmeldungen im Film.

Lösungsbeispiel

	feedback in the film	*more ideas from my checklist*
What things did Amy do well?	– *The first bit was brilliant, the pictures were nice.* – *She talked clearly and in her own words.* – *She looked at the audience in the first part of her presentation.*	– *She realizes that she has to improve her presentation.*
What things could she do better?	– *It was quite hard to understand because she was mostly reading, so she shouldn't read but try to talk freely (with the help of notes).* – *She should make notes and shouldn't just copy material from the internet.*	*Amy should …* – *check her equipment before she starts.* – *give her presentation a clear structure and tell the audience in advance about the different parts.* – *smile at the audience and ask for questions at the end.*

2 NOW YOU What to work on?

Wortschatz **work on** sth. • **feedback** • °agree (on) sth. • °maximum • °presenter

Erarbeitung **Think:** Auswahl wichtiger Aspekte für eine individuelle Checkliste gemäß SB in EA.

O Differenzierung Um die Einigung auf die wichtigsten Aspekte in den nachfolgenden PA- und GA-Phasen zu erleichtern, notieren die S zunächst in EA die drei Aspekte aus der Checkliste, in denen sie für sich selbst den meisten Optimierungsbedarf sehen, auf je einer Karteikarte.

Erarbeitung **Pair:** Austausch über die individuelle Auswahl und Erstellung einer gemeinsamen Liste gemäß SB in PA.

O Differenzierung Je zwei S legen ihre jeweiligen drei Karteikarten (aus der *Think*-Phase) nebeneinander und einigen sich auf vier gemeinsame Aspekte, indem sie zwei Karten aussortieren.

Erarbeitung **Share:** Vergleich und ggf. Erweiterung der Checkliste gemäß SB in GA.

O Differenzierung Die vier ausgewählten Karteikarten jedes Paares werden nacheinander an die Tafel geheftet und dabei möglichst sofort inhaltlich sortiert.

Auswertung Abschließend werden die fünf am häufigsten notierten Aspekte als gemeinsame Schwerpunkte bestimmt, in ein Raster übertragen und für die nächsten Unterrichtsstunden deutlich sichtbar im Klassenraum positioniert.

Zusatz Freiwillige S / *Fast finishers* übertragen die Tipp-Box mit den grundsätzlichen Hinweisen zur Feedbackkultur auf ein Plakat, das im Klassenraum ausgehängt wird.

S. 23

3 YOUR TASK A presentation about Australia

Wortschatz **topic** • °aspect • °interest sb. • °outdoors • °research • °sheet • °column

Step 1: Choose your topic and do some research

Erarbeitung **a)** Die S betrachten das *Network* im Detail (in EA oder gemeinsam im Plenum) und entscheiden sich für ein Thema zur Ausarbeitung einer Präsentation, möglicherweise auch für einen spezifischen Bereich, der nicht aufgeführt ist (z. B. *School of the Air, climate, immigration, highlights for visitors* (siehe auch *TF 1 Oz: Facts for visitors*, SB-Seite 146–147), ...).

Auswertung Übersicht über die Themenverteilung im Plenum durch Handzeichen, Aufstehen oder mündliche Ausformulierung individueller Themenvorschläge.

L: *How many of you chose wild animals / activities for teens / ... please raise your hands / get up. (...) – What other topics did you choose? (...)*

Hinweis: Für die weiteren Erarbeitungsschritte der Präsentation können sich so ggf. auch S mit gleichen Themen zusammenfinden, ihre Ergebnisse vergleichen oder sogar in PA oder GA eine gemeinsame Präsentation erstellen.

Lösung Individuelle Lösungen.

Erarbeitung **b)** Die S erstellen ein *Network* zu ihrem Thema, nutzen dazu die Inhalte dieser Unit als Ausgangspunkt und recherchieren zusätzlich geeignete Internetangebote (s. auch *SF 4 Doing research*, SB-Seite 165).

Auswertung S mit gleichen Themenschwerpunkten finden sich zusammen, vergleichen ihre *Networks* und ergänzen sie, wenn nötig bzw. sinnvoll.

Lösung Individuelle Lösungen.

Zusatz

S stellen geeignete visuelle Materialien für ihre Präsentation zusammen (Fotos, Karten, Tabellen, Grafiken, ...) und beziehen ggf. auch auditive Quellen ein (Musik, Geräusche, Sprachproben / Dialekte, ...). L weist S darauf hin, die genutzten Quellen zu notieren.

Step 2: Prepare your notes and materials

Erarbeitung

Alle Materialien (*Network*, visuelle und auditive Zusatzmaterialien) werden geordnet, in eine sinnvolle Reihenfolge gebracht und aufeinander abgestimmt. Die S nutzen dazu die Hilfen aus dem *Speaking course* im *Skills file* (*SF 7.1 Giving a presentation*, SB-Seite 170).

Auswertung

Im ▸ Partner check oder ▸ Lerntempoduett *(Bus stop)* stellen S einem oder mehreren Partnern ihre Ideen / Notizen / Materialien vor und skizzieren die vorgesehene Präsentation (Reihenfolge, Einsatz von Materialien und Medien, Redemittel). Sie erhalten ein Feedback (orientiert an der Checkliste auf SB-Seite 22, z. B.: *The photo is nice but it doesn't really go with your topic, your visuals are very clear but too small, ...*) und notieren Optimierungsvorschläge. Anschließend überarbeiten sie ihre Planung.

Step 3: Practise your presentation

Erarbeitung

Die S üben ihre Präsentation ein und nutzen dazu die in den blauen Boxen angebotenen sprachlichen Mittel.

Hinweis: Mithilfe digitaler Aufzeichnungen können sich die S selbst kontrollieren (z. B. indem sie die Checkliste von SB-Seite 22 anwenden) und ihre Präsentation durch mehrmaliges Wiederholen verbessern.

Step 4: Give your presentation / Prepare your feedback

Erarbeitung

Vor Beginn der Präsentationsphase legen alle S orientiert an den Ergebnissen aus **2** einen Feedback-Bogen an. Anschließend präsentieren einzelne S ihren Vortrag im Plenum oder in Kleingruppen (s. Hinweis). Die Zuhörer machen sich Notizen auf ihrem vorbereiteten Bogen.

Hinweis: Damit möglichst jeder S die Möglichkeit erhält, seine Präsentation vorzutragen und ein Feedback zu erhalten, kann die Klasse in der Präsentationsphase in drei bis fünf Gruppen geteilt werden.

More help p. 107 S, die Hilfen zur Erstellung eines Feedbackbogens benötigen, nutzen den Gestaltungsvorschlag auf SB-Seite 107 oder / und befüllen das fertige Tabellenraster auf ▸ KV 6: Giving a presentation – Feedback sheets.

Lösung

Individuelle Lösungen.

Step 5: Give each other feedback and learn from it

Auswertung

Anhand ihrer Feedbackbögen und der in den Sprechblasen im SB vorgegebenen Redemittel geben die S einander direkt nach jedem einzelnen Vortrag Rückmeldung. Die jeweiligen Referenten notieren Verbesserungsvorschläge für zukünftige Präsentationen im Heft.

▸ WB 21–25, pp. 14–16 ▸ DFF 1.8 ▸ INKL pp. 20–21

Alternative

Die Präsentationen werden digital aufgezeichnet. Die Vortragenden notieren sich die von den Mit-S angemerkten Verbesserungsvorschläge, vollziehen sie anhand des Mitschnitts nach, überarbeiten ihre Präsentation an den entsprechenden Stellen und üben sie weiter ein. Die finale Version wird erneut aufgezeichnet und in der Lerngruppe präsentiert, um zu zeigen, wie die Feedbackhinweise umgesetzt wurden.

STOP! CHECK! GO!

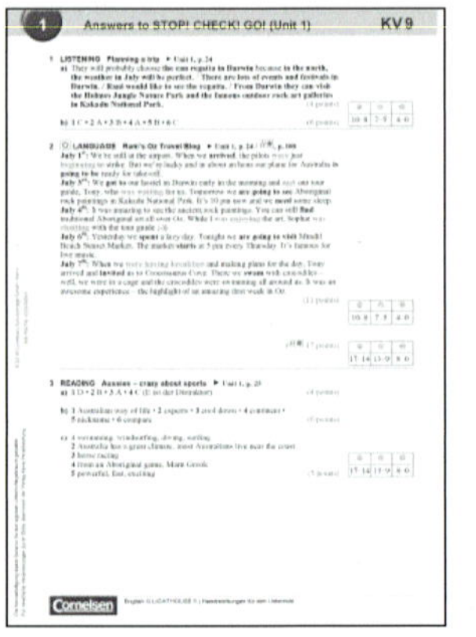
Answers to STOP! CHECK! GO! (Unit 1) KV 9

Hinweis Übungsaufgaben zu wichtigen Themen und Kompetenzbereichen aus Unit 1. Bei geschlossenen Aufgabenformaten können die S ihre Ergebnisse mithilfe des Lösungsschlüssels auf ▶ KV 9: Answers to STOP! CHECK! GO! (Unit 1) überprüfen (auch als ▶ Partner check). Die KV bietet eine Auswertung nach Punkten, die in drei verschiedene Smileys (☺/😐/☹) übersetzt werden. Diese Smileys können auch für die Selbsteinschätzung im *Workbook* (MY LEARNER LOG, p. 17) und in *Differenzieren – Fördern – Fordern* herangezogen werden. Weitere grundsätzliche Hinweise zur Konzeption und Durchführung von STOP! CHECK! GO! finden sich im Vorwort.
Die Hörtexte zu STOP! CHECK! GO! sind für die S auch auf der Audio-CD im *Workbook* zugänglich.

S. 24

1 LISTENING Planning a trip

Wortschatz °turtle • °can • °lay, laid, laid • °soft drink • °be allowed • °indoors • °gallery

Erarbeitung ▶ 1.08 **a)** **SB geöffnet.** Nach dem **1. Hören** des Dialogs tauschen sich die S anhand der Hör- und Bildimpulse im ▶ Partner talk darüber aus, welche der dargestellten Aktivitäten für Sophie und Rani in Frage kommen und notieren ihre Ergebnisse im Heft.

Auswertung Überprüfung der Ergebnisse im Austausch mit einem weiteren S-Paar oder / und im Plenum, ggf. auch durch nochmaliges Anhören des Dialogs.

Zusatz Lernstärkere S können anhand des Hörtextes auch begründen, warum einzelne Angebote für beide eher nicht in Frage kommen. Unterstützend kann L eine Tabelle mit Redemitteln und Argumenten vorgeben (Tafel / Folie):

They will probably choose ...	*the can regatta in Darwin*	*because*	*- in the north, the weather in July will be perfect. - there are lots of events and festivals in Darwin. - Rani would like to see the regatta. - from Darwin they can visit the Holmes Jungle Nature Park and the famous outdoor rock art galleries in Kakadu National Park.*
They won't choose ...	*turtle watching on Heron Island*		*- the accommodation is too expensive. - they don't think they'll meet many young people there.*
	sandboarding in Kalbarri		*- Kalbarri is too far away (from anywhere).*
	the train journey from Adelaide to Darwin		*- it'll be cold in the south of Australia in winter. - being on a train day and night isn't really much fun.*

Lösung *They will probably choose the can regatta in Darwin because in the north, the weather in July will be perfect / there are lots of (other) events and festivals in Darwin / Rani would like to see the regatta / from Darwin they can visit the Holmes Jungle Nature Park and the famous outdoor rock art galleries in Kakadu National Park.*

Erarbeitung **b)** Die S schreiben die Ziffern (oder Satzanfänge) 1–6 in ihr Heft und ergänzen beim **2. Hören** die Buchstaben der korrekten Satzenden.

Auswertung Selbstüberprüfung anhand des Lösungsschlüssels und ggf. Abschlusskontrolle der Teilaufgaben **a)** und **b)** im Plenum. Auch als ► Partner check oder im ► Lerntempoduett (an drei *Bus stops* für Aufgaben 1–3) möglich.

Lösung ► KV 9: Answers to STOP! CHECK! GO! (Unit 1)

2 LANGUAGE Rani's Oz Travel Blog

Wortschatz °pilot • °strike • °take-off • °chat (with)

Erarbeitung Die S schreiben den Text in ihr Heft und setzen dabei die fehlenden Verbformen zunächst mit Bleistift ein (zwecks einfacherer Korrektur beim anschließenden Abgleich).

//● p.108 Es handelt sich um eine Parallelübung auf zwei Niveaus. Lernstärkere S setzen in den inhaltlich identischen Text auf SB-Seite 108 auch die Verben im *past progressive* ein.

Alternative Die S notieren zunächst nur die Lückennummern und die zugehörigen Verbformen 1–11 bzw. (in der schwereren Version) 1–17. Nach dem Lösungsvergleich übertragen sie dann den komplettierten Text ins Heft. (Als Hausaufgabe geeignet.)

Auswertung Selbstüberprüfung anhand des Lösungsschlüssels, auch als ► Partner check oder im ► Lerntempoduett (s.o.) möglich.

Lösung ► KV 9: Answers to STOP! CHECK! GO! (Unit 1)

More challenge 5 p.109 Our trip to Oz

Erarbeitung Gemäß SB als Zusatzaufgabe für lernstärkere S. Beim Verfassen ihrer Artikel orientieren sich die S an den Informationen aus den Aufgaben **1** und **2** (SB-Seite 24) sowie den Gestaltungskriterien für die Textsorte (Zeitungsartikel: *who / where / when / what / why / how?*). Dabei üben sie sich in der Perspektivübernahme und schildern den Reiseverlauf aus der Sicht der SB-Charaktere (Sophie und Rani).

Auswertung Aushängen und Würdigung aller erstellten Artikel in einem ► Gallery walk oder Vorlesen im Plenum. Abschließend können die S ihre Artikel illustrieren und im Dossier abheften.

Lösung Individuelle Lösungen.

S. 25

3 READING Aussies – crazy about sports

Wortschatz °enter • °colourful • °beginner • °love affair • °rally • °either ... or ... • °kilometres per hour (kph) • °invent • °hand-pass the ball • °powerful • °tackle • °goal • °Gaelic • °adjective • °attraction

Erarbeitung **a)** Die S überfliegen die Texte 1 bis 4 (► Lesetechniken: *Skimming*), suchen die passende Überschrift aus den Vorgaben A bis E und notieren die jeweilige Zuordnung in Kurzform (Zahl – Buchstabe) im Heft.

Auswertung Selbstüberprüfung anhand des Lösungsschlüssels oder Vergleich im ► Lerntempoduett nach **c)**.

Erarbeitung **b)** Beim gründlichen **1. Lesen** der Texte notieren die S die gesuchten Begriffe im Heft.

Auswertung Selbstüberprüfung anhand des Lösungsschlüssels oder Vergleich im ► Lerntempoduett nach **c)**.

Erarbeitung **c)** Zur Sicherung des Detailverstehens beantworten die S die Fragen 1–5 stichwortartig im Heft, siehe auch ► Note-taking. Dazu ggf. **2. Lesen** der vier Texte möglich.

Auswertung Selbstüberprüfung anhand des Lösungsschlüssels oder Vergleich aller Teilaufgaben von **3** (**a), b), c)**) im ► Lerntempoduett. Ergebnissicherung im Plenum (► Meldekette).

Lösung ► KV 9: Answers to STOP! CHECK! GO! (Unit 1)

More challenge 6 p.109 What do you think?

Erarbeitung **a)** Gemäß SB als Zusatzaufgabe für lernstärkere S. Meinungsäußerung und -begründung schriftlich in EA oder mündlich (im ► Partner talk) möglich.

Hinweis: Zur besseren Strukturierung ihrer Argumente sollten die S mit dem Erstellen einer Mindmap oder einer Liste zu den Risiken der Sportarten beginnen.

Lösung Individuelle Lösungen.

Auswertung Nach **b)**.

Erarbeitung **b)** Gemäß SB schriftlich in EA oder mündlich (im ► Partner talk) möglich.

Auswertung Bei schriftlicher Erarbeitung ggf. Präsentation / Würdigung aller Texte von Aufgabe **a)** und **b)** im Plenum in einem ► Gallery walk.

Alternative Im ► Lerntempoduett finden sich Partner, die sich ihre Texte gegenseitig vorstellen und sprachliche Optimierungen besprechen.

Lösung Individuelle Lösungen.

S. 26

4 Talking about a picture

Einstieg **SB geöffnet.** Gemeinsames Lesen und ► Klären der Arbeitsanweisung zu den Teilaufgaben **a)–c)** im Plenum. Hinweise zur Organisation:

- Die S-Paare einigen sich zunächst, wer das Bild auf SB-Seite 26 oder SB-Seite 96 beschreibt. Alternativ kann L die Bilder auch zuweisen (z. B. durch Abzählen A / B im Plenum).
- Da beide Wimmelbilder sehr viele Details bieten, kann L eine Zeitvorgabe für diese Aufgabe festlegen (z. B. 7–10 Minuten).
- L sollte darauf hinweisen, dass bei dieser Partneraufgabe zum besseren Verständnis der Beschreibungen auch Rückfragen gestellt werden können.

Erarbeitung **a)** Gemäß SB beschreibt zunächst Partner A sein Bild; Partner B hört zu und macht sich ggf. Notizen, um die Bilder in Schritt **c)** besser vergleichen zu können (z. B. in einer Tabelle, siehe auch Differenzierungsvorschlag).

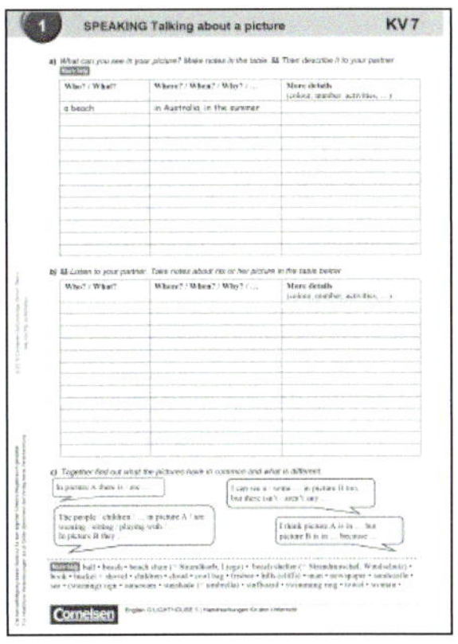
SPEAKING Talking about a picture KV 7

Differenzierung Als Strukturierungshilfe für die mündliche Bildbeschreibung verteilt L die ▶ KV 7: SPEAKING Talking about a picture. Die S machen sich zunächst in Stillarbeit Notizen zu ihrem jeweiligen Bild in der Tabellenvorlage zu **a)**, ggf. mithilfe der Vokabelvorgaben aus dem wegknickbaren Reservoir unten auf der KV. In der folgenden PA-Phase formuliert zunächst Partner A diese Notizen zu einer zusammenhängenden Beschreibung aus. Währenddessen macht sich Partner B Notizen in der Tabellenvorlage zu **b)**; anschließend umgekehrt. Auf Basis ihrer Notizen und der Redemittel in den Sprechblasen zu **c)** versprachlichen die S dann die Gemeinsamkeiten und Unterschiede der beiden Strandszenen.

Lösung Individuelle Lösungen.

Erarbeitung **b)** Rollentausch gemäß SB: Partner B beschreibt; Partner A hört zu und macht ggf. Notizen.

Lösung Individuelle Lösungen.

Auswertung **c)** Austausch über Gemeinsamkeiten und Unterschiede der beiden Bilder gemäß SB im ▶ Partner talk. S vergleichen ihre Notizen / Tabellen und legen anschließend beide Bilder zum Vergleich nebeneinander.

Zusatz S malen jeweils ein Bild (mit Strichfiguren) anhand der Beschreibungen des Partners. Dazu können auch Rückfragen gestellt werden (z. B.: *Is the man reading an English newspaper? / What colour are the umbrellas? / …*).

Lösung Individuelle Lösungen.

5 WRITING Slip, slop, slap, seek and slide

Wortschatz °lie, lay, lain • °suntan • °cancer • °umbrella

Erarbeitung **a)** Die S erschließen den Text und notieren nach dem **1. Lesen** Stichworte zur Bedeutung und Wichtigkeit des Slogans *Slip, slop, slap, …* im Heft (▶ Note-taking).

Auswertung Mündliche Erklärung des Slogans im Plenum und ggf. Verständnissicherung von *slip, slop, slap, seek, slide* reihum im Plenum; jeweils ein Begriff pro S (▶ Wortschatzsemantisierung).

Lösungsbeispiel *Protect yourself from / against the sun because too much sun is dangerous for your health:*

- *Slip (on a shirt) = You should wear a shirt to cover your arms and shoulders.*
- *Slop (on sunscreen) = Always use suncream to protect your skin / yourself from skin cancer.*
- *Slap (on a hat) = Wear a hat to protect yourself / your head from the heat and sun.*
- *Seek (shade) = Stay out of the sun: sit under a tree or in the shade of a cliff.*
- *Slide (on sunglasses) = Wear sunglasses to protect your eyes.*

Erarbeitung **b)** Gemäß SB. Als Hilfestellung beim Verfassen ihres Kommentars können die S auf die in *SF 8.2 Writing a comment* (SB-Seite 174) beschriebenen Arbeitsschritte, Gliederungskriterien und Redemittel zurückgreifen.

More help p.109 Lernschwächere S nutzen die Ideen und Textbausteine auf SB-Seite 109.

Auswertung Kontrolle durch ▶ Partner check oder im ▶ Correcting circle. Abschließend ggf. Präsentation aller finalisierten Kommentare und Slogans im Klassenraum in Form eines ▶ Gallery walk oder / und Ablage im Dossier.

Lösung Individuelle Lösungen.

S. 27

6 MEDIATION Understanding signs and advice in Australia

Wortschatz °roadside • °marine • °stinger • °present • °sight • °at (your) own risk • °survive • °drive • °take a rest • °refresh • °unfenced • °wander • °watch (out) for • °due to • °flooding • °beyond • °pharmacy • °pharmacist • °direct

Erarbeitung **a)** Die S betrachten die Schilder und erklären ihre Bedeutung schriftlich (auf Deutsch).

Alternative Je zwei S tauschen sich mündlich über die Bedeutung der Schilder aus (auf Deutsch), indem sie abwechselnd einzelne Sätze dazu sagen.

Auswertung Vergleich im Plenum, z. B. als ▸ Meldekette: S1 liest den englischen Schildtext vor, S2 umschreibt die Bedeutung auf Deutsch. Dabei kann L auch die Aussprache und Bedeutung der neuen englischen Begriffe sichern.

Lösungsbeispiel

1 Hier im Wasser gibt es im Sommer / in den Sommermonaten giftige Quallen / ...
2 Heute wurden Haie gesichtet. Deshalb ist das Baden / Schwimmen auf eigene Gefahr.
3 Vorsicht vor Tieren auf der Straße.
4 Um Unfälle zu vermeiden, sollten Autofahrer (regelmäßig) Pause machen und sich erfrischen.
5 Die Straße ist (ab hier / ab dieser Stelle) wegen Überflutung gesperrt.

Erarbeitung **b)** Vervollständigung des Dialogs gemäß SB schriftlich in EA. Die S schreiben die fehlenden Sätze für *YOU* (1–7) ins Heft oder ergänzen sie auf ▸ KV 8: MEDIATION In a pharmacy / At the doctor's).

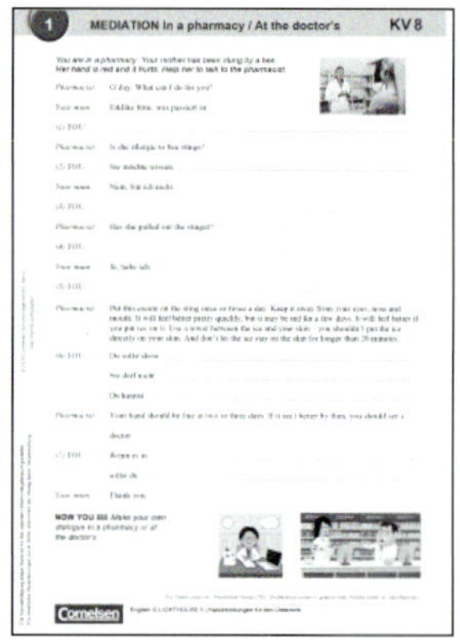
MEDIATION In a pharmacy / At the doctor's KV 8

Auswertung S üben die Szene in Gruppen à drei S ein und spielen sie im Plenum vor oder zeichnen sie digital auf und präsentieren sie anschließend als Videoaufnahme.

Lösungsbeispiel

(1) *My mother has been stung by a bee, and her hand is red and hurts.*
(2) Sie möchte wissen, ob du allergisch gegen Bienenstiche bist.
(3) *No, she isn't.*
(4) Hast du den Stachel (schon) herausgezogen?
(5) *Yes, she has.*
(6) Du sollst diese Salbe auf den Stich auftragen. Sie darf nicht auf die Schleimhäute (in Augen, Nase und Mund) gelangen. Du kannst auch Eis in ein Handtuch wickeln und den Stich damit kühlen, aber nicht länger als 20 Minuten hintereinander. Der Schmerz sollte schnell nachlassen, aber die Stelle kann ein paar Tage rot bleiben.
(7) Wenn es in zwei bis drei Tagen nicht besser ist, sollst du zum Arzt gehen.

▸ DFF 1.9 ▸ INKL pp. 22–25

Zusatz Anhand der Vorlage entwickeln die S in Kleingruppen weitere Dialoge, in denen sie in realitätsnahen Situationen *(In a pharmacy* oder *At the doctor's)* zwischen Englisch und Deutsch vermitteln (siehe Muster auf ▸ KV 8: MEDIATION In a pharmacy / At the doctor's).

MORE CHALLENGE 1

Inhalt

In einem Auszug aus dem Roman *The Spare Room* der australischen Autorin Kathryn Lomer berichtet Akira, ein 19-jähriger japanischer Sprachschüler, über seinen Aufenthalt bei seiner Gastfamilie, den Moffats, in Tasmanien. Akira lernt nicht nur neue englische Redewendungen, sondern er macht auch viele Erfahrungen, die ihn über den eigenen kulturellen Hintergrund nachdenken lassen.

Die S setzen sich mit idiomatischen englischen Redewendungen auseinander und erkennen, dass deren Bedeutung sich nicht einfach aus den Wortbedeutungen der Bestandteile ableiten lässt.

S. 28/29

Understanding idioms

1 The Spare Room

Wortschatz

°idiom • °spare room • °bark • °surroundings *(pl)* **• °shower** *(v)* **(***or* **have a shower** *or* **take a shower) • °shower** *(n)* **• °bath** *(n)* **(have a bath** *or* **take a bath) • °bathtub • °realize** sth. **• °cupboard • °what ..., anyway? • °put** sb. **at ease**

Erarbeitung

a) Die S lesen zunächst den *blurb* still in EA oder gemeinsam laut im Plenum. Anschließend überlegen sie auf Basis ihrer Vorkenntnisse zu Australien (z. B. aus Unit 1), welche (kuturellen) Besonderheiten Akira ins Auge fallen könnten, und notieren diese im Heft (▸ Note-making).

Vergleich gemäß SB durch ▸ Partner check.

Lösungsbeispiel

Things that might be new and different for Akira in Australia: language • new house • new 'family' far away from home • daily routines • different culture, traditions • new °surroundings • different climate, landscape, ... • strange food / ... • (language) school / teachers • ...

Erarbeitung
▸ 1.09

b) Ausgehend von der Fragestellung im SB sammelt L zunächst im Plenum Erfahrungen / Reaktionen der S zu Austauschsituationen, z. B. in einer Tabelle (siehe Lösungsbeispiel).

L: *How would you feel (on your first morning in a strange room, in a strange house, in a strange country)? (I would feel nervous / excited / sad / afraid / ... because ...)*

Danach **1. Lesen** des Textausschnitts still in EA oder im ▸ Mitleseverfahren. Die S machen sich Notizen zu Akiras Erfahrungen (ggf. in der zweiten Spalte der Tabelle).

Auswertung

Austausch über Akiras erste Eindrücke und Gefühle im Plenum (Unterrichtsgespräch) und ggf. Sammeln / Gegenüberstellung in einer Tabelle (siehe Lösungsbeispiel).

Lösungsbeispiel

(In Tabellenform:)

Waking up on the first morning in a strange room, in a strange house, in a strange country ...

How would you feel?	*How did Akira feel?*
nervous	*strange*
excited	*lost*
sad	*nervous*
afraid	*helpless (= wondering what to do)*
homesick	*uncomfortable*
...	...

2 READING Akira's first morning

Erarbeitung Gemäß SB. Dazu ggf. **2. Lesen** des Textes möglich. Gut zur Bearbeitung als schriftliche Hausaufgabe geeignet.

Auswertung Vergleich durch ▶ Partner check oder / und als ▶ Meldekette im Plenum (S1 liest Frage, ruft S2 auf, dieser antwortet und liest die nächste Frage usw.).

Lösung

1 *The sounds around the house are different from where he lives: there is a dog barking and he can hear strange bird calls.*

2 *He would like to know what to do first / what is appropriate, e.g.:*
- *if he can go to the kitchen to have breakfast in his dressing gown (yukata)*
- *if the family has breakfast together*
- *when they shower or have a bath.*

3 *At first he doesn't feel comfortable in his new home and he wonders what to do, e.g. after he wakes up (ll. 15ff: "... So many questions about such a simple thing as getting out of bed and starting the day. I realized how much I would have to learn.") or when he gets to the kitchen and the family isn't there yet (ll. 21ff: ... "I didn't know what else to do. ... What kind of tea, anyway?... I jumped.") or when his host sister comes in (l. 31: "She was so sweet, wanting to put me at ease.").*

4 *Japanese words in the text:*
- *(l. 6) futon = a special (Japanese) kind of bed*
- *(l. 10) yukata = a piece of clothing that you usually wear in the morning / a Japanese dressing gown*
- *(ll. 29/30) Ohaiyo-gozaimasu! = Good morning*

5 *Akira is a quiet and thoughtful 19-year-old Japanese boy. He seems to be quite shy and / or nervous (he doesn't seem to be very confident* (ggf. vorab einführen; s. SB-Seite 54) *and maybe he feels a bit homesick because the sounds he hears on the first morning in The Moffats' house make him think about his home. He is very careful because he doesn't want to make any mistakes and so he always asks himself what is appropriate in Australia / in his host family. He doesn't want to be nosey, so he doesn't look for tea or cups in the kitchen cupboards, he just switches the kettle on.*

6 *Maybe you use 'pretty please' to show that you really want something (like '*Ach bitte, bitte ...*' in German).*

3 LISTENING Fun with idioms

Wortschatz **°chief • °poison • °damage** *(no pl)* **• °be / feel uncomfortable**

Einstieg **SB geöffnet.** Anknüpfend an die Auswertung von Aufgabe **2**, Frage 6 sichert L zunächst die Besonderheiten von Redewendungen *(idioms)* anhand der gelben Tipp-Boxen im SB (SB-Seiten 28 unten und 29 oben). Dann sammelt L ggf. weitere englische *idioms* im Plenum: *One of my favourite English idioms is: There's an elephant in the room. / ... That means: There's a problem that no one wants to discuss, but that is so big that it can't be ignored. / ... – Do you know other English idioms? (...)*

Überleitung L: *Let's have a look at some more idioms that Akira comes across when talking to his host family.*

Erarbeitung ▶ 1.10

Die S lesen zunächst die vorgegebenen *idioms* im Buch und übertragen sie (oder nur die zugehörigen Nummern 1–7) ins Heft. Beim anschließenden **1. Hören** notieren sie dahinter den Buchstaben der passenden Erklärung. Beim **2. Hören** überprüfen sie Ihre Zuordnungen.

Auswertung — Vergleich durch ▸ Partner check oder / und als ▸ Meldekette im Plenum (S1 liest *idiom*, ruft S2 auf, dieser zitiert die passende Erklärung und liest die nächste Frage usw.).

Lösung — ***1*** *F* • ***2*** *E* • ***3*** *C* • ***4*** *G* • ***5*** *B* • ***6*** *A* • ***7*** *D*

4 MEDIATION More English idioms

Wortschatz — **°moon**

Erarbeitung — **a)** Bearbeitung gemäß Aufgabenstellung im ▸ Partner talk.

Auswertung — Ergebnissicherung im Unterrichtsgespräch im Plenum.

Lösungsbeispiel — Individuelle Lösungen, siehe auch Lösungsbeispiel zu **b)**.

Erarbeitung — **b)** Gemäß SB schriftlich in EA oder mündlich im Plenum.

Auswertung — Sammeln der deutschen Entsprechungen zu den englischen *idioms* im Plenum, wobei L ggf. auch speziell auf dialektale oder informelle Varianten eingehen kann.

Lösungsbeispiel

1 Ich schwebe (auf Wolke 7). / Ich bin überglücklich.
2 Wer's glaubt wird selig. / Da müsste schon ein Wunder geschehen. / Dann fresse ich einen Besen.
3 Ich bin ganz Ohr. / Schieß los!
4 Es ist der neueste / letzte Schrei. / Es ist das Nonplusultra.
5 Immer mit der Ruhe. / Halt mal die Luft an.
6 Das war eine Kleinigkeit. / Das lief wie am Schnürchen.

Zusatz — S entwickeln in PA kurze englische Dialoge, in denen sie einige der englischen Redewendungen aus **3** und **4** in funktionalem Zusammenhang anwenden.

L: *Pick one or two English idioms (they can be from exercise* ***3*** *and* ***4*** *or others that you know) and make a short dialogue. Act it out.*

5 MEDIATION German idioms

Erarbeitung — Im ▸ Partner talk erklären die S einander entweder abwechselnd oder spaltenweise die deutschen Redewendungen auf Englisch, wobei der Zuhörer die Rolle eines englischsprachigen Touristen übernimmt und der Sprecher sich an den Fragen in der gelben Tipp-Box orientiert.

Auswertung — Freiwillige S-Paare tragen ihre Erklärungen im Plenum vor.

Lösungsbeispiel

1 *You can say this to your friends (or to adults you know very well) when you were in a difficult situation and you are happy that it turned out well, e.g. when your teacher wants to check homework and you didn't do it, but he / she didn't find out. (I was lucky / I was in luck).*
2 *You say this when you don't understand what somebody else is telling you – but only if you know the speaker well. (I don't understand. / It's all Greek to me.)*
3 *It's another way of saying "You are crazy". You can say this to your peers / in informal situations, but not to adults / strangers. (You're nuts. / Have you lost your marbles?)*
4 *It means that you have to work hard if you want to get on in your life. Adults might say this to you, but you should only use it with your peers or with adults you know very well. (Life is hard / not easy. / You have to work hard in life.)*
5 *It means you are absolutely not interested in sth., e.g. what sb. is saying or doing. You should only use it among peers. (I don't care. / It's all the same to me.)*
6 *You can use this to tell your peers that you are fed up with sth. You shouldn't use it in a formal situation. (That's it. / I've had it.)*

Respect

2

Kommunikative Kompetenzen

Listening

- Come shopping with me! (p. 34, 4a–e)*
- Guess what happened last night (p. 38, 1)

Reading

- Under pressure (p. 32, 1)
- Understanding the text (p. 33, 2)
- Dealing with discrimination (p. 35, 2)
- Natasha's side of the story (pp. 41–43)
- Matt's side of the story (pp. 115–116)
- While you read (p. 41+115, 1)
- Paragraph headings (p. 43+116, 2)
- Talking about the text (p. 43+116, 3)

Speaking

- Six scenes from a film (p. 30, 1 b/c)
- NOW YOU About cyberbullying (p. 31, 4)
- ROLE-PLAY Why don't you go out with us? (p. 34, 5)
- ACTIVITY Badges – a group experiment (p. 35, 1)
- A book recommendation (p. 43, 4a / p. 116, 4)
- Dos and don't in conversations (p. 44, 1c/d)
- NOW YOU Your conversation, step by step (p. 45, 2)

Writing

- NOW YOU "Peer pressure is a big problem for teenagers" (p. 33, 3)
- Come shopping with me! (p. 34, 4f)
- A book recommendation (p. 43, 4b)

Viewing

- I thought we were friends … (part 1+2, pp. 30–31, 2/3)
- 'What you say matters' by Brothablack (p. 36, 3)
- Dos and don't's in conversations (p. 44, 1)

Interkulturelle Kompetenzen

- Sich mit Formen von Gruppendruck, Ausgrenzung und Diskriminierung in unterschiedlichen Kulturkreisen auseinandersetzen
- Unterschiede zwischen Begrüßungsformen und Regeln für höfliche Kommunikation in Deutschland und England kennen lernen und daraus Hinweise für die Gestaltung erfolgreicher Gespräche ableiten

Respect

In Unit 2 setzen sich die S anhand von Filmszenen, Liedern, Artikeln und Fotos kritisch mit den Themen Freundschaft, Gruppendruck und Rassismus auseinander. Sie führen ein Gruppenexperiment zum Thema Ausgrenzung durch und gestalten ein Projekt für eine Kampagne gegen Diskriminierung und Mobbing an ihrer Schule. Weiterhin lernen sie, höfliche und zielführende Unterhaltungen auf Englisch zu führen.

Sprachliche Mittel

Wortfelder

- Speculating about a conflict / giving advice (pp. 30/31, 1–4)
- Useful phrases for comments: supporting one's opinion with arguments (p. 33, 3)
- Reflecting on feelings and interactions (p. 35, 1/2)
- Planning and presenting a project (p. 37, 4)
- Useful phrases for conversations (p. 44/45, 1/2)

Grammatische Strukturen

- Indirect speech: statements, questions (p. 38, 1; p. 39, 2–4; LF 20, pp. 192–193)
- Indirect speech: questions (p. 40, 5–6; LF 20, p. 193)
- Indirect speech: commands, requests, advice (p. 40, 7–8; LF 20, p. 194)

Methodische Kompetenzen

Lern- und Arbeitstechniken

- Skimming (p. 32, 1)
- Note-taking (p. 35, 1b)
- Using a dictionary (p. 36, 3c/d)
- Planning and presenting a project (p. 37, 4)

Selbsteinschätzung (Stop! Check! Go!)

- LANGUAGE How to talk to your parents (p. 46, 1)
- READING Volunteering (p. 47, 2)
- LISTENING Tell your story (p. 48, 3)
- MEDIATION SOR–SMC (p. 48, 4)
- WRITING Schools against racism (p. 48, 5)
- LISTENING Friendly conversations (p. 49, 6)
- SPEAKING Role-play (p. 49, 7)

Kooperative Lernformen

- Think-Pair-Share (p. 30; 1)
- Partner check (p. 33, 3-Step 1; p. 34, 4b/d; p. 44, 1b; p. 45, 2b)
- Role-play (p. 34, 5)
- Double circle (p. 34, 5b)
- Weitere Formen von PA und GA GA (p. 30, 2a; p. 31, 3a/c; p. 34, 4f; (p. 35, 1); p. 36, 3a/e; p. 41, 1b; p. 43, 3b / 4a; p. 44, 1c/d; p. 45, 4)

* p. 34, 4a–e = SB-Seite, Übungsnummer

2 Respect

LEAD-IN

Inhalt

Die S lernen in dieser Filmsequenz die Freunde Patrick, Shaz, Simone und Robert kennen. Patrick gilt unter den Lehrern als intelligenter und beliebter Schüler, was jedoch insbesondere die Eifersucht von Shaz weckt. Plötzlich erhält Patrick gemeine anonyme elektronische Nachrichten und wird in den Pausen von Shaz, Simone und Robert gemobbt.

Die S beschreiben zunächst sechs verschiedene Filmstandbilder und finden beim Sehen von *Part 1* und *Part 2* des Films (einzeln nacheinander) anhand verschiedener Ergänzungs- und Zuordnungsaufgaben heraus, dass Patricks Freunde hinter den anonymen Nachrichten stecken (gemäß: *I thought we were friends ...*). Ausgehend von der Auflösung des Films formulieren sie Ratschläge für Täter, Opfer und Zeugen von Cyberbullying-Attacken.

S. 30/31

1 Six scenes from a film

Wortschatz **respect • jealous (of) • delete**

Erarbeitung **a) Think: SB geöffnet.** In der ersten Phase des ► Think-Pair-Share spekulieren die S anhand von sechs verschiedenen (Stand-)Bildern über den möglichen Inhalt des Filmes. Dazu machen sie sich zunächst in EA zu den zwei Leitfragen im SB Notizen (► Note-making).

Lösung Individuelle Lösungen.

Erarbeitung **b) Pair:** Unter Verwendung vorgegebener sprachlicher Mittel tauschen sich die S in der zweiten Phase im ► Partner talk über ihre Notizen aus.

Auswertung **c) Share:** Abschließend präsentieren die S ihre Ideen im Plenum. L hält diese an der Tafel fest, um sie in Aufgabe **2a)** besser mit dem tatsächlichen Inhalt des Filmes vergleichen zu können (ggf. kann L den Begriff *cyberbullying* bereits hier einführen).

Hinweis: Wenn L auf die Präsentation des Films (siehe Aufgabe **2** und **3**) verzichten will, kann L nach der Auswertung der S-Ideen auch direkt zu Aufgabe **4** *(NOW YOU About cyberbullying)* überleiten. Sollten die S in **1** nicht bereits selbst auf das Thema *(cyberbullying)* gekommen sein, kann L den Blick ggf. (noch einmal) gezielt auf die Bilder 3, 4 und 6 lenken. Mögliche L-Impulse: *Look at pictures 3, 4 and 6 again. What is Patrick doing? (looking at his mobile / computer; reading texts or emails; showing sth. (on the computer) to his father; ...) How do Patrick and his father look in the pictures? (worried; sad; angry; shocked; ...) Why do you think they feel this way? (horrible messages; cyberbullying; ...). – So what can you do about cyberbullying? Look at exercise 4 in your book and complete the sentences in the speech bubbles.*

Lösung Individuelle Lösungen.

2 VIEWING I thought we were friends ... (part 1)

Einstieg Zur inhaltlichen Hinführung notieren sich die S in EA in einem ► Five-finger brainstorming fünf positive Aspekte von Freundschaften und stellen diese einander zunächst in PA, dann im Plenum vor. L: *Write down five great things about friendships.* Mögliche Lösungen: *you can have fun / laugh with your friends; you can do nice things / chill / go out / ... together; you can talk about your problems / secrets; a friend is always there when you need help; you can trust your friends; you feel stronger with a friend; ...*

Erarbeitung ► **a)** Beim **1. Sehen** von *Part 1* vergleichen die S ihre Vermutungen (Notizen) aus **1** mit der eigentlichen Filmhandlung (Globalverstehen) und tauschen sich anschließend im ► Partner talk darüber aus.

Lösung Individuelle Lösungen.

Erarbeitung

b) Beim **2. Sehen** von *Part 1* komplettieren die S zur Sicherung des Detailverstehens die vorgegebenen Satzanfänge.

Auswertung

Vorlesen der komplettierten Sätze im Plenum, z. B. in Form einer ► Meldekette.

Lösungsbeispiel

1 ... they walk to school together and sit next to each other in the classroom / schoolyard. They have lunch together and meet at the weekends (to play computer games).
2 ... he is always better in class than the other three. The teachers really like Patrick because he always knows all the answers, but she often doesn't (know the answers).
3 ... he didn't want to show them to his dad because he didn't want to worry him.
4 ... he noticed that Patrick wasn't feeling OK: he seemed very quiet and a bit tired; he wasn't talking in his classes and he wasn't talking to his friends. So the teacher was worried about Patrick.
5 ... Patrick was very quiet and tired. His friends didn't come to the house on Saturdays (like they used to). (Finally, Patrick told him about the messages.)

3 VIEWING I thought we were friends ... (part 2)

Wortschatz

no big deal • go away • ending • °kinda stupid *(infml)* • °say sorry • °messaging • °do sth. about it

Erarbeitung ►

a) Die S spekulieren im ► Partner talk darüber, wie die Filmhandlung inhaltlich fortgesetzt werden könnte.

More help p. 109 Lernschwächere S erhalten einen Fragenkatalog, anhand dessen sie ihre inhaltlichen Ideen zur Fortsetzung der Filmgeschichte gelenkt ausformulieren.

Auswertung

Freiwillige S-Paare präsentieren ihre Ideen im Plenum.

Lösungsbeispiel

I'm afraid the cyberbullying (horrible messages) will continue and Patrick might want to change schools. I think Patrick's dad will go to his son's school and describe the situation to the principal. Maybe the principal will ask them to meet and discuss what's wrong. Patrick should talk to Robert, Shaz and Simone and tell them how he feels. I hope they will all talk to each other and find a solution to the problem. Robert, Shaz and Simone should say sorry.

Erarbeitung

b) Nach dem **1. Sehen** von *Part 2* ordnen die S sechs verschiedene Aussagen aus dem Film den jeweiligen Sprechern / Hauptfiguren zu.

Auswertung

Vergleich im Plenum, z. B. in Form einer ► Meldekette: S1 liest die Aussage, S2 nennt den Sprecher. Dazu ggf. **2. Sehen** von *Part 2* des Films zur Kontrolle möglich.

Lösung

***1** Shaz • **2** Robert • **3** Robert • **4** Simone • **5** Patrick • **6** Robert*

Erarbeitung

c) Im Plenum oder in Kleingruppen diskutieren die S anhand der Leitfragen aus dem SB über das Ende und die zentrale Botschaft des Films.

More help p. 109 Lernschwächere S erhalten verschiedene Vorschläge für die Botschaft des Films zur Auswahl.

Lösung

Individuelle Lösungen, ggf. anhand des More help: *(B) Bullying is bad – it has to stop.* • *(E) If you see (cyber-)bullying, do something about it. Don't do nothing.*

4 NOW YOU About cyberbullying

Wortschatz **cyberbullying • victim • bystander • bully** *(v)* **• bully** *(n)* **• horrible**

Erarbeitung Gemäß SB. Zur Formulierung ihrer Ratschläge an die unterschiedlichen Beteiligten des *Cyberbullying* nutzen die S die Vorgaben in den Sprechblasen im SB (rote Sprechblase: Opfer; blaue Sprechblase: mögliche Zeugen; gelbe Sprechblase: Täter / Mobber/innen).

Lösungsbeispiel
- *If you get horrible messages, you should* ***ask your parents for help / tell your teacher/s about it / talk to your friends / save the messages (to report the cyberbullying to your provider / the police) ... / never answer the messages / ...***
- *If you think someone is bullying someone else, you should* ***do something about it: help the victim / tell the bully to stop / ...***
- *Before you write a mean message, think about* ***how the victim will feel / how you would feel if you got such a message / ...***

► WB 1–2, p. 19 ► DFF 2.1 ► INKL pp.26–27

More challenge 1 p. 110 Write about your experience

Wortschatz °remain anonymous

Erarbeitung Lernstärkere S schreiben aus der Sicht von Patrick einen Artikel (oder Leserbrief) für ein Schulmagazin, in dem sie ihre Sichtweise und Erfahrungen des Vorfalls schildern und mögliche Zukunftsperspektiven aufzeigen. Dabei können sie sich an den Fragestellungen im SB orientieren und ggf. den Film noch einmal ansehen.

Lösung Individuelle Lösungen.

THEME 1 Dealing with peer pressure

Inhalt Die S lesen einen Artikel über den Umgang mit Gruppendruck. Sie lösen dabei Aufgaben zum Inhalt des Textes und beantworten die Kernfrage des Artikels – ob *peer pressure* ein großes Problem für Jugendliche darstelle – in Form eines eigenen Kommentares. Weiterhin beurteilen die S anhand eines Hörtextes den Umgang mit einer Anstiftung zum Diebstahl unter Jugendlichen und führen eine szenische Darstellung zu einer entsprechenden Konfliktsituation durch.

S. 32

Einstieg **SB geschlossen.** Es können mehrere Herangehensweisen zur vorentlastenden thematischen Hinführung zum Artikel genutzt werden.

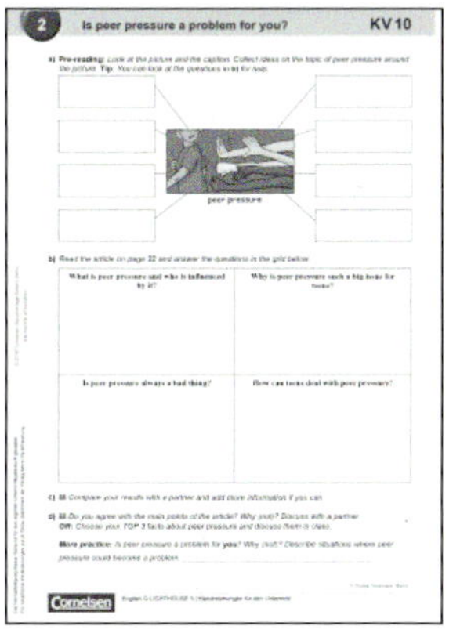

(1): L führt den Begriff *peer pressure* ein (▶ Wortschatzsemantisierung). Die S äußern sich in Form eines Brainstormings (auch in PA oder GA möglich) zum Thema Gruppendruck, ggf. auch anhand der Vorgaben auf ▶ KV 10: Is peer pressure a problem for you?).
(2) L präsentiert das Bild von SB-Seite 32 (oder ▶ KV 10: Is peer pressure a problem for you?) im Plenum. Die S stellen auf Basis des Bildes und der Überschrift Vermutungen über den Inhalt des Artikels an. L kann die S-Äußerungen an der Tafel notieren und anschließend eine Definition des Begriffes *peer pressure* geben, z. B.: *The influence of a group, especially of children, on members of that group to behave as everyone else does. For example, there is strong peer pressure to wear fashionable clothes.*
(3) Die S äußern sich zu einem Textzitat, das L anschreibt, z. B.: *"When you're a teenager, what your friends think is important"* (Zeile 16). An dieser Stelle kann auch eine Abstimmung über das Textzitat erfolgen, die am Ende der Unterrichtssequenz wieder aufgegriffen wird.

1 ◙ Under pressure

Erarbeitung **SB geöffnet.** Gemäß SB (siehe auch ▶ Lesetechniken: *Skimming*): S überfliegen den Artikel und beurteilen anhand der Überschriften, des Bildes etc., ob er sich in erster Linie an Jugendliche oder an Erwachsene richtet.

● Differenzierung Lernstärkere S begründen ihre Einschätzung anhand der Aufmachung des Artikels, geeigneter Textstellen etc. (siehe blaue Ergänzungen im Lösungsbeispiel).

Is peer pressure a problem for you?

Wortschatz **deal with** sth.**, dealt, dealt • peer pressure • pressure • peer • interest • classmate • influence** *(v)* **• influence** *(n)* **• fit in • such a … • issue • cigarette • shoplifting** *(n)* **• shoplift** *(v)* **• be / feel comfortable (with) • agree on** sth. **• Box "agree"** (SB-Seite 214) **• support** *(v)* **• support** *(n)* **•** °motivate

Auswertung Überprüfen der Vermutungen beim **1. Lesen** des gesamten Artikels (still in EA oder laut im Plenum).

Lösung *The article is written for teens.*
(You can see that it's for teens because … the person in the picture looks quite young / in the third caption it says "Why is peer pressure such a big issue for ***teens****?" / the last caption is "How can* ***teens*** *deal with peer pressure?".)*

▶ INKL p. 28

S. 33

2 READING Understanding the text

Wortschatz **steal, stole, stolen • accept**

Erarbeitung **a)** ▤ **SB geöffnet.** Nach dem **1. Lesen** überprüfen die S verschiedene Aussagen zum Globalverstehen des Artikels auf ihre Richtigkeit und belegen ihre Einschätzung durch Angabe geeigneter Textzeilen (siehe auch ▸ Lesetechniken: *Scanning*).

Auswertung Vergleich durch ▸ Partner check oder / und als ▸ Meldekette im Plenum (S1 liest Satz 1 vor; S2 sagt, ob dieser wahr oder falsch ist und zitiert die passende Textstelle usw.).

Lösung ***1*** *true (lines 9–10)* • ***2*** *false (line 13)* • ***3*** *false (line 20)*

Erarbeitung **b)** ▤ Gemäß SB. Die S notieren die Zuordnung der passenden Antworten zunächst in Kurzform (Zahl-Buchstabe, siehe Lösung) im Heft.

Auswertung Vergleich durch ▸ Partner check oder / und als ▸ Meldekette im Plenum. (S1 liest Frage bzw. Satzanfang vor; S2 die passende Antwort bzw. das passende Satzende usw.). Abschließend schreiben die S die komplettierten Sätze ins Heft und erhalten so eine Kurzzusammenfassung des Artikels.

Lösung ***1*** *B* • ***2*** *A* • ***3*** *B*

Erarbeitung **c)** ▤ Gemäß SB. Die S übertragen die Umschreibungen 1–4 (oder nur deren Nummern, siehe Lösung) ins Heft und ordnen ihnen die passenden im Artikel verwendeten Begriffe zu.

Auswertung Vergleich durch ▸ Partner check oder / und als ▸ Meldekette im Plenum. (S1 liest Umschreibung vor; S2 nennt den dazu passenden Begriff usw.).

Lösung ***1*** *peers* • ***2*** *an issue* • ***3*** *shoplifting* • ***4*** *respect(ing) different opinions*

Erarbeitung **d)** ▤ Beim **2./ 3. Lesen** entnehmen die S dem Artikel Detailinformationen zu Gründen und Auswirkungen von Gruppendruck.

Auswertung Vergleich durch ▸ Partner check oder / und als ▸ Meldekette im Plenum. (S1 liest Suchauftrag vor; S2 nennt (mindestens) zwei zugehörige Beispiele aus dem Artikel usw.).

Lösung
1 *they don't want to look silly • they might lose friends*
2 *they might feel pressure to try illegal or risky things (e.g. alcohol, drugs, shoplifting) • they might get into trouble*
3 *friends can give you great ideas and motivate you to do cool things • good friends respect different opinions • they can talk (and listen) to each other and understand how they feel • they can be there for each other, support each other and help to say no if they are feeling under pressure to do things they don't want to do*

Zusatz Zur Sicherung des Detailverstehens fassen die S (in EA oder arbeitsteiliger GA à vier S) die aus dem Artikel gewonnenen Informationen in einer Tabelle stichwortartig zusammen, z. B. im Raster auf ▸ KV 10: Is peer pressure a problem for you?. Lösungsvorschlag:

What is peer pressure and who is influenced by it?	Why is peer pressure such a big issue for teens?
- people who are your age - people who are in the same groups - your classmates - people on your sports team - members of your youth club	- when you're a teenager, what your friends think is important - you want to do / wear what they're doing / wearing - you're afraid that you'll look silly or lose your friends if you don't act like them

Is peer pressure always a bad thing? ☹ **what's bad about peer groups:** - you might feel pressure to try illegal or risky things (cigarettes, drugs, alcohol, shoplifting) - peer pressure can get you into trouble ☺ **what can be good about peer groups:** - peers give you great ideas - peers motivate you	*How can teens deal with peer pressure?* - think for yourself (if you feel uncomfortable, don't do it) - be strong and don't agree on everything (respect different opinions) - talk to your friends - be there for your friends (support and help)

Anschließend präsentieren sie ihre Ergebnisse kurz einem Partner (oder der restlichen Gruppe) und entscheiden sich im gegenseitigen Austausch für ihre TOP 3-Informationen, die im Plenum präsentiert und gesammelt (Tafel / Plakat / ...) werden können. Darauf aufbauend können die S nun in Vorbereitung auf die Schreibaufgabe in **3** weitere Informationen sowie ihre eigene Anschauung zum Thema *peer pressure* in der Tabelle ergänzen.

3 WRITING Now you: "Peer pressure is a big problem for teenagers"

Wortschatz **in my experience • To sum up, ...** • °situation • °brief(ly) • °in fact • °conclusion

Einstieg **SB geöffnet.** Gemeinsames Lesen und ▸ Klären der Arbeitsanweisung zu *Steps 1–4* einschließlich der Ausgangsthese und der Redemittel in der gelben Box *(Useful phrases)* im Plenum. Anschließend ggf. Wiederholung der Gestaltungskriterien für die Textsorte *comment* anhand des *Skills File* (siehe *SF 8.2 Writing a comment*, SB-Seite 174). Zusätzlich kann L die S darauf hinweisen, dass sie bei der inhaltlichen Auseinandersetzung mit der Ausgangsthese Argumente aus dem Artikel auf SB-Seite 32 (siehe auch Tabelle aus dem Zusatz zu **2**) aufgreifen und ggf. kritisch überprüfen können.

Erarbeitung Die S schreiben nach der schrittweisen Anleitung im SB einen eigenen Kommentar zur Ausgangsthese *(Peer pressure is a big problem for teenagers)*. Dabei verwenden sie konkrete Beispiele, um ihre Einschätzung zu begründen.

Hinweis: Zur erfolgreichen Umsetzung der Schreibaufgabe liefert das *More help* zu *Steps 1–4* (SB-Seite 110) weitere Ideen, Satzbausteine und sprachliche Mittel (siehe Hinweise beim jeweiligen *Step*). Generelle Hinweise zum Verfassen von Texten erhalten die S im *Skills File* (siehe *SF 8.1 The steps of text writing*, SB-Seiten 172 / 173).

Step 1: Im ersten Schritt machen sich die S Notizen (▸ Note-making) zu typischen Situationen, in denen Jugendliche Gruppendruck erleben könnten.

More help p. 110 Lernschwächere S erhalten zu *Step 1* eine Tabelle mit verschiedenen Situationen zur Auswahl, Einschätzung und Ergänzung.

Auswertung Die S tauschen sich in PA über ihre Ergebnisse aus. Dabei ergänzen sie ggf. ihre Notizen um weitere Situationsbeispiele zum Thema *peer pressure* (▸ Note-taking).

Alternative Je nach Zeitkapazität kann der Austausch der Ergebnisse als Grundlage für die sich anschließende Schreibaufgabe ausgeweitet werden, z. B.:

- (1) In Form eines ▸ Speed dating: Die S stehen jeweils zu zweit in einer Reihe gegenüber und tauschen ihre Ideen in einer vorher festgelegten Zeit (z. B. zwei Minuten) miteinander aus. Auf ein Signal von L bewegt sich die rechte S-Reihe einen Schritt weiter, um sich nun mit neuen Partnern auszutauschen.

- (2) Auch als ▶ Milling-around activity denkbar: In dieser Phase können zusätzlich zum Austausch der Ergebnisse weitere sprachliche Mittel wie die Begrüßung *(Hello. How are you today?)*, Reaktionen auf die Ideen *(That's a good idea. / What about …? / I thought of a similar situation: …)* und die Verabschiedung *(Thank you for listening. Have a nice day. / …)* geübt werden.

Lösung Individuelle Lösungen, siehe auch Situationsbeispiele in der Tabelle zu *More help, Step 1* (SB-Seite 110).

Erarbeitung **Step 2:** Im zweiten Schritt beginnen die S mit der schriftlichen Kommentierung der Ausgangsthese, indem sie im ersten Satz ihre eigene Meinung prägnant formulieren.

More help p. 110 Lernschwächere S erhalten zu *Step 2* drei verschiedene Einstiegssätze zur Auswahl (oder als Muster für eigene Formulierungen).

Auswertung Falls gewünscht können sich die S in PA oder im Plenum Rückmeldung zu ihren Einstiegssätzen holen. Ansonsten erfolgt ein Vergleich der fertigen Kommentare erst nach *Step 4*.

Lösung Individuelle Lösungen, siehe auch Vorschläge in *More help, Step 2* (SB-Seite 110).

Erarbeitung **Step 3:** Die S nutzen in der dritten Phase zwei ihrer in *Step 1* vorgestellten Beispielsituationen von *peer pressure*, beschreiben diese näher und werten sie aus.

More help p. 110 Lernschwächere S erhalten zu *Step 3* eine Tabelle mit Ideen zur Strukturierung und inhaltlichen Ausgestaltung ihrer Situationsbeispiele.

Auswertung Falls gewünscht können sich die S in PA oder im Plenum Rückmeldung zu ihren Situationsbeispielen holen. Ansonsten erfolgt ein Vergleich der fertigen Kommentare erst nach *Step 4*.

Lösung Individuelle Lösungen, siehe auch Vorschläge in *More help, Step 3* (SB-Seite 110).

Erarbeitung **Step 4:** Im vierten und letzten Schritt schreiben die S abschließend ein Fazit bzw. eine Schlussfolgerung.

More help p. 110 Lernschwächere S erhalten zu *Step 4* eine Tabelle *(substitution table)* mit Satzbausteinen zur Formulierung ihres Schlusssatzes.

Auswertung Freiwillige S lesen ihre Kommentare im Plenum oder in Kleingruppen vor. Abschließend können die S ihre Produkte im Dossier ablegen.

Alternative Würdigung der Schreibprodukte in Form eines ▶ Reading circle. Die S arbeiten hierbei in Gruppen à vier S zusammen und geben zu jedem Kommentar ein kurzes Feedback. Hierfür kann ▶ KV 11: Feedback on comments – Peer pressure is a big problem … genutzt werden. Denkbar ist auch eine intensivere gegenseitige Textkorrektur im Rahmen einer Schreibkonferenz (▶ Correcting circle).

Lösungsbeispiel Individuelle Lösungen. ▶ WB 3–4, p. 20 ▶ DFF 2.2 ▶ INKL p. 29

S. 34

4 LISTENING Come shopping with me!

Wortschatz °solution (to a problem)

Einstieg **SB geschlossen.** Zur thematischen Hinführung und Erreichung eines affektiven Zugangs äußern sich die S zu ihrem eigenen Kaufverhalten. Dazu schreibt L den Titel der Hörübung *(Come shopping with me!)* als Ausgangspunkt für eine Mindmap an. Außenherum werden die S-Äußerungen in Form eines Brainstormings zu den Impulsen: *where?, what?, who with?, when?, why?, how much?* gesammelt (Tafel / Folie).

Alternative — **SB geschlossen.** Die S stellen zu einem vorab präsentierten Ausschnitt des Hörtextes Vermutungen über den Inhalt und die dargestellte Situation an. Diese werden an der Tafel gesammelt und können nach Sicherung des Globalverstehens von *Part 1* aufgegriffen werden. Vorschlag:

Ava: *I don't know, Megan. I don't want to get into trouble.*

Megan: *Oh Ava, you worry too much. You won't get into trouble. I do it all the time, and I never get caught. Afterwards you feel amazing. It's so exciting. Come on. Let's go after school. Come on, Ava – don't be boring.*

Überleitung — L: *Now listen to (the) two girls, Ava and Megan, planning their special shopping tour.*

Erarbeitung ▸ 1.11 — **a)** **SB geöffnet.** Die S komplettieren nach dem **1. Hören** des ersten Teils der Geschichte zur Sicherung des Globalverstehens zwei vorgegebene Satzanfänge.

Lösung
1 *... all the others are busy and there's no one interesting to talk to.*
2 *... go shoplifting with her / take a T-shirt or something when the shop assistant is not looking.*

Erarbeitung — **b)** Die S vergleichen ihre Ergebnisse in PA (ggf. **2. Hören** zur Überprüfung). Anschließend diskutieren sie über Avas Entscheidung, einem möglichen Diebstahl zuzustimmen, und begründen ihre Meinung.

Differenzierung — In lernschwächeren Lerngruppen empfiehlt es sich, die auf den vorherigen Seiten angewendeten sprachlichen Mittel zur Meinungsäußerung zu wiederholen bzw. an der Tafel als Hilfestellung zu notieren: *In my opinion, ...* • *I think ...* • *I believe ...* • *On the one hand ..., on the other hand ...* • *Firstly / secondly / ...*

Auswertung — Sammeln der Diskussionsergebnisse im Plenum, z. B. durch Gegenüberstellung der Argumente für und wider in Form einer Tabelle:

Do you think it was a good idea for Ava to say yes?

Why?	*Why not?*
- *She wants to be noticed by Megan / to be friends with Megan.* - *She wants to have new things and clothes but she doesn't have any money.* - *She wants to do / wear what Megan is doing / wearing.* - *Megan tells her that it's no big deal / everybody does it.*	- *She only says yes because she feels (Megan's) pressure.* - *She's afraid that she'll look silly if she doesn't agree.* - *She doesn't feel comfortable with the idea (of shoplifting).* - *Megan is not a good friend (good friends respect different opinions).* - *Stealing / Shoplifting is illegal / wrong.* - *She will get into trouble if she gets caught.* - *Just because 'everybody is doing it', doesn't mean that 'it' is a good thing.*

Lösung — Individuelle Lösungen.

Erarbeitung ▸ 1.12 — **c)** Die S komplettieren nach dem **1. Hören** des zweiten Teils der Geschichte zur Sicherung des Globalverstehens zwei vorgegebene Satzanfänge.

Lösung
1 *... mean and usually doesn't look at Ava.*
2 *... not to steal because if she gets caught, she'll be in big trouble. / to say no (to Megan) because stealing is a big deal.*

Erarbeitung — **d)** Die S vergleichen ihre Ergebnisse im ▸ Partner check (ggf. **2. Hören** zur Überprüfung). Anschließend diskutieren sie, was Ava beim nächsten Treffen zu Megan sagen könnte, um die Situation zu klären.

Auswertung — Sammeln möglicher Reaktionen bzw. Lösungsansätze Avas im Plenum.

Lösung — Individuelle Lösungen.

Erarbeitung ▸ 1.13 — **e)** Beim **1. Hören** des dritten Teils überprüfen die S ihre Vermutungen und beurteilen Avas Lösungsansatz mithilfe der Fragen aus dem SB.

Auswertung — Freiwillige S äußern ihre Meinung im Plenum; die restlichen S ergänzen oder / und beziehen Stellung dazu.

Lösungsbeispiel — *Ava tells Megan that she doesn't feel comfortable with taking things from shops because it's stealing, and it's wrong. She also says that she doesn't want to get into trouble.*
In my opinion, she found a good / fair solution by inviting Megan to come around to Ollie's house instead.

Erarbeitung — **f)** Gemäß SB. Die S präsentieren ihre Dialoge mit verteilten Rollen im Plenum.

Alternative — Die vortragenden S stoppen ihre Version kurz vor Schluss und lassen die Mit-S den weiteren Verlauf bzw. das Ende des Dialogs vorhersagen.

Lösung — Individuelle Lösungen.

5 ROLE-PLAY Why don't you go out with us?

Wortschatz — **lately • (just) the two of us** • °role-play • °role • °double • °perform

Erarbeitung — **a) SB geöffnet.** Die S wählen eine Rollenkarte und bereiten sich anhand der Hinweise und Redemittel auf eine kurze szenische Darstellung vor.

Hinweis: Es empfiehlt sich, beide Rollenkarten je zur Hälfte in der Klasse aufzuteilen, um in der Auswertungsphase logistische Schwierigkeiten beim ▸ Double circle zu vermeiden.

O Differenzierung — Die komplettierten S-Äußerungen werden in Tabellenform (für Rollenkarte A + B) als sprachliche Hilfestellung notiert (Tafel / Folie); siehe Lösungsbeispiel.

Alternative — Die S tauschen ihre Ergebnisse zunächst schnell in kleinen ▸ Buzz groups (z. B. à drei S) aus und einigen sich auf die zentralen Informationen, die in der szenischen Darstellung für ihre jeweilige Rollenkarte (A oder B) genannt werden sollen. Anschließend werden diese in Tabellenform festgehalten (Tafel / Heft).

Lösungsbeispiel

Partner A:	*Partner B:*
Why don't you go out with us (any more)? / Why haven't you come out with us lately?	*Well, when we last went out, I think some people in our group drank too much alcohol. I don't feel comfortable with that.*
Well, I understand that not everybody likes to drink alcohol. So of course it's OK if you don't want to.	*But you know, I feel silly – and some people say stupid things. I don't like it.*
That's a pity. Maybe we could go out together – just the two of us?	*That's a nice idea. Where would you like to go?*
What about the cinema?	*Sure, I love going to cinema. What (kind of) film?*
What about a science fiction / crime / ... film? For example ...?	*Good idea. Or have you heard of this new romance / comedy / ... with ...?*

That sounds great too. Where and when shall we meet?	*What about meeting in front of the … cinema at …?*
That's a great idea. I'm looking forward to seeing you.	*Fantastic! See you on Saturday / … Goodbye.*

Erarbeitung **b)** **Double circle:** Die S stellen sich anhand ihrer jeweiligen Rollenkarte in einem ▸ Double circle auf (z. B.: Außenkreis: Partner A; Innenkreis: Partner B) und proben ihren Dialog mit mindestens zwei weiteren Partnern. Danach Rollenwechsel gemäß SB.

Alternative Der dialogische Austausch kann methodisch auch als ▸ Milling-around activity oder ▸ Speed dating durchgeführt werden.

Hinweis: Um weniger Unruhe im Klassenraum zu erzeugen, können auch jeweils nur die Hälfte der Mit-S als Paare zu anderen S-Paaren laufen, die wiederum feste Stammplätze haben.

Auswertung Freiwillige S-Paare präsentieren ihre Dialoge abschließend in Form einer kurzen szenischen Darstellung im Plenum. Dabei ist es sinnvoll, eine Feedbackmethode (z. B. ▸ Two stars and a wish) anzuwenden.

Lösung Siehe Lösungsbeispiel zu **a)**.

▸ WB 5–6, p. 22 ▸ DFF 2.3 ▸ INKL p. 30

More challenge 2 p. 111

A tricky problem

Wortschatz °tricky • °have a late night • °on one's own

Erarbeitung Leistungsstärkere S erhalten eine weitere kurze Beschreibung einer schwierigen Situation, die sie in Form eines Dialoges in PA verschriftlichen und anschließend mit verteilten Rollen im Plenum präsentieren.

Auswertung Zur Würdigung der Präsentation im Plenum können die Zuhörer die Feedbackmethode ▸ Two stars and a wish anwenden.

Lösungsbeispiel

Partner A:	*Partner B:*
Hi … How are you?	*Fine, thanks. How are you?*
I'm OK. Getting ready for the swimming competition on Saturday.	*Oh, but are you going to come to the party on Friday?*
I'd love to, but I'm afraid I can't go out on Friday because our trainer doesn't want us to have a late night before a big competition.	*Oh come on, everybody will think you're a loser if you can't go to the party and swim the next day.*
No, sorry, this is important to me.	*That's a pity. I don't want to go to this party on my own.*
How about this: we can go to the party together and leave a bit earlier?	*Good idea. When do you have to be home?*
Well, the swimming competition starts at nine a.m., so I guess I would still get enough sleep if we left the party around ten thirty.	*Fantastic. I have to be home before midnight anyway. See you on Friday then.*

THEME 2 Think before you speak

Inhalt Ausgehend von einem Gruppenexperiment beschäftigen sich die S in *Theme 2* mit den Themen Diskriminierung und Rassismus. Dazu lesen sie einen Artikel über einen Sportler, der rassistisch von einem jungen Mädchen beleidigt wurde. Weiterhin analysieren sie einen Musikvideoclip aus einer Kampagne der *Australian Human Rights Commission*, in dem Jugendliche in vier verschiedenen Szenen der Diskriminierung im Alltag entgegentreten. Abschließend führen sie in Kleingruppen ein Projekt zu einem von vier Wahlthemen zum Engagement gegen Diskriminierung durch.

S. 35

1 ACTIVITY Badges – a group experiment

Wortschatz **badge • frustrating** *(adj.)* **• frustrate sb.** *(v)* **• discrimination (against)** • °desert island

Einstieg **SB geschlossen.** Zur inhaltlichen Vorentlastung notieren sich die S zunächst in EA in Form eines ► Five-finger brainstorming jeweils fünf positive (linke Hand) und fünf negative (rechte Hand) Aspekte von Gruppengemeinschaften. Die Ergebnisse können entweder zuerst einem Partner vorgestellt oder direkt im Plenum gesammelt und an der Tafel notiert werden. Mögliche Lösungen:

- *Positive aspects: it's a community; you help and support each other; life in a group is more entertaining; you feel stronger and safer in a group; you can do things together (e.g. sports, go to theme parks, practise for tests, ...)*
- *Negative aspects: some group members might ... put pressure on other people; force other people to do things they don't want to do / illegal things (shoplifting, drugs); ignore or bully other people (insiders vs. outsiders); ...*

Überleitung L: *Today, we're going to do an exciting psychological experiment.*

Material Anstecknadeln *(badges)* / Klebepunkte in vier verschiedenen Farben (je nach Größe der Lerngruppe jeweils ca. 5–7 rote, grüne, blaue und grüne); ggf. zugehörige (laminierte) Rollenkarten (von ► KV 12A: Badges – a group experiment: Role cards)

Erarbeitung **a) SB geöffnet.** ► Gruppenbildung gemäß SB: Dafür bereitet L Anstecknadeln *(badges)* oder Klebepunkte in den vier verschiedenen Farben vor und verteilt diese in der Lerngruppe. Jeder Farbe ist eine Rollenkarte im Anhang des SB zugeordnet. Die S finden sich zunächst in farbgleichen Gruppen zusammen und lesen ihre jeweiligen Rollenkarten. Nachfragen können in dieser Phase gemeinschaftlich in der jeweiligen Gruppe geklärt werden.

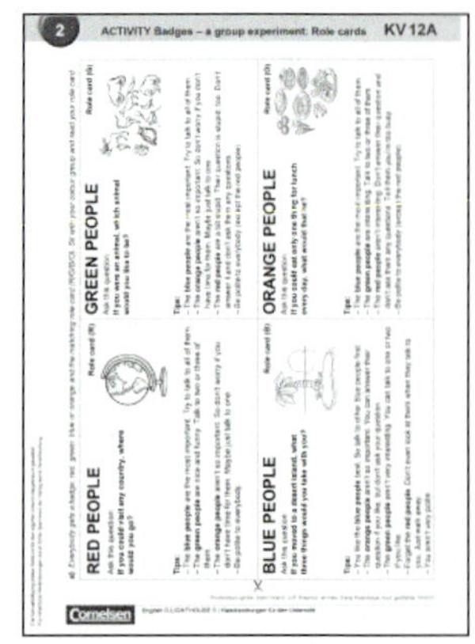

Hinweis: Es ist vor Beginn der Aktivität sinnvoll, dass L die S noch einmal ausdrücklich auf die Einhaltung der Tipps auf den Rollenkarten hinweist.

Alternative L verteilt die Rollenkarten von ► KV 12A: Badges – a group experiment: Role cards zum (Ausschneiden und) Mitnehmen für die ► Milling-around activity in **b)**.

Erarbeitung **b)** **Walk around:** Im Rahmen einer ► Milling-around activity stellen die S verschiedenen Mit-S die Frage von ihrer Rollenkarte. Bei der Auswahl ihrer Interviewpartner orientieren sie sich eng an den *Tips* auf ihrer Rollenkarte. Dazu notieren sie sich neben den Antworten jeweils auch die Farbe der *badges* der Befragten, z. B. unter Verwendung der Tabelle auf ► KV 12B: Badges – Tables for answers.

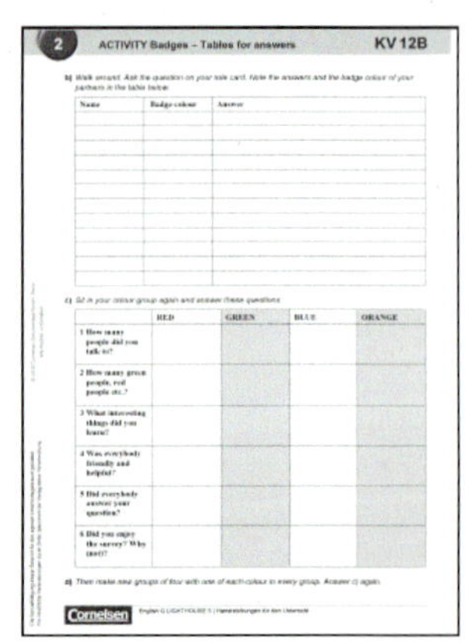

Zusatz Da einige Rollenkarten den Tipp beinhalten, höflich mit den anderen Mit-S zu interagieren, kann L vor Beginn der Aktivität zunächst im Plenum verschiedene sprachliche Mittel zum höflichen Umgang miteinander kurz wiederholen und an der Tafel festhalten: *Hello / Excuse me, may I ask you a question, please? / I'm sorry, do you have a minute, please? / Thank you for your time.*

Lösung Individuelle Lösungen.

Erarbeitung **c)** Zur Reflexion ihrer Erfahrungen aus **b)** finden sich die S wieder in ihren Ausgangs-Farbgruppen zusammen und beantworten die SB-Fragen 1–6 über das zuvor durchgeführte Gruppenexperiment.

Lösung Individuelle Lösungen.

Erarbeitung **d)** In einer zweiten Austauschrunde ordnen sich die S neuen Vierergruppen zu, in denen jeweils alle Farben (rot, grün, blau und orange) vertreten sein sollten, und beantworten die identischen Fragen mit nun neuen Gesprächspartnern unter Verwendung der ► KV 12B: Badges – Tables for answers.

Hinweis: Zur schnelleren Organisation lässt L die S mit ihren Farbgruppen einzeln nacheinander aufstehen (z. B. alle S zur Gruppe rot) und ordnet diese dann verschiedenen Tischen zu. Die gleiche Prozedur gilt für alle Farben. Falls eine ungerade S-Zahl übrig bleibt, können diese den bereits bestehenden Gruppen zugeordnet werden oder eine kleinere eigenständige Gruppe bilden.

Lösung Individuelle Lösungen.

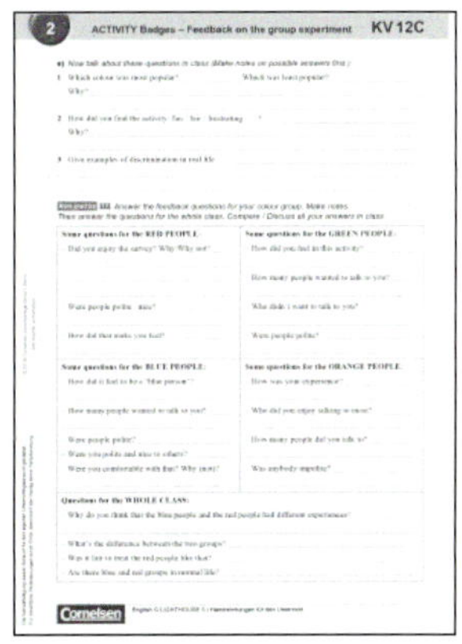
2 ACTIVITY Badges – Feedback on the group experiment KV 12C

Auswertung **e)** Zusammenführung der Ergebnisse im Plenum. Anhand der Fragen im SB reflektieren die S gemeinsam über das durchgeführte Gruppenexperiment. Dabei diskutieren sie auch Ursachen für dessen Verlauf und Gründe für die unterschiedlichen Wahrnehmungen der Teilnehmer. In dieser Phase kann die ► KV 12C: Badges – Feedback on the group experiment eingesetzt werden.

Alternative Bei eher ruhigeren Lerngruppen bietet es sich an, das gemeinsame Plenumsgespräch durch ein ► Brainstorming bzw. in ► Buzz groups vorzuentlasten. Dabei fertigen die S in PA oder GA Notizen zu den einzelnen Fragen an (z. B. auf ► KV 12C: Badges – Feedback on the group experiment) und tauschen sich kurz darüber aus. Anschließend kann eine höhere Beteiligung im Plenum (Sprachumsatz) erwartet werden.

Lösung Individuelle Lösungen.

2 Dealing with discrimination

Wortschatz **racism • It stops with me. • racist • race • call** sb. **names • call** sb. **a racist name • staff • question** sb. **• society • prejudice • campaign**

Einstieg **SB geschlossen.** Um einen persönlichen und affektiven Zugang zum Thema zu erzielen, sammeln die S gemeinsam im Plenum in Form eines ► Brainstorming verschiedene Beispiele zu *discrimination* im Kontext Schule, z. B. in einer Liste (Tafel / Folie). Dabei kann L ggf. zentralen neuen Wortschatz im Kontext einführen:

discrimination at school:
- *making fun of other students' accents or names*
- *telling jokes or lies about other students*
- *making fun of what sb. is wearing (clothes, glasses, ...) or looks like (hair, face, nose, ...)*
- *telling people to 'go back where they came from' (racism / racist)*
- *not including students from particular backgrounds in class activities (prejudice)*
- *bullying students from different backgrounds / cultural groups / ...*
- *saying mean / nasty things about other students*
- *calling other students names (e.g.: nerd, geek, fool, ...)*
- *...*

Alternative

SB geschlossen. L schreibt die Überschrift *Racism: It stops with me* an. Die S stellen auf dieser Basis Vermutungen über den Inhalt des Artikels an, die an der Tafel festgehalten und beim **1. Lesen** überprüft werden (Globalverstehen).

Racism: it stops with me

INFO-BOX Adam Goodes

Dem professionellen Spieler des *Australian Rules Football* Adam Goodes wurde 2014 am Nationalfeiertag Australiens die Auszeichnung *Australian of the Year* durch Premierminister Tony Abbot überreicht. Goodes ist mütterlicherseits indigener Abstammung und erhielt die Würdigung aufgrund seines Engagements in der indigenen Gemeinschaft Sydneys. Nachdem der Sportler längere Zeit mit strafauffälligen Jugendlichen gearbeitet hatte, gründete er 2009 mit seinem Cousin Michael O'Loughlin eine Stiftung, deren Ziel es ist, Kindern und Jugendlichen indigener Abstammung durch Stipendien Zugang zu einer erstklassigen Bildung zu verhelfen. Seit einem Vorfall im Mai 2013, als Goodes ein 13-jähriges Mädchen, das ihn mit einer rassistischen Bezeichnung beschimpft hatte, des Stadions verweisen ließ, engagiert sich der Spieler zudem im Rahmen der nationalen Kampagne *Racism: It stops with me.* Obwohl Goodes die Öffentlichkeit 2013 bat, das Mädchen aufgrund ihres jungen Alters nicht für ihr Verhalten zu verurteilen, erfuhr der Sportler selbst herbe Kritik für die vermeintliche Bloßstellung der Jugendlichen. Bei Auswärtsspielen wird Goodes seit 2013 regelmäßig von den Fans der gegnerischen Mannschaften ausgebuht. Die emotionale Belastung bewegte den Spieler dazu, sich noch in der laufenden Saison 2015 von seinem Verein, den Sydney Swans, freistellen zu lassen. Nachdem tausende *Football*-Fans Goodes in den Stadien sowie in sozialen Netzwerken ihre Unterstützung ausgesprochen hatten, kehrte der Spieler eine Woche nach der Freistellung auf das Spielfeld zurück. Für zwei Spiele nach seiner Rückkehr war Goodes vor den Buhrufen der gegnerischen Fans sicher. Beim Spiel gegen die St. Kilda Saints in Melbourne im August 2015 wurde jedoch erneut gepöbelt, sobald Goodes Ballkontakt erlangte.

Erarbeitung

a) **SB geöffnet. 1. Lesen** des Artikels gemäß SB in EA. Als Basis für die Plenumsdiskussion versetzen sich die S dabei in die Gefühlslage von Adam Goodes nach der rassistischen Äußerung.

O Differenzierung

In lernschwächeren Lerngruppen stellt L den S sprachliche Mittel zur erfolgreichen kommunikativen Umsetzung der Gefühlsbeschreibung zur Verfügung (Tafel / Folie), z.B. in Form von Adjektiven *(terrible, awful, horrible, disappointed, bad, shocked, angry, sad, hurt, fed up, unhappy, / ...)* oder Satzanfängen *(I think he felt ... / I guess it was disgusting / embarrassing / frustrating / intimidating for him (because ...). / Maybe he blamed ... for ...).*

Auswertung — Sicherung der Diskussionsergebnisse durch Sammeln von Adjektiven (Tafel / Folie), z. B. in Form einer ▸ Meldekette. Dabei können die S ihre Einschätzung zur Gefühlslage von Adam Goodes ggf. anhand geeigneter Textstellen (Zeilennummern) belegen.

Lösungsbeispiel — S1: *I guess at first Adam Goodes felt shocked / disappointed / hurt / terrible / ... when he heard what the girl said.*
S2: *Then maybe he got angry and decided to do something about it.*
S3: ...

Erarbeitung — **b)** Zur Sicherung des Detailverstehens komplettieren die S die vorgegebenen sechs Satzanfänge. Dazu ggf. **2. Lesen** des Artikels möglich.

Auswertung — Die S lesen die vervollständigten Sätze im Plenum vor; L hält diese ggf. zur Ergebnissicherung schriftlich fest (Tafel / Folie).

Lösung —
1 *Sydney and Collingwood are* ***football teams****.*
2 *Adam Goodes is a* ***big (Sydney) football star / an indigenous football player****.*
3 *At a game, a teenage girl called* ***Adam Goodes a racist name****.*
4 *The police questioned* ***the 13-year-old girl****.*
5 *The girl said* ***she would never use racist names again****.*
6 *Adam Goodes thinks* ***that society is to blame for prejudice and racism****.*

▸ WB 7, p. 22 ▸ INKL p. 31

More practice 1 p. 111

About the article

Erarbeitung — **a)** **SB geöffnet.** Beim **2. / 3. Lesen** des Artikels ordnen die S fünf verschiedenen Aussagen (Zitaten) die dazu passenden Sprecher zu.

Auswertung — Ergebnissicherung im Plenum, z. B. in Form einer ▸ Meldekette: S1 liest die Aussage, S2 nennt den Sprecher (und ggf. die passende Textstelle / Zeilennummer als Beleg).

Lösung — ***1*** *Adam Goodes (ll. 12/13)* • ***2*** *the girl (l. 16)* • ***3*** *the girl (l. 17)* • ***4*** *Adam Goodes (l. 18)* • ***5*** *Adam Goodes (l. 19)*

Erarbeitung — **b)** Die S ordnen dem Slogan von Goodes Kampagne (bzw. der Überschrift des Artikels) die passendste Bedeutung zu.

● **Differenzierung** — Lernstärkere S können die Bedeutung des Slogans auch in eigenen Worten ausformulieren.

Lösung — ***3*** *I say no to racism.*

Zusatz — Im Sinne einer *Post-reading*-Aktivität recherchieren die S zu aktuellen Entwicklungen in Adam Goodes Karriere oder erstellen ein fiktives Interview mit dem Protagonisten Adam Goodes, in dem sie den im Artikel beschriebenen Vorfall thematisch aufgreifen sowie perspektivisch nach der Umsetzung seiner neuen Antidiskriminierungs-Kampagne fragen.

S. 36

3 VIEWING 'What you say matters' by Brothablack

Wortschatz — **matter** *(v)* • **face** sth. • **kick** • **entry** • **equal** • **negativity** • **vicinity** • **ignorance** • **show, showed, shown** • **unity**

Einstieg — **SB geschlossen.** Zur spielerischen Hinführung eignet sich ein Buchstabenratespiel nach Art des *Hangman* zur Überschrift (W H A T Y O U S A Y M A T T E R S). Anschließend tauschen sich die S im Plenum darüber aus, in welchen Situationen es wichtig ist, seine Meinung zu sagen bzw. Zivilcourage an den Tag zu legen und „sich einzumischen".

L: *Can you think of situations in which it is important to say (or do) something? (when there is a fight between two people; when somebody gets bullied, etc.)*

Alternative — **SB geschlossen.** L präsentiert das Musikvideo (oder zunächst nur eine Szene davon) ohne Ton. Im Sinne des ▸ Silent viewing versuchen die S den Inhalt der dargebotenen Szene/n zu erraten. Dazu kann L die Wiedergabe nach jeder Szene kurz stoppen, damit sich die S in PA dazu austauschen und Notizen machen können, z. B. auf ▸ KV 13: VIEWING What you say matters. Überprüfung der Vermutungen beim **1. Sehen** des Videos mit Ton, siehe Aufgabe **3a)**.

Erarbeitung ▸ — **a)** **SB geöffnet.** Nach dem **1. Sehen** tauschen sich die S zur Sicherung des Globalverstehens in PA über das Thema des Songs aus.

Differenzierung — Lernstärkere S begründen ihre Vermutungen anhand des Musikvideoclips (siehe blaue Ergänzungen im Lösungsbeispiel).

Auswertung — S benennen das Thema des Songs im Plenum.

Lösungsbeispiel — *The song is about discrimination / racism among young people / students at school (in Australia) – and how they deal with it.*
In the video, you can see different scenes at school (in a classroom / during lessons; in the school yard / at break; on a sports field; at the bus stop) where some students say racist things to other students. Then the victims stand up (against racism) and talk to the students who made the racist comments.

Zusatz — Zunächst benennen die S das Thema des Songs im Plenum. Anschließend kann L darüber abstimmen lassen, ob der Musikvideoclip bei den S eher positiv oder negativ ankommt und ggf. Gründe dafür sammeln (Tafel).

L: *Did you like the video? Why (not)? Which scene did you like best? Why? (...)*

INFO-BOX 'What you say matters' von Brothablack

Der Musikvideoclip *What you say matters*, gedreht von Brendan Fletcher und produziert durch *MediaRock* und *ThinkTank*, wurde 2013 mit Schülerinnen und Schülern der *James Meehan High School* unter Mitwirkung des Rappers *Brothablack* aufgenommen. Die Schule liegt in Macquarie Fields, einem Vorort Sydneys, dessen Gemeinschaft sich durch Multikulturalität auszeichnet. *Brothablack* ist der Künstlername des aus Sydney stammenden Musikers Shannon Williams. Der Künstler mit indigenen Wurzeln kann auf ein langjähriges Engagement für die Aborigine Gemeinschaft zurückblicken, im Rahmen dessen er Jugendliche für Hip-Hop begeistert und zur Entdeckung von Talenten und Entwicklung von Fähigkeiten anregt. *What you say matters* ist 2013 im Rahmen der nationalen Kampagne *Racism: It stops with me* entstanden, für die sich z. B. auch der australische *Football*-Spieler Adam Goodes engagiert. Die Kampagne wurde von der *Australian Human Rights Commission* ins Leben gerufen und stellt eine Reihe von Materialien zur Verfügung, die zur Prävention und Bekämpfung von Rassismus beitragen sollen. Die Agentur *MediaRock* hat in Nachforschungen unter 13- bis 17-jährigen erhoben, dass 89 % der befragten Teenager täglich Rassismus erleben, ohne eine Richtlinie vor Augen zu haben, wie der Diskriminierung begegnet werden kann. *What you say matters* wurde produziert, um ebendiese Lücke zu schließen und sendet die klare Botschaft, dass die Stimme jedes einzelnen zur kollektiven gesellschaftlichen Ablehnung von Rassismus beiträgt.

Erarbeitung — **b)** Die S komplettieren die vorgegebenen *Multiple choice*-Sätze und erhalten so eine kurze Zusammenfassung des in jeder einzelnen Szene dargestellten Konflikts.

Auswertung — **2. Sehen** zum Vergleich der Ergebnisse und Vorlesen der vervollständigten Sätze im Plenum.

Lösung — ***1** (B) Asian • **2** (A) white • **3** (B) first • **4** (B) black*

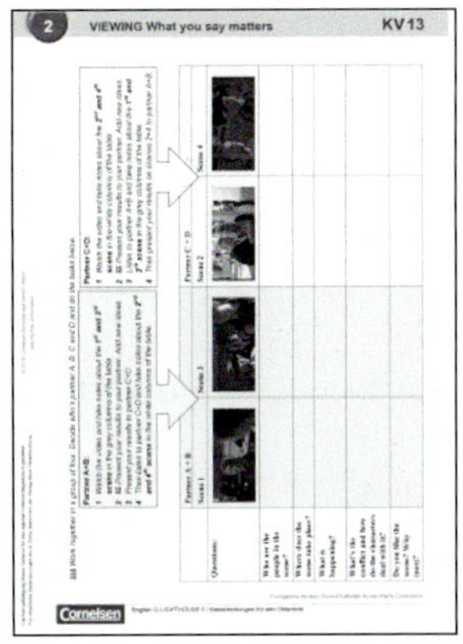

Zusatz **SB geschlossen.** Zur Sicherung des Detailverstehens und genaueren Analyse des Musikvideos führen die S beim **3. Sehen** mithilfe von ▸ KV 13: VIEWING What you say matters ein ▸ Partnerpuzzle durch. Dabei machen sich die S in der ersten Phase zunächst in EA anhand der in der rechten Tabellenspalte vorgegebenen Kriterien Notizen zu zwei Szenen (Partner A+B: Szenen 1+3 sowie Partner C+D: Szenen 2+4). Anschließend tauschen sie sich mit dem Partner, der die gleichen Szenen gesehen hat, aus und ergänzen ihre Notizen. Dann suchen sie sich ein S-Paar, das die anderen beiden Szenen intensiver bearbeitet hat. Abschließend stellen die jeweiligen Partner A+B sowie C+D sich gegenseitig ihre Szenen vor, und vervollständigen die Tabelle auf der KV.

Erarbeitung **c)** In EA interpretieren die S den Slogan des Musikvideoclips mithilfe der Wörterbuchauszüge im SB. Anschließend übersetzen sie den Slogan ins Deutsche.

Auswertung L sammelt die S-Vorschläge im Plenum (Tafel). Die S begründen aus dem Zusammenhang des Slogans, welcher Wörterbucheintrag die passende Bedeutung darstellt. Abschließend erfolgt eine Abstimmung im Plenum, welche deutsche Übersetzung den englischen Slogan am besten wiedergibt.

Lösung
1 *face² Verb: 3* (*einer Sache*) entgegentreten
kick² Verb: 3 (*Gewohnheit, Idee*) aufgegeben, sich davon befreien
2 Dem Rassismus entgegentreten, sich vom Rassismus befreien.

Erarbeitung **d)** Mithilfe eines Wörterbuches (z. B. des SB-Dictionary, SB-Seite 235ff.) klären die S in EA die Bedeutung weiterer zentraler Begriffe und Zeilen des Songs.

Auswertung Vergleich durch ▸ Partner check, abschließend Ergebnissicherung im Plenum.

Lösungsbeispiel
1 *We're all the same.* (*equal:* (gleich)berechtigt)
2 *Be more friendly / positive to the people around you. / Stop discrimination in your neighbourhood.* (*negativity:* negative Einstellung; *vicinity:* Umgebung)
3 *I can see that you don't know what you're talking about. / Racist comments are stupid. / Be more open to other people / different cultures.* (*ignorance:* Ignoranz, Unwissenheit)
4 *Let's stand together (against discrimination / racism).* (*unity:* Einheit, (innere) Geschlossenheit)

Erarbeitung **e)** **Discuss:** Die S diskutieren in Kleingruppen (à ca. 4 S) über die Botschaft des Musikvideoclips. Weiterhin beurteilen sie begründend, ob und wodurch die filmische Umsetzung in ihren Augen zweckmäßig und gelungen ist.

More help p. 112 Lernschwächere S erhalten sprachliche Mittel zur Diskussionsführung in Form von Satzbausteinen (als *substitution table*).

Auswertung Je zwei Kleingruppen präsentieren einander ihre Argumente zunächst gegenseitig. Anschließend erfolgt die Vorstellung im Plenum. Argumente für und wider können an der Tafel notiert werden.

Lösung Individuelle Lösungen.

Hinweis: Die Satzbausteine aus der *More help*-Rubrik können als Musterlösung zusammengefügt und verwendet werden. ▸ WB 8, p. 23 ▸ INKL p. 32

More challenge 3 p. 112 **Your review**

Wortschatz °style

Erarbeitung Leistungsstärkere S schreiben eine Rezension des Musikvideoclips. Dabei berücksichtigen sie verschiedene typische Aspekte des Genres gemäß der Hinweise (Spiegelstriche) im SB.

Auswertung Freiwillige S lesen ihre Rezensionen im Plenum vor. Darauf kann eine Feedback-Runde folgen, in der die Zuhörer jeweils einen positiven Aspekt, einen Ratschlag und eine Frage an die Verfasser zurückmelden.

Lösung Individuelle Lösungen.

S. 37

4 YOUR TASK Do something!

Wortschatz °be happy to do sth. • °interview *(v)* • °pick sth. out

Einstieg **SB geschlossen.** Zur thematischen Hinführung beschreiben die S ein Bild zum Thema (Kampf gegen) Diskriminierung. Dazu zerschneidet L das Ursprungsbild in sinnvolle kleinere Teile, zeigt die einzelnen Fragmente nacheinander im Plenum (OH-Projektor, Beamer, Whiteboard) und lässt sie von den S beschreiben. Je mehr Teile aufgelegt werden, desto deutlicher wird die thematische Einbettung des Bildes.

Hinweis: Es lassen sich viele passende Bilder (z. B. in Zeitungen / Zeitschriften oder online) finden. Bei der Auswahl ist es vor allem entscheidend, dass das Bild viele zu beschreibende Details (z. B. im Hintergrund) enthält, um die Sprachproduktion der S zu erhöhen. In lernschwächeren Lerngruppen kann L sprachliche Mittel zur Bildbeschreibung zur Verfügung stellen bzw. gemeinsam (an der Tafel) erarbeiten, z. B. anhand *SF 9 describing photos and pictures*, SB-Seite 179.

Step 1: Pick a project

Erarbeitung **SB geöffnet.** Die S lesen sich zunächst in EA die Inhalte der vier vorgegebenen Projekte durch und wählen ihren persönlichen Favoriten aus.

Dann bilden sie mit Mit-S, die das gleiche Thema gewählt haben, Gruppen à drei bis vier S.

Hinweis: L kann die Bildung der einzelnen Gruppen organisieren. Dazu werden zunächst die Namen der Projekte an der Tafel festgehalten. Anschließend benennen die S ihr Wunschprojekt, L notiert ihre Namen unter dem jeweiligen Projekt und bestimmt, nach welchen Kriterien die finale Gruppenbildung erfolgt (Abzählen, Zufallsgruppen, Freundschaftsgruppen, leistungsbezogene Gruppen, ...).

Step 2: Organize your project

Erarbeitung Planung und Bearbeitung der Projekte innerhalb der Gruppen gemäß SB. Für die komplexeren Themen (Projekt A+B) erhalten die S jeweils ein *More help* als Unterstützung bei der sprachlichen und inhaltlichen Umsetzung. Die erfolgreiche Interaktion innerhalb der Gruppen kann L durch Verteilung von Rollenkarten *(Task manager, Language monitor, etc.)* unterstützen, siehe auch ► KV 14: Organizing a project – Role cards.

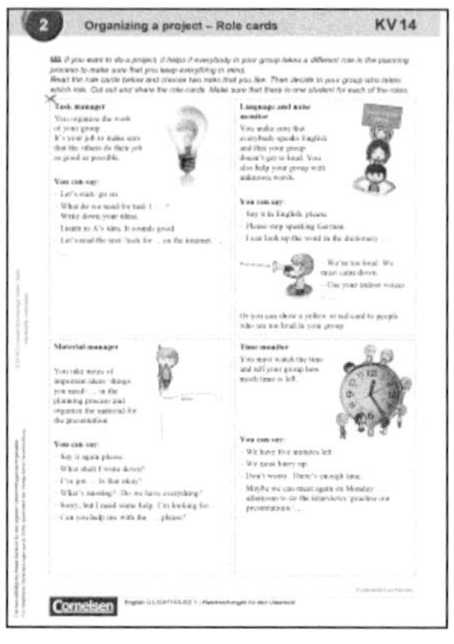
2 Organizing a project – Role cards KV 14

PROJECT A: Scenes of discrimination
Innerhalb dieses Projektes wird der auf der vorherigen Seite gezeigte Musikvideoclip mit einbezogen. Die S wählen eine Szene aus und erstellen dazu eigene Dialogskripte, die sie nach sprachlicher Überprüfung durch L innerhalb der Gruppe einüben. Die Präsentation im Plenum (siehe *Step 3*) erfolgt in Form einer kurzen szenischen Darstellung.

More help p. 112 Lernschwächere S erhalten den Anfang eines Beispieldialogs für die erste Szene als Muster.

PROJECT B: Immigrants' stories
Die S befragen Mitmenschen oder Familienmitglieder, die aus einem anderen Land immigriert sind. Nach Durchführung der Interviews verschriftlichen sie die Erfahrungen der befragten Personen und illustrieren sie mit Karten- und Bildmaterial. Die fertigen Texte legen sie sowohl ihren Interviewpartnern zur inhaltlichen als auch L zur sprachlichen Durchsicht vor, bevor sie sie im Plenum präsentieren (siehe *Step 3*).

More help p. 113 Lernschwächere S erhalten eine Auswahl möglicher Interviewfragen sowie einen Mustertext mit inhaltlichen Anregungen und sprachlichen Mitteln für die zusammenhängende Verschriftlichung der Antworten.

PROJECT C: A campaign
Die S sammeln möglichst viele Slogans für eine Antidiskriminierungs-Kampagne, z. B. in einer Tabelle (gemäß SB). Anschließend einigen sie sich innerhalb ihrer Gruppe auf ihre Favoriten und lassen diese von L sprachlich überprüfen. Für die Präsentation im Plenum (siehe *Step 3*) erstellen sie von den geeignetsten Slogans Anstecknadeln, Postkarten, Poster usw.

Lösungsbeispiel

Anti-bullying	*Anti-racism*
– *No place for bullying!* – *Stop the bullies* – *Say no to bullying* – *Bullying isn't fun – it hurts!* – *How would you feel if someone bullied you?* – *If you're really strong, you don't need to bully anyone* – *Bullies aren't cool* – …	– *Racism: It stops with me!* – *We're all equal* – *Stand up against racism* – *Face the racism, kick the racism* – *What you say matters* – *Think before you speak* – *Don't call people racist names* – …

PROJECT D: Songs about discrimination
Die S recherchieren (oder schreiben) ein Lied, das sich thematisch mit Diskriminierung auseinandersetzt. Sie analysieren den Songtext und machen Notizen zu zentralen Inhalten, wichtigen (neuen) Wörtern und markanten Textstellen, die sie in der abschließenden Präsentation im Plenum vorstellen (siehe *Step 3*).

Hinweis: Eine Auswahl thematisch passender Songs können die S online recherchieren, z. B. unter folgendem Link: http://www.songfacts.com/category-songs_about_racism_or_discrimination.php.

Step 3: Present your project

Auswertung

Die einzelnen Gruppen stellen ihre Projektergebnisse gemäß der Anregungen im SB anhand verschiedener Präsentationsformen im Plenum vor:

- **Project A:** Die Gruppenmitglieder führen ihre Szene mit verteilten Rollen auf.

- **Projects B and C:** Die Gruppenmitglieder stellen ihre Arbeitsergebnisse (Slogans, Anstecknadeln, Texte, Poster, ...) im Klassenraum aus, z. B. in der ► English corner oder / und als ► Gallery walk.
- **Project D:** Die Gruppenmitglieder spielen ihren ausgewählten Song als Audio oder Videoclip vor und erklären dessen Inhalt anhand geeigneter Textzitate (Tafel / Folie).

Lösung Individuelle Lösungen; siehe Anregungen zu den einzelnen Projektvorschlägen A–D.

► DFF 2.4 ► INKL p. 33

Zusatz Aufgrund der höheren Komplexität der Projekte ist eine abschließende wertschätzende Feedbackrunde umso entscheidender, um die S-Produkte zu honorieren. Dazu eignen sich verschiedene Aktivitäten, z. B.:

- (1) ► Two stars and a wish: Jeweils zwei positive Aspekte und einen Verbesserungsvorschlag benennen.
- (2) *Sandwich feedback:* Einen positiven Aspekt und einen Verbesserungsvorschlag benennen; anschließend eine kurze Zusammenfassung geben.
- (3) *Sticky notes feedback:* S schreiben kurze Rückmeldungen auf Klebezettel, die sie direkt an die jeweiligen S-Produkte kleben.

FOCUS ON LANGUAGE

Inhalt Ausgehend von einer realitätsnahen Gesprächssituation in einem Jugendclub, die als Hörtext dargeboten wird, erarbeiten die S das grammatische Phänomen der *indirect speech* in Aussagesätzen und Fragen.

S. 38

Einstieg **SB geschlossen.** L fordert die S zunächst auf, sich innerhalb einer Minute zu überlegen, wie sie den Abend zuvor verbracht haben (Anknüpfen an Erfahrungswelt der S). Anschließend beschreiben die S einander ihre Aktivitäten in Form einer ▶ Milling-around activity.

S1: *Hey, how are you?*
S2: *Thanks, I'm fine. What did you do yesterday evening?*
S1: *Oh, I just watched a crazy football game. What about you?*
S2: ...

Überleitung L: *Now listen and find out how Emily and Kai spent their evening.*

1 Guess what happened last night

Wortschatz **introduce** sb. **to** sb. • **Don't be a pain.** • **pain** • °speech bubble

Struktur *Indirect speech:* Präsentation und imitative Verwendung in Fragen, Aussagesätzen und Anweisungen

Erarbeitung ▶ 1.14 **a)** **SB geöffnet.** Zur Sicherung des Globalverstehens beantworten die S nach dem **1. Hören** die Inhaltsfragen im SB.

Differenzierung Lernschwächere S erhalten ▶ KV 15: Guess what happened last night mit den Aufgaben **1 a)–c)** zum direkten Hineinschreiben der Antworten sowie der Sprechblasentexte in **b)**.

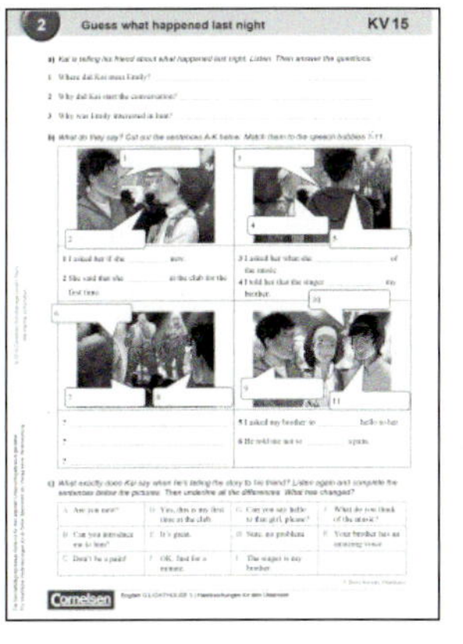

Auswertung Vergleich der Ergebnisse im Plenum, z. B. in Form einer ▶ Meldekette (S1 liest die Frage, S2 antwortet und liest die nächste Frage etc.).

Lösung *1 At the youth club.* • *2 He thought Emily was nice and he hadn't seen her before (so he asked her if she was new).* • *3 Because the singer at the youth club was Kai's brother and Emily liked his voice / wanted to get to know him.*

Erarbeitung **b)** Sicherung des Detailverstehens gemäß SB, ggf. durch Ausschneiden und Zuordnen der Dialogschnipsel zu den Sprechblasen 1–11 auf ▶ KV 15: Guess what happened last night.

Auswertung Jeweils zwei S pro Szene tragen die Inhalte der Sprechblasen in Form eines kurzen Dialoges mit verteilten Rollen im Plenum vor. Die Zuhörer überprüfen den Gesprächsablauf auf Logik. Dazu ist ggf. ein nochmaliges Hören des Ausgangstextes möglich.

Lösung ***1** A* • ***2** D* • ***3** J* • ***4** E* • ***5** I* • ***6** K* • ***7** B* • ***8** H* • ***9** G* • ***10** C* • ***11** F*

Erarbeitung **c)** Beim **2. Hören** komplettieren die S die vorgegebenen Sätze aus dem Hörtext mit den passenden Verben in indirekter Rede (im Heft oder auf ▶ KV 15: Guess what happened last night).

Auswertung Die Ergebnisse werden im Plenum besprochen und an der Tafel festgehalten.

Lösung ***1** was* • ***2** was* • ***3** thought* • ***4** was* • ***5** say* • ***6** be*

Zusatz Lernstärkere S erstellen einen eigenen Dialog zu den vorgegebenen Sprechblasen oder / und finden für jede der vier Bildszenen eine eigene Überschrift.

S. 39

2 Indirect speech: statements

Wortschatz **indirect • direct**

Struktur *Indirect speech:* Induktive Regelerarbeitung anhand von Beispielsätzen aus **1**

Einstieg **SB geschlossen.** Zur Wiederholung der Vergangenheitsformen (als Vorbereitung auf den *backshift* in der indirekten Rede) spielt L mit den S im Plenum das Spiel *Race to the blackboard*, bei dem zunächst jedem S aus insgesamt zwei großen Teams eine Zahl zugeordnet wird. L stellt nun eine Frage (z. B. *What is the simple past of 'go' / 'say' / 'tell' / 'think' / ...?*) und benennt eine Zahl. Die S aus beiden Teams, die dieser Zahl zugeordnet sind, begeben sich nun so schnell wie möglich zur Tafel (sicherheitshalber ohne zu rennen), um die richtige Lösung zu notieren.

Hinweis: Aufgrund der nun folgenden anspruchsvolleren Unterrichtssequenz bietet sich ein sehr spielerischer und interaktiver Einstieg an.

Überleitung L: *Let's have a closer look at what Emily said to Kai.*

Erarbeitung **SB geöffnet.** Anhand der vorgegebenen Sätze analysieren die S Merkmale und Bildungsregeln der direkten und indirekten Rede und markieren die Unterschiede in Tabellenform.

O Differenzierung Lernschwächere S unterstreichen die Unterschiede zwischen den beiden Sätzen auf ▶ KV 15: Guess what happened last night (Bild 1). Nach Vergleich im Plenum fahren sie analog mit den Sätzen zu den Bildern 2–4 fort.

Auswertung Vergleich der Ergebnisse im Plenum. Eine zusätzliche Visualisierung und Festigung an der Tafel ist sinnvoll. Dabei kann L die vorgegebene Tabelle aus dem SB ggf. auch noch um eine weitere Spalte (für die Benennung der Unterschiede) sowie eine Zeile vorab (für den Einleitungssatz) erweitern, siehe blaue Ergänzungen im Lösungsbeispiel.

Lösung ***1*** *sentence A* • ***2*** *sentence B*

3

A	*B*	*What has changed?*
She said, "..."	*She said that ...*	*sentence in quotation marks → sentence introduced by: (She) said that ...*
This	*this*	
is	*was*	*simple present → simple past*
my	*her*	*poss. pronoun, 1st person singular → 3rd person singular*
first time	*first time*	
at the club.	*at the club.*	

3 What were their exact words?

Wortschatz **exact**

Struktur *Indirect speech:* Rückübertragung eines Dialogs aus der indirekten in die direkte Rede (*simple past* zu *simple present*)

Erarbeitung ◙ Die S übertragen die Sätze aus den Sprechblasen ins Heft und komplettieren die direkte Rede. Bei der (Rück-)Übertragung der in der indirekten Rede vorgegebenen Sätze (links) müssen sie entsprechende Anpassungen bezogen auf die Zeitformen der Verben vornehmen.

//● p.113 Es handelt sich um eine Parallelübung auf zwei Niveaus. Lernstärkere S erhalten dieselben Sätze mit mehr Lücken in den Sprechblasen. Sie müssen neben den Zeitformen auch die Pronomen anpassen (siehe blaue Wörter im Lösungsbeispiel).

Auswertung Vergleich durch ▶ Partner check, ggf. bewusst mit heterogen zusammengesetzten S-Paaren (leicht – schwer). Ergebnissicherung durch Vorlesen der komplettierten Sätze im Plenum. L notiert die direkten Redeäußerungen (Tafel) und bespricht oder / und markiert die Unterschiede zur indirekten Rede. Alternativ können die Unterschiede auch noch einmal in Tabellenform (siehe Lösungsbeispiel zu **2**) visualisiert werden.

Lösung
1 ***My*** *name* ***is*** *Emily.*
2 ***My*** *name* ***is*** *Dan.*
3 ***I*** *often* ***come*** *to the club.*
4 *I* ***don't come*** *very often.*
5 ***I play*** *soccer, and practice* ***is*** *usually on the same night.*
6 ***You*** *should come to the talent show on Saturday night if* ***you are*** *free.*
7 ***That is (That's)*** *a great idea.*

4 I didn't believe him

Struktur *Indirect speech:* Übertragung von Aussagen aus der direkten in die indirekte Rede *(simple present* zu *simple past)*

Erarbeitung Anhand der Satzanfänge im SB übertragen die S Dans direkte Redeäußerungen aus der Sprechblase rechts in die indirekte Rede.

Auswertung Vergleich der Ergebnisse zunächst durch ▶ Partner check, dann im Plenum. Dabei nennen und begründen die S im Sinne der Sprachbewusstheit die notwendigen Veränderungen von der direkten zur indirekten Rede (siehe fettgedruckte Wörter im Lösungsbeispiel). Mögliche Schüleräußerung: *In indirect speech the verbs in the simple present (e.g. am / play /…) need to be put into the simple past (e.g. was / played / …). Sometimes you also have to change the pronouns (e.g. from 'I' to 'he').*

Lösung
1 *… great at sport.*
2 *…* ***he played*** *in* ***his*** *school rugby team.*
3 *…* ***he was*** *the captain of the soccer team (too).*
4 *…* ***he could*** *play six different instruments.*
5 *…* ***his*** *favourite instrument* ***was*** *the didgeridoo.*
6 *… (that)* ***his*** *parents* ***were*** *famous actors.*
7 *…* ***his*** *dad* ***lived*** *in Hollywood.*

▶ WB 9–10, p. 24 ▶ INKL p. 37

S. 40

5 ◙ Indirect speech: questions

Struktur *Indirect speech:* Induktive Regelerarbeitung zur Fragebildung anhand von Beispielsätzen aus **1**

Einstieg **SB geschlossen.** Die S treffen nacheinander in Form einer ▶ Meldekette Aussagen über den aktuellen Tag im Präsens. Dabei beginnt S1 mit einer Aussage, S2 wiederholt diese in indirekter Rede und fügt eine eigene Aussage an (usw.), z. B.:

S1: *The weather is great / horrible / ... today.*
S2: *He said that the weather was great / horrible today. – Yes, I agree. I love the sun and I want to go swimming in the afternoon.*
S3: *She said that she loved the sun and she wanted to go swimming in the afternoon. – ...*

Alternative **SB geschlossen.** Im Plenum wird gemeinsam eine *Grammar auction* durchgeführt. Dabei gibt L mehrere Sätze (teilweise grammatikalisch inkorrekt) in der indirekten Rede vor (Tafel / Folie). Die S finden sich in Gruppen à 3–4 S zusammen. Die Kleingruppen erhalten einen imaginären Geldbetrag und beraten sich, für welche der vorgegebenen korrekten Sätze sie wie viel Geld bieten möchten. Die Sätze werden nun wie in einer Auktion versteigert und an die meistbietende Kleingruppe vergeben. Nur bei korrekten Begründungen erhält die Kleingruppe jedoch den ersteigerten Satz. Wer die meisten korrekten Sätze ersteigert hat, gewinnt. L kann einen (lernstärkeren) S als „Auktionator" *(auctioneer)* bestimmen und für diese Rolle typische Redemittel vorgeben, z. B.: *One euro (pound / dollar), now two, now two – will you give me two? (...) Going once, going twice, sold for ... euros (pounds / dollars).*

Hinweis: Im Sinne der Sprachbewusstheit sollten abschließend alle fehlerhaften Sätze gezielt angesprochen und im Plenum korrigiert werden, damit sich am Ende dieser Aktivität nur noch fehlerfreie Sätze an der Tafel befinden.

Erarbeitung **SB geöffnet.** Die S komplettieren anhand von Beispielsätzen aus (dem Hörtext zu) **1** unvollständige Regelsätze zur Fragebildung in der indirekten Rede.

Auswertung Die Visualisierung und Festigung der Ergebnisse erfolgt an der Tafel. Der Vergleich der Sätze in Frage 2 kann wie bei den Aussagesätzen in Tabellenform erfolgen (siehe Lösungsbeispiel). S übernehmen zur Sicherung anschließend das Tafelbild ins Heft.

Lösung *1*

- *A word has been added:* ***if****.*
- *The word order has changed from verb + subject to* ***subject + verb****.*
- *The direct question (A) ends with a* ***question mark****. The indirect question (B) ends with a* ***full stop****.*

2

A	B	What has changed?
I asked her, "...?"	I asked her	question in quotation marks + question mark → question introduced by: (I) asked (her) ... + full stop.
what	what	keep question word (what / ...)
music	music	
do	---	leave out 'do'
you	she	change pronoun from 'you' to 'she'
like?	liked.	simple present → simple past

6 Are you OK?

Struktur *Indirect speech:* Übertragung von Fragen mit und ohne Fragewort aus der direkten in die indirekte Rede *(simple present* zu *simple past)*

Erarbeitung **SB geöffnet.** Im Kontext eines Unfallberichts übertragen die S verschiedene vorgegebene Fragen von der direkten in die indirekte Rede. Als schriftliche Hausaufgabe geeignet.

Auswertung Vergleich zunächst durch ▶ Partner check, anschließend im Plenum, z. B. in Form einer ▶ Meldekette (S1 liest die Frage; S2 gibt sie in indirekter Rede wieder). Zur Förderung der Sprachbewusstheit kann L die Fragesätze (in direkter Rede) und den Bericht darüber (in der indirekten Rede) farbig voneinander abgehoben an der Tafel gegenüberstellen.

Lösung
1 *A woman asked me* ***if I needed an ambulance***.
2 *She wanted to know* ***if I was ok***.
3 *Then she asked* ***how I felt***.
4 ***Next she asked if I had a headache***.
5 ***She also asked if I could move my leg***.
6 ***And finally she wanted to know if I wanted some water***.

7 Indirect speech: commands, requests, advice

Wortschatz **command • request**

Struktur *Indirect speech:* Induktive Regelerarbeitung zu Aufforderungen, Bitten und Ratschlägen anhand von Beispielsätzen aus **1**

Erarbeitung **SB geöffnet.** Die S übertragen die Beispielsätze ins Heft und komplettieren sie (ggf. anhand des Hörtextes zu **1**).

Auswertung Vergleich der Ergebnisse im Plenum.

Lösung
1 *Kai asked Dan to say* ***hello to the girl***.
2 *Dan told Kai not to* ***be a pain***.
3 *Kai's friend told him to* ***phone Emily***.

8 Good advice?

Wortschatz **skating** • °roller skating

Struktur *Indirect speech*: Übertragung von Ratschlägen aus der direkten in die indirekte Rede

Erarbeitung **SB geöffnet.** Die S übertragen das Textgerüst aus der Sprechblase ins Heft und vervollständigen Tims Zusammenfassung der Ratschläge für sein erstes Date mithilfe der indirekten Rede.

Auswertung Die Ergebnisse werden in Form einer ▶ Meldekette im Plenum präsentiert.

Lösung *Amy told me* ***not to panic***, *but I'm very nervous! Carl told me* ***to stay calm***. *Rosie told me* ***to talk about my interests***. *Max had some interesting advice. He* ***told me (not to worry about my clothes but) to wear something comfortable***. *Leo had a good idea. He* ***told me to do something fun and active***. *Cindy agreed. She* ***told me not to just go to a cafe, but to go skating instead***.

▶ WB 11-12, p. 25 ▶ DFF 2.5 ▶ DFF 2.6

More challenge 4 p. 114 More about indirect speech

Struktur *Indirect speech:* Übertragung von Dialogen aus der indirekten in die direkte Rede und umgekehrt *(mixed tenses)*

Erarbeitung **a) SB geöffnet.** Gemäß SB.

Auswertung Die S präsentieren den vervollständigten Dialog zwischen Jessie und Tim mit verteilten Rollen im Plenum.

Lösung ***(1)*** *Have* • ***(2)*** *finished* • ***(3)*** *have(n't)* • ***(4)*** *Can* • ***(5)*** *is(n't)* • ***(6)*** *will* • ***(7)*** *will*

Erarbeitung **b)** Die S übertragen die Tabelle aus dem SB ins Heft und notieren darin die notwendigen Veränderungen beim *backshift* von *direct* zu *indirect speech*.

Auswertung Überprüfung gemäß SB in EA oder PA anhand des *Language File: LF 20 (NEW) Indirect speech: More on backshift*, SB-Seite 194.

Zusatz Die S können zusätzlich – ggf. in einer weiteren Tabellenspalte – jeweils ein Beispiel aus **a)** für die Veränderung der Verbformen zitieren (siehe blaue Ergänzungen in der Lösungstabelle).

Lösung

direct speech	*indirect speech*	*Examples from a):*
simple present	*simple past*	*That isn't a good idea. → I said that wasn't a good idea.*
simple past	*past perfect*	*I finished it yesterday. → I said I had finished it the day before.*
present perfect	*past perfect*	*Have you done your maths homework? → She asked me if I had done my maths homework.*
will	*would*	*Mrs Brown will notice. → Our teacher would notice.*
can	*could*	*Can I copy your homework? → She asked me if she could copy my homework.*

Erarbeitung **c)** Die S übertragen die Satzanfänge aus der Sprechblase ins Heft und komplettieren Tims Bericht über den Dialogverlauf in indirekter Rede.

Auswertung Vorlesen des fertigen Berichts (z. B. satzweise reihum) im Plenum. L / Lernstärkere S notieren die Lösungen an der Tafel. Dabei ist es hilfreich, die Merkmale bzw. notwendigen Veränderungen der indirekten Rede noch einmal farbig (durch Unterstreichen der betreffenden Verbformen und Pronomen) hervorzuheben.

Lösung *Jessie asked me if **I had that homework for her**.*
*I told her that **I couldn't do that**.*
*Jessie asked me if **I was crazy**.*
*She said that she **had copied from Julia last time / the time before** and there **hadn't been a problem**.*
*I said that I **had thought about it** and (that) I really **didn't feel comfortable with it**.*
*She told me (that) **I was a pain**.*
*I told her that **I would explain the homework if she liked**.*
*But she said that **she didn't have time for that**.*

TEXT Watching you, watching me

Inhalt

Die S lesen einen Ausschnitt aus dem *Back-2-Back*-Roman *Watching you, watching me* von Chloe Rayban. Dabei können sie selbstständig wählen, aus welcher Perspektive *(Natasha's* oder *Matt's side of the story)* sie die Geschichte lesen wollen. Leistungsstärkeren S ist die (längere) Version aus der Sicht von Natasha (und ihrer Familie) zu empfehlen (SB-Seiten 41–43). Darin fühlt sich die Protagonistin seit einiger Zeit auf der Straße beobachtet. Insbesondere das leerstehende Haus Nr. 25 erscheint ihr – und auch ihrem kleinen Bruder – gruselig. Als ein wanderndes Licht im Haus zu sehen ist, geht die Mutter von einem Hausbesetzer aus. Der Vater beschließt, in das Haus zu gehen und nach dem Rechten zu sehen.

Für lernschwächere S eignet sich besonders die kürzere Version der Geschichte (SB-Seiten 115 / 116) aus der Perspektive von Matt, der neu – aber legal – in das noch nicht fertig renovierte Haus Nr. 25 einzieht. Da weder Licht noch warmes Wasser vorhanden sind, muss der Protagonist bei Kerzenlicht kalt duschen. Dabei hört er das Hämmern seines Nachbarn an der Tür ...

S. 41–43 / 115–116

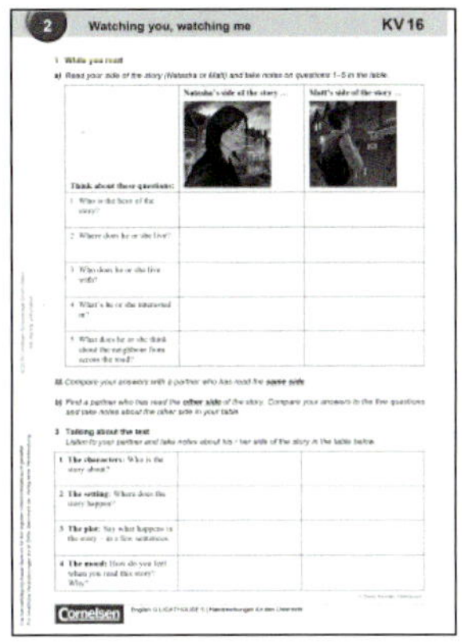

Einstieg

SB geschlossen. Anhand des Titels *Watching you, watching me*, den L anschreibt, spekulieren die S über den Romaninhalt.

Alternative

L stellt zwei Textstellen der Geschichte vor: *I could feel someone watching me. (ll. 5/6)* sowie *Number twenty-five really did look spooky. (l. 14)*. Die S äußern sich zu möglichen Inhalten der Geschichte auf Basis der beiden Textstellen. Dabei können die Illustrationen neben dem jeweils ersten Absatz auf Seite 41 und Seite 115 (siehe auch ▶ KV 16: Watching you, watching me) als zusätzlicher Sprechimpuls genutzt werden.

INFO-BOX 'Watching you, watching me' by Chloe Rayban

Chloe Rayban ist ein Pseudonym der britischen Kinder- und Jugendbuchautorin Carolyn Bear. Bear stieg in den 1980er Jahren aus ihrem Beruf als Werbetexterin für Londoner Firmen aus, um sich als Freiberuflerin ganz dem Schreiben widmen zu können. Ihr erstes Buch schrieb die Autorin, um ihre ältere Tochter zum Lesen zu animieren. Die frühen Bücher Bears sind daher zum einen für ihre zwei Töchter entstanden und zum anderen von deren Kindheits- und Jugenderfahrungen inspiriert.

Watching you, watching me ist ein 1999 erschienener *Back-2-Back* Roman auf 320 Seiten. Die männliche und weibliche Sicht der zwei jugendlichen, aneinander interessierten Protagonisten werden vom jeweils anderen Ende des Buches ausgehend parallel erzählt. In Kombination ergeben die zwei Erzählstränge ein vollständiges Bild der Handlung:

Der 17-jährige Matt ist gerade in das neue und noch renovierungsbedürftige Haus seiner Eltern gezogen. Von dort aus erspäht er die 15-jährige Natasha, deren Familie auf der gegenüberliegenden Straßenseite wohnt. Sein Interesse ist schnell geweckt, scheint jedoch unerwidert, denn Natasha findet den skatenden Matt derart interessant, dass sie schüchtern wird, sobald sich ihre Wege kreuzen. Die positive Wahrnehmung durch die Augen des jeweils anderen und die Fehleinschätzungen der eigenen Wirkung werden auf unterhaltsame Weise und in Jugendsprache skizziert.

S. 41–43

Natasha's side of the story ...

(adapted from the novel *Watching you, watching me* by Chloe Rayban)

Wortschatz

S. 41: curtain • **warn** sb. • **squatter** • **squat** *(v)* • **°spooky** • **°spook** • **°weed** • **°freeze, froze, frozen** • **°See for yourself.** • **°of one's own** • °board sth. up

S. 42: candle • **hammer** *(v)* • **hammer** *(n)* • **have every right to do** sth. • **right** *(n)* • **busybody** • **tramp** • **°respectable** • **°a while** • **°shake, shook, shaken** • **°bedtime** • **°Off you go!** • °piss off *(taboo)*

S. 43: °tease sb. • **°mysterious**

1 While you read

Erarbeitung ▸ 1.15

a) **SB geöffnet.** Beim **1. Lesen** der Geschichte (aus Natashas Sicht), ggf. im ▸ Mitleseverfahren, beantworten die S die *While-reading*-Fragen aus dem SB stichwortartig im Heft (▸ Note-taking).

Alternative

Die S nutzen die ▸ KV 16: Watching you, watching me, um sukzessive die Fragen und Aufgaben zu beiden Geschichten gemäß SB (zunächst in EA, dann in PA) zu beantworten.

Auswertung

Die S vergleichen ihre Ergebnisse zunächst mit weiteren Mit-S, die die gleiche Geschichte gelesen haben, und ergänzen oder korrigieren ihre Notizen, wo nötig. Dazu ggf. **2. Lesen** möglich.

Hinweis: Zur transparenten organisatorischen Lenkung kann L die Lerngruppe je zur Hälfte einer Version der Geschichte zuordnen (je nach Lernstärke oder Sitzordnung, z. B.: Fensterseite: Natasha; Wandseite: Matt) oder alternativ S, die die gleiche Geschichte lesen, zunächst entsprechenden Gruppentischen zuordnen, um den anschließenden Austausch der Ergebnisse effizienter zu gestalten.

Lösung

Siehe Tabelle im Lösungsbeispiel zu **b)**.

Erarbeitung

b) Die S vergleichen ihre Lösungen zu den fünf Fragen nun mit einem Partner, der die jeweils andere Seite der Geschichte gelesen hat, und machen sich beim Zuhören Notizen (▸ Note-taking).

Auswertung

Ergebnissicherung im Plenum. Zur besseren Gegenüberstellung der unterschiedlichen Perspektiven kann L die Tabelle von ▸ KV 16: Watching you, watching me vorgeben (Tafel / Folie) und gemeinsam mit den S befüllen.

Lösung

(Lösungstabelle für beide Seiten der Geschichte zusammengeführt:)

Think about these questions:	**Natasha's side of the story ...**	**Matt's side of the story ...**
1 Who is the hero of the story?	Natasha	Matt
2 Where does he or she live?	in a house in a nice / respectable street (across the road from number 25)	in the (empty) house at number 25 (just moved in)
3 Who does he or she live with?	her mum and dad, Jamie (little brother), Gemma (little sister)	he lives alone (his parents will move to London later / when the building work on the house is finished)

Think about these questions:	Natasha's side of the story ...	Matt's side of the story ...
4 What's he or she interested in?	the new neighbour	his new school (girls and no uniforms!), London (full of life), the girl in (the attic room of) the house on the other side of the street
5 What does he or she think about the neighbour from across the road?	she thinks the new neighbour might be a squatter (= a person who hasn't got a home) or a tramp; he's mysterious and cool / fascinating	he thinks the girl looks nice and hopes that she isn't just visiting; (he thinks her father is an old busybody)

S. 43

2 Paragraph headings

Erarbeitung **SB geöffnet.** Gemäß SB. Um die vorgegebenen Überschriften eindeutig zuordnen zu können, ist ggf. ein **2. Lesen** (absatzweise) möglich.

Auswertung Vergleich der Ergebnisse im Plenum.

Lösung *paragraph 1 (ll. 1–17):* ***D*** *Somebody is watching • paragraph 2 (ll. 18–49):* ***C*** *Jamie sees a ghost • paragraph 3 (ll. 50–77):* ***E*** *Dad the squatter • paragraph 4 (ll. 78–108):* ***A*** *Dad the detective • paragraph 5 (ll. 109–130):* ***B*** *An interesting new neighbour*

3 Talking about the text

Wortschatz **setting • plot**

Erarbeitung **a) SB geöffnet.** Mithilfe der Satzanfänge im SB beantworten die S inhaltsbezogene Fragen zu Natashas Seite der Geschichte zunächst in EA schriftlich im Heft.

Auswertung Siehe Aufgabenteil **b)**.

Lösungsbeispiel

1 *The main character in this story is* ***Natasha****. She's* ***fourteen years old****. It's also about her family,* ***her little brother and sister: Jamie and Gemma, her dad and her mum****.*
2 *The story happens in a street in* ***a nice / respectable neighbourhood where lots of families and children live****. We're in Natasha's* ***house at the window****. We also learn about number* ***twenty-five, which is an empty house****.*
3 *First Natasha thinks that* ***someone is watching her on the street****. Then her brother sees* ***lights in the (empty) house at number twenty-five****. He thinks it's* ***a spook****. Natasha's mum says that it's a* ***squatter****. Natasha's dad goes* ***to see / visit the new neighbour****. Then* ***he comes back and reports that the new neighbour told him that he had every right to be there****.* ***Natasha can't sleep for hours that night because she's thinking about the new neighbour at number twenty-five****.*
4 *I think that it's scary when* ***Jamie and Natasha see the light moving through the (empty) house****. It's funny when* ***Natasha's dad says that the new neighbour called him an old busybody and told him to piss off****. It's exciting when* ***Natasha watches her Dad knocking on the door and sees the light moving down through the house towards the door****. It's* ***interesting to guess how the story might go on****.*

Erarbeitung **b)** Die S vergleichen ihre Ergebnisse im ▸ Partner talk mit einem Mit-S, der die andere Seite der Geschichte (Matt) gelesen hat. Dabei versprachlichen sie ihre Notizen aus **a)** anhand der Satzanfänge im SB zusammenhängend. Die Zuhörer machen sich Notizen zur jeweils anderen Seite der Geschichte, z. B. im Tabellenvordruck auf ▸ KV 16: Watching you, watching me (unten). Sie vergleichen die unterschiedlichen Sichtweisen der beiden Hauptfiguren und ermitteln Gemeinsamkeiten und Unterschiede zwischen beiden Seiten der Geschichte.

Auswertung Freiwillige S(-Paare) stellen ihre Ergebnisse im Plenum vor.

Zusatz Die Angaben zu Hauptfiguren, Handlungsort und -verlauf sowie individuellen Gefühlsreaktionen können in Tabellenform stichwortartig gesammelt und gegenübergestellt werden (Tafel / Folie). Die S können entsprechende Ergänzungen zu beiden Seiten der Geschichte in der Tabelle auf ▸ KV 16: Watching you, watching me (unten) vornehmen.

Lösung Ausführliches Lösungsbeispiel zu *Matt's side of the story* siehe Kommentar dort (HRU-Seite 105).

More practice 2 p. 117 Matt and Natasha

Wortschatz °chapter

Erarbeitung *Imagine* ... Kreative Schreibaufgabe gemäß SB. Die S wählen zwischen zwei Arbeitsaufträgen und versetzen sich dabei entweder **a)** in die Rolle der Hauptfiguren oder **b)** in die Rolle der Autorin der Geschichte:

a) Bei dieser Wahlaufgabe erstellen die S einen Dialog zwischen den beiden Hauptfiguren Natasha und Matt. Auch gut in PA möglich.

Auswertung Die S präsentieren ihre fertigen Dialoge zu Übungszwecken zunächst einem Partner (oder einem weiteren S-Paar, das Aufgabe **a)** bearbeitet hat), anschließend tragen sie sie (ggf. mit verteilten Rollen) im Plenum vor.

Lösung Individuelle Lösungen.

Erarbeitung **b)** Die S übernehmen die Rolle der Autorin und schreiben ein weiteres Kapitel der Geschichte.

Auswertung In einem Sitzkreis lesen die S ihre Fortführungen der Geschichte vor. Nach jedem Vortrag fassen die Zuhörer die wesentlichen Inhalte kurz gemeinsam im Plenum zusammen und würdigen die Texte ihrer Mit-S, z. B. mithilfe der Feedbackmethode ▸ Two stars and a wish. Am Ende kann L ggf. eine Wahl des spannendsten / lustigsten / ... Kapitels anregen.

Lösung Individuelle Lösungen.

4 WRITING A book recommendation?

Wortschatz **recommendation** • °comment (on sth.) • °unusual

Erarbeitung **a)** Gemäß SB. Als Vorbereitung auf die Klassendiskussion über die Geschichte können sich die S zunächst in EA Notizen zu den Leitfragen aus dem SB machen.

Auswertung Die Ergebnisse der Plenumsdiskussion und der anschließenden Abstimmung können schriftlich (in Form einer Strichliste mit Begründungen) festgehalten werden.

	☺ Yes	☹ No	😐 so/so	What did you like?	What didn't you like?
Did you like Natasha's story?					
Did you like Matt's story?					
Would you like to read the book?				Why(not)?	

O Differenzierung Zur erfolgreichen Diskussionsführung kann L im Plenum verschiedene sprachliche Mittel vorgeben (Tafel / Folie), z. B.:

+	–
I really liked Natasha's / Matt's story because ...	I didn't like Natasha's / Matt's story very much because ...
The thing I liked best about the story was ...	What I didn't like about this story was ...
My favourite character is ... because ...	I agree, but I wasn't so happy about...
I think the story was great / funny / excellent / ...	I don't agree. For me, the story was a bit boring / too long / ...
I would really like to read the whole book to find out ...	I wouldn't like to read the whole book because ...
I would recommend this book to others because ...	I wouldn't recommend this book to others because ...

Alternative Um einen höheren Sprachumsatz und eine längere Übungszeit zu ermöglichen, kann die Rückmeldung zur Geschichte anhand der SB-Fragen auch als ▸ Think-Pair-Share erfolgen:

- ***Think:*** *Answer the questions on your own.*
- ***Pair:*** *Present your answers to a partner.*
- ***Share:*** *Present your comments in class.* (z. B. als ▸ Meldekette)

Lösung Individuelle Lösungen.

Erarbeitung **b)** ● Ausgehend von den Diskussionsergebnissen aus **a)** und den in Aufgabe **3** gesammelten inhaltlichen Aspekten schreiben die S eine Rezension der Geschichte.

More help p. 125 Lernschwächere S nutzen die vorgegebenen Ideen und Satzanfänge als Strukturierungshilfe.

Auswertung Die S präsentieren ihre Rezensionen im Plenum. Die Zuhörer fassen anschließend die zentralen Aussagen zusammen. Dazu kann L den S bestimmte Rollen bzw. Aspekte aus der Aufgabenstellung zuweisen, auf die sie sich konzentrieren *(split tasks,* z. B. *A: plot; B: setting, C: favourite characters, D: mood).*

Lösung Individuelle Lösungen.

▸ WB 14–16, p. 27 ▸ DFF 2.7 ▸ INKL pp. 34–36

More challenge 5 p. 118 **Different points of view**

Erarbeitung — Die S erzählen jeweils einen Textabschnitt aus einer anderen Perspektive.

a) S, die Natashas Seite der Geschichte gelesen haben, versetzen sich in die Lage ihres kleinen Bruders Jamie und schildern dessen Beobachtungen der Vorgänge in Nummer 25.
b) S, die Matts Seite der Geschichte gelesen haben, schildern den Austausch mit dem vermeintlichen Hausbesetzer aus der Sicht von Natashas Vater.

Auswertung — Freiwillige S lesen ihre Schilderungen im Plenum vor. Abschließend können sie ihre Texte illustrieren und in der ▶ English corner im Klassenraum aushängen und / oder im Dossier ablegen.

Lösung — Individuelle Lösungen.

S. 115 / 116

Matt's side of the story ... (adapted from the novel *Watching you, watching me* by Chloe Rayban)

Wortschatz — **S. 115:** °**tool** • °college • **warn** sb. • °building work • °**keep an eye on** sb./sth. • °builder • °**magic** • °oops! *(infml)* • °**shower** • **hammer** *(v)* • **hammer** *(n)* • **candle**

S. 116: have every right to do sth. • **right** *(n)* • **busybody** • **tramp** • °Get lost. • °**Go on.** • °piss off *(taboo)* • **curtain**

1 While you read

Erarbeitung ▶ 1.16 — **a)** **SB geöffnet.** Beim **1. Lesen** der Geschichte (aus Matts Sicht), ggf. im ▶ Mitleseverfahren, beantworten die S die *While reading*-Fragen aus dem SB stichwortartig im Heft oder auf ▶ KV 16: Watching you, watching me (▶ Note-taking).

Auswertung — Die S vergleichen ihre Ergebnisse zunächst mit weiteren Mit-S, die die gleiche Geschichte gelesen haben, und ergänzen oder korrigieren ihre Notizen. Dazu ggf. **2. Lesen** möglich. (Siehe auch Kommentar zu *Natasha's side of the story* auf HRU-Seite 100.)

Lösung — Siehe **1b)**.

Erarbeitung — **b)** Die S vergleichen ihre Lösungen zu den fünf Fragen nun mit einem Partner, der die jeweils andere Seite der Geschichte gelesen hat, und machen sich beim Zuhören Notizen (▶ Note-taking).

Auswertung — Ergebnissicherung im Plenum. Zur besseren Gegenüberstellung der unterschiedlichen Perspektiven kann L die Tabelle von ▶ KV 16: Watching you, watching me vorgeben (Tafel / Folie) und gemeinsam mit den S befüllen.

Lösung — Siehe Lösungstabelle zu Aufgabe **1b)** bei *Natasha's side of the story*, HRU-Seite 100.

S. 116

2 Paragraph headings

Wortschatz — °dirty

Erarbeitung — **SB geöffnet.** Gemäß SB. Um die vorgegebenen Überschriften eindeutig zuordnen zu können, ist ggf. ein **2. Lesen** (absatzweise) möglich.

Auswertung — Vergleich der Ergebnisse im Plenum.

Lösung

paragraph 1 (ll. 1–7): ***F*** *Number 25 – an empty old house! • paragraph 2 (ll. 8–21):* ***E*** *A new home, a new school • paragraph 3 (ll. 22–26):* ***A*** *I love London • paragraph 4 (ll. 27–50):* ***C*** *Going through the house • paragraph 5 (ll. 51–69):* ***D*** *My horrible neighbour • paragraph 6:* ***B*** *(ll. 70–77) The girl across the street*

3 Talking about the text

Wortschatz

setting • plot

Erarbeitung

a) SB geöffnet. Mithilfe der Satzanfänge im SB beantworten die S inhaltsbezogene Fragen zu Matts Seite der Geschichte zunächst in EA schriftlich im Heft.

Auswertung

Siehe Aufgabenteil **b)**.

Lösungsbeispiel

1. *The main character in this story is* ***Matt****. He's* ***new at number twenty-five****. It's also about his neighbours (on the other side of the street),* ***who think he is just a squatter in that house****.*
2. *The story happens in a street in* ***London****. We're in Matt's* ***°role / °perspective****. He's moving into a house in* ***Frenshaw Avenue in which the building work hasn't been finished yet****.*
3. *First Matt arrives* ***at the gate to number 25****. When he goes into the house,* ***he sees that the hallway is full of boxes. There is no light and one step of the stairs is missing****. He wants to have a shower, but* ***there's no hot water****. Then someone comes to the door – it's* ***one of the neighbours who thinks that Matt is a squatter****.*
4. *I think that it's interesting when* ***Matt goes through the empty house and describes what he sees****. It's funny when* ***Matt says that he had to take a very cold shower and had forgotten to bring his towel****. It's exciting when* ***Natasha's dad starts to hammer at the front door and we can read what Matt thinks about his neighbour****. It's* ***interesting to guess how the story might go on****.*

Erarbeitung

b) Die S vergleichen ihre Ergebnisse im ▸ Partner talk mit einem Mit-S, der die andere Seite der Geschichte (Natashas Sicht) gelesen hat. Dabei versprachlichen sie ihre Notizen aus **a)** anhand der Satzanfänge im SB zusammenhängend. Die Zuhörer machen sich Notizen zur jeweils anderen Seite der Geschichte, z. B. im Tabellenvordruck auf ▸ KV 16: Watching you, watching me (unten). Sie vergleichen die unterschiedlichen Sichtweisen der beiden Hauptfiguren und ermitteln Gemeinsamkeiten und Unterschiede zwischen beiden Seiten der Geschichte.

Auswertung

Freiwillige S(-Paare) stellen ihre Ergebnisse im Plenum vor. Sie können Ergänzungen zu beiden Seiten der Geschichte in der Tabelle auf ▸ KV 16: Watching you, watching me (unten) vornehmen, siehe auch Zusatz auf SB-Seite 102.

4 A book recommendation?

Wortschatz

recommendation

Erarbeitung

a) Gemäß SB. Als Vorbereitung auf die Klassendiskussion über die Geschichte können sich die S zunächst in EA Notizen zu den Leitfragen aus dem SB machen.

Auswertung

Die Ergebnisse der Plenumsdiskussion und der anschließenden Abstimmung können schriftlich (in Form einer Strichliste mit Begründungen, Muster siehe Auswertung zu Aufgabe **4a)** bei *Natasha's side of the story*, HRU-Seite 102 f.) festgehalten werden.

O Differenzierung

Zur erfolgreichen Diskussionsführung kann L im Plenum verschiedene sprachliche Mittel vorgeben (Tafel / Folie), siehe Tabelle zu *Natasha's side of the story*, HRU-Seite 103.

SPEAKING COURSE (2) Successful conversations

Inhalt Aus drei Filmsequenzen zu den Erfahrungen des deutschen Austauschschülers Jan in England entnehmen die S Tipps zur erfolgreichen Gestaltung von Konversationen. In *Part 1 (Meet Jan)* stellt Jan zusammen mit seiner englischen Freundin Sarah einige grundsätzliche kulturelle Unterschiede zwischen der Begrüßung und Gesprächsführung in England und Deutschland vor. In *Part 2 (Spot the mistakes)* erleben die S die Erstbegegnung zwischen Jan und Sarah, bei der nahezu alles schiefläuft. Sie erkennen typische Kommunikationsfallen, die dazu führen, dass Sarah Jan für äußerst unhöflich hält. Im abschließenden *Part 3 (Avoid the mistakes)* erleben die S die Begegnungsszene erneut, wobei Jan die Gelegenheit erhält, seine Fehler aufgrund seiner inzwischen gemachten Erfahrungen auszuräumen. Dazu werden Ratschläge zur erfolgreichen Gesprächsführung eingeblendet.

S. 44

1 VIEWING Dos and don'ts in conversations

Wortschatz **conversation • dos and don'ts • exchange •** °suggestion

Einstieg **SB geschlossen.** L sammelt unterschiedliche Begrüßungsformen der S im Plenum und führt dabei ggf. zusätzlichen Wortschatz ein: *How do you usually say hello to your friends / your family / people you don't know very well (e.g. your teacher)? Do you hug each other* (Gestik) *or do you shake hands* (Gestik)*? (...) – Let's find out more about different ways of saying hello.*

Erarbeitung ▸ **a)** **SB geöffnet.** Beim **1. Sehen** von *Part 1* konzentrieren sich die S auf die Darstellung der unterschiedlichen Begrüßungsformen in England und Deutschland.

Auswertung Die S äußern ihre Meinung zu Jans Aussagen im Plenum in Form einer ▸ Meldekette.

Lösungsbeispiel *Jan thinks the way English people say hello is quite funny because they usually just wave and say hello. German people are more personal / direct / ... and they often hug each other when saying hello.*

Überleitung L knüpft an die Aussagen der beiden Protagonisten am Ende von *Part 1* an: *Why was their first meeting a disaster? (Everything went wrong and Sarah thought that Jan was strange / rude.) – Let's watch the scene and find out more.*

Erarbeitung ▸ **b)** Beim **1. Sehen** von *Part 2* machen sich die S Notizen (▸ Note-taking), welche (Kommunikations-)Fehler Jan zu Beginn seines Austausches gemacht hat.

Auswertung Die S vergleichen und ergänzen ihre Ergebnisse zunächst im ▸ Partner talk und stellen diese anschließend im Plenum vor.

Lösungsbeispiel *He bumped into Sarah with his bag and he didn't say sorry afterwards.*
He asked her the way in a rude way: he didn't start with "Excuse me, can you help me?" and he didn't say thank you afterwards.
He went to the front of the bus queue: he just stood in front of Sarah (and not behind her) although she was at the bus stop first.
It was very hard to talk to Jan (because he only gave very short answers).

Erarbeitung **c)** Bevor sie *Part 3* anschauen, überlegen sich die S anhand ihrer Eindrücke aus *Part 2* und der Vorschläge in der blauen Box im SB nützliche Ratschläge für Austauschschüler (und Touristen) in England.

Auswertung Die S einigen sich im ▸ Partner talk auf ihre TOP 3-Ratschläge.

Lösung Individuelle Lösungen.

Erarbeitung ▶ 🎥

d) 👁 Die S überlegen sich beim **1. Sehen** von *Part 3* (ohne Ton) zunächst in EA, was beide Protagonisten in ihren Szenen sagen könnten, um das Gespräch höflicher und ergiebiger zu gestalten.

Auswertung

Die S-Vorschläge werden im Plenum diskutiert und an der Tafel notiert.

Lösung

Individuelle Lösungen. *(Good tips from the box: When people ask you questions, say as much as you can. • Don't worry about making mistakes. • It's OK to sound German. – The important thing is to talk. • Be polite. Use phrases like 'please', 'thank you' and 'sorry' often.)*

Erarbeitung ▶ 🎥

e) 👁 Beim **2. Sehen** von *Part 3* (nunmehr mit Ton) vergleichen die S die Vorschläge an der Tafel mit den in der Filmsequenz verwendeten Äußerungen.

Auswertung

Die in *Part 3* verwendeten Äußerungen werden zum Vergleich unter den ursprünglichen Vorschlägen (an der Tafel) notiert.

Lösung

Gemäß Filmskript:

SARAH *Oh, sorry. I didn't see you there.*

JAN *Oh no, I'm sorry. It was my fault. My bag is very big.*

SARAH *That's no problem. It was my fault too. I was dreaming. I wasn't looking.*

JAN *Er, excuse me. Can you help me? – Er, I, er, go ... Do you know this place? I ... I need to find it.*

SARAH *Oh let's see ... Oh that's near where I live. You can take the bus here.*

JAN *Oh good. Thanks very much. Er, is ... is this the queue?*

SARAH *Yeah, it's my bus too. It should be here soon.*

JAN *Oh good, thank you.*

SARAH *No problem. – So are you on holiday?*

JAN *Er, yes, well no ... not exactly. I'm on an exchange.*

SARAH *Oh. Where are you from?*

JAN *Er, Germany.*

SARAH *Oh! Are you on an exchange with my school? St Mark's?*

JAN *Yes, that's right.*

SARAH *Oh, brilliant. My name's Sarah.*

JAN *Hi, I'm Jan.*

Erarbeitung

f) Abschließend vergleichen die S ihre Ratschläge zur erfolgreichen Gesprächsführung aus Teilaufgabe **c)** mit den im Film eingeblendeten Tipps von Sarah und Jan.

Auswertung

Die Auswertung erfolgt im gelenkten Unterrichtsgespräch im Plenum, ggf. ausgehend von der Frage im SB: *Would you change any of your tips now? (Why (not)? / How?).*

Lösungsbeispiel

Sarah	Jan
(Tip 1:) Say sorry – even if it isn't your fault. (Oh, sorry. I didn't see you there.)	(Tip 2:) Be polite! (e.g. Excuse me, can you help me? / Thanks very much.)
	(Tip 3:) Be friendly! Say as much as you can! (Is this the queue? Thank you.)

▶ INKL pp. 38–39

S. 45

2 NOW YOU Your conversation, step by step

Wortschatz

step by step • start off (as) • by the way • See you around. • sometime • paraphrase • °suitable • °above

Einstieg

SB geschlossen. Zur Reaktivierung des Vorwissens gibt L zunächst die typischen Konversationsphasen (siehe Teilüberschriften zu *Steps 1–3* im SB) als Impuls ins Plenum (Tafel / Folie):

Successful conversations
1. *Starting off*
2. *Keeping the conversation going*
3. *A good ending*

Die S benennen zu jeder Teilüberschrift bereits mögliche Redemittel und Phrasen, die L stichwortartig festhält (Tafel / Folie).

Überleitung

L präsentiert die drei vorgegebenen Szenenbilder aus dem SB (z. B. über Whiteboard / Beamer / Folie); die S beschreiben diese im Plenum unter Verwendung geeigneter sprachlicher Mittel (siehe auch *SF 9 Describing photos and pictures*, SB-Seite 179).

L: *Let's have a look at some typical communicative situations in your book. Can you describe scene A / B / C? Who and where are the people? What are they doing?*
S1: *In scene A, a teenage boy and an old woman (maybe neighbours) are talking in the street. They are carrying bags.*
S2: *In scene B, you can see two teenagers (a boy and a girl) in the school canteen. The boy is sitting at a table and having lunch and the girl is carrying her lunch towards his table.*
S3: *In scene C, two teenagers (a boy and a girl) are dancing at a party. She is wearing a cool T-shirt and it looks like he is starting to talk to her.*
L: *Now I want you to try and make a successful dialogue for each of the scenes – step by step.*

Step 1: Starting off

Erarbeitung

a) SB geöffnet. Gemäß SB. Die S halten ihre Einstiegssätze für jede der Situationen zunächst in EA schriftlich fest, z. B. in Form einer Tabelle (siehe Lösungsbeispiel).

Auswertung

Die S stellen ihre Ideen / Einstiegssätze zu den Bildern im Plenum vor. Die Ergebnisse werden in Form einer sich kontinuierlich ergänzenden Tabelle (Tafel / Folie) gefestigt.

Lösungsbeispiel

A	*B*	*C*
Hello. How are you? (Can I help you with your bags?)	*Excuse me, is this seat free?*	*Hi, I love your T-shirt / shoes / ...*

Erarbeitung

b) Gemäß SB.

Auswertung

Vergleich der Ergebnisse im Plenum. Die Übersichtstabelle wird durch passende Vorstellungsfloskeln ergänzt.

Lösungsbeispiel

A	*B*	*C*
Nice to meet you.	*My name is ... and I'm from ...*	*I'm ..., by the way.*

Step 2: Keep the conversation going

Erarbeitung **a)** Gemäß SB.

Auswertung **b)** Die S vergleichen ihre Ergebnisse zunächst im ▶ Partner check. Anschließend nennen sie ihre Ideen zur Fortführung der Dialoge im Plenum; L ergänzt die Tabelle aus **1**.

Lösungsbeispiel

A	B	C
The weather is great today. I'm really enjoying my stay here.	Do you like …? What class are you in?	Where are you from? Have you been to …?

Step 3: A good ending

Erarbeitung Gemäß SB.

Auswertung Die S lesen ihre Ideen für passende Enden der drei Gesprächssituationen im Plenum vor; L ergänzt die Tabelle.

Lösungsbeispiel

A	B	C
Have a good day! See you around sometime.	It was really nice talking to you. Bye. See you later.	I hope we meet again. What are you doing tomorrow evening?

Step 4: Have a conversation

Erarbeitung **a)** Gemäß SB. Bei der Ausformulierung ihres Dialogs können sich die S an den Redemitteln aus den Kästen (bzw. der Lösungstabelle) zu **1** orientieren. Lernstärkere oder / und kreativere S formulieren freiere Dialoge.

Lösungsbeispiel Individuelle Lösungen.

Erarbeitung **b)** Die S-Paare präsentieren ihre Dialoge mit verteilten Rollen im Plenum.

Hinweis: Als zusätzliche Übungsphase können die S-Paare ihre Dialoge zunächst einer anderen Partnergruppe vorstellen und erst anschließend im Plenum.

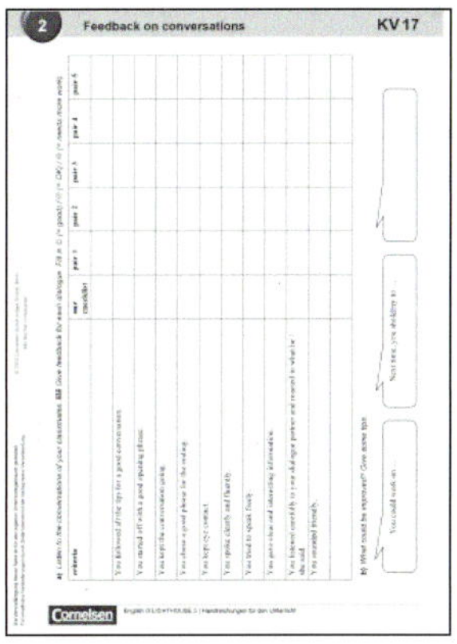
2 Feedback on conversations KV 17

Auswertung Anhand der Fragen im SB geben die Zuhörer im Anschluss an jeden Dialogvortrag ein individuelles Feedback.

O Differenzierung In lernschwächeren Lerngruppen kann L den S als Grundlage für ihr Feedback ein Kriterienraster sowie Redemittel zu dessen Versprachlichung vorgeben, siehe auch ▶ KV 17: Feedback on conversations.

Lösung Individuelle Lösungen.

▶ WB 17–21, pp. 29–30 ▶ DFF 2.8

More practice 3 p. 118
Do it again!

Erarbeitung Lernstärkere S / *Fast Finishers* wählen eine weitere Situation aus, arbeiten diese gemäß der für *Step 4* beschriebenen Vorgehensweise aus und präsentieren ihre fertigen Dialoge im Plenum. Auch als schriftliche Hausaufgabe für alle S geeignet. Individuelle Lösungen.

STOP! CHECK! GO!

Hinweis Übungsaufgaben zu wichtigen Themen und Kompetenzbereichen aus Unit 2. Bei geschlossenen Aufgabenformaten können die S ihre Ergebnisse mithilfe des Lösungsschlüssels auf ▸ KV 18: Answers to STOP! CHECK! GO! (Unit 2) überprüfen (auch als ▸ Partner check). Die KV bietet eine Auswertung nach Punkten, die in drei verschiedenen Smileys (☺/😐/☹) übersetzt werden. Diese Smileys können auch für die Selbsteinschätzung im *Workbook* (MY LEARNER LOG, p. 31) und in *Differenzieren – Fördern – Fordern* herangezogen werden. Weitere grundsätzliche Hinweise zur Konzeption und Durchführung von STOP! CHECK! GO! finden sich im Vorwort.

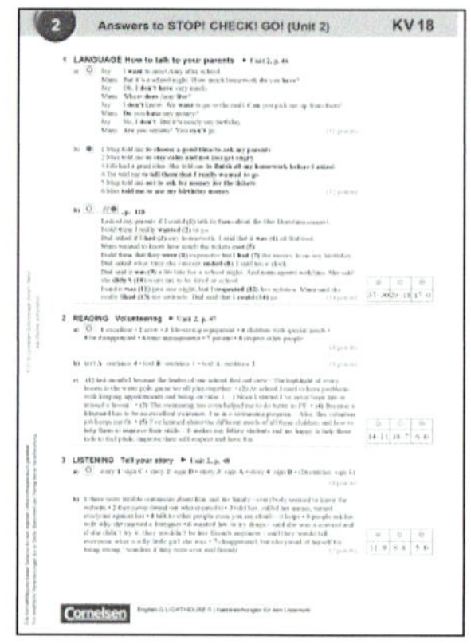

Die Hörtexte zu STOP! CHECK! GO! sind für die S auch auf der Audio-CD im *Workbook* zugänglich.

Tipp: Um den S ein individuelleres Vorgehen zu ermöglichen, kann die Auswertung in Form eines ▸ Lerntempoduetts *(Bus stop)* erfolgen. Zu diesem Zweck begeben sich die S, die eine Aufgabe bearbeitet haben, zu dem entsprechenden Bus stop 1–7 in der Klasse und vergleichen ihre Ergebnisse mit einem S, der ebenfalls dort steht. Für mögliche Wartezeiten legt L *anchor activities* aus, bzw. S bearbeiten eine andere Aufgabe aus dem S-C-G.

S. 46

1 LANGUAGE How to talk to your parents

Wortschatz °Are you serious? • °attitude

Erarbeitung **a)** ◙ **SB geöffnet.** Anhand der Vorgaben in der eckigen Sprechblase links (indirekte Rede) vervollständigen die S eine Dialogsituation zwischen Jay und ihrer Mutter.

Auswertung Vergleich mündlich im ▸ Partner check oder Selbstkontrolle mithilfe der KV. Alternativ: ▸ Bus stop (siehe auch Hinweis oben).

Zusatz Freiwillige S tragen den komplettierten Dialog mit verteilten Rollen im Plenum vor; L sichert die einzusetzenden Wörter an der Tafel.

Erarbeitung **b)** ● Die S übertragen die Ratschläge (links) aus der direkten in die indirekte Rede.

Auswertung Vergleich mündlich im ▸ Partner check oder Selbstkontrolle mithilfe der Lösungs-KV. Alternativ: ▸ Bus stop (siehe auch Hinweis oben). Abschließend Ergebnissicherung im Plenum.

Erarbeitung **c)** ◙ Die S übertragen den Lückentext aus der Sprechblase ins Heft und ergänzen die fehlenden Verbformen in der indirekten Rede.

//● p. 118 Es handelt sich um eine Parallelübung auf zwei Niveaus. Lernstärkere S erhalten nur die Satzanfänge und formulieren den Rest der indirekten Rede selbst.

Auswertung Da es sich um eine Parallelübung auf zwei Niveaus handelt, können die S ihre Ergebnisse entweder selbstständig in EA anhand des Lösungsblattes oder gezielt in heterogen zusammengesetzten Paaren (S1 = leichte Übung, S2 = schwere Übung) überprüfen. Anschließend erfolgt ggf. eine gemeinsame Besprechung im Plenum.

Lösung ▸ KV 18: Answers to STOP! CHECK! GO! (Unit 2) ▸ DFF 2.5 ▸ DFF 2.6

More challenge 6 p. 119 **The morning after the concert**

Erarbeitung: Anhand der vorgegebenen Satzanfänge übertragen die S Aussagen und Fragen über einen Konzertbesuch aus der direkten in die indirekte Rede.

Auswertung: Freiwillige S stellen ihre Ergebnisse im Plenum vor (z. B. in Form einer ► Meldekette: S1 liest direkte Rede, S2 liest indirekte Rede). L sichert an der Tafel und visualisiert dabei ggf. noch einmal die Veränderungen in der indirekten Rede (unterstreichen, umkreisen, farbig markieren).

Lösung:

1 *Max said* ***he would always remember this / that concert****.*
2 *Meg said* ***it had been the best concert she had ever been to****.*
3 *Tia said* ***she had never been to a concert before****.*
4 *Tia asked if one of us* ***could take a photo of her beside the poster****.*
5 *Elli said* ***that she had forgotten her phone****.*
6 *Tia told Elli* ***not to worry****. She said she* ***would take some photos of her****.*
7 *Max said that* ***he had started to record the concert on it but after about 30 minutes his phone had died****.*

S. 47

2 READING Volunteering

Wortschatz: °life-saving • °technique • °need • °children with special needs • °skill • °fellow student • °lead, led, led

Einstieg: **SB geöffnet. 1. Lesen** der Einführung und der beiden Erfahrungsberichte (Text A + B) und der Liste (C) im Zusammenhang entweder still in EA oder gemeinsam im Plenum.

Erarbeitung: **a)** Die S entnehmen den in Klammern angegebenen Texten bzw. Zeilen passende Synonyme für die vorgegebenen Wörter und Wendungen.

//● p. 127 Es handelt sich um eine Parallelübung auf zwei Niveaus. Lernstärkere S finden die passenden Wörter ohne zusätzliche Text- und Zeilenangaben.

Auswertung: Vergleich mündlich im ► Partner check oder Selbstkontrolle mithilfe der Lösungs-KV. Alternativ: ► Bus stop (siehe auch Hinweis oben). Abschließend ggf. Ergebnissicherung im Plenum, z. B. als ► Meldekette (S1 liest SB-Vorgabe aus **a)**; S2 nennt passende Formulierung aus dem Text etc.).

Erarbeitung: **b)** Nach dem **2. Lesen** ordnen die S jedem der drei Texte einen passenden Schlusssatz aus der Auswahl zu **b)** zu.

Auswertung: Vergleich mündlich im ► Partner check oder Selbstkontrolle mithilfe der Lösungs-KV. Alternativ: ► Bus stop (siehe auch Hinweis oben). Abschließend ggf. Ergebnissicherung im Plenum.

● Differenzierung: Lernstärkere S begründen ihre Wahl: *I picked sentence number 1 / ... for text ... because ...*

Erarbeitung: **c)** Gemäß SB schriftlich in EA. Dazu ggf. nochmaliges gezieltes Lesen (► Scanning) aller Texte möglich.

Auswertung: Vergleich mündlich im ► Partner check oder Selbstkontrolle mithilfe der Lösungs-KV. Alternativ: ► Bus stop (siehe auch Hinweis oben). Abschließend ggf. Ergebnissicherung im Plenum. Weitere S können jeweils Ergänzungen vornehmen.

Lösung: ► KV 18: Answers to STOP! CHECK! GO! (Unit 2) ► DFF 2.7

More challenge 7 p. 119 **An article**

Wortschatz °argument

Erarbeitung **SB geöffnet.** Die S wählen zwischen zwei Schreibaufgaben:

- **(A)** Anhand der Vorlagen im SB verfassen die S einen Artikel über ihre eigenen ehrenamtlichen Tätigkeiten. Als Hilfestellung kann L zunächst im Plenum Beispiele für derartige Tätigkeiten sammeln, z. B.: *gardening (cutting grass, picking fruit, ..., e.g. for older neighbours); looking after children / old people / animals; co-trainer of a sports club; ...*
- **(B)** Die S nehmen Stellung zu Lilys Text und geben ihre eigene Meinung über ehrenamtliche Tätigkeiten begründet wieder. Dazu können sie Vor- und Nachteile zunächst in einer Tabelle sammeln und gegenüberstellen, z. B.:

advantages	*disadvantages*
– *it's fun to help other people* – *you learn to communicate, organize activities, lead groups (teamwork)* – *new interests and skills* – *you become more confident and °mature* – ...	– *less time for school, family, friends* – *too stressful*

Auswertung Freiwillige S lesen ihre Texte im Plenum vor oder / und präsentieren sie im ▶ Gallery walk.

Lösungsbeispiel Individuelle Lösungen.

S. 48

3 LISTENING Tell your story

Wortschatz °caution

Erarbeitung ▶ 1.17 **a)** **SB geöffnet.** Zur Sicherung des Globalverstehens ordnen die S beim **1. Hören** vier verschiedenen Beiträgen eines Radioprogrammes die inhaltlich passenden Schilder bzw. Themen zu.

Auswertung Vergleich in EA oder PA anhand der Lösungs-KV oder / und im Plenum.

Erarbeitung **b)** Die S lesen zunächst die Fragen 1–7 im SB. Beim **2. Hören** der vier Geschichten notieren sie gezielt die gefragten Details in Kurzform (▶ Note-taking).

Auswertung Vergleich mündlich im ▶ Partner check oder Selbstkontrolle mithilfe der Lösungs-KV. Alternativ: ▶ Bus stop (siehe auch Hinweis oben). Abschließend ggf. Ergebnissicherung im Plenum, z. B. als ▶ Meldekette: S1 liest die Frage vor und wählt zur Beantwortung einen weiteren S usw.

Lösung ▶ KV 18: Answers to STOP! CHECK! GO! (Unit 2) ▶ DFF 2.1

4 MEDIATION SOR – SMC

Erarbeitung Anhand der Fragen eines (fiktiven) britischen Austauschschülers übertragen die S zentrale Informationen eines deutschsprachigen Informationsblattes über das Programm SOR-SMC (Schule ohne Rassismus, Schule mit Courage) ins Englische. Die S notieren ihre Antworten im Heft.

Auswertung — Freiwillige S lesen den vervollständigten Dialog mit verteilten Rollen im Plenum vor.

Lösungsbeispiel
1 *SOR-SMC is a project for students who want to do something about racism and all forms of discrimination at school.*
2 *In order to be part of the project at least 70% of all school members have to promise / sign a paper that they will (actively) do something about discrimination and organize a yearly event on the topic of discrimination. Additionally, each school needs to find a well-known supporter.*
3 *More than 1700 German schools are part of the project.*

5 WRITING Schools against racism

Erarbeitung — **SB geöffnet.** Anhand der Leitfragen im SB entwerfen die S eine Projektidee für SOR-SMC und beschreiben diese in Form eines Artikels näher.

More help p. 120 Lernschwächere S erhalten als Basis für ihren Artikel verschiedene Projektideen zur Auswahl.

Auswertung — Die S stellen ihre Artikel im Plenum vor. Anschließend kann das Plenum die besten drei Projektideen auswählen.

Lösung — Individuelle Lösungen. ▶ DFF 2.1

S. 49

6 LISTENING Friendly conversations

°whether • °orchestra • °saxophone • °be into sth. *(infml)*

Einstieg — Unter Verwendung geeigneter sprachlicher Mittel beschreiben die S zunächst in PA oder im Plenum die drei vorgegebenen Bilder (siehe *SF 9 Describing photos and pictures*, SB-Seite 179).

Erarbeitung ▶ 1.18 — **a)** **1. Hören** und Sicherung des Globalverstehens gemäß SB in EA. Die S notieren die Zuordnung der Bilder zu den Hörtexten in Kurzform (Zahl – Buchstabe) im Heft und ergänzen ihre Einschätzung *(friendly – unfriendly)*.

Auswertung — Vergleich der Ergebnisse in PA oder / und im Plenum.

Lösung — ***1** C – friendly • **2** A – friendly • **3** B – unfriendly*

Erarbeitung — **b)** Beim **2. Hören** notieren sich die S höfliche Redewendungen aus den drei Dialogen im Heft.

Auswertung — Vergleich im Plenum; L / lernstärkere S halten die Redewendungen an der Tafel fest.

Lösungsbeispiel — *Excuse me, please, is this seat taken? • Oh, nice! • What a nice idea. • Thanks a lot. • Excuse me, please, can you help me? • Nice to meet you. • Have a great time. • You're welcome.*

Erarbeitung — **c)** Gemäß SB. Dazu ggf. **3. Hören** (mit Stoppen nach jeder einzelnen Szene) möglich.

Auswertung — Die S präsentieren ihre Ratschläge im Plenum.

Lösungsbeispiel — *He could try to speak longer sentences. He should be more interested in Amanda's stories. He could give more information about where he comes from and why he is at that school.*

Erarbeitung — **d)** Gemäß SB mithilfe der Redemittel aus **c)**. Die S übertragen den vervollständigten Dialog bzw. Roberts fehlende Sätze ins Heft.

Auswertung — Die S vergleichen und ergänzen die Texte zunächst in PA; anschließend Vorlesen mit verteilten Rollen im Plenum.

Lösungsbeispiel

Robert: *Oh, excuse me, please. I'm really sorry.*
Amanda: ...
Robert: *Yes, I am. I come from Wolgast in Germany.*
Amanda: ...
Robert: *Wow, that's amazing. What kind of instrument do you play?*
Amanda: ...
Robert: *It's very nice to meet you. My name is Robert.*
Amanda: ...
Robert: *I think science is next. Do you like science?*
Amanda: ...
Robert: *Hm, I'm not quite sure. I like most subjects, but drama sounds very interesting.*

► DFF 2.8

7 SPEAKING Role-play

Wortschatz °buffet

Erarbeitung Es handelt sich um eine Partner A / B Übung, bei der jeder S eine Rolle übernimmt und mithilfe der Angaben auf der jeweiligen Rollenkarte eine höfliche Unterhaltung durchführt.

O Differenzierung L sammelt mögliche Redemittel für beide Rollen im Plenum (Tafel / Folie), z. B.:

- *Hi, excuse me please, are you a student at Green Valley High School?*
- *Where are you from?*
- *Have you ever been to Germany?*
- *What classes do you have?*
- *What's your favourite subject?*
- *Are you enjoying the welcome party?*
- ...

Auswertung Die S-Paare präsentieren ihre Rollenspiele zunächst einander; anschließend im Plenum.

Zusatz Die Zuschauer notieren sich die verwendeten höflichen Redewendungen im Heft (► Note-taking).

Lösung Individuelle Lösungen.

► DFF 2.8 ► INKL pp. 40–43

MORE CHALLENGE 2

Inhalt Die S entnehmen zwei Erfahrungsberichten von Jugendlichen Informationen zu deren Umgang mit körperlichen Behinderungen im Alltag. Dabei wenden sie unterschiedliche Lesestrategien an *(reading for detail / reading between the lines)* und stellen die unterschiedlichen Erfahrungen und Gefühle der Verfasser gegenüber: Britain wurde gehänselt und muss aufgrund seiner fortschreitenden Erkrankung deutliche Einschränkungen im Alltag erfahren, was prägend für sein heutiges Leben ist. Auch Jack wurde von Gleichaltrigen aufgezogen; hat aber im Sport und in seiner Karriere als Model einen Weg gefunden, offensiv mit seinen körperlichen Einschränkungen umzugehen. Anhand von Beispielsätzen aus den beiden Texten befassen sich die S rezeptiv und produktiv mit Bildung und Gebrauch von Partizipialsätzen *(present participle)*, um Sätze zu verbinden oder Nebensätze zu ersetzen.

S. 50/51

Living with disability

1 READING Two opinions

Wortschatz **°keep up (with** sb.**)** • **°elementary school** *(AE)* = *BE* **primary school** • **°middle school** *(AE)* • **°abroad** • **°beyond** • **°hardship** • **°able-bodied** • **°rare** • **°condition** • **°properly** • **°display** • **°rather than** • **°taunt** • **°disabled** • **°confident** • **°admit**

Einstieg **SB geschlossen.** In einer kurzen ► Brainstorming-Phase sammelt L im Plenum Assoziationen zum Titel des Aufschlags *Living with disability* in einem *network* (Tafel / Folie).

Erarbeitung **a)** **SB geöffnet. 1. Lesen** der beiden Erfahrungsberichte gemäß SB. Die S machen sich in EA im Heft Notizen zu den Erfahrungen und Gefühlen der beiden Schreiber (Britain R. und Jack Eyers) und ergänzen passende Zitate / Zeilennummern, siehe auch ► Note-taking.

Auswertung Sammeln der Erfahrungen und Gefühle der beiden Verfasser nebst Textzitaten im Plenum, z. B. in Form einer Tabelle (Tafel / Folie), siehe Lösungsbeispiel.

Lösungsbeispiel

Living with disability

	experiences / feelings	*examples*
Britain R.	*- says that he is a happy and normal teenager* *- has learned to live with his disability although it sometimes isn't easy because he has difficulty in walking (has a disease called muscular dystrophy that has been getting worse)* *- describes the hardships in his life and how he deals with them* *- has experienced prejudice: has been called names* *- is fed up with people who can't see beyond his disability* *- hopes that others can learn from his experiences*	*- l. 2–3: "my life is happy and normal, but it isn't always easy, because of my disability."* *- ll. 7–12: "... it took me longer to do some things. During elementary school, (...) standing and climbing stairs became difficult (...) I needed to use a wheelchair."* *- ll. 12–14: "My older brothers traveled abroad (...), but I couldn't. (...) I wasn't allowed to get a driver's license or a job."* *- ll. 19–20: "Believe me there is prejudice against people with disabilities. I have been called names like (...)"* *- l. 24–27: "I have also learned that there are more important things in life than walking. Perhaps some able-bodied people could learn from my experiences."*

Jack Eyers	- does not try to hide his disability but deals with it openly / proudly - experienced discrimination at school: his classmates made fun of him - when he was growing up, he wasn't very confident + was frustrated by his disability - then he concentrated on sports and his career (as a personal trainer and fashion model) and started to feel happier and more confident - hopes he can be a role model for others	- ll. 4–7: "... his right leg didn't grow properly and at the age of 16 he chose to have his leg amputated. He doesn't try to hide his prosthetic leg, displaying it proudly and preferring to wear shorts rather than trousers." - ll. 8–11: "Being a sporty child, Eyers was frustrated by his disability and by the taunts of (...) his classmates – but then he realized he could channel his frustration into weightlifting, boxing and, later, his career." - ll. 12–14: "'If I had seen more disabled models when I was growing up, maybe I would have felt more confident about myself,' admits Eyers, who hopes he can now be as much a role model as a fashion model."

Alternative Bearbeitung im ▸ Partnerpuzzle. Dazu teilt L Gruppen à vier S ein (z. B. durch Abzählen). Innerhalb der Gruppen lesen je zwei S (A+B) nun zunächst jeder für sich in EA den Text über Britain, die beiden anderen S (C+D) den Text über Jack. Anschließend tauschen sie sich in aufgabengleichen Paaren darüber aus. Dabei können sie die Fragen 1 und 2 von **b)** gleich mitbearbeiten. Abschließend berichten sich die S-Paare gegenseitig über ihren jeweiligen Text und beantworten dann gemeinsam die Frage 3 von **b)**.

Erarbeitung **b)** Bearbeitung der Aufgabenstellungen 1–3 mündlich im ▸ Partner talk oder schriftlich (als vorbereitende Hausaufgabe).

Auswertung Ergebnissicherung im Unterrichtsgespräch / Plenum.

Lösungsbeispiel

1. *Britain wrote his article because he thinks that others – especially able-bodied people – can learn from his experience. Maybe he also wants to help other disabled people to become more confident and less frustrated. He says that he has experienced lots of hardships in his life but in the end, these experiences have taught him that "there are more important things in life than walking" and that he can lead a "happy and normal" life.*
2. *Jack can be a role model because he does not try to hide his disability. He is proud and self-confident. So he can teach others that there is more to a person than just his/her disability.*
3. Individuelle Lösungen.

2 LANGUAGE Understanding -ing-*forms (participles)*

Wortschatz **°cabin**

Erarbeitung **a) SB geöffnet.** Gemeinsames Lesen und Vervollständigung des FOCUS-Kastens im Plenum.

Auswertung Nach der Ergebnissicherung im Plenum kann L das Thema anhand des *LF 27 Participle clauses instead of subordinate clauses* (SB-Seite 199) vertiefen.

Lösung ***B*** *(Because he was a sporty child, Eyers was frustrated by his disability.)*

Erarbeitung **b)** Gemäß Aufgabenstellung in EA.

Auswertung ▸ Partner check, ggf. auch mit Lösungsblatt, oder / und abschließende Ergebnissicherung durch Vorlesen der Sätze im Plenum.

Lösung

1 *Kelly got onto the boat and shouted goodbye to her parents.*
2 *Because she felt tired, she went to find her cabin.*
3 *When she sat down in her cabin, she suddenly realized that she didn't have her phone.*
4 *Because she hoped that someone had found it, she spoke to one of the crew.*
5 *Back on deck, she could see her parents on the harbour wall and they were waving her phone in the air.*
6 *She waved back while she thought: How do I get my phone now?* ▶ DFF 2.9

Überleitung

L fordert die S auf, ein weiteres Beispiel aus dem Text über Jack zu analysieren (Tafel / Folie): *You can also use -ing-forms (participles) to combine sentences. Look at this example from the text (ll. 6/7).*

ll. 6/7: He doesn't try to hide his prosthetic leg, displaying it proudly and preferring to wear shorts rather than trousers.	= He doesn't try to hide his prosthetic leg. He displays it proudly and he prefers to wear shorts rather than trousers.

L: *As you can see, you can also use the -ing-form to combine two sentences. Let's have a look at exercise 3 and make some more sentences like this.*

3 Using -ing-*forms (participles)*

Wortschatz

°rather

Erarbeitung

SB geöffnet. Bearbeitung der Aufgabe gemäß Aufgabenstellung in EA. Die S übertragen die durch Partizipien verbundenen Sätze ins Heft.

Auswertung

▸ Partner check, ggf. auch mit Lösungsblatt, oder / und abschließende Ergebnissicherung durch Vorlesen der Sätze im Plenum.

Lösung

1 *Being an energetic child, I enjoyed all kinds of sports, but I wasn't very good at them.*
2 *My parents encouraged me, thinking it was good to do sport.*
3 *I joined a soccer club and went every week, hoping that I would soon be in the team.*
4 *But the coach didn't pick me, saying I wasn't good enough.*
5 *Feeling rather fed up, I decided to look for a different sport.*
6 *Walking through the park one day, I saw a game of tag rugby.*
7 *Joining in, I discovered to my surprise that I was good at it.*

Looking forward

3

Kommunikative Kompetenzen

Listening

- Ideas for the future (p. 55, 1)*
- Questions about Emma (p. 60, 1c/d)

Reading

- QUIZ Are you ready for the real world? (pp. 52–53, 1)
- Internet job adverts (pp. 56–57, 1)
- Different jobs – different duties (p. 57, 2)
- Different jobs – different skills ... (p. 57, 3)
- Paul's CV (p. 58, 2)
- Cover letters (p. 59, 4a)
- Questions about Emma (p. 60, 1a/b)
- Before you read: Look ... (p. 62, 1)
- Seashell Motel (pp. 62–65; pp. 123–125)
- Questions for you (p. 65+125, 2a/b)
- The characters in the story (p. 65+125, 3a–c)

Speaking

- Life skills (p. 53, 2b/c)
- ACTIVITY Identity card (p. 55, 4b)
- NOW YOU A job for me? (p. 57, 4)
- Are you dynamic? (p. 58, 1)
- NOW YOU Great interviewers need great questions (p. 61, 5)
- Questions for you (p. 65, 2c)
- Interview stress (p. 66, 1b)
- NOW YOU Answering interview questions (p. 66, 2)
- Who will get the job? (p. 67, 3)

Writing

- Describing people (p. 54, 2)
- ACTIVITY Identity card (p. 55, 4c)
- Your ideal job (p. 57, 5)
- NOW YOU Your CV (p. 58, 3a)
- Cover letters (p. 59, 4b)
- A job for a friend (p. 59, 5)
- The characters ... (p. 65+125, 3d)
- Cindy's diary (p. 65, 4)

Viewing

- Strengths and weaknesses (p. 54, 1)
- Interview stress (p. 66, 1)

Mediation

- A job for a friend (p. 59, 5)

Looking forward

In Unit 3 setzen sich die S mit ihrer Zukunft und dem Schwerpunkt Berufswahl auseinander. Ausgehend vom Austausch über wichtige Fähigkeiten für das reale Leben reflektieren sie eigene Stärken und Schwächen, setzen sich mit Anforderungsprofilen in Stellenanzeigen auseinander und lernen, ein Bewerbungsschreiben mit Lebenslauf zu verfassen. Zudem verbessern sie ihre mündlichen Fertigkeiten im simulierten Bewerbungsgespräch.

Sprachliche Mittel

Wortfelder

- Strengths and weaknesses (pp. 54–55)
- Talking about jobs (pp. 56–57)
- Structures and phrases for CVs / Cover letters (p. 58–59)

Grammatische Strukturen

- REVISION Question words (p. 60)
- REVISION Word order in questions (p. 61; LF 12, p. 189)
- REVISION Questions with do/does and did (p. 61; LF 11–12, pp. 188–189)

Interkulturelle Kompetenzen

- Unterschiede in deutschen und in englischen Bewerbungen und Lebensläufen kennen lernen

Methodische Kompetenzen

Lern- und Arbeitstechniken

- Note-making (p. 54, 2a; p. 55, 4a; p. 65, 3a)
- Scanning (pp. 56–57, 1/2)
- Skimming (p. 60, 1a)
- Ein Network zur Vorbereitung eines Vorstellungsgesprächs anlegen (p. 66, 1a)
- Feedback geben (p. 66, 2c; p. 67, 3-Step 2/3)
- Ein Vorstellungsgespräch führen und auswerten (p. 67, 3)

Selbsteinschätzung (Stop! Check! Go!)

- REVISION Driving in Ireland (p. 68, 1)
- Writing a CV (p. 69, 2)
- Completing a cover letter (p. 69, 3)
- READING Catherine Cook: A teenage millionaire (p. 70, 4)
- WRITING Who is important in your life? (p. 70, 5)
- LISTENING Phoning about a job (p. 71, 6)
- SPEAKING Talking about jobs (p. 71, 7)

Kooperative Lernformen

- Think-Pair-Share (p. 53, 2)
- Appointments (p. 55, 4b)
- Partner check (p. 56, 1; p. 57, 2b/3b)
- Weitere Formen von PA und GA (p. 54, 2a; p. 56, 1; p. 57, 2b/3b/4; p. 58, 1; p. 58, 3b; p. 60, 1b; p. 61, 4b; p. 61, 5; p. 62, 1b; p. 65, 2; p. 65, 3b/e; p. 66, 1a/b/c; p. 66, 2b/c; p. 67, 3)

* p. 55, 1 = SB-Seite, Übungsnummer

3 Looking forward

LEAD-IN

Inhalt In Form eines Zeitschriften-Quizzes werden die S im Lead-in zum Nachdenken über wichtige Fähigkeiten des praktischen Lebens angeregt. Ausgehend von einer Analyse der eigenen Fähigkeiten erstellen sie in PA ein gemeinsames Ranking der drei wichtigsten *life skills*.

S. 52/53

1 QUIZ Are you ready for the real world?

Wortschatz **S. 52: college • ingredient • sauce • takeaway • pick** sth. **up • Box "pick"**, SB-Seite 218 • **vacuum cleaner • washing machine • iron** *(v)* **• iron** *(n)* **• earn • manage • budget • overspend (on** sth.**), overspent, overspent • I** often **run out of** money **• Box "run out"**, SB-Seite 219

S. 53: sb. can't wait to do sth. **• skill**

Einstieg **SB geschlossen.** S tauschen sich im ► Partner talk über ihre Pläne nach dem Schulabschluss aus und überlegen, welche Dinge sich verändern würden, wenn sie zu Hause auszögen.

L: *When you leave school, a new chapter in your life will begin. You will start a job or go to college. Some of you will leave home and live in their own apartment. Talk to your partner and explain what you are going to do when you have finished school.*

Dazu kann L folgende Fragen und Redemittel vorgeben (Tafel / Folie) und abschließend bei einer kurzen Auswertung im Plenum ergänzen.

What are your plans after school?	– *I think I'll go to college / start job training / ...* – *I would like to become a firefighter / teacher / ...* – *I'm going to work in a hotel / restaurant / shop / ...* – ...
What will change when you leave home?	– *When I leave home, I'll have to think of / buy / clean / ... (myself).* – *I will need money to ...* – *I'm going to earn my own money / ...* – ...

Alternative **SB geschlossen.** Besonders in lernschwächeren Lerngruppen bietet sich folgende kleinschrittigere Alternative an: L heftet Bild / Karikatur eines Jungen an die Tafel und semantisiert anhand folgender Situationsbeschreibung den neuen Wortschatz.

L: *This is Jeff* (Bild). *After school he went to college. He's a nice guy, but he's a bit chaotic. One day, he wanted to make a pizza, but he didn't have a recipe to tell him how to make it. Then he found a recipe on the internet, but he didn't have the ingredients (flour, salami, mushrooms, cheese, etc.) he needed for the pizza. So he went to the supermarket to buy the ingredients, but he had spent all of his money on computer games – in fact he had overspent and had absolutely no money left. He had run out of money because he didn't earn enough money in his part-time job. Poor boy! Well, in the end his grandma gave him ten pounds so Jeff could pick up a takeaway pizza at a fast-food restaurant. (What about you? Are you chaotic like Jeff or are you ready for the real world?)*

Zur Sicherung des neuen Wortschatzes ergänzen die S folgende Sätze (Folie / Tafel):

- *A ... tells you how to make a meal. (recipe)*
- *The things you need for a meal are the ... (ingredients)*
- *If you don't have any pocket money left, you have ... (run out of money)*

- *You ... money when you have a job. (earn)*
- *Let's stop at the Chinese restaurant and pick up a ... to eat at home. (takeaway)*

Überleitung L: *Let's do a quiz to find out if you are ready for the real world.*

Erarbeitung **a) SB geöffnet.** Die S lesen zunächst den Einleitungstext (still in EA oder laut im Plenum). Anschließend lesen sie die Quizfragen 1–10 und die jeweils zugehörige *Multiple choice*-Auswahl einzeln nacheinander und notieren sich die für sie am ehesten zutreffende Antwort in Kurzform (Zahl–Buchstabe) im Heft.

O Differenzierung Bei Verständnisschwierigkeiten hinsichtlich der neuen Lexik helfen sich die S gegenseitig.

Lösung Individuelle Lösungen.

Auswertung **b)** Anhand ihres Ergebnisses finden die S die auf sie zutreffende Beschreibung *(Mostly A, B* oder *C)* und lesen diese. Anschließend tauschen sie sich mit einem oder mehreren Partnern aus und sagen, ob sie sich darin wiederfinden bzw. was sie ggfs. noch lernen müssen: *I (don't) agree with my result because ... / I think I still have to learn (how) to ...*

Zusatz L kann die Ergebnisse der Lerngruppe auszählen und z. B. in einer Tabelle festhalten: *How many of you have mostly A / B / C? Please raise your hands.* Dabei können sich exemplarisch einige freiwillige S zu ihrem eigenen Ergebnis äußern: *Do you agree with your result? Why (not)?*

Lösung Individuelle Lösungen.

2 Life skills

Einstieg L klärt den Begriff *life skills*, gibt ggf. einzelne Beispiele vor und sammelt weitere Ideen mündlich im Plenum: *There are a lot of important 'life skills'. These skills help you to live your own life: for example cooking your own meals or washing your clothes. Can you think of more such life skills? (...)*

Erarbeitung **a) SB geöffnet. Think:** Die S notieren die aus ihrer Sicht sechs wichtigsten lebenspraktischen Fähigkeiten im Heft.

O Differenzierung Lernschwächere S erhalten folgende Liste von *life skills* zur Auswahl (Tafel / Folie / KV):

- *cooking your own meals*
- *washing your clothes*
- *doing the shopping for the week*
- *earning money*
- *collecting money for charity*
- *budgeting your money*
- *cleaning your flat*
- *being punctual*
- *volunteering in your community*
- *living with other people*
- *managing your time*
- *working / studying hard*
- *making decisions*
- *helping others*
- *getting around by public transport*
- ...

Erarbeitung **b) Pair:** Im Austausch mit dem Partner einigen die S sich auf die drei wichtigsten Aspekte und begründen ihre Auswahl, z. B.: *I think budgeting your money is the most important life skill, because when you overspend, you don't have any money left. And without money you won't get far.*

O Differenzierung Für lernschwächere S stellt L folgende Redemittel bereit (Tafel / Folie / KV):

- *I think the most important life skill is ... (because ...). I also have ... in my list (because ...).*
- *I agree / don't agree. I think ... is more important than ... (because ...).*
- *You should know how to cook / clean / ...*

Lösung Individuelle Lösungen.

Erarbeitung **c)** **Share:** Auswertung im Plenum. Einzelne S-Paare berichten von ihren Ergebnissen und begründen ihre Auswahl. Die Lösungsvorschläge werden in der Klasse zur Diskussion gestellt. L hält diejenigen *life skills*, die die meiste Zustimmung finden, an der Tafel fest.

Lösung Individuelle Lösungen. ► WB 1–3, p. 33 ► INKL pp. 44–45

THEME 1 What are you like?

Inhalt In *Theme 1* setzen sich die S mit fremden und eigenen Stärken und Schwächen auseinander und nähern sich so möglichen Berufsfeldern an. Anhand einer *Identity card* machen sie sich eigene Fähigkeiten und Defizite bewusst und verfassen einen individuellen Text.

S. 54

1 VIEWING Strengths and weaknesses

Wortschatz **strength • weakness • work experience**

Einstieg **SB geschlossen.** Semantisierung von *strength* ⟷ *weakness.*

L: *Everybody is good at something. For example, I'm good at ... That is my strength. But I'm bad at ... I can't do it very well, so that is my weakness. What are you good or bad at? What are your strengths and weaknesses?*

In einer Meldekette äußern sich die S zu einer ihrer Stärken oder / und Schwächen.

Überleitung L: *Today you will meet two young people. They also have strengths and weaknesses. Let's see what they can or can't do well.*

Erarbeitung **a)** **SB geöffnet.** S lesen zunächst die Sehaufträge im SB still in EA oder laut im Plenum. Beim **1. Sehen** des Films ohne Ton machen sie sich Notizen zu den beiden Fragen, z. B. in einer Tabelle (siehe Lösungsbeispiel).

Auswertung Zunächst im ▸ Partner check, danach im Plenum.

Lösungsbeispiel

	1 Where are the people?	*2 What do you think is happening?*
Scene 1:	*on a football field*	*practice is starting → one player is late → the coach is cross → the player tries to explain why he is late*
Scene 2:	*at youth club / at a café*	*a woman is cleaning tables, a girl is playing with her mobile, looking sad / bored → the woman is talking to her in a friendly way → giving her advice → the girl is helping to prepare tables*

Erarbeitung **b)** Die S lesen zunächst die *True / false*-Aussagen 1–6 im SB still in EA oder laut im Plenum. Beim **2. Sehen** machen sie sich im Heft Notizen zu den Aussagen *(1 T / ✓ , 2 F / ✗ etc.).* L stoppt die DVD ggf. nach der ersten Szene, damit S ihre Notizen zu 1–3 vervollständigen können.

Auswertung Im Plenum tragen die S mithilfe der ▸ Right/wrong cards ihre Lösungen zusammen.

Differenzierung Lernstärkere S verbessern falsche Aussagen (siehe blaue Lösungen in Klammern).

Lösung *1 True. • 2 False. (The coach says Neil will be out of the team if he's late once more.) • 3 False. (The coach tells him to change and maybe he will play.) • 4 False. (Maggie is helpful and nice.) • 5 True. • 6 True.*

Überleitung L: *So what is Neil's strength? (good player) And what is his weakness? (always late) What about Julie? (strength: listens to advice; weakness: shy) Let's collect more words and phrases to describe Neil and Julie.*

2 Describing people

Wortschatz **confident • energetic • enthusiastic • punctual • reliable • criticism**

Einstieg **SB geschlossen.** L semantisiert den neuen Wortschatz anhand geeigneter ► Semantisierungstechniken, z. B.: *confident* ⟷ *shy* • *energetic* = *full of energy* • *enthusiastic* = *very excited about what someone does* • *punctual* = *always on time / not being late* • *reliable* = *always doing what you promised*

Zusätzlich kann L weiteren Wortschatz zur Sprechabsicht *Describing people* einführen bzw. wiederholen, z. B.: *arrogant* = *behaving in a proud, unpleasant way* • *charming* = *very nice and polite* • *bossy* = *always telling people what to do* • *honest* = *always telling the truth* • ...

An der Tafel oder auf Folie / Arbeitsblatt ordnen die S anschließend die neuen Begriffe ihren Erklärungen zu. Mit dem Arbeitsblatt lesen die S einmal alles durch, decken dann eine Seite ab und geben entweder die Definitionen oder die neuen Wörter wieder. Auch an der Tafel kann L zur Überprüfung des Verständnisses bzw. zur Festigung wahlweise entweder die neuen Wörter oder die Definitionen verdecken und von S nennen lassen.

Erarbeitung **a)** **SB geöffnet.** Anhand der Vorgaben aus der Satzbautafel im SB machen sich die S – ggf. beim **3. Sehen** – Notizen zu Neils und Julies Stärken und Schwächen. Dazu können sie im Heft eine Tabelle (+ / -) anlegen und diese (ggf. auch arbeitsteilig in PA) mit passenden Adjektiven und Wendungen aus den grünen Boxen ergänzen, siehe Lösungsbeispiel.

Auswertung ► Partner check gemäß SB. Anhand der Satzbautafeln im SB versprachlichen die S ihre Notizen in ganzen Sätzen.

Lösungsbeispiel

	+ (strengths)	– (weaknesses)
Neil:	*energetic, polite, enthusiastic (about football), confident, honest*	*not punctual, not reliable*
Julie:	*punctual, polite, good at reacting to criticism*	*(at first:) not helpful, not confident, not energetic, not good at talking to people / working in a team*

Erarbeitung **b)** Die S ergänzen anhand ihrer Notizen den Lückentext aus dem SB schriftlich im Heft.

Auswertung ► Partner check, anschließend Vorlesen im Plenum

Lösung *In scene 1 Neil is polite and he's energetic. He isn't punctual and he isn't reliable. On the other hand he's good at talking to people and he's OK at reacting to criticism. (He's also quite confident and very honest.)*

Erarbeitung **c)** Die S verfassen in EA analog einen Text zur Beschreibung von Julie.

Auswertung Im Plenum. L hält Musterlösung zur Kontrolle an der Tafel fest. Abweichende Vorschläge werden diskutiert.

Lösungsbeispiel *In scene 2 Julie is punctual and she's polite. At first / At the beginning, she isn't very confident and she isn't really helpful or enthusiastic. On the one hand, she isn't very good at talking to people. On the other hand, she is good at reacting to criticism.*

Erarbeitung **d)** Die S verfassen eine Beschreibung eines Freundes oder Familienmitglieds. Sie präsentieren den Text der jeweiligen Person und bitten um Feedback. Auch als schriftliche HA geeignet.

Alternative Die S können auch einen Mit-S beschreiben. Achtung: In Lerngruppen mit schwierigem Sozialgefüge nicht zu empfehlen. L sollte in jedem Fall darauf hinweisen, dass die Charakterisierung fair und freundlich ausfallen sollte. Die Texte werden nach Sichtung und Freigabe durch die beschriebene Person eingesammelt, gemischt und neu verteilt. Einzelne S lesen „ihre" Beschreibung vor, die Mit-S versuchen zu erraten, um wen es sich handelt.

Auswertung Vorlesen einzelner Beispiele im Plenum.

Lösung Individuelle Lösungen.

▶ DFF 3.1

S. 55

3 LISTENING Ideas for the future

Wortschatz **study • university • solution (to a problem)** • °note sth. down

Einstieg Gelenktes Unterrichtsgespräch über die Zukunftspläne der S.

L: *What are your plans for the future? What job would you like to do?*

Bearbeitung im ▶ Partner talk, dann Auswertung im Plenum. L stellt folgende Redemittel an der Tafel zur Verfügung:
I'd like to become a / an ... / I want to work as a / an ...
I'm not sure what I want to do after school.
I want to go to college / ... and study ...

Überleitung L: *Lots of teenagers don't quite know what job to do after school. Let's find out about some ideas from five British teenagers.*

Erarbeitung ▶ 2.01
a) **SB geöffnet.** Lesen und ▶ Klären der Arbeitsanweisung und der Aussagen A–F im Plenum. Danach schreiben die S die fünf Namen (untereinander) ins Heft und notieren dahinter beim **1. Hören** zu jeder Person den entsprechenden Buchstaben (Globalverstehen).

Auswertung Vergleich im Plenum, z. B. in Form einer ▶ Meldekette.

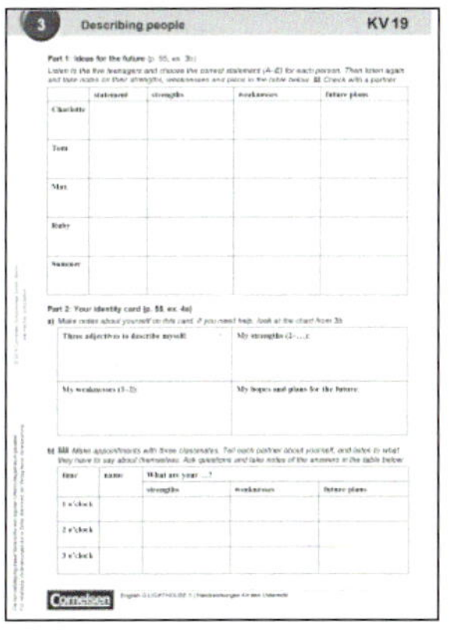

Lösung *__1__ Charlotte: C • __2__ Tom: A • __3__ Max: B • __4__ Ruby: F • __5__ Summer: D • (Distraktor: E)*

Erarbeitung **b)** Nach dem **2. Hören** notieren die S nähere Details zu Stärken, Schwächen und Plänen der Teenager stichpunktartig im Heft oder in der Tabelle auf ▶ KV 19: Describing people (*Part 1*).

◻ Differenzierung Für lernschwächere S kann es erforderlich sein, den Hörtext ein drittes Mal vorzuspielen.

◼ Differenzierung Lernstärkere S notieren so viele Aspekte wie möglich.

Auswertung Vergleich im ▶ Partner check, anschließend im Plenum. L sollte die Ergebnisse visualisieren (Tafel / Whiteboard / Folie).

Lösungsbeispiel In Tabellenform:

	strengths	weaknesses	future plans
Charlotte	- hard-working - patient - artistic - good at talking to people	- not good at organizing herself - bad at getting homework done on time	- no idea about job - go to university

Tom	- easy-going - reliable - good at being in a team + organizing (other people) - sporty	- not good at getting school work finished on time → trouble	- police officer
Max	- energetic - enthusiastic - likes looking after people	- a bit shy	- work with children or old people
Ruby	- punctual - positive - polite - good at solving problems	- not good at being tidy	- study science (physics or computer science) → teacher?
Summer	- quiet - calm - quite strong - good at working in a team	- school work	- start work soon - drive an ambulance: paramedic

4 ACTIVITY Identity card

Wortschatz **identity** • °adjective

Überleitung L: *Now talk about yourself. What are your strengths, weaknesses, plans for the future?*

Erarbeitung **a) SB geöffnet.** Lesen der Aufgabenstellung. Die S fertigen Notizen über sich selbst auf der ► KV 19: Describing people (*Part 2a*) an.

Differenzierung Lernschwächere S nehmen die Tabelle aus Aufgabe **2 a)** im SB-Seite 54 oder und die *Wordbank 2 Strengths and weaknesses* (SB-Seite 143) zu Hilfe.

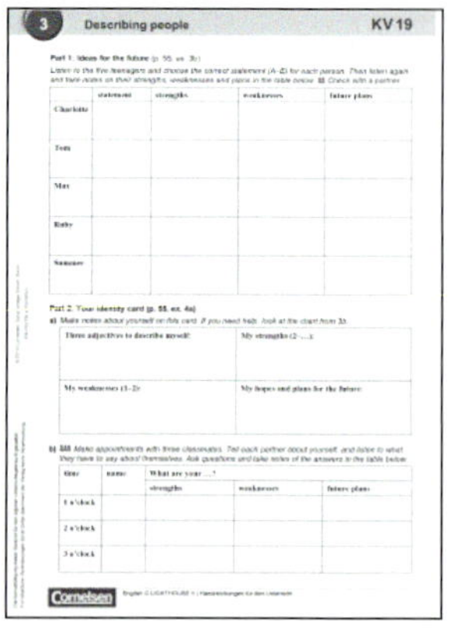
3 Describing people KV 19

Erarbeitung **b)** Die S machen ► Appointments mit drei Mit-S und berichten sich gegenseitig von ihren Ergebnissen. Dabei machen sie Notizen in der Tabelle auf ► KV 19: Describing people (*Part 2b*).

Auswertung Im Plenum berichten die S von den Ergebnissen der Gruppenphase. Dabei können sie entweder ihre eigenen Ergebnisse oder die eines Mit-S vorstellen oder aber Vergleiche zwischen den Befragten anstellen (Gemeinsamkeiten bzw. Unterschiede).

Lösung Individuelle Lösungen.

Erarbeitung **c)** Auf der Grundlage ihrer Notizen verfassen die S einen Text über ihre eigenen Stärken, Schwächen sowie ihre Zukunftspläne. Auch als schriftliche HA geeignet.

Auswertung L sammelt die Textentwürfe ein und korrigiert sie. Die S fertigen auf Basis der Korrektur eine Reinschrift an (► Phasen des Schreibprozesses), die sie in ihr Dossier heften können. Alternativ kann die Korrektur auch in GA in Form eines ► Correcting circle erfolgen.

Lösungsbeispiel *My name is Sabine and I would describe myself as hard-working and punctual. I'm good at listening to people and I am reliable. I always do my school work on time. But I'm not good at organizing things. This is something I still have to learn. And I am not very confident. I'm not quite sure about my future, but I would like to go to college.* ► WB 4–5, p. 34 ► INKL pp. 46–47

THEME 2 What's next?

Inhalt

Anhand von sechs verschiedenen Stellenanzeigen lernen die S den Aufbau englischer (Internet-)Stellenanzeigen kennen und analysieren die damit verbundenen Anforderungsprofile. Auf dieser Grundlage vergleichen sie die eigenen Fähigkeiten mit den gesuchten Qualifikationen und können beurteilen, welche Jobs zu ihnen passen.

S. 56/57

1 Internet job adverts

Wortschatz

S. 56: qualify • qualified • (working) hours *(pl)* **• apply (for) • stylist • up to • Box "German ,bis'"** (SB-Seite 220) **• CV (= curriculum vitae) • communication • pay • trainee • qualification • 30 years of age • assistant** • °apprentice • °decorator • °height • °have a (good) head for heights • °carpet • °red carpet event • °career • °salary • °£20K • °(university) degree • °visa • °snowboard

S. 57: care • shift • at all times •°animal lover

Einstieg

SB geschlossen. Gelenktes Unterrichtsgespräch über Möglichkeiten, einen Job zu finden. Dabei ggf. ► Wortschatzsemantisierung im Kontext.

L: *What can you do if you are looking for a job? Where can you find jobs?*
S: *You can go to the job centre, look at job ads in the newspaper or on the internet, write letters to shops or companies, ...)*
L: *If you find a job that looks interesting, you can apply for it by writing an email or a letter. Usually you will also have to send your CV (curriculum vitae) to give the company / °employer some details about who you are, what schools you went to and if you have any work experience or (other) special qualifications for the job. You might start out learning a job as a trainee.*

Überleitung

L: *Today we are going to look at different job adverts from the internet. At the end of this section you will have the chance to find out if you are the right person for the job.*

Erarbeitung

SB geöffnet. Die S überfliegen die Stellenanzeigen (► Lesetechniken: *Scanning*) und notieren alle darin genannten Jobbezeichnungen im Heft. L sollte dazu ein Zeitlimit setzen, z. B. zwei Minuten.

Auswertung

Die S vergleichen und ergänzen ihre Listen zunächst im ► Partner check. Danach Ergebnissicherung im Plenum: L sammelt die Jobbezeichnungen an der Tafel.

Lösung

painter • decorator • stylist • bar staff • cook • waiter • trainee manager • camp assistant • cleaner • receptionist • animal care assistant • pilot ► DFF 3.2

Zusatz

Lernstärkere S benennen zentrale Aufgaben und Tätigkeiten der gefundenen Berufe, z. B.: *A painter paints houses. • A stylist makes people look good. • A waiter serves guests in a restaurant or cafe. • A pilot flies a plane. • ...*

Überleitung

L: *Which job would you be interested in?* (S: ...) L: *Let's see if you are the right person for the job. First we are going to look at the things you have to do in the job – at the duties.*

2 Different jobs – different duties

Wortschatz

duty • outdoors

Erarbeitung

a) SB geöffnet. 1. Lesen im Detail. S notieren zu jeder der genannten Aufgaben bzw. Pflichten jeweils mindestens einen passenden Job aus den Anzeigen 1–6.

Hinweis: Hier soll bestimmt werden, was in erster Linie gefordert ist. Vieles können S den Anzeigen entnehmen, bei Anderem, wie z. B. der Arbeitszeit, ist allgemeines Weltwissen gefragt. Es gibt keine richtige oder falsche Lösung.

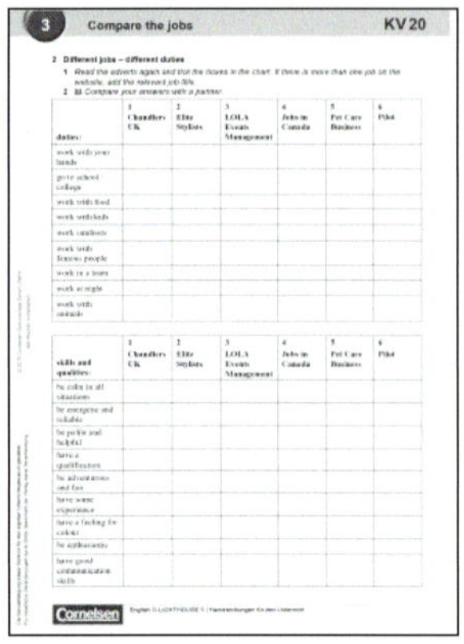
3 Compare the jobs KV 20

Differenzierung Lernschwächere S erhalten ▸ KV 20: Compare the jobs und markieren zu jeder der geannten Aufgaben die passende Jobanzeige.

Auswertung **b)** Die S vergleichen ihre Ergebnisse im ▸ Partner check. Danach Ergebnissicherung im Plenum.

Lösungsbeispiel In Tabellenform, siehe KV:

Duties:	1 Chandlers UK	2 Elite Stylists	3 LOLA Events Management	4 Jobs in Canada	5 Pet Care Business	6 Pilot
work with your hands	✓	✓	✓	✓		
go to school / college			✓			
Work with food etc.			✓	✓		
Work with kids				✓		
Work outdoors	✓			✓	✓	
Work with famous people		✓				
Work in a team			✓			✓
Work at night		✓	✓	✓		✓
Work with animals					✓	

3 Different jobs – different skills and qualities

Wortschatz **quality • adventurous**

Einstieg L regt die S an, sich im ▸ Partner talk oder im Plenum über notwendige Qualifikationen für den Beruf des Lehrers auszutauschen: *In every job you need special skills and qualities. Which of these skills and qualities does, for example, a teacher need?* Mögliches Tafelbild:

A teacher should / doesn't have to
- be calm (✓)
- be able to explain things (✓)
- be strong (×)
- be able to laugh with the students (✓)
- be reliable (✓)
- have good computer skills (✓ ?)
- talk a lot (×)

Erarbeitung **a)** **SB geöffnet.** Bearbeitung schriftlich in EA.

Differenzierung Lernschwächere S erhalten ▸ KV 20: Compare the jobs und markieren zu jeder der genannten Qualifikationen die passende Jobanzeige.

Zur weiteren Entlastung können die S in arbeitsteiliger PA jeweils nur drei Anzeigen im Hinblick auf die entsprechenden Qualifikationen sichten und dann ihre Notizen im Austausch mit dem Partner ergänzen.

Auswertung **b)** Im ▸ Partner talk, anschließend im Plenum.

Differenzierung Für lernschwächere S bietet L an der Tafel folgende Redemittel an: *A … has to be … / should have …*

Differenzierung Lernstärkere S ordnen zusätzlich jedem Beruf eine Fähigkeit zu, die nicht erforderlich ist, z. B.:

An animal care assistant doesn't need to have a feeling for colour. A painter doesn't need to have excellent communication skills.

Lösungsbeispiel In Tabellenform, siehe KV:

Skills and qualities:	1 Chandlers UK	2 Elite Stylists	3 LOLA Events Management	4 Jobs in Canada	5 Pet Care Business	6 Pilot
calm in all situations					✓	✓
energetic + reliable		✓		✓	✓	
polite + helpful		✓	✓	✓		✓
qualification			✓			
adventurous + fun				✓		
experience			✓		✓	
feeling for colour	✓	✓				
enthusiastic		✓		✓	✓	
good communication skills			✓			✓

▸ DFF 3.3

Alternative Die Aufgaben 1–3 können alternativ auch in Form eines ▸ Lerntempoduetts bearbeitet werden. Lernstärkere S bearbeiten zusätzlich *More practice 1* (SB-Seite 120).

More practice 1 p.120 Talking about jobs

Erarbeitung **a) SB geöffnet.** Die S ergänzen die Satzanfänge schriftlich um die entsprechenden Berufsbezeichnungen oder Definitionen. Auch als HA geeignet.

Auswertung Als ▸ Meldekette im Plenum oder im Rahmen eines ▸ Lerntempoduetts im Kontext der Bearbeitung der Aufgaben 1–3.

Lösung ***1*** *painter.* • ***2*** *an animal care assistant.* • ***3*** *a pilot.* • ***4*** *work behind a bar and serve your drinks.* • ***5*** *works with children in a summer camp.* • ***6*** *works in a hotel, e.g. as a cleaner, a receptionist or a waiter.* • ***7*** *cleans the rooms, e.g. in a hotel.* • ***8*** *helps you with the check-in and hands you your room key.* • ***9*** *prepares food in the kitchen of a restaurant* • ***10*** *serves you your meal and drinks in a restaurant.*

Erarbeitung **b)** Gemäß SB verfassen die S fünf weitere Berufsbeschreibungen als Rateaufgabe, indem sie die Berufsbezeichnung auslassen.

Auswertung In PA tragen sie sich gegenseitig ihre Sätze vor. Der Partner muss den Beruf raten bzw. die fehlenden Informationen ergänzen. Für jeden richtigen Satz gibt es einen Punkt. Sieger ist am Ende der S mit den meisten Punkten.

Lösungsbeispiel *A ... cuts your hair. (hairdresser)*
A ... looks after little children in a kindergarten. (childcare assistant)

Alternative Gruppenwettbewerb: Jede Gruppe bereitet in einem vorgegebenen Zeitfenster (z. B. drei Minuten) gemeinsam fünf bis zehn zu ergänzende Sätze auf Kärtchen (eine Farbe je Gruppe) vor. Dazu stehen Wörterbücher zur Verfügung. Anschließend werden reihum die Quizfragen der nächsten Gruppe gestellt. Errät diese nach kurzer Beratungszeit den Begriff, darf sie ein Gruppenmitglied auf einer Kette von fünf Stühlen nach „vorne" bewegen.

4 NOW YOU A job for me?

Erarbeitung **SB geöffnet.** Die S wählen die für sie interessanteste Anzeige aus und vergleichen ihre eigenen Fähigkeiten mit den Anforderungen des Berufes. Im ▸ Partner talk reflektieren sie über die Kompetenzen, die sie noch erwerben müssten. Vorab notieren sie in einer kurzen Stillarbeitsphase in EA einige Stichpunkte (▸ Note-making).

O Differenzierung Für lernschwächere S stellt L einige Redemittel bereit (Tafel / Folie / Arbeitsbogen):

The job as a / an ... sounds interesting to me. I am a / an ... person, so I think I have the necessary qualifications for this job. But I have to improve my ... skills / I need to to be more ... And I would have the chance to improve ...

Auswertung Im Plenum stellen die S den gewählten Beruf und ihre entsprechenden Fähigkeiten vor.

Lösungsbeispiel *The job as a stylist sounds very interesting to me. I am an energetic and a reliable person, but I think I have to work on my communication skills because as a stylist, I would have to talk to famous people like film stars, etc. So I should become more confident.*

More practice 2 p.120 MEDIATION Tell a friend

Wortschatz °(TV) extra

Materialien Wörterbücher

Erarbeitung **SB geöffnet.** Die S lesen die Aufgabenstellung sowie die deutsche Annonce und fertigen Notizen zu den Schlagwörtern an. Dazu stehen im Klassenraum Wörterbücher bereit.

Lösung
- *Job title: extra for reality TV show*
- *Type of show: reality show*
- *Skills needed: good German and English language skills*
- *Experience: TV experience expected*
- *Where: Berlin*
- *When: 1st–5th December*
- *Pay: €40 per day*

Auswertung **b)** Im ▸ Partner talk tauschen sich die S auf Englisch über diesen Job aus und begründen, ob / warum sie ihn (nicht) annehmen würden.

Lösung *I would like to do this job as a TV extra because I think it would be interesting to work with a film crew. Besides, I could earn some extra money.*
I wouldn't like to do this job, because the pay isn't very good / because I have to go to school.

---

5 Your ideal job

Einstieg **SB geschlossen.** L sammelt im Plenum Ideen, die die inhaltliche Struktur des Textes vorbereiten, und notiert diese stichpunktartig an der Tafel.

L: *What would you like to do in the future? What do you need to know about your dream job? (job title; duties; qualities; skills; place of work; hours; pay; holidays; training; ...)*

Erarbeitung **SB geöffnet.** Bearbeitung in EA. Auch als vorbereitende HA möglich. Die S sammeln Informationen zu ihrem Wunschjob, z. B. im Internet, und verfassen einen kurzen Text dazu. Um zu begründen, weshalb sie dafür besonders qualifiziert sind, nutzen sie ggf. auch die *Wordbank 2 Strengths and weaknesses* (SB-Seite 143). Dies kann auch als Steckbrief anhand der Stichworte aus dem Einstieg erfolgen, wobei sie zu jedem Stichpunkt ein bis zwei vollständige Sätze formulieren.

More help p.121 S, die Hilfe benötigen, gehen die Fragestellungen auf SB-Seite 121 durch und beantworten diese, um genauer zu beschreiben, wie sie sich ihren Traumjob vorstellen.

Auswertung Die Texte werden eingesammelt. Jeder S zieht einen Text und liest ihn vor. Die Mit-S müssen raten, um wessen Traumjob es sich handelt.

Lösung Individuelle Lösungen. ▸ WB 6–9, pp. 35–37 ▸ DFF 3.4 ▸ INKL pp. 48–49

Zusatz Die Aufgabe kann auch in eine kreative Produktion einer eigenen Werbeanzeige zum Traumjob münden. Dabei können sich die S an den Beispielen auf den SB-Seiten 56/57 orientieren oder eine ganz eigene sprachliche und optische Gestaltung wählen. Die fertigen Produkte werden im Klassenraum aufgehängt. In Form eines ▸ Gallery walk begutachten die S anschließend die Ergebnisse der Mit-S und verfassen auf einem Feedback-Sheet, das neben jeder Anzeige hängt, einen kurzen Kommentar zur Anzeige.

THEME 3 Selling yourself

Inhalt

Die S analysieren ein englisches *Curriculum vitae (CV)* sowie ein englisches Bewerbungsschreiben auf eine vorgegebene Stellenanzeige im Hinblick auf formale und inhaltliche Kriterien. Anhand dieser konkreten Musterbeispiele lernen sie, ein Bewerbungsschreiben sowie einen Lebenslauf in Englisch zu verfassen und erhalten wichtige Hinweise, worauf es beim Schreiben eines formalen Briefes ankommt.

S. 58

1 Are you dynamic?

Wortschatz

dynamic • sales assistant • Box "sale / sales" (SB-Seite 221) **• fitting room • cash desk • answer the phone • flexible**

Einstieg

SB geschlossen. Reaktivierung von Vorwissen.

L: *Imagine you want to apply for a job with a large international company. What do they need to know? (They need to know about my qualifications, skills, education, experience, ...) What can you send them? (I can send them my CV and a letter or an email.)*

Erarbeitung

SB geöffnet. Gemeinsames Lesen der Aufgabenstellung. Die S lesen zunächst die Stellenanzeige still in EA und tauschen sich dann anhand der Fragen im SB im ▸ Partner talk über die Anforderungen und gewünschten Fähigkeiten aus.

Auswertung

Im Plenum per ▸ Meldekette. L sammelt dabei Schlüsselbegriffe, die auch im CV aufgegriffen werden könnten, an der Tafel.

L: *So what does 'dynamic' mean? (It means you have to work fast (maybe in a team), talk to lots of people, do different tasks, etc.) And what is a sales assistant? (A person who works in a shop and helps sell things to customers.) ...*

Lösung

- *You have to work in different parts of the store and do different tasks, e.g. talk to customers, answer the phone, work at the cash desk.*
- *You need to be a team player, have good communication skills and be flexible. You also need good English language skills.*

2 Paul's CV

Wortschatz

key skills • key • education • petrol station • achievement • keen • be keen on sth. **/ on doing** sth. **• reference**

Einstieg

SB geschlossen. Reaktivierung von Vorwissen zum deutschen Lebenslauf.

L: *When you apply for a job, you usually send your CV. What kind of information do you give in a CV in German?*

Bearbeitung als ▸ Think-Pair-Share: Die S machen sich zunächst Notizen, vergleichen diese anschließend mit einem Partner und teilen der Klasse die Ergebnisse im Plenum mit. L (oder S) notieren Ergebnisse stichpunktartig in einer Liste oder der linken Spalte einer Tabelle (Tafel / Folie oder Arbeitsbogen). In der rechten Spalte der Tabelle können sie nach Berarbeitung von *Paul's CV* in **2** Angaben zu typischen Inhalten englischer CVs ergänzen (siehe auch Zusatz und blaue Angaben in der Tabelle). Mögliche Lösung:

A CV in German:	A CV in English:
- photo	- no photo (!); but: personal statement
- first name and family name	- ✓
- address (street, number, postcode, town)	- ✓
- email address and telephone number	- ✓
- date of birth	- (not mentioned)
- place of birth	- (not mentioned)
- nationality	- (not mentioned)
- education / schools you went to	- ✓
- hobbies / interests	- interests and achievements
- work experience	- work experience
	+ references

Überleitung L: *Now let's see what a CV in English looks like.*

Erarbeitung **SB geöffnet.** Die S lesen die Aufgabenstellung und den Lebenslauf still in EA und entscheiden, ob Paul ein guter Kandidat für die Stellenausschreibung ist.

Auswertung Auswertung im ► Partner check, anschließend im Plenum.

Lösung *Paul seems to be a good candidate because he is enthusiastic and has good communication and telephone skills. He also has experience in working in a supermarket and at a cash desk. Paul is interested in clothes and has his own fashion blog, so he seems to be the right person for the job.*

INFO-BOX **Curriculum vitae (CV)**

Ein CV ist ein Lebenslauf, also ein Dokument, das auf ein bis zwei Seiten die persönlichen Fähigkeiten, Ausbildung und Arbeitserfahrung von Bewerbern beschreibt. Der Begriff *CV (curriculum vitae)* wird in Großbritannien gebraucht, während der Lebenslauf in Australien, Neuseeland und vor allem Nordamerika oft auch als *résumé* bezeichnet wird. Es gibt kein Standardformat für ein CV, denn der Aufbau ist meist abhängig vom angestrebten Job. Besonders typisch ist der umgekehrt chronologische Lebenslauf, in dem die berufliche Erfahrung beginnend mit der aktuellsten Arbeitsstelle aufgelistet wird, während deutsche Lebensläufe eher chronologisch angelegt sind. Eine andere Form ist der funktionelle Lebenslauf, in dem Fähigkeiten nach Aufgabenfeldern sortiert werden, statt nach Datum. Diese Form wird eher in Amerika genutzt oder bei Bewerbungen auf Stellen, in deren Aufgabenfeldern bereits viel Erfahrung vorhanden ist.

Genau wie der deutsche Lebenslauf muss ein englisches *CV* die Adresse, Telefonnummer und E-Mail-Adresse des Bewerbers enthalten. Es sollte aber kein Foto oder andere persönliche Daten beinhalten, wie zum Beispiel Alter, Nationalität oder Familienstand, damit der Bewerber nicht aufgrund dieser Angaben benachteiligt wird. Auf diese Angaben folgt in einem englischen CV oft ein im deutschen eher unübliches persönliches Statement, das besondere Fähigkeiten oder Ziele hervorhebt. Neben Ausbildung und Arbeitserfahrung gibt es zusätzlich einen Absatz über Interessen und besondere Leistungen des Bewerbers, wogegen im deutschen Lebenslauf Hobbys und Interessen nur kurz aufgelistet werden. Einem deutschen Lebenslauf sollten immer alle relevanten Zeugnisse beigefügt werden, doch im englischen CV werden meist nur zwei Referenzen mit Namen und Adressen angegeben, solange es sich nicht um einen akademischen Beruf handelt.

Zusatz Die S lesen den Lebenslauf nochmals gemeinsam laut im Plenum. Dabei weist L anhand der Hinweise in den gelben Boxen explizit auf die Unterschiede zwischen einem englischen und einem deutschen Lebenslauf hin. Die S machen sich Notizen zu den typischen Inhalten eines englischen Lebenslaufs bzw. ergänzen die rechte Spalte der Tabelle aus dem Einstieg (siehe Lösungsbeispiel dort). Auswertung im ▸ Partner check, anschließend im Plenum.

L: *Read Paul's CV again and find the differences between a CV in English and in German. (Complete the table.)*

Lernstärkere S beantworten die Frage, warum ein englischer Lebenslauf kein Foto und keine expliziten Angaben zu Geburtsdatum, Nationalität und Herkunft enthält.

L: *Why do you think there are no photos in English CVs? Why don't they give information on the date of birth (age), the place of birth or the nationality? (Employers should choose the candidates because of their skills and qualifications. / To avoid prejudice / discrimination against a candidate because of his / her age, background or nationality.)*

Hinweis: Die Gestaltung eines Lebenslaufes unterscheidet sich in Großbritannien wesentlich von der Form, die die S in Deutschland erlernen. Der Schritt, interkulturelle Unterschiede herauszuarbeiten, ist daher wichtig, um zu verhindern, dass auf Schülerseite Verwirrung hinsichtlich der Erstellung des eigenen *CV* in **3** entsteht.

3 NOW YOU Your CV

Material Wörterbücher

Erarbeitung **a)** **SB geöffnet.** Die S verfassen einen eigenen Lebenslauf nach englischem Muster. Dazu können sie ihre in *Theme 1* (SB-Seite 55, **4**) erstellte *Identity card* sowie die Ergebnisse aus Aufgabe **1** (SB-Seite 58) als Hilfe verwenden. L stellt gg. Wörterbücher zur Verfügung.

Lösung Individuelle Lösungen.

Erarbeitung **b)** Die S finden sich in Gruppen à drei bis vier S zusammen und lesen reihum die Lebensläufe aller Gruppenmitglieder. Jeder S begründet seine Wahl, welcher seiner Mit-S am besten für die Stelle bei 5th Ave Fashions geeignet ist, in einigen Sätzen mündlich.

Alternative Um die Aufgabenstellung stärker an die Voraussetzungen der jeweiligen Lerngruppe anzupassen, kann L einige alternative Stellenbeschreibungen auf Englisch (authentisch oder fiktiv) zur Verfügung stellen.

Auswertung Die S diskutieren ihre Besetzungsvorschläge zunächst in der Gruppe und einigen sich auf den besten Kandidaten, den sie in der Klasse vorstellen. Im Plenum sprechen die S darüber, wer aufgrund seiner tatsächlichen Qualifikationen am geeignetsten ist.

Lösung Individuelle Lösungen.

O Differenzierung Lernschwächere S erhalten einige Satzanfänge als Hilfe für die Beurteilung / Auswertung:

In my opinion, ... is the best person for the job because ...
... seems to be the best candidate for the job at ... because ...
He / She is interested in ... / good at ...
He / She has got these qualifications: ...
He / She did some work experience in / at ...
They are looking for someone who ..., and ... has got the right skills.

More challenge 1 p.121 **Different countries – different CVs**

Erarbeitung

Lernstärkere S verschriftlichen die in Aufgabe **2** mündlich bzw. stichwortartig gesammelten Unterschiede zwischen einem deutschen und einem englischen Lebenslauf (siehe auch Tabellle zum Einstieg in **2**). Sie begründen, warum einige Angaben im englischen Lebenslauf fehlen, und benennen Aspekte, die ihnen am englischen Lebenslauf gefallen.

Auswertung

Einzelne S tragen ihr Ergebnis im Plenum vor.

Lösungsbeispiel

If you compare a German to an English CV, you will notice many differences. An English CV doesn't have a photo or information on the candidate's date or place of birth, their nationality or family. Instead, it starts with a personal statement and it concentrates on the person's skills and qualifications and the writer usually mentions his / her work experience as well as references. If you list references in a German CV, you usually enclose a written report by the employer.

An English CV doesn't give information about the age, nationality or the appearance (photo!) of the candidate because the employer should choose the candidate because of his / her skills and qualifications. It also helps to avoid prejudice / discrimination against a candidate because of his / her age, background or nationality. I especially like the personal statement because it gives you the chance to introduce and 'sell' yourself in your own personal way.

S. 59

4 Cover letters

Wortschatz

cover letter • Dear Sir / Madam • advertisement (*infml auch:* **ad, advert) • suitable • enclose • Yours faithfully** *(BE)* **• Box "Beginning and ending formal letters"** (SB-Seite 222) **• relevant**

INFO-BOX Cover letter / Letter of application

Ein *letter of application*, in den USA auch *cover letter* genannt, entspricht dem deutschen Anschreiben und ist neben dem Lebenslauf (CV) der wichtigste Bestandteil einer Bewerbung. Zu unterscheiden sind auch *letter of application* und *letter of motivation*, denn letzteres ist die Bezeichnung für ein Anschreiben in einer Initiativbewerbung.

Ein *letter of application* sollte nur eine A4-Seite umfassen und beschreiben, auf welchen Job sich der Bewerber bewirbt und wo er auf die Stelle gestoßen ist. Er beinhaltet Informationen zur aktuellen Beschäftigung des Bewerbers und nennt Gründe für das Interesse an der neuen Stelle. Es sollte unter Bezug auf den Lebenslauf erläutert werden, warum man besonders für diesen Job geeignet ist. Danach geht das Anschreiben auf nennenswerte persönliche Eigenschaften ein und beantwortet ggf. Fragen aus der Stellenausschreibung. Am Ende wird immer auf alle Anlagen des Anschreibens verwiesen und deutlich gemacht, dass gerne weitere gewünschte Informationen auf Anfrage nachgereicht werden und man sich über eine Rückmeldung freuen würde.

Heutzutage sind Bewerbungen per E-Mail häufig erwünscht. In dem Fall sollte der *letter of application* und das *CV* als Anhang im PDF-Format versendet werden. In der eigentlichen E-Mail schreibt man kurz, wer man ist und was sich im Anhang der E-Mail befindet. Im Betreff sollte die Stelle genannt werden, auf die man sich bewirbt.

Nützliche *standard phrases* für einen *letter of application*:

I am writing to you about your advertisement in ... • I am a helpful / hard-working / communicative ... person. • I have studied English for ... years. • I have experience in ... • I have worked in a restaurant / shop / ... • Please find my CV enclosed (with this letter) / attached. • I look forward to hearing from you.

Einstieg **SB geschlossen.** Kurzes Gespräch über Bewerbungsschreiben zur Reaktivierung des Vorwissens aus Deutschland.

L: *When you apply for a job, you usually do not only send your CV, but also a cover letter. What do you write in this letter? (sth. about yourself, the job you are applying for and why you are applying for it, where you have found the job advert, etc.).*

L hält die Vermutungen stichpunktartig an der Tafel fest, S überprüfen beim Lesen von Lisas *cover letter* in **a)**.

Erarbeitung **a)** **SB geöffnet. 1. Lesen** gemäß SB. Die S machen sich Notizen zur Beantwortung der Fragen im Heft.

Auswertung Im Plenum diskutieren die S darüber, ob Lisa für den Job geeignet wäre.

Lösungsbeispiel *On the one hand, Lisa seems to be a good candidate for the job because of her qualifications and skills. She is energetic and reliable and she has some work experience in a department store. She also likes working with people. But on the other hand, she isn't very flexible in her working hours. She is available only on Saturday afternoons and on one evening every week (and in the ad it says that you need to be able to work flexible hours).*

Zusatz Anschließend weist L anhand der gelben Tipp-Boxen auf einige wichtige Aspekte eines formalen Briefes – speziell eines Anschreibens – hin (gelbe Tipp-Boxen, z. B. Anrede und Grußformel, Verwendung der Langform, Verwendung eines neutralen oder formalen Sprachregisters, Bezugnahme auf die Anzeige, ...). Zur Vertiefung lesen die S die Hinweise im *SF 8.6 Writing a cover letter* (SB-Seite 177), drehen ihr Buch um und geben ihrem Partner noch einmal mündlich wieder, worauf es beim Verfassen eines Bewerbungsanschreibens ankommt. Bei leistungsheterogenen Schülerpaaren beginnt der stärkere S.

Erarbeitung **b)** Nach dem Muster von Lisas Brief verfassen die S ein Bewerbungsanschreiben für Paul Schulz. Dabei orientieren sie sich an der Struktur sowie sprachlichen und inhaltlichen Ideen aus **a)** sowie *SF 8.6 Writing a cover letter* (SB-Seite 177).

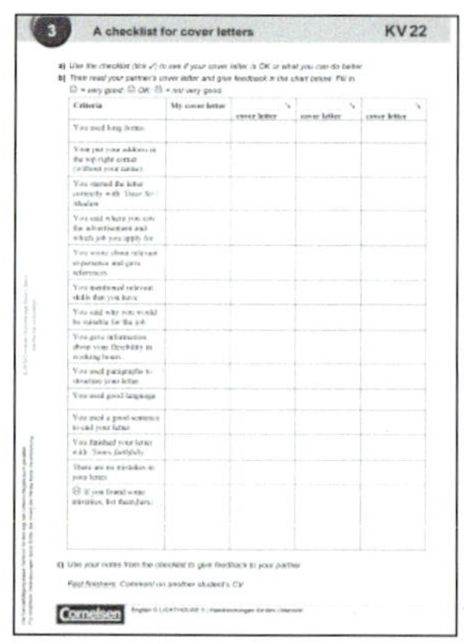

Auswertung Vergleich nach dem Prinzip des ▶ Lerntempoduetts. S, die fertig sind, stehen auf und suchen sich einen Partner, mit dem sie ihr Ergebnis austauschen. Sie lesen den *cover letter* des Mit-S und geben Feedback anhand des Feedbackbogens ▶ KV 22: A checklist for cover letters. Schnellere S begutachten ein oder zwei weitere Briefe. Anschließend exemplarische Auswertung im Plenum. ▶ DFF 3.5

Lösungsbeispiel

Rehstraße 95
65933 Frankfurt am Main

The Manager
5th Ave Fashions
Zeil 94
Frankfurt am Main

1st March 2017

Dear Sir / Madam

I am writing to you about the job as a part-time sales assistant at your store. I saw the advertisement on your website two days ago and I would like to apply for this job.

I am a student at Sophie-Scholl-Gesamtschule in Frankfurt and I had a summer job in a supermarket last year. During my work experience, I also worked at the cash desk of a petrol station, so I think that I would be very suitable for the job.

I am a confident and an enthusiastic student with good communication and telephone skills. I am also very interested in clothes and fashion and I have my own fashion blog. I am good at working in a team, and my English language skills are also good. Since I am still at school, I cannot work in the mornings but I am available in the afternoons and at weekends.

Please find enclosed my CV. I look forward to hearing from you.
Yours faithfully
Paul Schulz
Paul Schulz

5 MEDIATION A job for a friend

Wortschatz °gardening

Erarbeitung **SB geöffnet.** Gemeinsames Lesen und ► Klären der Arbeitsanweisung im Plenum. Anschließend sichten S die Stellenanzeigen in EA und schreiben eine E-Mail auf Englisch an Ella, in der sie ihr die wesentlichen Informationen übermitteln. Schnellere S tauschen ihren Entwurf mit einem Mit-S und korrigieren sich wechselseitig bzw. vergleichen mündlich die Ergebnisse.

O Differenzierung Lernschwächere S erhalten einige Redemittel als Schreibhilfe (oder als Lückentext, s. Lösungsbeispiel) und ergänzen diese mit den passenden Informationen aus der Anzeige.

Alternative Je nach Stärke der Lerngruppe kann es zur Vorbereitung des Schreibprozesses sinnvoll sein, dass L zunächst gemeinsam mit den S diejenigen Aspekte an der Tafel sammelt, die für Ella relevant sind:

- *job duties: garden jobs*
- *skills: no special skills needed, you should like plants and gardening*
- *age: 16–30*
- *place: Berlin*
- *start: 1st July*
- *application in English with CV*

Auswertung Einzelne S tragen ihr Ergebnis im Plenum vor. Die Mit-S geben Rückmeldung, ob die wesentlichen Aspekte aus der Anzeige übermittelt wurden.

Lösungsbeispiel

Hi Ella,
You told me you were looking for a summer job when you come to Berlin next summer, so I have looked at some job adverts and I think I have found a suitable job for you.
It's a gardening job for young people aged 16–30 in Berlin. Since you love gardening, you have all the qualifications that you need. You don't need any special skills (you'll get training on the job) or language skills (they speak English in the teams).
The job starts on 1st July. If you are interested, you should apply for the job in English and send them your CV.
Wouldn't this be the right job for you? You can send your CV and cover letter to the address below. (...)
Looking forward to seeing you in Berlin.
Best wishes,
Leah

▶ WB 10, p. 37 ▶ DFF 3.6 ▶ INKL pp. 50–51

Zusatz

Zur Festigung des Wortschatzes aus *Theme 3* lösen die S anhand der Definitionen das Kreuzworträtsel auf ▶ KV 21: Applying for a job (vocabulary) – Crossword puzzle.

Lösungen: ***1** key skills; **2** sales assistant; **3** fitting room; **4** dynamic; **5** flexible; **6** achievement; **7** education; **8** relevant; **9** petrol station; **10** advertisement; **11** enclose; **12** cash desk; **13** suitable; **14** answer; **15** reference; **16** cover letter.*

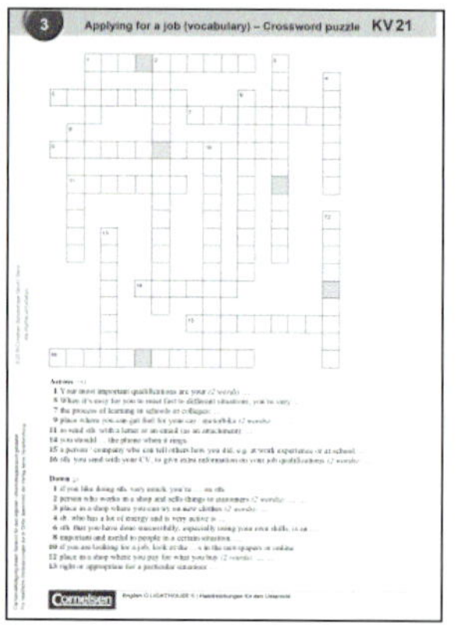

More practice 3 p. 121 A cover letter

Wortschatz °challenging • °souvenir

Erarbeitung **SB geöffnet.** Die S verfassen ein eigenes Bewerbungsschreiben für den dargestellten Ferienjob auf Schloss Granstein. Die (korrigierten und überarbeiteten) Ergebnisse (▶ Phasen des Schreibprozesses) heften die S später in ihr Dossier.

Auswertung Die Ergebnisse werden im Klassenraum ausgehängt. In Form eines ▶ Gallery walk begutachten die S reihum die Bewerbungsschreiben der Mit-S in der Rolle des Managers und treffen anschließend eine (begründete) Kandidatenauswahl. Gegebenenfalls können auch mehrere Stellen besetzt werden.

Lösung Individuelle Lösungen.

FOCUS ON LANGUAGE

Inhalt Die S erfahren zehn interessante Fakten über Emma Watson, die die Rolle der Hermione (Hermine) in den Harry Potter-Filmen spielte. Ausgehend von einem Interview wiederholen sie die Fragebildung im *simple present* und *simple past* sowie die Satzstellung in Fragen und erstellen anschließend eigene Interviewfragen, die sie einer Person ihrer Wahl stellen würden.

S. 60

1 Questions about Emma

Wortschatz **be (good) friends with** sb. • **though** • **admire** • **style** • **speech** • **for sure**

Struktur Fragen mit *do / does* und *did*; Satzstellung in Fragen

Einstieg **SB geschlossen.** Aufbau einer thematischen Erwartungshaltung. L präsentiert Bild eines Schauspielers / einer Schauspielerin in einem bei den Jugendlichen bekannten Film über OHP oder Smartboard.

L: *Talk to a partner: What can you say about this person? Ask your partner questions to see what he knows about him / her.*

Als Hilfe kann L dabei die *prompt words actor / actress, name, film, TV* an die Tafel schreiben. Erwartungshorizont:
- *Do you know this actress / actor?*
- *What is her / his name?*
- *Which film was he / she in?*
- *Have you seen him / her on TV?*

Überleitung L: *Let's find out more about another famous person.*

Erarbeitung **a)** **SB geöffnet.** Lesen der Aufgabenstellung. Die S skimmen den Text (▸ Lesetechniken: Skimming) und beantworten die Frage im SB mündlich im ▸ Partner talk. L sollte die Zeit zum Skimmen begrenzen (z. B. 30 Sekunden).

Auswertung Im Plenum.

Lösung *Emma Watson is a famous actor. She played Hermione in the Harry Potter films for ten years.*

Erarbeitung **b)** **1. Lesen** gemäß SB. Die S formulieren in GA anhand der Informationen im Interview zehn oder mehr mögliche Fragen, die der Interviewer gestellt haben könnte, und schreiben sie ins Heft.

More help p. 121 Lernschwächere S bzw. Gruppen ergänzen die Lückenfragen auf SB-Seite 121 mit den passenden Wörtern aus der Box. Im nächsten Schritt ordnen sie jedem Punkt im Interview eine Frage zu.

Alternative Die Aufgabe kann auch im ▸ Think-Pair-Share-Verfahren bearbeitet werden. Dazu notieren die S im ersten Schritt in EA jeweils ca. sechs bis zehn Fragen, tauschen sich mit einem Partner darüber aus und einigen sich gemeinsam auf zehn bis zwölf Fragen, die sie in der Gruppe / im Plenum präsentieren.

Zusatz In schnelleren Gruppen stellt anschließend ein S die erste Frage an die Mit-S in der Gruppe. Wer die richtige Antwort findet, darf die nächste Frage stellen usw.

Auswertung Im Plenum. Dabei hält L (oder S) zu jedem Punkt eine Frage an der Tafel fest zum späteren Vergleich. L verbessert falsche Fragen (wenn die Frage grammatikalisch und sinngemäß richtig ist, erfolgt keine Korrektur).

Lösungsbeispiel Das Lösungsbeispiel orientiert sich an den Fragen in *More help*; individuelle Lösungen möglich.

*1 How old was Emma when she first **played** Hermione?*
*2 When did Emma finish **work** on the last Harry Potter film?*
*3 Is Emma **friends** with Harry and Ron in real life?*
*4 Where **was** Emma born?*
*5 When did Emma **move** to England?*
*6 What was the **name** of her first school?*
*7 What has Emma done **since** the end of the Harry Potter films?*
*8 Where did she **go** to university?*
*9 Why is she a **good** role model?*
*10 What will Emma do **next**?*

Erarbeitung ► 2.02
c) Beim **1. Hören** des Interviews haken die S in ihrer Lösung zu **b)** alle diejenigen ihrer selbst formulierten Fragen, die so oder ähnlich vom Interviewer gestellt werden, im Heft oder an der Tafel ab.

Auswertung
Im ► Partner check, anschließend im Plenum. S können die entsprechenden Fragen vorlesen. Die über die Vorgaben im *More help* hinausgehenden Fragen aus dem Hörtext stehen zum Abgleich in der Lösung zu **d)**.

Lösung
The interviewer asked 5 / 6 / ... of my questions, for example: ...

Erarbeitung
d) Die S notieren beim **2. Hören** weitere Fragen, die der Interviewer stellt.

Auswertung
Im ► Partner check, anschließend im Plenum.

Lösung
- *How many Harry Potter films are there?*
- *Why are there eight films? / Have you seen all the films?*
- *How long was she working on the Harry Potter films?*
- *When did she finish the last Harry Potter film?*
- *Is she friends with the other Harry Potter actors (... in real life)?*
- *When was Emma born, and where was she born?*
- *Is she French? / Does she speak French?*
- *When did she move back to England?*
- *Where did she live when she was a child?*
- *What about her dad? Did she see him too?*
- *Did she go to school in Oxford?*
- *When did she start acting?*
- *Is she a good actor?*
- *Is there life after Harry Potter for Emma?*
- *What did she study?*

2 REVISION Question words

Struktur
Fragen mit Fragewörtern

Erarbeitung
Lesen der Aufgabenstellung. Im ersten Schritt ergänzen die S die Fragen schriftlich um das entsprechende Fragewort. Im zweiten Schritt beantworten sie diese (Überprüfung schriftlich in EA SB-Seite 122).

Alternative
Durchführung als ► Milling-around activity. Dabei erhalten die S ein Tabellenraster, das sie zunächst mit den Fragen / Fragewörtern ergänzen. Anschließend befragen sie zwei bis drei Mit-S und notieren die Antworten stichwortartig im Heft. Auf diese Weise wird der Gebrauch der Fragewörter und der Satzstrukturen der Fragen mündlich gefestigt.

Auswertung
Im Plenum oder Selbstüberprüfung anhand der Lösungen auf SB-Seite 122.

Lösung
Die Lösungen sind auf SB-Seite 122 zu finden. ► INKL p. 55

Zusatz S erstellen bei Interesse auf freiwilliger Basis ein *Fact file* zu einem der Protagonisten aus der Harry Potter-Reihe. Dabei kann es sich um eine der Romanfiguren oder um eine reale Person (die jeweiligen Schauspieler) handeln. In einem Kurzvortrag präsentieren sie ihre Figur vor der Klasse. Die *Fact files* können mit Bildern illustriert zu einer kleinen Ausstellung in der ▸ English Corner zusammengefügt oder / und im Dossier abgelegt werden.

S. 61

3 REVISION Word order in questions

Struktur Satzstellung im Fragesatz (Fragen mit *be* und im *Present perfect*)

Wortschatz **send** sth. **out** • °follow-up

Einstieg **SB geschlossen.** L schreibt folgende *Key words* an die Seitentafel; die S bilden daraus in PA mündlich Fragen und beantworten sie gegenseitig:

Emma Watson:
born in?
French?
name of first school in England?

Erarbeitung **a)** ◎ Die S ergänzen die fehlenden Satzteile und beantworten die Fragen in der Focus-Box. Vertiefung anhand *LF11 Word order in statements* und *LF12 Word order in questions* (SB-Seite 188/189) möglich.

Auswertung Im Plenum. L hält die Beispielsätze und Antworten an der Tafel fest. Bewusstmachung der Satzstellung in Aussagesätzen (S-V) und in Fragesätzen mit *be* bzw. *have* als Hilfsverb (invers: V-S).

Alternative In lernstärkeren Lerngruppen ist ein allzu kleinschrittiges Arbeiten nicht notwendig, weshalb die Aufgaben **3a)** und **b)** sowie **4a)** und **b)** nacheinander im ▸ Lerntempoduett bearbeitet werden können. Die Kontrolle erfolgt anschließend im Plenum, wobei jeweils zwei Beispielsätze zu Fragen mit *be* und mit *do / does / did* an der Tafel festgehalten und hinsichtlich der Satzstellung gegenübergestellt werden.

Lösung
*1 Where **was** Emma born? • **Is** Emma French? • **Have** you seen all the Harry Potter films?*
2 In questions with 'be' and 'have', the verb form (was, is, have) comes first. In the answers, the subject (Emma, she, I) comes first. (The usual word order in statements is S–V–O (subject –verb–object).

Erarbeitung **b)** ◎ ▸ Klären der Arbeitsanweisung und des Begriffs *follow-up questions* im Plenum. *(In a conversation, you can use follow-up questions to find out more and to keep a conversation going.)* Die S komplettieren die vorgegebenen Folgefragen schriftlich im Heft.

// ● p.122 Es handelt sich um eine Parallelübung auf zwei Niveaus. Lernstärkere S formulieren die Folgefragen anhand der Fragewörter selbst.

Auswertung Im ▸ Partner check oder alternativ nach dem Prinzip des ▸ Lerntempoduetts, bei dem sich etwa gleich schnelle Partner finden, s. Alternative.

Lösung *2 Where **was** he born? • 3 How long **were you** on work experience? • 4 Why **are you** worried about it? • 5 How many CVs **have you** sent out?*

4 REVISION Making questions with *do / does* and *did*

Struktur Satzstellung von Fragen mit *do / does (simple present)* und *did (simple past)*

Erarbeitung **a)** Die S beantworten die Fragen in der Focus Box.

Auswertung Im ► Partner check und / oder im Plenum. L notiert die drei Beispielfragen an der Tafel (mit farbigen Hervorhebungen) und macht die Satzstellung bewusst, z. B. anhand *LF12 Word order in questions*, SB-Seite 189.

Lösung
1 Usually (with main verbs), questions are formed with the (auxiliary) verb 'do'.
2 ◙ The word order in the questions is subject–verb–object, as it is in statements. The auxiliary verb 'do' helps to keep this word order.

Erarbeitung **b)** Die S ergänzen die Fragen schriftlich im Heft.

◙ Differenzierung Lernstärkere S überlegen sich weitere *follow-up* Fragen für das Partner-Interview.

Auswertung Die S befragen einen Partner und notieren dessen Antworten stichpunktartig im Heft.

Lösung
*1 Where **do** you **live** now? **Did** you **live** in the same place when you were a child?*
*2 How many languages **do** you **speak**? **Does** your friend **speak** more than you?*
*3 What sports **do** you **like** watching? **Do** you **enjoy** doing sport?*
*4 What kind of music **do** you **enjoy**? **Do** you **have** a favourite band or singer?*
*5 What people **do** you **admire**? Why **do** you **think** they are good role models?*

Zusatz Falls gewünscht oder vom Lehrplan gefordert, kann L an dieser Stelle ergänzend einige Fragen mit Fragewörtern und Präpositionen auf Englisch vorgeben (Tafel / Folie) und die S auffordern, diese auf Deutsch zu formulieren. Zur Kontrolle stellt L ein Lösungsblatt bereit. Bewusstmachung und Vertiefung anhand von *LF 15 Questions with prepositions* (SB-Seite 190) und *More challenge 3* (SB-Seite 126). Mögliches Tafelbild:

1 Where does Harry Potter's dad come from?	1 Woher kommt Harry Potters Vater?
2 Who did you go to the cinema with yesterday?	2 Mit wem bist du gestern ins Kino gegangen?
3 What are you laughing at?	3 Worüber lachst Du?
4 What did they talk about?	4 Worüber haben sie gesprochen?
5 Who are you waiting for?	5 Auf wen wartest du gerade?

More practice 4 p.122 Questions for pop stars

Erarbeitung Die S formulieren die Notizen aus dem SB zu Fragen aus und übertragen diese in ihr Heft. Auch als schriftliche HA geeignet.

Lösung ***1*** *Where did you go to school?* • ***2*** *Which schools did you go to?* • ***3*** *Did you enjoy school?* • ***4*** *What were your favourite subjects?* • ***5*** *Where did you meet?* • ***6*** *How long have you known each other?* • ***7*** *Do you write your own songs?* • ***8*** *When will your next album be ready?*

Zusatz Lernstärkere S führen mit einem Partner, der sich in die Rolle des Popstars versetzt, ein fiktives Interview und notieren die Antworten stichpunktartig (diese können durchaus kreativ-lustig sein). Anschließend spielen sie ihr Interview der Klasse vor.

More practice 5 p.122 Find someone who

Erarbeitung Die S notieren in EA die Fragen in einem Tabellenraster (siehe Lösungsbeispiel). Durchführung als ▸ Market place activity. Die S notieren außer dem Namen noch Informationen zur *follow-up* Frage.

● Differenzierung Lernstärkere S schreiben zu jeder Frage noch eine *follow-up* Frage auf, die sie im Interview stellen.

Lösungsbeispiel

question	follow-up-question	answer
1 *Have you been to France?*	*When did you go? / Where did you stay?*	
2 *Do you like tomato soup?*	*What soup do you like? / What's your favourite dish?*	
3 *Are you wearing interesting socks?*	*Who bought you those socks?*	
4 *Were you doing sth. fun at 8 o'clock yesterday evening?*	*What were you doing?*	
5 *Are you going to watch a football match this evening?*	*What's your favourite team?*	
6 *Did you do sth. exciting last weekend?*	*What did you do?*	
7 *Have you seen any of the Harry Potter films?*	*Why not? / Which one/s did you see?*	
8 *Do you have a role model?*	*Who is it? / Why do you like him / her?*	

More challenge 2 p.126 Who saw it? What did you see?

Struktur Unterscheidung von Subjekt- und Objektfrage

Erarbeitung In lernstärkeren Lerngruppen oder Bundesländern, in denen dies im Lehrplan gefordert ist, kann L im Plenum die Unterscheidung zwischen *subject* und *object questions* anhand der unterstrichenen Satzteile und der Hinweise in der gelben Tipp-Box thematisieren. Bewusstmachung bzw. Vertiefung anhand *LF13 Subject and object questions*, SB-Seite 189.

Auswertung Im ▸ Partner check (S1 liest Ausgangssatz, S2 stellt Frage; dann umgekehrt). Dazu kann L einen Lösungsbogen zur Verfügung stellen. Anschließend Ergebnissicherung im Plenum; alternativ kann L die vervollständigten Fragen einsammeln und korrigieren.

Lösung **1** *Sorry, what did you see on TV last night?* • **2** *Sorry, what disturbed you?* • **3** *Sorry, what did it describe?* • **4** *Sorry, who wrote the music for the film?* • **5** *Sorry, who watched the film?* • **6** *Sorry, what wasn't working?* • **7** *Sorry, who watched it with you?* • **8** *Sorry, what did she think?*

Zusatz Im Anschluss an die Bearbeitung formulieren die S in eigenen Worten eine Regel zu den Subjekt- bzw. Objektfragen (auf Deutsch), z. B. „Wenn das Fragewort nach dem Subjekt (wer? oder was?) fragt, folgt direkt das Vollverb, nie *do* oder *does*. Wenn das Fragewort nach dem Objekt fragt (wen? / wem? / was?), folgt *do* bzw. *does*."

More challenge 3 p.126 What are you laughing at?

Struktur Stellung von Präpositionen in Fragesätzen

Erarbeitung L thematisiert die Struktur im Plenum. Anschließend formulieren lernstärkere S zu den Aussagesätzen jeweils eine *follow-up* Frage, die eine Präposition enthält. Als Hilfe lesen S die gelben Tipp-Boxen und ggf. das *Language File* 13, SB-Seite 189.

Auswertung Alleine oder mit einem Partner anhand eines Lösungsbogens.

Lösung ***2*** *Who is she cross with?* • ***3*** *What are you looking forward to?* • ***4*** *Who is she smiling at?* • ***5*** *What exactly is he afraid of?*

5 NOW YOU Great interviewers need great questions

Einstieg **a)** **SB geöffnet.** Lesen der Aufgabenstellung. L: *Who would you like to interview if you had the chance to? Why? Take notes. Then agree with a partner on a person to interview.* Die S machen vorbereitende Notizen, tragen sich gegenseitig ihre Vorschläge mit Begründung vor und einigen sich auf einen Vorschlag. Die S können sich anhand der gleichen Auswahl mit Partnern zusammenfinden.

Lösung Individuelle Lösungen.

Erarbeitung **b)** In PA überlegen die S mögliche Interviewfragen. Sie notieren zunächst alle Ideen in einer Liste und einigen sich dann auf fünf Fragen.

O Differenzierung Lernschwächere S-Paare erhalten bei Bedarf ein *help sheet* mit folgenden *prompt words* für mögliche Fragen:

- *family? (married / divorced, children, ...)*
- *education / school? (good / bad at which subjects? teachers?)*
- *biggest success or greatest disaster?*
- *best / worst situation in your life / career?*
- *ever been in prison or arrested by the police?*
- *role model?*

Auswertung **c)** Einzelne S-Paare tragen ihre Fragen im Plenum vor. Mit-S geben Rückmeldung zu den Fragen. L kann Redemittel an Tafel vorgeben: *I especially like your question about ..., because the answers will tell you a lot about the person you want to interview. / I don't like the question about ..., because in my opinion it's too personal.*

Anschließend erhalten die S kurz Zeit, um in PA ihre eigenen Fragen zu ergänzen oder zu modifizieren.

Lösung Individuelle Lösungen.

Erarbeitung **d)** Als vorbereitende HA recherchieren die S vor dem Hintergrund ihrer Fragen Informationen zu den Antworten ihrer Wunsch-Interviewpartner. Alternativ kann das Interview aber auch fiktiv mit kreativen eigenen Antworten vorbereitet werden (Stichpunkte).

Auswertung Einzelne S-Paare präsentieren ihr Interview vor der Klasse.

Alternative L bildet Zufallspaare. Ein S stellt die (vorbereiteten) Fragen, der Interviewte muss spontan und frei antworten. Auf diese Weise werden die sprachliche Kreativität und das spontane Reaktionsvermögen gefördert. Besonders in lernstärkeren Lerngruppen geeignet.

Lösung Individuelle Lösungen.

► WB 11–15, pp. 38–39 ► DFF 3.7

TEXT Seashell Motel

Inhalt Die 16-jährige Cindy Fisher gibt ihr Alter mit 19 an, um einen Ferienjob in einem Hotel in Atlantic City zu bekommen. Die Arbeit weit weg von zu Hause gefällt ihr, aber sie verstrickt sich immer tiefer in ihre Lügen. Als sie den ebenfalls 16-jährigen Cal trifft und sich in ihn verliebt, beschließt sie, ihm die Wahrheit zu sagen.

S. 62–64

1 Before you read: Look at the blurb

Wortschatz **blurb** • **pretend (to be** sth.**)** • **in order to** • **realize** sth. • **complicated** • °back cover

Einstieg **SB geschlossen.** Als affektiven Einstieg in die Thematik und Vorentlastung des Wortschatzes im gelenkten Unterrichtsgespräch fragt L: *Do you sometimes wish you were older than you are? When? What could you do if you were older? (drive a car / motorbike, buy things like video games or alcohol, go to bars, get a job, ...) Well, sometimes teenagers pretend to be older than they really are – for example they say they are 18, but they are only 16. But what might happen if someone finds out that they lied to them and that they are younger than they have told them? (...)*

Erarbeitung **a)** **SB geöffnet.** Die S lesen den Klappentext und ergänzen die vorgegebenen Satzanfänge mit den fehlenden Informationen zum Inhalt der Geschichte im SB.

Lösung ***1** Lois Metzger.* • ***2** Cindy.* • ***3** Atlantic City.* • ***4** hotel.* • ***5** sixteen.* • ***6** nineteen.*

Zusatz Lernstärkere S notieren und äußern zusätzlich Vermutungen, was in der Geschichte passieren könnte, z. B. *What do you think could be complicated for Cindy?*

Auswertung **b)** ▸ Partner check gemäß SB und ggf. Ergebnissicherung im Plenum als ▸ Meldekette. Zur besseren geografischen Einordnung bietet sich eine Verortung von Atlantic City auf einer geographischen Karte an. L sammelt ggf. zusätzlich Vermutungen der S zu den weiteren Ereignissen in der Geschichte an der Tafel. Anschließend **1. Lesen** der Geschichte (und ggf. Überprüfung der Vermutungen).

Differenzierung Lernschwächere S können auf die einfachere Textversion auf SB-Seiten 123–125 zurückgreifen, die kürzer und sprachlich weniger komplex ist.

INFO-BOX **Lois Metzger:** *Seashell Motel*

Die amerikanische Jugendbuchautorin Lois Metzger kann auf eine bewegende Familiengeschichte zurückblicken. Ihre in Wien geborene Mutter wurde nach der Machtergreifung der Nazis mit 16 Jahren nach Schottland geschickt. Eine Inspiration für die eigene Schriftstellerkarriere zog Metzger in jungen Jahren aus den *Superman*-Comics ihres Bruders: die Freundin Supermans in den Comics, Lois Lane, mit der sie den Vornamen teilt, arbeitet als Journalistin. In den frühen Jahren ihrer schriftstellerischen Tätigkeit arbeitete Metzger in so verschiedenen Berufen wie Kellnerin, Englischlehrerin, Schreibkraft und Parkwärterin.

Ihre Erzählung *Seashell Motel*, aus der Kurzgeschichtensammlung *Working Days: Short Stories About Teenagers at Work*, ist inspiriert von persönlichen Erfahrungen während der Arbeit als Rezeptionistin in einem Hotel in Atlantic City. Metzger beschreibt ihre persönliche Entwicklung als Kind und Jugendliche hin zur Erwachsenen rückblickend als z. T. blitzschnelle Transformation. Ihre Hingabe an die Jugendliteratur erklärt die Autorin mit dem Bedürfnis, denjenigen Teenagern, welche die eigene Entwicklung als ebenso plötzlich und unerwartet empfinden, in ihren Geschichten und Romanen eine Stimme zu verleihen.

Seashell Motel (adapted from a short story by Lois Metzger)

Wortschatz

S. 62: lie (to sb.**) • lie** *(n)* **• put up one's hand • application form • boardwalk • program** *(AE)* **• °tenth grader • bakery • °mention • °clerk • °immediately • °hand** sb. sth. **• °on one's own • °a friend of Cindy's / of hers / of mine • Box "a friend of ..."** (SB-Seite 225)

S. 63: blouse • lipstick • cheerful • curly • neon • can • half, *pl* **halves • credit card • fire** sb. **• kiss • pull back • lie, lay, lain • °several • °block • °storey** *(BE)* **/ story** *(AE)* **• Box "German ‚Stockwerk'"** (SB-Seite 225) **• °unattractive • °mature • °actually • °pumps** *(pl)* **• °heel • °graveyard • graveyard shift** *(infml)* **• °lady • °slam • °**bellhop **• °**wake-up call

S. 64: act • Box "act" (SB-Seite 224) **• it does have ... • °shocked • °swimsuit • °sandals** *(pl)* **• °foolish**

Erarbeitung
▶ 2.03

Beim **1. Lesen** der Geschichte im Zusammenhang, ggf. im ▶ Mitleseverfahren, erschließen sich S unbekannten Wortschatz aus dem Kontext oder schlagen ihn im *Dictionary* nach.

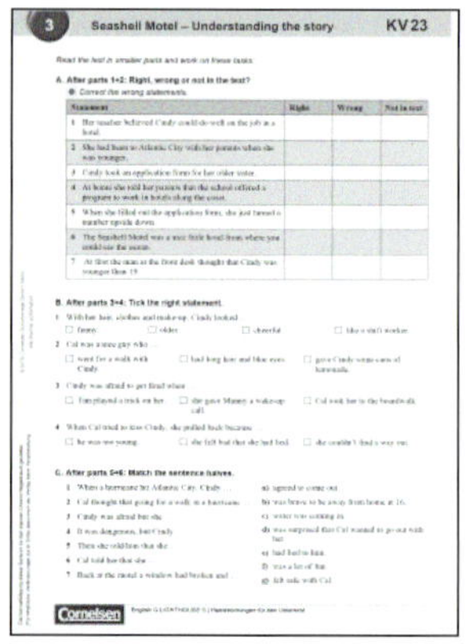
Seashell Motel – Understanding the story KV 23

Differenzierung

Für lernschwächere S kann L die KV zur Verfügung stellen. Nach jeweils zwei Absätzen bearbeiten die S die Verständnisaufgaben auf ▶ KV 23: Seashell Motel – Understanding the story.

Vergleich der Ergebnisse im ▶ Partner check, anschließend im Plenum. Lösungen zur KV:
A. After parts 1+2: Right, wrong or not in the text?: ***1*** *not in the text •* ***2*** *right •* ***3*** *wrong (she told her teacher that she would give it to her sister but she took it for herself) •* ***4*** *right •* ***5*** *right•* ***6*** *wrong (it was a modern, unattractive, beige building, only three storeys high and several blocks from the sea / with no ocean view •* ***7*** *right*
B. After parts 3+4: Tick the right statement.: ***1*** *older. •* ***2*** *went for a walk with Cindy / gave her some cans of lemonade. •* ***3*** *Tim played a trick on her. •* ***4*** *she felt bad that she had lied.*
C. After parts 5+6: Match the sentence halves.: ***1*** *d) •* ***2*** *f) •* ***3*** *a) •* ***4*** *g) •* ***5*** *e) •* ***6*** *b) •* ***7*** *c)*

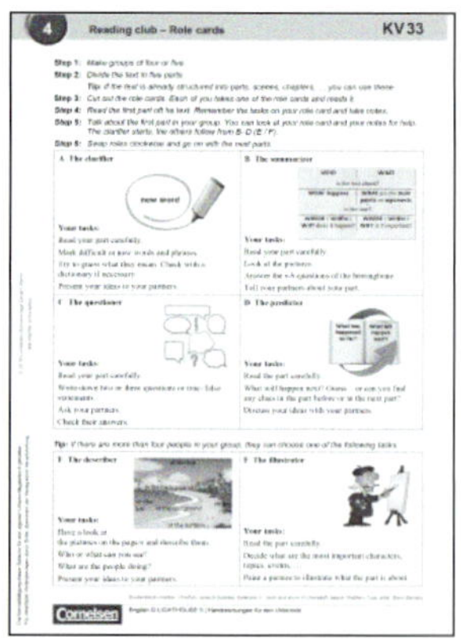
Reading club – Role cards KV 33

Alternative

Die S arbeiten in Gruppen à vier oder fünf S und erschließen sich den Text in Form eines ▶ Reading club *(Reciprocal reading)*; mögliche Rollenverteilung siehe auch ▶ KV 33: Reading club – Role cards.

S. 65

2 Questions for you

Erarbeitung

a) **SB geöffnet.** Die S beantworten die Fragen zu Abschnitt 1 mündlich im ▶ Partner talk oder schriftlich im Heft.

Auswertung

Vergleich im Plenum. Die Auswertung kann alternativ auch nach Bearbeitung von Teil **b)** und **c)** der Aufgabe **2** komplett vorgenommen werden.

Lösungsbeispiel

1 *I think she wanted the job because it sounded exciting to do a summer job in a hotel by the sea. All the other jobs that Cindy had done in the neighborhood had been boring.*
2 *She told her teacher that she would take the application form for her older sister. But it was for herself (her sister was even younger than her).*
3 *She told her parents that working in a hotel by the coast was part of a summer program at school and that lots of students would do it. She also lied when she said that her teacher had said it would be good for her.*

Erarbeitung

b) Gemeinsames Lesen und ► Klären der Arbeitsanweisung im Plenum.

Hinweis: L kann die Klasse grob in fünf Gruppen aufteilen. In jeder Gruppe arbeiten jeweils zwei S zusammen an einem der fünf Abschnitte und notieren dazu jeweils zwei bis drei Fragen sowie Antworten. Dieser organisatorische Schritt ist notwendig, damit in Schritt **c)** der Aufgabe entsprechende Querschnittsgruppen gebildet werden können.

Lösung

Individuelle Lösungen.

Erarbeitung

c) In Gruppen à fünf S (je ein S als Experte für einen der fünf Abschnitte) stellen sich die S gegenseitig die Fragen und beantworten diese gemeinsam in der Gruppe.

Hinweis: Diese Teilaufgabe entspricht wie auch die Aufgabenstellung in *More practice 6* einer der vier Rollen eines ► Reading club *(Reciprocal reading)*, siehe auch ► KV 33: Reading club – Role cards.

Auswertung

Im Plenum werden exemplarisch für jeden Abschnitt zwei bis drei Fragen gestellt und beantwortet. Dabei klärt L mit den S auch offene Verständnisfragen zum Text.

More practice 6 p. 126 Summaries

Wortschatz

°wh-question

Erarbeitung

a) SB geöffnet. Die S lesen die Tipp-Box auf SB-Seite 127 (still in EA oder laut im Plenum) und entscheiden auf dieser Grundlage, welche der beiden Zusammenfassungen des ersten Abschnitts die gelungenere ist und begründen dies.

Auswertung

Im ► Partner check, danach im Plenum.

Lösung

Summary B is the better summary. In summary A, the writer uses the simple past as well as direct speech. The text itself doesn't give all the important information, e.g. that Cindy lies about her age to get the job. Summary B mentions all the main points, uses the simple present and no direct speech.

Erarbeitung

b) Die S verfassen eine Zusammenfassung zu einem der weiteren fünf Abschnitte.

Hinweis: Dies sollte sinnvollerweise auch derjenige Abschnitt sein, zu dem die S in Aufgabe **2b)** Fragen formuliert haben. Auch als schriftliche HA geeignet.

Lösungsbeispiel

Cindy arrives in Atlantic City to start her job at the hotel. She is disappointed because the hotel isn't by the sea and doesn't have an ocean view. She meets Tim Chamberlain, a young man who works at the front desk. Tim thinks Cindy looks younger than 19. Cindy has to lie to Tim about her name, her age and her school.

Auswertung

c) In arbeitsgleichen Gruppen vergleichen die S ihre Ergebnisse. Dazu lesen sie reihum ihre Zusammenfassungen in Form eines ► Reading circle unter dem Aspekt der Kriterien in der Tipp-Box und diskutieren anschließend in der Gruppe, welche Zusammenfassungen gelungen waren und wo ggf. noch nachgebessert werden muss.

Erarbeitung

d) Gemäß SB bilden die S Querschnittsgruppen, wobei je ein S pro Abschnitt in der Gruppe vertreten sein sollte (wie in Aufgabe **2c)**). Die S tragen sich gegenseitig ihre *summaries* vor und geben sich Feedback.

Auswertung

Die Auswertung erfolgt hier in den Gruppen, z. B. anhand der Kriterien aus *SF 8.4 Summarizing texts* (SB-Seite 175). Abschließend können einzelne S im Plenum ihre *summary* vortragen. Dazu nominiert jede Gruppe ein S einen Mit-S aus der eigenen Gruppe, der ein besonders gelungenes Ergebnis vorweisen kann.

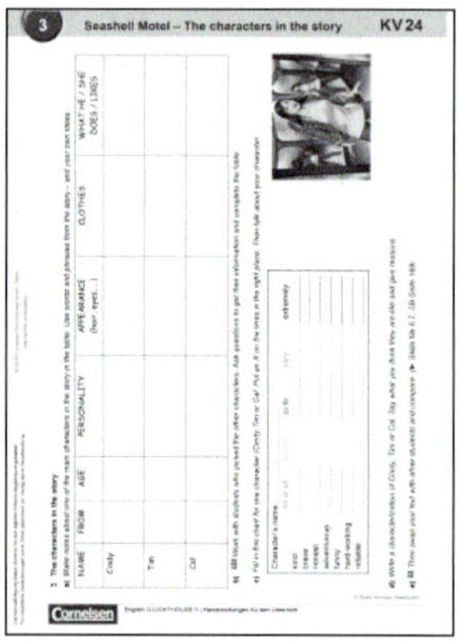
Seashell Motel – The characters in the story KV 24

3 The characters in the story

Wortschatz **personality** • **appearance** • °characterization

Erarbeitung **a) SB geöffnet.** In EA tragen die S Informationen aus dem Text zu einer der drei Personen (Cindy, Tim oder Cal) in eine Kopie der Tabelle ein oder auf der ► KV 24: Seashell Motel: The characters in the story.

Hinweis: Es empfiehlt sich, dass L vorab die Klasse grob in drei Gruppen aufteilt.

Lösung Siehe Lösungstabelle zu **b)**.

Erarbeitung **b)** In Gruppen à drei S (je 1 S zu einer der 3 Personen) geben die S ihre Ergebnisse weiter und ergänzen die Tabelle, ggf. auf der ► KV 24: Seashell Motel: The characters in the story.

Alternative Der Austausch der arbeitsteilig erarbeiteten Ergebnisse kann auch in Form einer ► Market place activity erfolgen.

Auswertung Ergebnissammlung im Plenum in einer Kopie der Tabelle (Tafel / Folie).

Lösung

NAME	FROM	AGE	PERSONALITY	APPEARANCE	CLOTHES	WHAT HE / SHE DOES / LIKES
Cindy	New York City	16	self-confident, adventurous, brave, a little foolish	long hair pulled back, make-up, lipstick	white blouse, dark blue shirt, high heels (hotel dress)	likes to experience new things / situations herself, enjoys adventures, likes Cal
Tim	Louisiana	ca. 22	funny, easy-going	short, brown hair	blue jacket and a tie	likes good jokes / to play tricks on people
Cal	Atlantic City	16	easy-going, honest, reliable, kind	long, dark hair, sea-green eyes	neon T-shirt, shorts, sandals	likes to walk in the hurricane, likes Cindy a lot, wants to kiss her

Erarbeitung **c)** Die S übertragen die Skala aus dem SB in ihr Heft oder nutzen den Vordruck auf ► KV 24: Seashell Motel: The characters in the story und kreuzen an, welche Charaktereigenschaften zu jeder Person der Geschichte passen.

Auswertung Im Plenum beschreiben die S einen der drei Protagonisten anhand der Skala.

Differenzierung Lernstärkere S begründen ihre Einschätzung.

Lösungsbeispiel
Cindy: very brave, not very honest, extremely adventurous, quite funny, very hard-working
Tim: quite kind, very funny, quite hard-working
Cal: extremely kind, very brave, very honest, extremely adventurous

Erarbeitung **d)** Die S verfassen mithilfe ihrer Ergebnisse aus Aufgabe **3a–c)** eine Charakterisierung zu einer der drei Hauptpersonen.

Lösungsbeispiel *Cal is a sixteen-year-old teenager who lives in Atlantic City. He has never been far away from home. He also seems to be very honest and easy-going but also adventurous as he walks in the hurricane. Cal has long dark hair and green eyes. He always wears neon T-shirts. He fills up the drinks machine in the hotel lobby once a week. You can tell that Cal is a kind person becouse he always gives Cindy some cans of lemonade. Cal likes Cindy a lot and wants to kiss her. When Cindy tells him the truth about her lies, he tries to understand her and tells her she is brave.*

Cindy is a very hard-working and an extremely adventurous young girl. She wants to take a summer job away from home, but isn't old enough, so she lies to her teacher, her parents and to the people at the hotel. So she isn't very honest, but in Cal's opinion she is very brave because she left her home for the summer job.

Auswertung **e)** ► Partner check: Die S tauschen ihren Text mit einem Partner, der über denselben Charakter geschrieben hat, und geben sich gegenseitig Rückmeldung. Dabei korrigieren sie ggf. auch sprachliche Fehler. Abschließend tragen einzelne S im Plenum ihre Charakterisierung vor (möglichst zu jeder Figur mindestens eine).

Lösung Individuelle Lösungen.

More challenge 4 p. 127 **A trailer**

Wortschatz °voice-over • °director • °dramatic

Erarbeitung **Step 1: The voice-over**

Lernstärkere S verfassen mithilfe der angebotenen Satzanfänge und eigener Ideen einen Off-Kommentartext für einen Filmtrailer.

Lösungsbeispiel *This is a film about Cindy – a sixteen-year-old girl from New York City. Cindy wants a summer job at a hotel by the sea, in Atlantic City. But there is a problem because she is too young. Cindy's answer to the problem is quite simple – she lies to her teachers, her parents and even to the people at the hotel to get the job. But things get complicated for Cindy when she falls in love with Cal who is also sixteen but who thinks she is older. Suddenly she is trapped in her own lies and she feels very uncomfortable. When Cal and Cindy go for a walk in a hurricane, things change for both of them.*

Will Cindy find a way out and tell Cal the truth? Watch the film to find out. Coming to your cinema soon.

Erarbeitung **Step 2: A scene from the film**

Die S schreiben in Einzelarbeit eine kurze Dialogszene. Z. B. in Gruppen à drei oder vier S präsentieren sie sich gegenseitig ihre Dialoge und entscheiden sich für einen, den sie szenisch umsetzen wollen.

Lösung Individuelle Lösungen.

Auswertung **Step 3: Making the trailer**

Die S präsentieren ihren Trailer vor der Klasse gemäß SB. Dazu verwenden sie bei Bedarf auch Hintergrundmusik oder entsprechende Geräusche.

Alternative Alternativ kann die Gruppe ihren Trailer auch als Kurzfilm mit dem Handy aufnehmen und in der Klasse zeigen. Die Mit-S geben Rückmeldung zum Ergebnis und äußern sich zu der Frage, ob sie sich den Film aufgrund des Trailers ansehen würden oder nicht.

4 Cindy's diary

Erarbeitung

Im Plenum erarbeitet L mit den S zunächst, worauf es bei der Textsorte Tagebucheintrag ankommt (u. a. kurzer / verkürzter Satzstil, subjektive Schilderung, Ausdruck der eigenen Gefühle in der jeweiligen Situation, prägnante Formulierung der eigenen Gedanken, Überlegungen, Vermutungen und Fragen zu den Gefühlen von anderen Menschen etc.). Danach verfassen die S in EA Tagebucheinträge für die genannten Situationen. Auch gut als schriftliche HA geeignet.

Hinweis: Aufgabe **4** ist im Aufgabenkanon der leichteren Textversion auf SB-Seite 125 nicht enthalten.

Alternative

Die Aufgabe kann auch arbeitsteilig angelegt werden. Dabei verfassen die S in Gruppen à fünf S zu je einer Situation einen Eintrag und fügen ihre Ergebnisse zu einem Gesamt-Tagebuch zusammen.

Auswertung

Freiwillige S lesen ihre Tagebucheinträge im Plenum vor.

Lösungsbeispiel

June 15th. Today Mrs Karpinsky said it would be good for us if we took a summer job. But I've had enough of these boring jobs in our neighborhood! Then she mentioned the job at the Seashell Motel in Atlantic City. Great! I thought. But you have to be 19 to do the job ... A problem, but not for me! So I took the application form "for my older sister". Thank God Mrs K doesn't know my sister is only two ... Told my parents that lots of my classmates would take hotel jobs along the coast. They were impressed and said I could go! That was easy ...
July 3rd. Arrived in Atlantic City. I'm a bit disappointed. The Seashell Motel isn't by the sea as I expected, but several blocks away. It doesn't have an ocean view as they said in the brochure. They lied, but well – so did I. Who cares?
Met Munny the manager. He's easy-going and said I could decide which shifts I want to work. I work together with Tim at the front desk. He's quite nice and funny. But he thinks that I look a little young ...
July 20th. Went to the boardwalk with Cal tonight. Cal is sooo sweet. He looks great! He has those fascinating sea-green eyes and long dark curly hair ... In the Hall of Mirrors he pulled me close and wanted to kiss me. But I felt terrible because I haven't told him the truth about my age. Cal was very kind though. He thought it was because I'm older ... If only he knew ... How can I tell him the truth?
July 27th Hurricane hit the city today. Cal asked me to go for a walk with him. In the hurricane! He said it would be beautiful. Well, I trusted him, and he was right! I went out in my swimsuit and sandals and the sea water and rain felt great on my body. Then I told him the truth. About the lies and everything. I think he understood. Said I was very brave and stuff ... Hope he doesn't tell the others at the hotel! Can't wait to see him again ☺. ► WB 18–20, p. 41 ► INKL pp. 52–54

S. 123–125

TEXT – Easier version

Seashell Motel (adapted from a short story by Lois Metzger)

Wortschatz **S. 123: lie (to** sb.**) • lie • put up one's hand • application form • boardwalk • program** *(AE)* **• blouse • lipstick • cheerful • curly • neon**

S. 124: can • half, *pl* **halves • credit card • fire sb. • kiss • pull back • lie, lay, lain • act • Box "act"** (SB-Seite 224) **• it does have ... •** °wake-up call

Erarbeitung ► 2.04 Beim **1. Lesen** der Geschichte im Zusammenhang, ggf. im ► Mitleseverfahren, erschließen sich S unbekannten Wortschatz aus dem Kontext oder schlagen ihn im Dictionary nach.

2 Questions for you

Erarbeitung **a) SB geöffnet.** Gemäß SB, genauere Hinweise siehe auch Kommentar zur schwierigeren Version der Geschichte, HRU-Seite 146.

Erarbeitung **b)** Gemäß SB, genauere Hinweise siehe auch Kommentar zur schwierigeren Version der Geschichte, HRU-Seite 146f.

Erarbeitung **c)** Gemäß SB, genauere Hinweise siehe auch Kommentar zur schwierigeren Version der Geschichte, HRU-Seite 147.

3 The characters in the story

Wortschatz **personality • appearance**

Erarbeitung **a) SB geöffnet.** Gemäß SB, genauere Hinweise siehe auch Kommentar zur schwierigeren Version der Geschichte, HRU-Seite 148.

Erarbeitung **b)** In Gruppen à drei S (je ein S zu einer der drei Personen) tauschen sich die S mithilfe der Fragen in der roten Sprechblase über ihre Ergebnisse aus und ergänzen die Tabelle im Heft oder auf ► KV 24: Seashell Motel: The characters in the story.

Auswertung Ergebnissammlung im Plenum in einer Kopie der Tabelle (Tafel / Folie).

Lösung Siehe Tabelle im Lösungsbeispiel zur schwierigeren Version der Geschichte, HRU-Seite 148.

Erarbeitung **c)** S ordnen die Adjektive aus der grünen Box in ihrer in **a)** erstellten Tabelle den entsprechenden Personen zu. Vergleich im Plenum.

Lösungsbeispiel *Cindy: brave, adventurous, hard-working • Tim: kind, hard-working, reliable • Cal: easy-going, honest, adventurous*

Erarbeitung **d)** Gemäß SB, genauere Hinweise siehe auch Kommentar zur schwierigeren Version der Geschichte, HRU-Seite 148.

Auswertung **e)** ► Partner check gemäß SB. Genauere Hinweise und Lösungsbeispiel siehe auch Kommentar zur schwierigeren Version der Geschichte, HRU-Seite 149.

SPEAKING COURSE (3) Doing well in job interviews

Inhalt Im dritten Teil des *Speaking course* lernen die S, wie man sich auf ein Vorstellungsgespräch vorbereitet und sich in dieser Situation geschickt verhält. Dazu arbeiten sie anhand unterschiedlicher Filmszenen wichtige Tipps für ein Vorstellungsgespräch heraus. Sie üben das Beantworten von typischen Fragestellungen und trainieren dann in Gruppen in einem Rollenspiel das Bewältigen eines *job interviews*.

S. 66

1 VIEWING Interview stress

Wortschatz **job interview**

Einstieg **SB geschlossen.** Sammeln der Vorkenntnisse der S zum Thema *job interviews* im Plenum.

L: *When you apply for a job and they are interested in you, you will be invited to a job interview. In a job interview, the employer will ask you some questions to learn more about you and to find out if you are the right person for the job. What do you need to think about when you're preparing for a job interview?*

Erarbeitung **a)** **SB geöffnet.** Gemäß SB. Dazu sollten im Klassenraum Wörterbücher zur Verfügung stehen, damit die S bei Bedarf unbekannte englische Wörter nachschlagen können.

O Differenzierung Für lernschwächere S kann L einige Oberbegriffe vorgeben, z. B.: *clothes, questions, behaviour, organization*. Zusätzlich kann L folgende Impulsfragen stellen:

- *How can you make a good impression? How can you present yourself well?*
- *When should you be there?*
- *What could they ask you (school / free time)?*
- *What should / shouldn't you do in an interview?*

Auswertung Sammeln der Assoziationen im Plenum in einer Network-Vorlage (Tafel / Folie).

Lösungsbeispiel

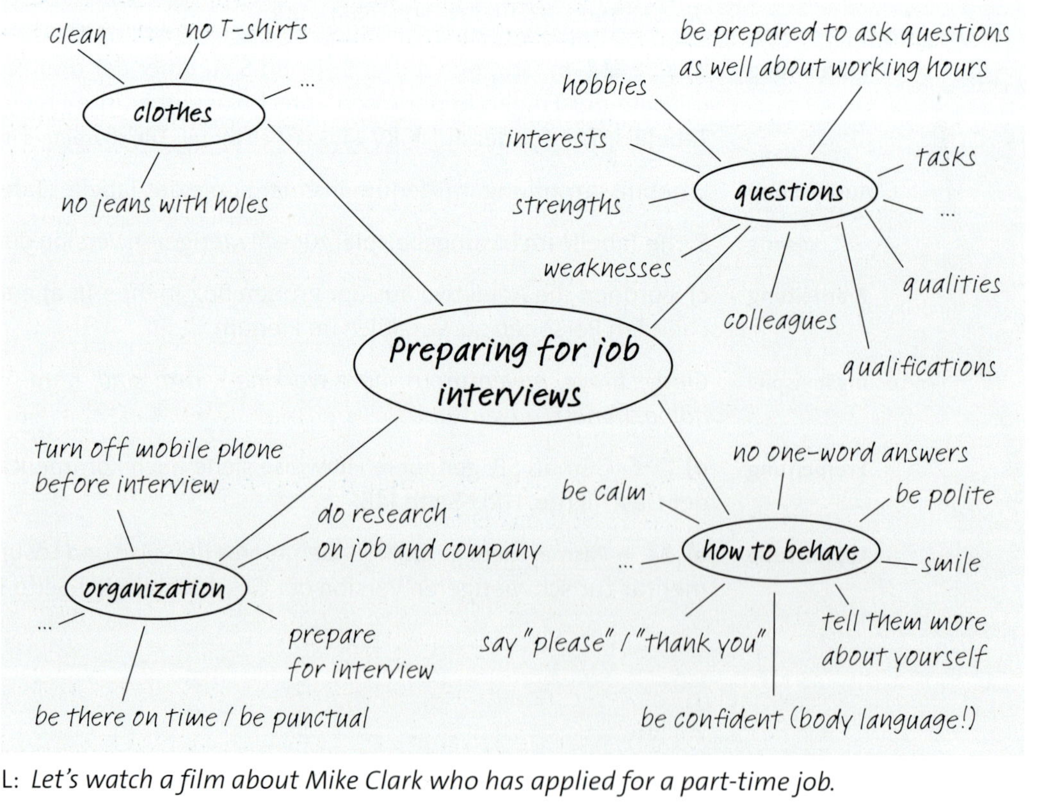

Überleitung L: *Let's watch a film about Mike Clark who has applied for a part-time job.*

Erarbeitung ▶ 🎥

b) 👁 **1. Sehen** des ersten Teils des Films *(What can go wrong?)* und Sicherung des Globalverstehens anhand des Sehauftrags im SB. S äußern sich im Plenum dazu, ob Mike sich gut vorbereitet hat. Anschließend ergänzen sie in Kleingruppen gemeinsam das Network aus **a)**.

Auswertung

Ergebnissammlung im Plenum: S ergänzen das Network (Tafel / Folie).

Lösungsbeispiel

Mike hasn't prepared well for the interview. (siehe auch Lösung zu **c)**)

Erarbeitung

c) 👥 👁 Beim **2. Sehen** des ersten Teils notieren die S Mikes Fehler in einer Liste (Detailverstehen) und vergleichen diese anschließend in PA.

Auswertung

Als ▶ Meldekette im Plenum. Bei Bedarf wird das Network aus **a)** um weitere Aspekte ergänzt.

Lösungsbeispiel

- *Mike is late and not well-organized. His hair is a mess and his clothes are messy (e.g. tie).*
- *He drops things.*
- *He forgets to turn his mobile phone off.*
- *He is not confident.*
- *He doesn't answer the questions properly.*
- *He looks frightened, hurried.*
- *The 'strengths' he mentions (being punctual and well-organized) are also his weaknesses, …*

Zusatz

👥 Zur Vorbereitung auf das Sehen des zweiten Teils sammeln die S im ▶ Partner talk Dinge, die Mike besser machen könnte.

L: *Look at the pictures on page 66 and at your network again. What could Mike do better? Talk to a partner and take notes.*

Erarbeitung ▶ 🎥

d) 👁 Gemäß Sehauftrag im SB notieren die S beim **1. Sehen** des zweiten Teils *(A second chance)*, was Mike dabei besser macht.

O Differenzierung

Lernschwächere S erhalten eine Liste an Dingen, die Mike nun besser macht (Folie / Arbeitsbogen), und haken darauf ihre Ergebnisse ab. (Die Auswahl kann dem Lösungsbeispiel entnommen werden und sollte um einige Distraktoren ergänzt werden, siehe blaue Vorschläge.)

Auswertung

Im ▶ Partner check, danach im Plenum. Die Ergebnisse sollten für die weitere Arbeit auf den beiden *Skills Training*-Seiten an der Tafel sowie im Heft gesichert werden.

Lösungsbeispiel

Mike is much better prepared:
- *he is on time (five minutes early)*
- *he turns off his mobile before the interview starts*
- *he is dressed properly*
- *his body language is confident*
- *he talks about his strengths and weaknesses*
- *he talks about his volunteering (as an example of team work)*
- *he carries his things in his bag (not in his hands)*
- *he asks a lot of questions about the company*
- *he wears a cool hat*
- …

Überleitung

L: *Before you have a job interview, it is important to prepare yourself for possible questions that the interviewer might ask you.*

Erarbeitung ▶ 🎥

e) 👁 Die S notieren beim **2. Sehen** vom zweiten Teil die Fragen der Personalchefin.

More help p. 127 Lernschwächere S ordnen die Satzhälften auf SB-Seite 127 zu und schreiben die komplettierten Fragen ins Heft.

Auswertung Im ► Partner check, danach Ergebnissicherung im Plenum, damit die S in Aufgabe **2** und **3** damit weiterarbeiten können.

Lösung *Can you tell me something about yourself?*
What are your strengths and weaknesses?
Are you a good team player?
Why do you want a job with us?
Do you have any questions for me about the job? ► DFF 3.8

Überleitung L: *How would you answer the questions that the interviewer asks Mike and other typical interview questions? Look at exercise **2** for help.*

2 NOW YOU Answering interview questions

Wortschatz **performance** • °typical of • °take turns

Erarbeitung **a) SB geöffnet.** Ausgehend von den Fragen aus **1e)** stellen die S einen Fragenkatalog für Vorstellungsgespräche zusammen.

More help p.128 Lernschwächere S erhalten auf SB-Seite 128 typische Fragen und Antworten zur Auswahl.

Zusatz L kann S daran erinnern, dass üblicherweise auch der Bewerber die Gelegenheit erhält, seinerseits Fragen zu stellen.

Auswertung Die S vergleichen ihre Fragen in PA oder GA und ergänzen ggf. ihre Ergebnisse. Die ausgewählten Fragen können sie in eine Tabelle übertragen, in der sie danach auch Notizen zu ihren Antworten (und ggf. den Antworten ihres Partners) anfertigen können, siehe auch Lösungsbeispiel.

O Differenzierung In lernschwächeren Klassen empfiehlt es sich, dass L im Plenum die Fragen der S an der Tafel sammelt. Das Tafelbild kann in Aufgabenteil **b)** von den S als Lernhilfe verwendet werden.

Lösungsbeispiel In Tabellenform:

Typical interview questions	*My answers*	*My partner's answers*
Can you tell me something about yourself?	*I'm 16 years old and I go to Grünstadt Comprehensive School.*	
How would you describe yourself?	*I am a confident, hard-working and an energetic person. I also have good communication skills.*	
What are your hobbies / interests?	*In my free time I read books, go dancing or horse-riding.*	
What are your strengths and weaknesses?	*I'm good at organizing myself and I like working with other people. I sometimes find it hard to stay calm when everything around me is so busy, but I'm working on that.*	
What kind of work experience have you done so far?	*I'm a volunteer in a charity group at school. We collect ...*	
Do you have any special qualifications?	*I speak English and Turkish / ... well.*	

Are you a good team player?	*I enjoy working together with the other volunteers. We're a great team.*	
Why do you think you are the right person for this job?	*I think I am the right person for this job because I am responsible and I am willing to learn new things.*	
Why do you want a job with us?	*I think your company does great work in ... / You produce useful things like ... / ...*	
Do you have any questions for me about the job?	*I would like to know what the working hours would be. Are there shifts at the weekends too?*	

Erarbeitung **b)** Die S üben ihr Interview mündlich in PA. Anhand der ▸ Read-and-look-up technique sollten sie schrittweise von ihrer Vorlage zum freien Fragen und Antworten kommen.

Alternative Um die Übungsintensität zu erhöhen, führen die S in einem ▸ Double circle mehrere Frage-Antwort-Runden mit verschiedenen Partnern durch.

Lösungsbeispiel Siehe Lösungsbeispiel zu **a)**.

Erarbeitung **c)** Im Plenum lesen die S zunächst die Aufgabenstellung sowie die Hinweise zum Feedback in der Box. In Gruppen à vier S simulieren dann jeweils zwei S die Gesprächssituation. Die S können sich – um die Simulation noch realistischer zu gestalten – vorab Namen ausdenken, die sie im Gespräch verwenden. Die beiden anderen S machen sich Notizen und geben anschließend anhand der Redemittel in den Sprechblasen im SB Feedback.

Differenzierung Lernstärkere S konkretisieren ihre Einschätzung mit einer Beschreibung aus der Gesprächssituation: *I think you were very polite when you said "Nice to meet you, Mr Miller.", Your body language was not great because you moved your legs all the time. So you looked very nervous.* (usw.)

Zusatz Das zuhörende S-Paar filmt je einen der präsentierenden S mit dessen Smartphone (so bleibt das Recht am eigenen Bild gewahrt). Somit können die S in der Auswertungsphase ihr ▸ Feedback konkret mit der jeweiligen Situation, die sie im Video ansehen, verknüpfen, wodurch Selbst- und Fremdwahrnehmung besser zusammengeführt werden können.

Auswertung Einzelne S-Paare (aus den Gruppen nominiert) präsentieren ihr Vorstellungsgespräch vor der Klasse. Die Mit-S und L geben nach den bekannten Regeln ▸ Feedback.

Lösung Individuelle Lösungen.

S. 67

3 YOUR TASK Who will get the job?

Wortschatz **individual • necessary • candidate • approach • greet • pleased • contact** • °instruction • °assess • °assessor • °copy • °perform well / badly • °energy • °impression • °rather

Einstieg **SB geschlossen.** Einführung in die Situation. L: *Imagine you are looking for a part-time job. What kind of job would you like to do?* Im ▸ Partner talk tauschen sich die S mündlich zu möglichen Tätigkeiten aus, die sie neben der Schule ausüben könnten. Dazu kann L folgende Redemittel als Hilfestellung zur Verfügung stellen (Tafel / Folie):

I could imagine working as a / an ... because ...
A job as a / an ... would be interesting. I could also work part-time at a / an... / as a / an ...

Erarbeitung **SB geöffnet.** Gemeinsames Lesen und ▶ Klären der Arbeitsanweisung im Plenum.

L: *Today you are going to take part in an interview for a part-time job either as the candidate or as the interviewer or as an assessor who watches the interview and gives the interview partners feedback on their performance. Let's read the instructions for steps 1–3 together first. Then read the job advert on page 67 to see what job it is.*

Step 1: Look at the advert

SB geöffnet. Die S lesen die Stellenanzeige und machen sich zunächst in EA Notizen zu den Fragen 1–4 im SB (▶ Note taking).

More help p. 128 Lernschwächere S arbeiten mit der kommentierten Stellenanzeige auf SB-Seite 128. Dort erhalten sie nähere Hinweise zur Bearbeitung der Fragen.

Auswertung Im ▶ Partner check vergleichen die S ihre Ergebnisse. Anschließend Auswertung im Plenum.

Lösungsbeispiel

1. *skills: good team worker, hard-working, good communication skills*
2. *my qualities: very energetic, hard-working and reliable, good at listening to people*
3. *get some work experience, like working with other people, improve service and teamwork skills*
4. *questions: What hours do I have to work? Can I work at weekends? Do I need special clothes for the job?*

Erarbeitung

Step 2: Perform the interviews

Lesen und ▶ Klären der Arbeitsanweisung für die unterschiedlichen Rollen. Die S führen in Gruppen à drei bis fünf S mehrere Vorstellungsgespräche durch, wobei jeder S jede Rolle mindestens einmal einnimmt (Bewerber, Gutachter / Personalchef). Die Beobachter machen sich auf der ▶ KV 25: Job interviews zum jeweiligen Kandidaten Notizen. Diese verwenden sie für das anschließende Feedback.

Lösung Individuelle Lösungen.

Erarbeitung

Step 3: Decide who should get the job

Nach Durchführung der Vorstellungsgespräche geben sich die S anhand der Notizen auf ▶ KV 25: Job interviews gegenseitig Rückmeldung zu ihrem Gesprächsverhalten, Körpersprache und Überzeugungskraft.

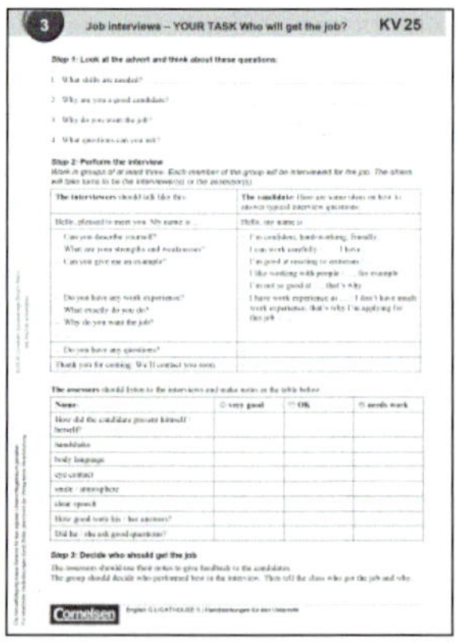

O Differenzierung In lernschwächeren Lerngruppen kann sich die Feedbackphase jeweils direkt an das jeweilige *job interview* anschließen, damit die Eindrücke noch frisch sind.

More help p. 129 S, die Hilfe benötigen, greifen auf die Redemittel auf SB-Seite 129 zurück.

Auswertung Nach Abschluss der Feedbackphase entscheiden die S in der Gruppe, welcher Kandidat die Stelle bekommen soll. Indem sie ihre Entscheidung begründen, fassen sie die Ergebnisse der Diskussion noch einmal mündlich zusammen.

Zusatz Zur gemeinsamen Auswertung im Plenum präsentieren einzelne S-Paare (evtl. aus den Gruppen nominiert) ihr Bewerbergespräch vor der Klasse. Anhand der ▶ KV 25: Job interviews geben die Mit-S im Anschluss Feedback und formulieren ggfs., was der S an seinem Auftreten, Gesprächsverhalten etc. noch verbessern kann.

Lösung Individuelle Lösungen.

▶ WB 21–25, pp. 42–44 ▶ DFF 3.9 ▶ INKL pp. 56–57

STOP! CHECK! GO!

Answers to STOP! CHECK! GO! (Unit 3) KV 26

Hinweis Übungsaufgaben zu wichtigen Themen und Kompetenzbereichen aus Unit 3. Bei geschlossenen Aufgabenformaten können die S ihre Ergebnisse mithilfe des Lösungsschlüssels auf ► KV 26: Answers to STOP! CHECK! GO! (Unit 3) überprüfen (auch als Partnerkontrolle). Die KV bietet eine Auswertung nach Punkten, die in drei verschiedenen Smileys (☺/ 😐/ ☹) übersetzt werden. Diese Smileys können auch für die Selbsteinschätzung im *Workbook* (MY LEARNER LOG, p. 45) und in *Differenzieren – Fördern – Fordern* herangezogen werden. Weitere grundsätzliche Hinweise zur Konzeption und Durchführung von STOP! CHECK! GO! finden sich im Vorwort.

Die Hörtexte zu STOP! CHECK! GO! sind für die S auch auf der Audio-CD im *Workbook* zugänglich.

Tipp: Um den S ein individuelleres Vorgehen zu ermöglichen, kann die Auswertung in Form eines ► Lerntempoduetts *(Bus stop)* erfolgen. Zu diesem Zweck begeben sich die S, die eine Aufgabe bearbeitet haben, zu dem entsprechenden *Bus stop 1–7* in der Klasse und vergleichen ihre Ergebnisse mit einem S, der ebenfalls dort steht. Für mögliche Wartezeiten legt L *anchor activities* aus, bzw. S bearbeiten eine andere Aufgabe aus dem S-C-G.

S. 68

1 REVISION Driving in Ireland

Erarbeitung **a)** **SB geöffnet.** Die S schreiben die Fragen im *simple present* in der richtigen Reihenfolge ins Heft. Dabei können sie die vorgegebenen Antworten zu Hilfe nehmen.

// ● p. 129 Es handelt sich um eine Parallelübung auf zwei Niveaus. Lernstärkere S ergänzen anhand der Antworten die vorgegebenen Frageanfänge eigenständig.

Auswertung Kontrolle dialogisch im ► Partner check, anschließend anhand des Lösungsschlüssels.

Erarbeitung **b)** Die S vervollständigen in EA die Fragen im *simple past* und *past progressive* anhand der Satzanfänge sowie der Antworten schriftlich.

Auswertung Jeweils zwei S-Paare arbeiten zusammen. Ein S-Paar trägt die Lösung dialogisch vor, das andere S-Paar vergleicht anhand der eigenen Ergebnisse oder / und des Lösungsschlüssels. Alternativ: ► Bus stop (siehe auch Hinweis oben).

Lösung ► KV 26: Answers to STOP! CHECK! GO! (Unit 3)

More challenge 5 p. 130 An accident

Erarbeitung **a)** Die S notieren zunächst die drei wichtigsten Fragen zum Unfallhergang, die sie als Polizist den beiden Fahrern stellen würden.

Auswertung Je zwei lernstärkere S, die die Aufgabe bearbeitet haben, stellen sich im ► Partner talk gegenseitig ihre Fragen und beantworten sie (Simulation der Befragung). Anhand der Informationen verfassen sie dann in Aufgabenteil **b)** ihren Bericht.

Lösungsbeispiel *Questions for Dylan: **1** How did the accident happen? • **2** What were you doing when the accident happened? • **3** What was the lorry driver doing when he crashed into you?*
*Questions for the lorry driver: **1** How did the accident happen? • **2** How fast were you going? • **3** What were you doing when the accident happened?*

Erarbeitung **b)** Die S verfassen auf der Grundlage der Informationen, die sie in **a)** erhalten haben, einen Polizeibericht zu dem Unfall. Dabei setzen sie die Informationen aus der Befragung in die indirekte Rede (siehe auch *LF 20 Indirect speech*, SB-Seite 193).

Auswertung Durchsicht / Korrektur durch L. Alternativ können die S ihre Texte auch gegenseitig korrigieren. Auf dieser Basis fertigen die S anschließend eine *fair copy* an (► Phasen des Schreibprozesses).

Lösungsbeispiel *Yesterday afternoon a lorry crashed into a car in the city centre. The car driver was taking his driving test. He said that he hadn't been moving when the lorry crashed into him. He added that the lorry driver had probably been writing a text message and so he hadn't seen him. The lorry driver said that he had been using his phone when the crash happened. He said he hadn't been going too fast. The lorry driver was hurt and had to be taken to hospital.*

S. 69

2 Writing a CV

Erarbeitung Die S lesen zunächst die Stellenanzeige, dann die biographischen Angaben und erstellen auf dieser Grundlage Neles Lebenslauf.

Differenzierung Lernschwächere S orientieren sich an dem Muster im *SF 8.5 Writing a CV* (SB-Seite 176).

Auswertung Mündlich im ► Partner check oder Selbstkontrolle mithilfe der KV. Alternativ: ► Bus stop (siehe auch Hinweis oben).

Lösung ► KV 26: Answers to STOP! CHECK! GO! (Unit 3)

3 Completing a cover letter

Erarbeitung **a)** Die S ergänzen schriftlich Neles Bewerbungsschreiben mit den Begriffen aus der grünen Box und verbessern es entsprechend (Langformen, Zahlwörter, Wendungen im formalen Sprachregister).

Auswertung Mündlich im ► Partner check oder Selbstkontrolle mithilfe der KV. Alternativ: ► Bus stop (siehe auch Hinweis oben).

Lösung ► KV 26: Answers to STOP! CHECK! GO! (Unit 3)

Erarbeitung **b)** Die S verfassen ihr eigenes Bewerbungsschreiben sowie ihren Lebenslauf für die Stellenanzeige in Aufgabe **3**.

Auswertung L sollte die Ergebnisse einsammeln und korrigieren, um den S ein individuelles Feedback zu ihrer Schreibfertigkeit zu geben.

Lösung Individuelle Lösungen.

S. 70

4 READING Catherine Cook: A teenage millionaire

Erarbeitung **a)** **1. Lesen** des Texts über die Selfmadefrau Catherine Cook still in EA oder laut im Plenum. Die S ergänzen die Sätze in vier bis sechs Wörtern. L weist vorab darauf hin, dass die Vorgaben der Aufgabenstellung genau eingehalten werden müssen.

Erarbeitung **b)** Die S bearbeiten die *True/false statements* schriftlich. Dazu ggf. **2. Lesen** möglich.

Differenzierung Lernstärkere S verbessern zusätzlich die falschen Aussagen.

Erarbeitung **c)** Die S überfliegen den angegebenen Textabschnitt nochmals und notieren im Heft zwei Gründe, warum Geoff Cook für seine kleine Schwester Catherine ein Vorbild ist.

Erarbeitung **d)** Die S ergänzen die vorgegebenen Satzanfänge schriftlich mit bis zu sieben Wörtern.

Auswertung — Abgleich aller Teilaufgaben mit einem Partner nach der Methode ► Bus stop (Lerntempoduett) und anschließende Kontrolle mittels Lösungsschlüssel oder / und im Plenum.

Lösung — ► KV 26: Answers to STOP! CHECK! GO! (Unit 3)

5 WRITING Who is important in your life?

Erarbeitung — Auf der Grundlage des Textes in Aufgabe **4** verfassen die S einen Artikel über eine Person, die für sie selbst wichtig ist oder eine Vorbildrolle einnimmt, und begründen ihre Wahl entsprechend.

More help p. 130 S, die Schwierigkeiten bei der Ideen- bzw. Vorbildsuche haben, erhalten auf SB-Seite 130 Hinweise, nach welchen Kriterien eine Auswahl stattfinden kann.

O Differenzierung — Für lernschwächere S kann L zusätzlich folgende Satzanfänge als Gerüst für die Textproduktion bereitstellen:

My mum / grandpa / best friend Tina / ... is very important in ...
He / She is always there for ... when I need ...
He / She also gives me advice on ... For example, ... helped me to ... when I ...
He / She is really very special because ...
We spend a lot of time ...
I'm glad that ...

Auswertung — Da die Texte einen sehr persönlichen Charakter haben können, sollte ein Vortragen der Ergebnisse im Plenum allenfalls auf freiwilliger Basis erfolgen. Zur Korrektur lesen die S ihren eigenen Text Wort für Wort von hinten (Methode zum Finden eigener Fehler). Sie fertigen eine *fair copy* an und heften diese in ihr Dossier.

Lösungsbeispiel — *My best friend Lilly is very important in my life. She is always there for me when I need a friend. When my mother was very ill last year, Lilly helped me a lot, e.g. she went to the hospital with me to visit my mum. We talked a lot and she gave me strength and helped me to get my my school work done. I will be there for her too if she needs me.*

S. 71

6 LISTENING Phoning about a job

Erarbeitung ► 2.05 — **a)** O **SB geöffnet.** Die S lesen die Aufgabenstellung. Nach dem **1. Hören** von Teil 1 ergänzen S die Lückensätze schriftlich.

Auswertung — Mündlich im ► Partner check oder Selbstkontrolle mithilfe der KV. Alternativ: ► Bus stop (siehe auch Hinweis oben).

Lösung — *1 Can I **take** a message? • **2** I saw a **job ad** on the internet. • **3** I'll **phone** again at 1:30. • **4 You're** welcome.*

Erarbeitung — **b)** Es handelt sich um eine Partner-B-Übung. S verständigen sich über die Rollenverteilung (Partner A: Mr Thomson / Partner B: Sarah) und ergänzen den Dialog nach dem **1. Hören** des zweiten Teils des Telefonats zunächst schriftlich in EA. Partner B arbeitet auf SB-Seite 97.

Auswertung — **2. Hören** zur Kontrolle. Anschließend tragen die S ihren Dialog mit verteilten Rollen vor und kontrollieren sich dabei anhand ihrer jeweiligen Vorgaben im SB gegenseitig im ► Partner check.

Lösung — Siehe Vorgaben für die jeweiligen Sprecherrollen auf SB-Seiten 71 (Sarah) und 97 (Mr Thomson).

Erarbeitung — **c)** Es handelt sich um eine Fortführung der Partner-B-Übung aus **b)**. Die S die Anweisungen auf den Rollenkarten in einen mündlichen Dialog um.

Differenzierung Lernschwächere S erhalten einen vorgefertigten *scrambled dialogue* und ordnen die einzelnen Dialogteile den Sprechern bzw. Sprechabsichten der Rollenkarte zu. Anschließend tragen sie das Telefonat vor, wobei sie die ► Read-and-look-up technique anwenden.

Auswertung Einzelne S-Paare präsentieren ihren Dialog im Plenum. Als Requisiten können dabei zwei Mobiltelefone der S dienen. Die Zuhörer erhalten den Hörauftrag, für jeweils einen Partner (A oder B) Notizen zur Angemessenheit der verwendeten Redemittel zu machen und entsprechend Rückmeldung zu geben.

Lösungsbeispiel

A: *Good morning, Holiday Park. I'm Jim McEwan, the manager of the coffee shop. How can I help you?*
B: *Good morning, Mr McEwan. My name is Janet and I'm phoning about the job ad as a waitress.*
A: *Oh, thank you for calling. Do you have any work experience as a waitress?*
B: *Oh yes, last summer I did some work experience in a Greek restaurant. I really liked the job.*
A: *Well, Janet, that sounds really good. We need someone for the coffee shop on Friday evenings and Saturdays. Is that OK for you?*
B: *That would be perfect, since I have no school work to do at weekends.*
A: *Fantastic. Well, we can talk about the details in an interview. Can you come next Friday at 4 pm?*
B: *Yes, that's great. Thank you very much. What do I need to bring for the interview?*
A: *Bring your CV, please.*
B: *Yes, I'll do that. I'm looking forward to meeting you on Friday. Thank you very much, Mr McEwan. Goodbye.*
A: *Thank you, Janet. See you next Friday then. Bye.*

7 SPEAKING Talking about jobs

Erarbeitung **a)** S lesen zunächst die Arbeitsanweisung zu den Teilen **a)** + **b)** sowie den Tippkasten (in EA oder im Plenum). Dann betrachten sie die Bilder und machen sich vorbereitend anhand der Leitfragen im SB Notizen zur Bildbeschreibung. Sinnvoll ist es, dabei arbeitsteilig vorzugehen, d. h. jeder Partner bereitet eines der beiden Bilder intensiver vor. Anhand ihrer Notizen und der Leitfragen beschreiben die S einander ihre Bilder nun gegenseitig.

Hinweis: Bei Bedarf wiederholen die S vorab noch einmal nützliche Strategien anhand des *SF 7.2 Successful conversations*, SB-Seite 170 und des *SF 9 Describing photos and pictures*, SB-Seite 179.

Lösungsbeispiel ***Childcare assistant:*** *In this job you have to look after little children in a kindergarten. You play games with them or paint pictures. I think you have to be patient and you should be able to talk to other people, especially young kids. You should also be able to work in a team. What's good about this job is that it is never boring because every day with the kids is different. But I don't think the money is very good.*

Erarbeitung **b)** Die S tauschen sich im ► Partner talk zu der Fragestellung im SB aus und entwickeln auf dieser Grundlage ein Gespräch über ihre eigenen Zukunftspläne.

Auswertung Freiwillige S-Paare präsentieren ihren Dialog im Plenum. Zur vertiefenden Analyse der Gesprächsstrategien kann L den Dialog mit der Kamera bzw. dem Smartphone aufnehmen. Anhand der Aufzeichnung können anschließend schwierige Stellen in der Gesprächsführung identifiziert und gemeinsam entsprechende Lösungen entwickelt werden.

Lösung Individuelle Lösungen. ► INKL pp. 58–61

Zusatz Anhand weiterer Bildimpulse, die thematisch zur Aufgabenstellung passen, kann L die dialogische Sprechfertigkeit vertiefend schulen. Dabei erhalten die S-Paare jeweils zwei unterschiedliche Bilder, und tauschen sich z. B. anhand der Leitfragen aus **7a)** dazu aus, wobei jeweils der Partner, der das Bild nicht vorbereitet hat, spontan reagieren muss.

MORE CHALLENGE 3

Inhalt

Die S wählen aus vier kreativen Schreibaufgaben mit Zukunftsbezug eine aus und verfassen gemäß der Aufgabenstellung einen Text über die weitere Entwicklung der Situation bzw. der jeweiligen Person(en). Dabei beachten sie die Anforderungen der jeweils unterschiedlichen Textsorten: In A *(About me: Ten years from now)* formulieren sie Vermutungen über ihre eigene Zukunft in einer Art Essay. In B *(A story: The change)* geht es darum, den vorgegebenen Anfang einer Geschichte zu Ende zu schreiben. In C *(A scene: The new flatmate)* verfassen die S ein Dialogskript zu einer vorgegebenen Situationsbeschreibung. Da es darum geht, die Szene dialogisch zu Ende zu schreiben, können die S diese Aufgabe auch mit verteilten Rollen in PA oder GA (à drei S) bearbeiten. In D *(A poem: You're nearly an adult)* sollen die S aus Sicht des Teenagers eine Antwort bzw. ein Parallelgedicht zum vorgegebenen „Elterngedicht" verfassen.

Im zweiten Teil erschließen sich die S die Gesetzmäßigkeiten der Bildung von *question tags* und wenden die Frageanhängsel in verschiedenen Kontexten situationsangemessen an.

S. 72

Creative writing

1 WRITING Looking into the future

Wortschatz

°imagination • °relationship • °forever • °minor character • °flatmate • °response • °serious • °typical (of) • °rhyme

Erarbeitung

a) SB geöffnet. Die S lesen sich die vier Aufgabenstellungen durch und wählen eine aus, die sie anschließend in EA schriftlich bearbeiten. Gemäß der ▶ Phasen des Schreibprozesses erstellen sie dazu zunächst anhand der Hinweise in der jeweiligen gelben Tipp-Box eine Ideensammlung, z. B. in Form einer Mindmap oder einer Gliederung.

Hinweis: Bei Bedarf wiederholen die S vorab noch einmal anhand des *SF 8.1 The steps of text writing* (SB-Seite 172) die drei Schritte des Schreibens (still in EA oder gemeinsam im Plenum).

Auswertung

b) Die S lesen den Text des Partners und geben sich gegenseitig ▶ Feedback. Zuvor lesen sie sich die Aufgabenstellung des Partners sowie die Hinweise in der jeweiligen gelben Tipp-Box durch, um die Kriterien für ihr Feedback zu erfassen. Abschließend Vorstellung einzelner S-Texte (möglichst mindestens ein Beispiel zu jedem der Themen A–D) im Plenum.

Hinweis: Die fertigen S-Texte können auch illustriert und in der ▶ English corner oder im ▶ Gallery walk ausgestellt oder / und im Dossier abgelegt werden.

Alternative

In aufgabengleichen Gruppen lesen und korrigieren die S ihre Texte in Form eines ▶ Correcting circle. Auf dieser Grundlage nehmen sie die Überarbeitung ihrer Produkte vor. Anschließend tragen sie sich gegenseitig ihre Texte in der Gruppe vor und nominieren den S mit dem gelungensten Text für den Vortrag vor der Klasse.

Lösung

Individuelle Lösungen. ▶ DFF 3.10

Zusatz

Lernstärkere / Kreativere S bearbeiten noch eine weitere der vier Schreibaufgaben nach Wahl. Auch als zusätzliche Hausaufgabe geeignet.

S. 73

2 LANGUAGE Question tags

Wortschatz

°umbrella

Erarbeitung

a) SB geöffnet. Die S lesen zunächst die Aufgabenstellung sowie die beiden Aussagen (still in EA oder gemeinsam im Plenum) und halten dann in EA ihre Antworten zu den Fragestellungen in Kurzform schriftlich fest.

Auswertung Im ▶ Partner check oder im ▶ Lerntempoduett *(Bus stop)*. L kann für die Aufgabenteile **a)–e)** ein Lösungsblatt bereitstellen, mit dem die S sich eigenständig kontrollieren können. Abschließend Ergebnissicherung im Plenum (ggf. auch erst nach Teilaufgabe **e)**).

Lösung *Sentence 2 is better in a conversation, because it expects the other person to agree, i.e. to react / °respond to what was said.*

Erarbeitung **b)** Die S übertragen die Sätze aus der FOCUS-Box in ihr Heft und vervollständigen sie schriftlich.

Auswertung Im ▶ Partner check oder im ▶ Lerntempoduett (s. o.). Abschließend Ergebnissicherung im Plenum.

Lösung
1 … agree / react / °respond to what you have said.
2 … positive.
3 … negative.

Erarbeitung **c)** Die S übertragen die Sätze in ihr Heft und ergänzen sie schriftlich in EA mit den Frageanhängseln aus der Box.

Auswertung ▶ 2.07 **d)** Die S überprüfen ihre Antworten aus **c)** anhand der zugehörigen Hörtexte. Alternativ im ▶ Partner check oder im ▶ Lerntempoduett (s. o.). Abschließend Ergebnissicherung im Plenum.

Lösung ***1*** *can't they?* • ***2*** *do you?* • ***3*** *wasn't he?* • ***4*** *didn't he?* • ***5*** *isn't it?* • ***6*** *didn't they?*

Erarbeitung **e)** Die S übertagen die Sätze ins Heft und ergänzen sie eigenständig mit passenden Frageanhängseln.

Auswertung Im ▶ Partner check oder im ▶ Lerntempoduett (s. o.). Abschließend Ergebnissicherung – ggf. für alle Teilaufgabe **a)–e)** – im Plenum.

Lösung
*1 The weather is great today, **isn't it?***
*2 The history test was difficult, **wasn't it?***
*3 We don't have any homework, **do we?***
*4 The new Bond film looks exciting, **doesn't it?***
*5 Manchester United didn't play well, **did they?***
*6 You can swim well, **can't you?***

Erarbeitung **f)** Die S verfassen in EA (oder PA) ausgehend von den Beispielen im SB einen eigenen Dialog zum Bild und verwenden darin passende *question tags.*

Auswertung Die S lesen sich den Dialog ihrer Partner durch. (Wenn der Dialog in **f)** bereits in PA erstellt wurde, finden sich dazu jeweils zwei Paare zusammen.) Gemeinsam einigen sie sich auf einen der beiden Dialoge und üben diesen ein. Anschließend präsentieren einzelne S-Paare ihren Dialog vor der Klasse.

Lösungsbeispiel
Girl: The weather is really bad today, isn't it?
Boy: Yes, lots of rain the whole day. If it continues to rain, we will start to feel blue, won't we?
Girl: Well, you may be right. But, hey, we can go to the new cafe in Bond Street, can't we?
Boy: Oh yes, that's a great idea. They have fantastic cakes there, don't they?
Girl: Well, I tried a piece of chocolate cake last weekend, and it was very good. Let's go there.
Boy: Here, walk under my umbrella. So, I guess we both need a hot tea now, don't we?
Girl: Oh yes, we do!

Generation like

Kommunikative Kompetenzen

Listening

- Teens react (p. 74, 2)*
- Digital habits (p. 77, 3)

Reading

- Being a screenager (p. 76, 1)
- Working with the text (p. 77, 2a–c)
- Profile pictures / Your kind of profile picture? (p. 78, 1a)
- Selfies (p. 79, 2b/c)
- For and against tattoos (p. 79, 3b)
- You and ads / Are you ad-savvy? (p. 80, 1b)
- Headings (p. 81, 2)
- Social media: what can go wrong (p. 82, 1a)
- Gamer (pp. 84–87; pp. 136–138)
- Which part ... (p. 87+138, 2)
- Information in the text (p. 87+138, 3)
- Characters in the story (p. 87+138,4)

Speaking

- What's cool and what's not (p. 74, 1b/c)
- YOUR TASK A survey in your class (p. 75, 1)
- Young people together (p. 77+97, 4)
- Profile pictures (p. 78, 1b)
- Selfies (p. 79, 2a)
- You and ads (p. 80, 1a)
- ACTIVITY Get ad-savvy (p. 81, 5 Ad report)
- Before you read (p. 84, 1)
- Expressing your opinion (p. 88, 2)
- NOW YOU Listen and speak (p. 89, 3)

Writing

- Working with the text (p. 77, 2d)
- For and against tattoos (p. 79, 3a)
- ACTIVITY Get ad-savvy (p. 81, 5 Your ad diary)
- An email to the author (p. 87+138, 5)

Viewing

- Shocking news! (p. 88, 1)

Mediation

- The ad industry (p. 81, 4)

Generation like

In Unit 4 setzen sich die S mit unterschiedlichen Themen und Phänomenen ihrer eigenen Generation auseinander, insbesondere dem Umgang Jugendlicher mit digitalen Medien und Werbung. Sie erstellen eine Umfrage zu Trends und entnehmen einer Diskussion zum Thema *Banning social media at night* Redemittel zur Diskussionsführung und wenden diese in einer Pro-und-Kontra-Debatte zum Thema Videospiele an.

Sprachliche Mittel

Wortfelder

- Talking about digital habits (pp. 76–79)
- Talking about advertising strategies (pp. 80/81)
- Taking part in discussions (pp. 88/89)

Grammatische Strukturen

- Conditional sentences type 3 (p. 82/83, 1–4, LF 24, p. 197)

Interkulturelle Kompetenzen

Einblicke in unterschiedliche Aspekte der persönlichen Lebensgestaltung Jugendlicher in unterschiedlichen Kulturen (D, GB, ...) gewinnen (z. B. Interessen, Umgang mit Moden und Trends, Chancen und Risiken der modernen Medien und Kommunikation, digitale Gewohnheiten, Werbung, ...)

Methodische Kompetenzen

Lern- und Arbeitstechniken

- Note-taking (p. 74, 2a/b; p. 77, 2a; ...)
- Note-making (p. 76, 1a)
- Describing pictures (p. 77, 4; p. 93, 6; SF 9, p. 179)

Selbsteinschätzung (Stop! Check! Go!)

- WORDS Media buddies (p. 90, 1)
- LANGUAGE If I had known ... (p. 90, 2)
- READING Reviews (p. 91, 3)
- LISTENING I can't live without my ... (p. 92, 4)
- WRITING One week without technology (p. 92, 5)
- SPEAKING Talking about a photo (p. 93, 6)
- MEDIATION Generations Y and Z (p. 93, 7)

Kooperative Lernformen

- Think-Pair-Share (p. 74, 1)
- Partner talk (p. 76, 1a; p. 80, 1a; p. 84, 1a; p. 88, 1a)
- Partner check (p. 79, 2c)
- Reading circle (p. 79, 3b)
- Milling-around activity (p. 87, 4b)
- Gallery walk (p. 88, 2b)
- Pro-und-Kontra-Debatte (p. 89, 3)
- Weitere Formen von PA und GA (p. 75, 3; p. 77, 4b/c; p. 88, 2; p. 93, 6)

* p. 74, 2 = SB-Seite, Übungsnummer

4 Generation *like*

LEAD-IN

Inhalt Mittels einer Auswahl an Fotos äußern die S ihre Einschätzungen zu typischen Dingen, Trends oder Personen aus verschiedenen Jahrzehnten. Anschließend entnehmen sie einem Hörtext (Radiointerview) Reaktionen britischer Jugendlicher auf einzelne der Fotos. Sie gestalten eine bildgesteuerte Umfrage zum Thema *What's (not) cool and why?* und finden heraus, welche Dinge / Personen /... ihre Mit-S mögen bzw. nicht mögen (dialogisches Sprechen). Abschließend präsentieren sie ihre Ergebnisse im Plenum (monologisches Sprechen).

S. 74/75

1 What's cool and what's not?

Wortschatz **generation** • °reaction (to)

Einstieg **SB geschlossen.** Gelenktes Unterrichtsgespräch und ► Wortschatzsemantisierung zum Begriff *generation.*

L: *People who are born at around the same time belong to the same generation. So your parents and teachers belong to a different generation than you and your classmates. And different generations often have different ideas about what's cool or not cool.*

- *What cool things or °gadgets are typical of your generation? (social networks, smartphones, ...)*
- *Your parents are not from the same generation. What is typical of their generation? (...)*

Erarbeitung **a) Think: SB geöffnet.** S notieren sich in EA ihre fünf *likes / dislikes* mit Angabe von Gründen im Heft.

Lösung Individuelle Lösungen.

Erarbeitung **b) Pair:** S tauschen sich im ► Partner talk über ihre *likes / dislikes* und die damit verbundenen Reaktionen aus.

O Differenzierung In lernschwächeren Lerngruppen kann L ggf. Wortschatz und Redemittel in Form eines *substitution table* vorgeben (Tafel / Folie / ► KV 27: Generation *like*), z. B.:

I like / don't like image A / ... *Image A / ... is (not) cool ...*	*because*	*girl bands / boy bands* *camping / vans* *the actor* *boots* *graffiti* *tattoos* *the film* *tablets* *piercings* *selfies* *(bell-bottom) trousers* *cassette players* *playstations* ...	*is / are*	*beautiful* *great* *exciting* *trendy* ... *horrible* *silly* *boring* *old-fashioned* ...

Auswertung **c) Share:** L erfasst im Plenum die beliebtesten Bilder (möglich durch Handzeichen oder verschiedenfarbige Markierungen wie Klebepunkte hinter den jeweiligen Buchstaben (A–R) an der Tafel).

2 LISTENING Teens react

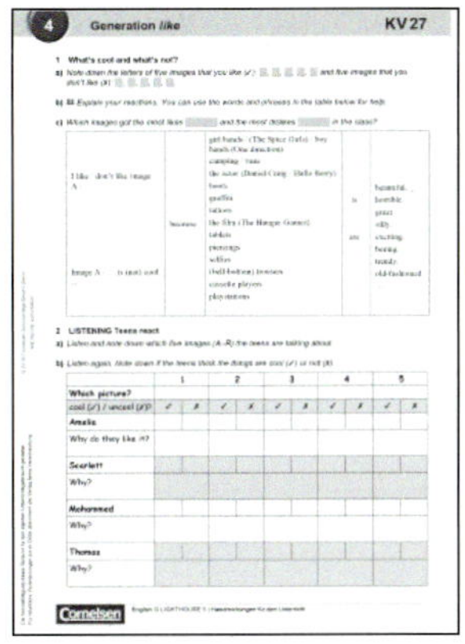

Einstieg L: *Now we've talked about the pictures you like and don't like. Let's listen to four British teens and how they react to some of them.*

Erarbeitung ▶ 3.01 **a)** **1. Hören** der Aussagen der Teenager und Sicherung des Globalverstehens durch Erfassen der Bilder, über die sie sprechen, in einer Kopie der Tabelle von SB-Seite 74 (siehe auch Tabellenvorlage auf ▶ KV 27: Generation *like*).

Lösung Siehe Lösungstabelle zu **b)**.

Erarbeitung **b)** **2. Hören** zur Sicherung des Detailverstehens durch Erfassen der Meinung der Personen zu den Bildern *(cool or not)* in der Tabelle aus **a)**.

Differenzierung Lernstärkere S erledigen beide Aufgabenteile **a)** und **b)** beim **1. Hören** und notieren beim **2. Hören** die Gründe für die positiven Reaktionen der britischen Jugendlichen in einer weiteren Tabellenzeile unter jedem Namen (s. blaue Ergänzungen in der Lösung).

Auswertung Vergleich im Plenum. ▶ DFF 4.1

Lösung

	1	2	3	4	5
Which picture?	B	O	F	N	K
Amelia	×	✓	×	×	✓
Why do you like it?		the guys are cool, especially Harry			James Bond = pretty cool; the films are fun; actor Daniel Craig = very good
Scarlett	✓	×	✓	✓	×
Why?	makes her think of lazy, sunny days		funny, seems to have a life of its own	would love to wear them, with the red boots > cool	
Mohammed	✓	✓	✓	×	✓
Why?	could go to festivals in it	likes their music	pretty cool		he's calm, professional
Thomas	×	×	✓	×	×
Why?			cool + funny, makes you laugh		

3 YOUR TASK A survey in your class

Wortschatz °gadget • °label • °analyse

Erarbeitung **Step 1:** Gemäß SB sammeln die S zunächst in EA geeignetes Bildmaterial. Diese Aufgabe sollte möglichst als vorbereitende Hausaufgabe erledigt werden. Bei Erarbeitung im Unterricht stellt L geeignetes Bildmaterial in Form von Zeitschriften, Prospekten etc. zur Verfügung und / oder ermöglicht Internetzugang zu Recherchezwecken.

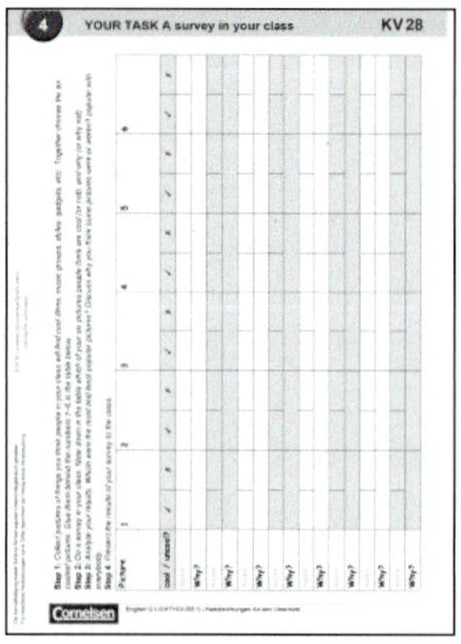
4 YOUR TASK A survey in your class KV 28

Je zwei S stellen einander ihre Bildauswahl vor und einigen sich auf die sechs interessantesten Dinge, die in der Umfrage verwendet werden sollen. Sie nummerieren die Bilder durch und erstellen ggf. zusätzlich passende Bildunterschriften (gerade bei unbekannteren Objekten sinnvoll).

Hinweis: Um die Umfrage in *Step 2* vorzubereiten, können S ihre sechs ausgewählten Bilder auch in den Tabellenvordruck auf ▶ KV 28: YOUR TASK A survey in your class (ggf. auf DIN A3 hochkopieren) einkleben.

Erarbeitung **Step 2:** Durchführung der Umfrage im Plenum und ▶ Note-taking zur Sicherung der Ergebnisse (in Tabellenform) gemäß SB, z. B. im Rahmen einer ▶ Milling-around activity.

More help p. 130 Lernschwächere oder weniger kreative S erhalten eine Vorlage für ihre Auswertungstabelle im Anhang des SB oder nutzen den Tabellenvordruck auf ▶ KV 28: YOUR TASK A survey in your class.

Alternative Die Paare lassen ihre Bilder mit einem vorbereiteten *Rating Sheet* (s. auch Tabellenvorlage zu *More help*) am Platz liegen und gehen von Platz zu Platz, um dort die Bilder ihrer Mit-S zu begutachten. Alle 2 / 3 Minuten wechseln die Paare den Platz und geben jeweils ihre Bewertung sowie eine kurze Begründung ab.

Erarbeitung **Step 3:** Nach einer zuvor festgelegten Zeit (oder auf ein zuvor vereinbartes Zeichen hin) kehren die S-Paare wieder an ihre Plätze zurück und analysieren die Umfrageergebnisse mithilfe der im SB vorgegebenen Fragen.

Auswertung **Step 4:** S präsentieren ihre Umfrageergebnisse im Plenum, indem sie die beliebtesten Fotos bzw. Dinge hochhalten und die gegebenen Begründungen zusammenfassen und kommentieren.

More help p. 130 Lernschwächere S nutzen die vorgegebenen Strukturierungshilfen und Redemittel zur Präsentation ihrer Ergebnisse.

Alternative Alternativ zu einer Umfrage erstellen die S mithilfe der Methode der ▶ Wachsenden Gruppe ein Poster, das sie im Plenum präsentieren:

- *Bring pictures of six things you find really cool (homework).*
- *Find a partner and present your pictures to each other. Together agree on the six coolest pictures.*
- *Get together with another pair. In groups of four, present your pictures to each other. Agree on the six coolest pictures. Make a poster and present it to your classmates. Everybody in your group has to be well-prepared for the presentation.*

Hinweis: Der *Presenter* kann ausgelost werden.

Lösung Individuelle Lösungen.

▶ WB 1, p. 47 ▶ INKL pp. 62–63

THEME 1 Screenagers

Inhalt S erfassen den Inhalt eines Zeitungsartikels, der den Umgang von Jugendlichen mit den digitalen Medien beschreibt. Sie entnehmen einem Radiointerview Angaben zu digitalen Gewohnheiten und sprechen gesteuert durch zwei Bildimpulse über junge Menschen und deren Freizeitverhalten.

S. 76

1 Before you read

Wortschatz **screenager**

Erarbeitung a) **SB geöffnet.** Gemäß SB im ▸ Partner talk.

Alternative **SB geschlossen.** L schreibt den Begriff *screenager* an, die S spekulieren zunächst in EA über dessen mögliche Bedeutung und notieren sich ihre Gedanken dazu im Heft. Dann tauschen sie sich im ▸ Partner talk aus, einigen sich auf eine mögliche Definition und diskutieren ihre Ideen mit einem weiteren S-Paar. Anschließend stellen einzelne / freiwillige S ihre Definitionen im Plenum vor (▸ Think-Pair-Share).

Lösungsbeispiel *screenager = screen + teenager, so maybe screenagers are young people who look at the screens of different gadgets like smartphones, tablets, computers, etc. very often.*

Erarbeitung b) **SB geöffnet.** Beim **1. Lesen** des Textes (still in EA) erschließen die S neuen Wortschatz aus dem Kontext und vergleichen die Definition des Begriffes *screenager* mit ihren individuellen Vorüberlegungen (Globalverstehen).

Being a screenager

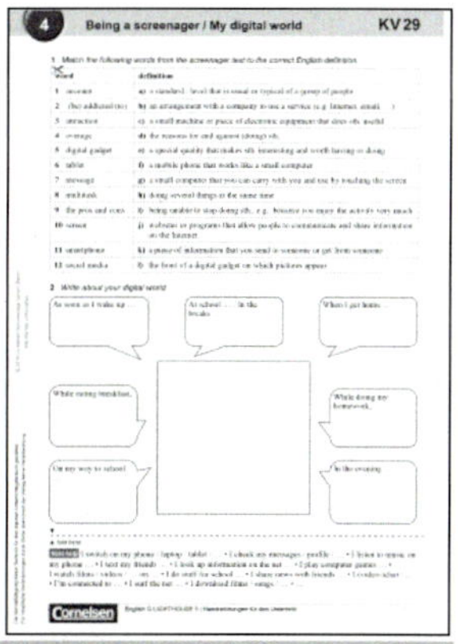
Being a screenager / My digital world
KV 29

Wortschatz **digital • average • on average • multitask • video-chat • at the same time • attraction • media** *(pl)* **• social media** *(pl)* **• social • account • the pros and cons** *(pl)* **• addicted (to)**

Lösung *Screenagers spend lots of hours per day in front of a screen. They look at more than one screen at the same time, e.g. screens of TVs, smartphones, tablets and / or laptops.*

Zusatz Wortschatzsicherung durch Zuordnung der Definitionen auf ▸ KV 29: Being a screenager / My digital world. Lösung: *1 b) • 2 i) • 3 e) • 4 a) • 5 c) • 6 g) • 7 k) • 8 h) • 9 d) • 10 l) • 11 f) • 12 j).*

S. 77

2 READING Working with the text

Erarbeitung a) **SB geöffnet. 2. Lesen** und Sicherung des Detailverstehens gemäß SB. S übertragen die Tabelle in ihr Heft und ergänzen sie in EA mit Argumenten aus den Sprechblasen auf SB-Seite 76.

Lösung

pros of being a screenager	*cons of being a screenager*
– do lots of things at the same time *– get information very fast = good for school work* *– share information with friends* *– chat with lots of friends at the same time* *– connected to people all over the world* *– help parents with digital technology*	*– don't sleep enough* *– can't live without the net (= addicted to the net)* *– stop doing homework to answer messages* *– don't go out very often to meet friends* *– can't stop thinking about games*

Erarbeitung — **b)** **2. Lesen** (Detailverstehen) S vervollständigen den vorgegebenen Satzanfang.

Lösungsbeispiel — *A screenager is someone who spends lots of time in front of different screens, usually multitasking / doing different activities at the same time (e.g. chatting or surfing the net on their smartphone, playing computer games and watching TV).*

Erarbeitung — **c)** S stellen einen Bezug zu ihrem eigenen Umgang mit digitalen Medien her und schätzen ihr Verhalten ein. Für die Begründung können sie im Text genannte Fakten nutzen.

Lösungsbeispiel — *I think I'm a screenager too. I'm always online with my smartphone to chat with my friends and share information with them. I often use my laptop to surf the net for school and at the same time I play games.*

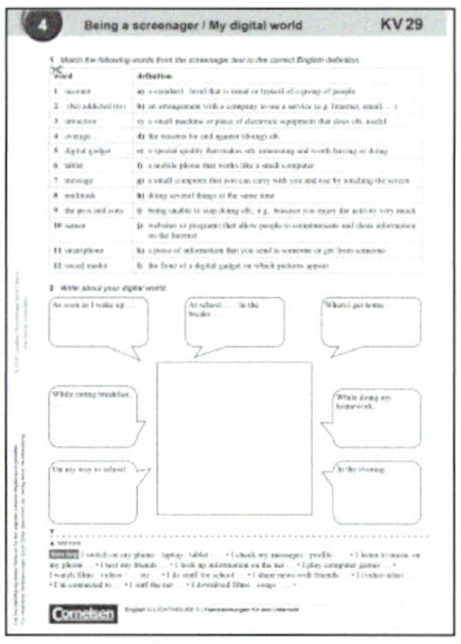

Erarbeitung — **d)** S verfassen einen Text, in dem sie die Rolle der digitalen Medien in ihrem Leben beschreiben. Sie können ihre Ideen aus **c)** nutzen und ausbauen.

Differenzierung — Lernschwächere S nutzen die Vorlage auf ► KV 29: Being a screenager / My digital world oder von L vorgegebene Satzanfänge, um einen typischen Tag in ihrem Leben zu beschreiben, z. B.: *As soon as I wake up ... • While eating breakfast, ... • On my way to school ... • At school ... • In the breaks ... • When I get home, ... • While doing my homework, ... • In the evening ...*

Lösung — Individuelle Lösungen.

► DFF 4.2

3 LISTENING Digital habits

Wortschatz — **habit • focus (on) • brain • brains** *(pl)* **• be a drifter • butterfly**

Erarbeitung ► 3.02 — **a)** **SB geöffnet.** S erfassen in Vorbereitung auf das Hören die Aufgabenstellungen mit den dazugehörigen Auswahlmöglichkeiten (entweder wie in einer Prüfungssituation durch stille Sichtung in EA oder durch Vorlesen der Satzanfänge nebst Auswahlmöglichkeiten im Plenum). Beim anschließenden **1. Hören** wählen sie das passende Satzende aus.

Lösung — ***1*** *B* **•** ***2*** *C* **•** ***3*** *C* **•** ***4*** *A* **•** ***5*** *B*

Erarbeitung — **b)** Analog zur Vorgehensweise in **a)** lesen die S zunächst die Satzanfänge (still in EA oder laut im Plenum). Dann **2. Hören** zur Sicherung des Detailverstehens durch Vervollständigen der Sätze.

Lösung — ***1*** *... drifts from video to video.* **•** ***2*** *... gamer.* **•** ***3*** *... is friends with lots of people.* **•** ***4*** *... conversations with Devon / conversations at home.* **•** ***5*** *... fun, not for learning.*

More challenge 1 p. 131 *-ing*-form (gerund) or to-infinitive after verbs

Hinweis: Diese Aufgabe richtet sich vor allem an lernstärkere S oder an Lerngruppen in Schulformen bzw. Bundesländern, in denen eine vertiefte Gegenüberstellung von *-ing-form (gerund)* oder *to-infinitive* nach Verben als Lehrplanthema gefordert ist. Aufgrund der Komplexität der Thematik kann eine gemeinsame Hinführung anhand der Beispielsätze aus dem FOCUS-Kasten im gelenkten Unterrichtsgespräch hilfreich sein.

Einstieg — **SB geschlossen.** L gibt zwei Sätze vor (Tafel / Folie), um den Blick der S gezielt auf das Thema *-ing-form (gerund) or to-infinitive after verbs* zu lenken:

She stopped eating junk food after she had watched a documentary about healthy living.
On the way to the cinema, they stopped to eat a veggie burger.

L: *Let's look at these two sentences together. Please underline the verb 'stop' and the verbs after it. What's the difference?*
S: *stop + eating (= -ing-form) vs. stop + to eat (= to-infinitive)*
L: *The different forms (stop doing sth. and stop to do sth.) also have different meanings. What does the first sentence mean?*
S: aufhören, ungesunde Sachen zu essen = *she never ate junk food again*
L: *What does the second sentence mean?*
S: anhalten, um einen Veggieburger zu essen = *they stopped (at a fast-food restaurant) and had a veggie burger*
L: *Let's look at some more examples and rules for the use of the -ing-form (gerund) or the to-infinitive after verbs (on page 131 in your books).*

Überleitung **SB geöffnet.** S lesen die Beispielsätze und Regeln in der FOCUS-Box entweder gemeinsam im Plenum oder still in EA und übertragen sie ggf. ins Heft. Eine Vertiefung anhand des *LF 29 NEW -ing-form (gerund) or to-infinitive?* (SB-Seite 201) ist möglich.

Erarbeitung **a) SB geöffnet.** S wenden die Regeln aus dem FOCUS-Kasten in einer kontrastierenden Übung an. Sie übertragen die Sätze aus dem SB ins Heft und vervollständigen die Lücken in EA. Dazu können sie ggf. die deutsche Bedeutung der Verbformen notieren / nennen (siehe blaue Ergänzungen in der Lösungstabelle).

Auswertung Vergleich durch ▸ Partner check, mittels Lösungsblatt oder / und Vorlesen der komplettierten Sätze im Plenum.

Lösung

1 I remember ***switching off*** *my phone last night. (…)* *(sich erinnern, es gestern Abend ausgeschaltet zu haben)*	< >	*I must remember* ***to switch off*** *my phone tonight. (…)* *(daran denken, es auszuschalten)*
2 I've stopped ***sending*** *my friends texts late at night. (…)* *(generell aufgehört, nachts SMS zu versenden)*	< >	*(…) I got a text from my friend and I stopped* ***to text*** *her back.* *(kurz angehalten (= die Hausaufgaben unterbrochen), um eine SMS zu beantworten)*
3 I'll never forget ***playing*** *Angry Birds for the first time. (…)* *(nie vergessen, wie es war als … zum ersten Mal spielte)*	< >	*I forgot* ***to do*** *my homework because I was playing a brilliant computer game.* *(vergessen, die HA zu machen)*

Erarbeitung **b)** Gemäß SB in EA. Die S notieren die Lösungen in Kurzform (Lückennummer + Verbform) im Heft. Auch als schriftliche Hausaufgabe geeignet: S übertragen den gesamten Text ins Heft und vervollständigen dabei die Lücken.

Auswertung Vergleich durch ▸ Partner check, mittels Lösungsblatt oder / und Vorlesen des komplettierten Textes im Plenum.

Lösung ***1*** *using* • ***2*** *video chatting / to video chat* • ***3*** *to spend* • ***4*** *reading* • ***5*** *playing / to play* • ***6*** *playing* • ***7*** *to do* • ***8*** *to be* • ***9*** *to do*

4 SPEAKING Young people together

Erarbeitung

a) **SB geöffnet.** Gemäß SB. Die S betrachten ihr ausgewähltes Foto zunächst in EA und fertigen dazu anhand der Fragen im SB in Vorbereitung auf die Bildbeschreibung Notizen an ► Note-making.

Vorab kann L anhand von *SF 9 Describing photos and pictures* (SB-Seite 179) Strategien und Redemittel zur Bildbeschreibung wiederholen lassen (im Plenum oder in EA).

Differenzierung

Für lernschwächere S kann L geeignete Satzanfänge bzw. ein Textgerüst für die Bildbeschreibung vorgeben (siehe auch Lösungsbeispiel zu **b)**). Für die inhaltliche Stichwortsammlung kann L ein Tabellenraster mit Fragen vorgeben, in dem die S ihre Ideen kleinschrittig notieren können. Diese Tabelle können die S in Schritt **b)** beim Zuhören um Angaben zum Bild ihres Partners ergänzen, als Basis für den mündlichen Vergleich beider Bilder, z.B.:

	Partner A (picture p. 77)	*Partner B (picture p. 97)*
Who?	*- 5 young people (3 girls, 2 boys)*	*- 6 young people (4 girls, 2 boys)*
Where?	*- inside, in a living room*	*- outside, on a field*
What's happening? / What are they doing?	*- sitting together around a table in the middle - chilling - busy doing things on their own, e.g.: - looking at screens / different gadgets (smartphones, tablet, laptop) - texting, playing computer games, looking up information, ... - drinking cola - NOT talking to each other*	*- walking across the field - talking - looking at each other - smiling / laughing - having fun together - carrying picnic things (basket, blanket) and gear for outdoor sports (balls, tennis rackets, ...)*
Do they know each other? / Are they friends?	*- probably friends because they look very relaxed together + they're sitting in one of their rooms / flats - seem to know each other well but don't have much to say to each other*	*- probably friends because they are talking / laughing together - seem to have fun + look very relaxed and happy together*
EXTRA: What else can you see in the picture?	*- white wall in the background - a sofa, 2 chairs - two glasses on the table*	*- trees / a forest in the background - blue sky, sun, clouds*

Erarbeitung

b) Anhand der Vorüberlegungen / Notizen zu **a)** beschreibt zunächst Partner A das Bild auf SB-Seite 77 im Zusammenhang (monologisches Sprechen); Partner B hört zu und macht sich ggf. Notizen (z. B. in einer Tabelle, siehe Lösungsbeispiel zu **a)**). Dann Rollentausch (Partner B beschreibt Bild auf SB-Seite 97, Partner A hört zu / macht Notizen). Anschließend vergleichen die S beide Bilder (dialogisches Sprechen) und stellen Gemeinsamkeiten bzw. Unterschiede fest: *What's similar? What's different?*

Lösungsbeispiel

Partner A: *In this photo there are five young people, three girls and two boys. They're sitting together and chilling in a living room or one of the teenagers' rooms. In the middle of the picture there's a table with two glasses of cola on it. There are two chairs in the foreground on the left and right and a sofa behind the table. In the background there's a white wall. The girl sitting on the chair on the right has her legs on the table.*
I think they're friends and they often spend their free time together because they look very relaxed and happy. But in this photo they are all using their smartphones or their laptops and they aren't talking to each other. Everyone is busy doing something on their own like chatting, reading or writing messages, playing computer games, watching a film or surfing the net.
Partner B: *In the middle of this photo there are six young people, four girls and two boys. They're outside, walking over a big green field and talking / laughing together. The sky is blue (with some clouds), the sun is shining, and in the background you can see lots of trees / a forest. The girl on the left is carrying a picnic basket. The boy on the right has a ball with him. The others are also carrying things for their picnic or gear for outdoor sports (a blanket, rucksacks, tennis rackets, ...).*
I think they're friends and are going to a place where they want to have picnic or a party together. They all look very relaxed and happy. I think they are looking forward to spending some time together with a picnic, outdoor games and fun.
What's similar? *In both photos young people are doing something together. I think they know each other and are friends and often spend time together.*
What's different? *In photo A the people are not talking to each other because everyone is busy and looking at their screens. They seem to know each other well but maybe they don't have much to say to each other. In photo B the people are very active and they are doing something together. They're looking at each other, talking and having fun together.*

Erarbeitung

c) Anhand der Fragen im SB tauschen sich die S im ▸ Partner talk zu ihren eigenen Gewohnheiten und Vorlieben in Bezug auf Kommunikation und gemeinsame Aktivitäten mit Freunden aus.

Lösungbeispiel

- *How do you communicate with your friends?* ***We usually chat or send messages about the latest news or the time and place to meet / we share information on the net / we don't phone each other very often / ...***
- *What kind of things do you and your friends do together?* ***In the afternoons we often meet at someone's house or at the youth club to talk / chill (or do homework) together or we are active and do sports together like riding our longboards / bikes / ... or go shopping in town / ... At the weekends we usually go out together: watch a film at the cinema or at someone's house, go to a party, ...*** ▸ WB 2–4, p. 48 ▸ DFF 4.3 ▸ INKL pp. 64–65

Zusatz

S erarbeiten mit einem Partner oder in Gruppen à fünf bis sechs S ein Gespräch der Protagonisten zu einem der beiden Bilder.

L: *What do you think the people in the picture might be saying? Write a dialogue for the picture and present it to the class.*

Hinweis: Bei dem Bild auf SB-Seite 77, wo die Personen gerade nicht kommunizieren, können S angeregt werden, eine Situation zu simulieren, die ein Gespräch oder auch Streitgespräch auslöst. L kann dazu folgende Ideen ins Plenum bringen:

- *Listen for a minute, I've got some important news: ...*
- *Hey guys, I don't think it's cool to meet if we just sit around the table but keep doing our own stuff. What about talking or playing a game together for a change?*
- ...

THEME 2 Perfect profiles

Inhalt Anhand einer Auswahl typischer Profilbilder sprechen S über die verschiedensten Arten von Fotos, die Menschen in sozialen Netzwerken hochladen, was sie damit ausdrücken (wollen) und wie sie das erreichen. Mithilfe eines ungeordneten Mustertextes zum Thema Selfies lernen die S die Struktur einer Erörterung kennen und setzen sich kritisch mit dieser Form der Selbstdarstellung auseinander. Anschließend schreiben sie selbst eine Erörterung zum Thema Tattoos.

S. 78

1 Profile pictures

Wortschatz **profile** • **standard** *(adj)* • **standard** *(n)* • **basic** • **basically** • **imaginative** • **puppy** • **creative** • **search for** sth. • **come up** • **Go ahead.** • °arty *(infml)*

Einstieg **SB geschlossen.** L präsentiert ein Profilbild einer bekannten Persönlichkeit und klärt im gelenkten Unterrichtsgespräch die Bedeutung und Absichten von Profilbildern, initiiert erste Äußerungen der S zu diesem Thema.

L: *Look at this profile picture. I found it on …* (Bildquelle angeben).

- *Whose profile picture do you think it is?*
- *What does this picture tell us about …?*
- *Do you think it's a good profile picture? Why (not)?*

Erarbeitung **a)** **SB geöffnet.** Bildbetrachtung, **1. Lesen** der zugehörigen Kurzbeschreibungen und Bildauswahl gemäß SB. Lernstärkere S begründen ihre Wahl. Anschließend sammeln die S zunächst in EA weitere typische Arten von Profilbildern (siehe auch Lösungsbeispiel) und tauschen sich im ▸ Partner talk zu ihren Ideen aus.

Auswertung ▸ Partner check und ggf. abschließende Ergebnissammlung durch Abstimmung im Plenum: *Who likes the standard profile picture / the goup picture / … best? Please raise your hands.*

L zählt die Stimmen, hält sie an der Tafel fest und notiert darunter ggf. weitere S-Ideen zu möglichen Profilbildern.

Lösungsbeispiel *I like the pet photo best because the dog looks funny / I also have a dog / pets are cute / … Other kinds of profile pictures could be:*

- *a photo of your last holiday / your favourite holiday place / famous sights / special holiday activities (extreme sports, …)*
- *a symbol or logo of a band / (sports) team / organization / … that you like or support*
- *a cool / funny party photo*
- *an object that has sth. to do with your hobby*
- *a romantic / beautiful / … photo that you took by chance (and that expresses your character / feelings)*
- …

Zusatz ▸ Blitzlichtrunde zum Thema: *What would you never use as a profile picture? Why (not)?*

More practice 1 p. 132 Talk about profile pictures

Erarbeitung **SB geöffnet.** Mithilfe der Redemittel aus den Auswahlboxen im SB tauschen sich die S im ▸ Partner talk darüber aus, welche Aussagen Profilbilder über die jeweilige Person ermöglichen und was man daraus schlussfolgern könnte.

Lösungsbeispiel *I think that profile pictures sometimes tell us a lot about a person. For example, a profile picture of a sunset at the beach might tell us that the person who uses it is very romantic.*

Perhaps he / she was there during his / her last holiday and liked it very much, or he / she remembers a nice evening there with a partner or some friends.

Erarbeitung

b) Gemäß SB. Als vorbereitende Hausaufgabe wählen S ein Profilbild aus (z. B. durch Recherche im Internet), machen sich dazu anhand der Arbeitsanweisung im SB Notizen (▸ Note-making) und versprachlichen diese im Rahmen einer ▸ One-minute presentation.

Hinweis: Abhängig von der Klassensituation kann L die S auch anregen, ihr eigenes Profilbild zu präsentieren.

More help p. 132 Lernschwächere S nutzen die vorgegebenen Redemittel zur Vorbereitung und Strukturierung ihrer Minipräsentation: Im ersten Schritt beschreiben sie das Bild; im zweiten Schritt begründen sie ihre Wahl und erklären, welche Rückschlüsse sie daraus auf die Person ziehen.

Auswertung

S tragen ihre Minipräsentation frei oder mithilfe der ▸ Read-and-look-up technique im Plenum vor. Die zuhörenden Mit-S geben Rückmeldung zu den Kriterien Aufbau / Struktur, Aussagekraft, Verständlichkeit / Aussprache sowie Nachvollziehbarkeit der Schlussfolgerungen. Für das Feedback kann L eine Checkliste vorgeben oder gemeinsam mit den S im Plenum erarbeiten, z. B.:

Checklist for your own talk and for giving feedback to your partners. (Fill in ☺ / 😐 / ☹.)	Presenter 1:	Presenter 2:	Presenter 3:
• *You presented an interesting profile picture.*			
• *You described the profile picture.*			
• *You used good phrases to describe it.*			
• *You said why you like it.*			
• *You explained what the picture tells us about the person.*			
• *You spoke clearly and fluently.*			
• *You looked at the audience.*			
• *You thanked the audience for listening.*			
• *You asked for questions and answered them.*			
• *You respected the time limit (1 or 2 minutes).*			
• ...			

Lösung Individuelle Lösungen.

▸ WB 5, p. 49

S. 79

2 Selfies

Wortschatz **vain • critic • actually • Box "actually"** (SB-Seite 227) **• post** *(v)* **• depressing • astronaut • artist • self-portrait • in other words • although • though • relax •** °logical • °modern-day

Einstieg Gelenktes Unterichtsgespräch zum Thema Selfies.

L: *What is a selfie? (...) Do you often take selfies? Why (not)? (...) When / Where / In which situations do you take them? (...)*

Alternative Einstieg mit Quiz zu einem verdeckten Gegenstand. Dazu präsentiert L entweder

a) eine Abbildung eines Selfiesticks (Whiteboard / Folie), die Stück für Stück aufgedeckt und erraten wird, oder

b) einen Selfiestick in einem undurchsichtigen Beutel zum Ertasten und Erraten.

Mögliche L-Impulse / Fragen: *Do you know what this is? (...) What do you use it for? (...)*

Erarbeitung **a)** **SB geöffnet.** Austausch über die Bilder A–C gemäß SB.

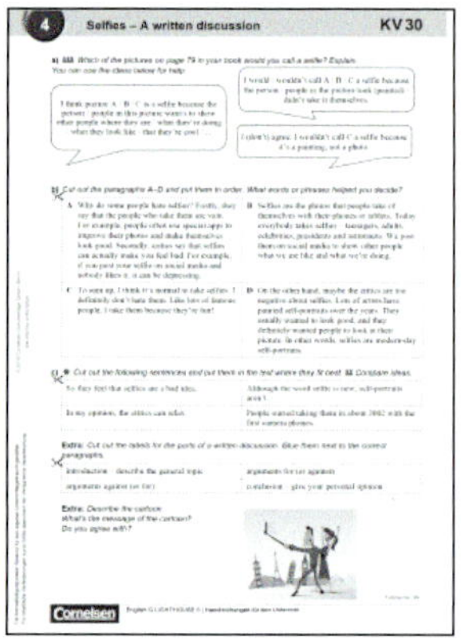

Differenzierung L stellt lernschwächeren S Redemittel für die Bildanalyse zur Verfügung (siehe Lösungsbeispiel oder Beispielsätze in den Sprechblasen auf ▸ KV 30: Selfies – A written discussion).

Auswertung Die Gruppen tauschen ihre Ideen mit einer weiteren Gruppe aus und präsentieren ihre Ergebnisse im Plenum.

Lösungsbeispiel *Photo A shows an astronaut / a man in a space shuttle. I think it is a selfie because he took this photo of himself to show us that he is in space and what he looks like in his gear.*
Picture B shows three young people who are taking a selfie. They want to show others where they are, what they're doing and that they're having a lot of fun. But I don't think the photo itself is a typical selfie because someone else must have taken it.
Photo C is an old painting, not a typical selfie. It's a portrait of a man in old-fashioned clothes. (I guess it's the portrait of the artist (Albrecht Dürer) himself (= a self-portrait), and he painted it to show others what he looks like. So maybe we could also call it an "old-fashioned selfie".)

Erarbeitung **b)** **1. Lesen** und Sicherung des Globalverstehens gemäß SB. Dazu suchen die S zunächst in den einzelnen Abschnitten (A–D) nach geeigneten Signalwörtern und -wendungen, die Hinweise auf die Abfolge der Argumentation geben (▸ Lesetechniken: *Scanning*). Wenn sie die vier Teile richtig zusammensetzen, erhalten sie einen Mustertext für eine Erörterung.

Differenzierung Lernschwächere S erhalten ▸ KV 30: Selfies – A written discussion mit den Absätzen aus **b)** sowie den Ergänzungssätzen aus **c)** zum Ausschneiden und (physischen) Zuordnen und Unterstreichen der Signalwörter und -wendungen.

Auswertung Vergleich im Plenum durch Vorlesen der Absätze in der richtigen Reihenfolge. Zu jedem Absatz nennen freiwillige S die jeweiligen Wendungen, an denen sie die richtige Position im Text erkannt haben (siehe blaue Angaben in Klammern im Lösungsbeispiel.

Lösung ***1** B (first sentence = definition of selfie + Today ...)* **• 2** *A (Firstly, ... = the first argument + (for) example; Secondly, ...)* **• 3** *D (On the other hand, ...; In other words, ...)* **• 4** *C (To sum up, ...)*

Zusatz

Mithilfe des Hinweises in der gelben Box zu **3** (SB-Seite 79 unten rechts) und des *SF 8.7 A written discussion* (SB-Seite 178) analysieren die S die Textstruktur und ordnen den Absätzen die passenden Labels zu (s. auch Extra-Aufgabe auf ▸ KV 30: Selfies – A written discussion):

- *Paragraph **1** (= B): introduction – describe the general topic*
- *Paragraph **2** (= A): arguments against selfies*
- *Paragraph **3** (= D): arguments for selfies*
- *Paragraph **4** (= C): conclusion – give your personal opinion*

Erarbeitung

c) Beim stillen **2. Lesen** finden die S zunächst in EA die Stelle im Text, die für die vier vorgegebenen Sätze jeweils am besten geeignet ist (Detailverstehen).

Differenzierung

Lernschwächere S erledigen diese Aufgabe in zwei Schritten.

- 1. Schritt: S schneiden die Sätze von ▸ KV 30: Selfies – A written discussion aus und ordnen sie zunächst nur grob den Abschnitten A–D zu (ggf. Kontrolle anhand eines Lösungsblatts, das auf dem Lehrertisch ausliegt).
- 2. Schritt: S finden in dem jeweiligen Abschnitt die am besten geeignete Stelle.

Auswertung

Vergleich gemäß SB zunächst im ▸ Partner check, danach im Plenum.

Hinweis: Möglicherweise ergeben sich in der Diskussion mehrere Varianten, die auch richtig sein können, aber aus bestimmten Gründen nicht optimal sind.

Lösung

- *So they feel that selfies are a bad idea. = Paragraph **2** (A); at the end.*
- *In my opinion, the critics can relax. = Paragraph **4** (C); at the end.*
- *Although the word selfie is new, self-portraits aren't. = Paragraph **3** (D); after the first sentence or at the end.*
- *People started taking them in about 2002 with the first camera phones. = Paragraph **1** (B); after the first sentence.*

More practice 2 p.132

More on the text

Erarbeitung

a) **SB geöffnet.** S wählen den treffendsten Titel für die Erörterung aus.

Hinweis: Diese Aufgabe kann ggf. auch bereits nach dem **1. Lesen** in Teilaufgabe **b)** erledigt werden.

Auswertung

▸ Partner check, anschließend Auswertung im Plenum.

Lösung

*title **2** (Selfies: Do you love them or hate them?)*

Erarbeitung

b) Anhand der Redemittel in den blauen Auswahlboxen beziehen die S mündlich im ▸ Partner talk oder im Plenum Stellung zur Schlussfolgerung der Erörterung zum Thema Selfies in **2** (SB-Seite 79) und begründen ihre Meinung.

Auswertung

Ergebnissammlung ggf. durch Abstimmung im Plenum. L: *Who agrees with the writer's conclusion about selfies? Please raise your hands. – Who doesn't like selfies? (Why?) (And who isn't sure?)* L zählt die Stimmen, hält sie an der Tafel fest und formuliert auf dieser Basis ggf. ein Fazit: *So most of the students in our class like selfies and only ... students think that selfies are boring / make you feel bad / ...*

Lösungsbeispiel

The writer likes selfies and I do too. I think it's fun to take selfies, and they are a nice way to remember a time when you felt good or when something exciting happened in your life.

3 WRITING For and against tattoos

Wortschatz **argument** • **Box "argument"** (SB-Seite 228) • **conclusion** • °read out

Erarbeitung **a)** **SB geöffnet.** Entsprechend der Aufgabenstellung im SB und der Vorlage in **2** planen und schreiben die S eine Erörterung, in der sie ihre persönliche Meinung zum Thema Tattoos äußern.

More help p.133 Lernschwächere S erhalten eine Sammlung von Argumenten zur Auswahl sowie eine Strukturierungshilfe für ihre *written discussion* mit nützlichen Redemitteln / Satzanfängen, die bereits den zentralen Textteilen *(introduction, arguments for / against, conclusion)* zugeordnet sind.

Alternative Die S erhalten auf ▸ KV 31: Structuring a written discussion eine kleinschrittige Anleitung und eine Tabellenvorlage zum Verfassen ihrer Essays sowie die Argumente aus dem *More help*, SB-Seite 133, zum Ausschneiden und Zuordnen. Bearbeitung gemäß der Schritte auf der KV:

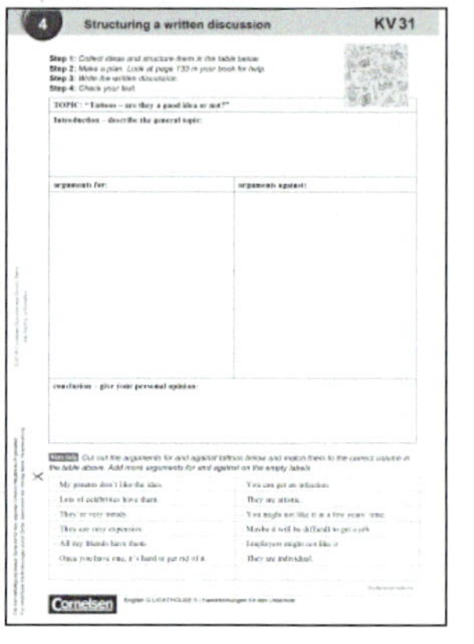

Step 1: S sammeln Argumente für und gegen Tattoos bzw. schneiden die auf der KV abgedruckten Argumente aus dem *More help*, SB-Seite 133, aus und ordnen diese den passenden Tabellenspalten *(arguments for / against)* zu. Dann ergänzen sie Ideen für Einleitung und Schluss in der jeweiligen Tabellenzeile *(introduction* bzw. *conclusion)*.

Step 2: S planen ihren Text, d. h. entscheiden, welche Argumente sie zuerst ausformulieren wollen und welche danach *(paragraph 2 or 3)*.

Step 3: Sie formulieren Einleitung, Hauptteil, Schluss aus.

Step 4: S kontrollieren / überarbeiten ihren Text und fertigen ggf. eine Reinschrift an.

Lösung Individuelle Lösungen.

Auswertung **b)** **Reading circle:** Gemäß SB kommentieren die S die Texte ihrer Mit-S nach der Methode des ▸ Reading circle. Abschließend werden die Texte mit mehreren / den meisten positiven Kommentaren laut im Plenum vorgetragen.

▸ WB 6–7, p. 49 ▸ DFF 4.4
▸ INKL pp. 66–67

Alternative ▸ Correcting circle: S lesen in Kleingruppen die Texte gegenseitig, geben Feedback zu sprachlichen und inhaltlichen Schwierigkeiten und machen ggf. Korrekturvorschläge. Dazu kann L gemeinsam mit den S im Plenum einen Kriterienkatalog erstellen oder die Checkliste auf ▸ KV 32: Reading circle A checklist for written discussions verteilen.

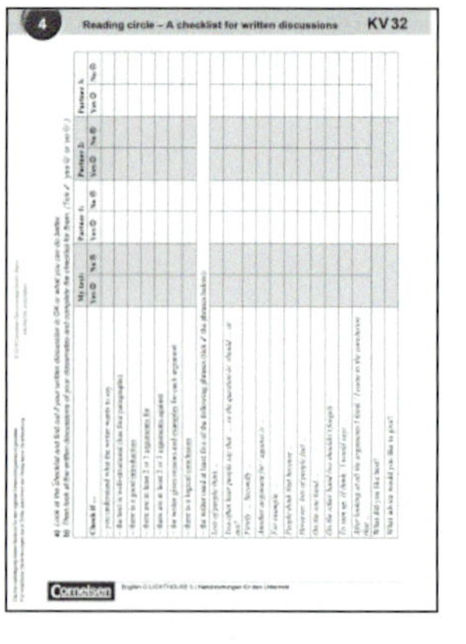

THEME 3 Targeting teens

Inhalt — Die S erfassen einen Lesetext zum Thema Werbung und wie Jugendliche davon beeinflusst werden. Im Anschluss erstellen die S ein Tagebuch zu Werbeannoncen und deren Einfluss auf sie bzw. sie analysieren ausgewählte Werbeannoncen und präsentieren ihre Ergebnisse mithilfe eines Posters.

S. 80

1 SPEAKING You and ads

Wortschatz — **target** sb. • **target** *(n)*

Erarbeitung — **a)** **SB geöffnet.** S tauschen sich im ► Partner talk über Werbeanzeigen in ihrem Umfeld aus. Dazu machen sie sich ggf. Notizen zu den drei *Pre-reading*-Fragen im SB (► Note-making).

Auswertung — S diskutieren ihre Ideen mit einem weiteren S-Paar. Anschließend stellen einzelne / freiwillige S ihre Ergebnisse im Plenum vor.

Lösung — Individuelle Lösungen.

Are you ad-savvy?

Wortschatz — **savvy** *(infml)* • **one in three** • **reduce** sth. **(by)** • **advertiser** • **Box "adverts and advertising"** (SB-Seite 228) • **design** *(v)* • **product** • **repeat** • °billboard *(AE)* • °coolhunter • °sample

Erarbeitung — **b)** Beim **1. Lesen** ergänzen die S ihre Vorüberlegungen aus **a)** um neue bzw. für sie überraschende Erkenntnisse zum Einfluss von Werbung auf Jugendliche.

Lösung — Individuelle Lösungen.

S. 81

2 Headings

Wortschatz — **strategy**

Erarbeitung — ◎ Zur Sicherung des Globalverstehens ordnen die S nach dem **1. Lesen** (ggf. auch erst nach dem **2. Lesen**) die vorgegebenen Überschriften den passenden Abschnitten zu.

//● p.134 Es handelt sich um eine Parallelübung auf zwei Niveaus. Lernstärkere S formulieren selbst Überschriften zu den fünf Textabschnitten.

Auswertung — ► Partner check, ggf. auch in leistungsheterogen zusammengesetzten Paaren (vorgegebene vs. frei formulierte Überschrift), abschließend Vergleich im Plenum. Gemäß der Vorlage im SB kann L die S-Vorschläge in Tabellenform festhalten (Tafel / Folie).

Lösung

	◎ **Heading**	**Paragraph**	//● **Individuelle Formulierungen, z. B.:**
1	*Advertising strategies*	*D*	*Tricks in ads*
2	*Teens influence teens*	*E*	*Teen vloggers and advertising*
3	*Ads can be bad for teens*	*B*	*Are ads dangerous for teens?*
4	*Looking for cool people*	*C*	*How to find out about new trends*
5	*Stop ads for teens today!*	---	---
6	*Teens are good customers*	*A*	*Why ads target teens*

3 WORDS

Erarbeitung S finden im Text auf SB-Seite 80 die passenden Wörter bzw. Wendungen.

Auswertung Vergleich durch ▸ Partner check oder / und im Plenum, z. B. als ▸ Meldekette (S1 liest Umschreibung aus dem SB, S2 nennt den passenden Begriff aus dem Text usw.).

Lösung ***1*** *fit in* • ***2*** *billboards* • ***3*** *reduce* • ***4*** *trends / styles* • ***5*** *products* • ***6*** *repeat* • ***7*** *jingle* • ***8*** *vlogger* • ***9*** *get ad-savvy*

4 MEDIATION The ad industry

Erarbeitung **SB geöffnet.** S lesen die deutschen Vorgaben bzw. Fragestellungen 1–5 und suchen im Artikel auf SB-Seite 80 gezielt nach den passenden Antworten, die sie mit eigenen Worten in Deutsch wiedergeben (mündlich oder auch schriftlich möglich).

Auswertung Vergleich im ▸ Partner check oder als ▸ Meldekette im Plenum. Dabei liest ein S die Aufgabenstellung vor, der Partner antwortet. Nach jedem Satz wechseln die S die Rollen.

Lösung

1 Jugendliche sollten über Werbestrategien Bescheid wissen, weil sie die Zielgruppe vieler Werbeannoncen sind. Nur wenn Jugendliche wissen, wie Werbung funktioniert, lassen sich die Gefahren / negativen Einflüsse von Werbung, wie z. B. Anregung zum Konsum von Alkohol, Fast Food, ... verringern.

2 Es gibt viele Jugendliche, die bereit sind, Geld auszugeben, um cool zu sein und dazuzugehören.

3 Produkte sehen in der Werbung oft besser aus als in der Realität (durch Fotomontage, ...). / Der Name des Produkts wird häufig wiederholt, damit man ihn nicht vergisst. / Werbung zeigt immer glückliche, schöne Menschen – und der Zuschauer möchte auch so sein. / Prominente aus Film, Musik und Sport werben für die Produkte – und bürgen für Qualität. / Werbung verspricht, dass es dir mit dem Produkt gut gehen wird und du cool wirst. / Werbung nutzt Musik / spezielle Jingles, die bei wiederholtem Hören (unbewusst) an das Produkt erinnern. / Es wird oft nicht die ganze Wahrheit gesagt (bzw. negative Seiten des Produktes gezielt verschwiegen, z. B. zu viel Zucker in Cola).

4 Die Werbeindustrie nutzt sogenannte *coolhunters*, d. h. Leute, die Jugendliche treffen, um herauszufinden, was cool ist.

5 Besonders interessant für die Werbeindustriue sind *teen vloggers* – also Jugendliche, die Videos ins Internet stellen, in denen sie zeigen, was sie gern mögen.

▸ DFF 4.5
▸ INKL pp. 68–69

More practice 3 p.134 Working with the text

Erarbeitung **SB geöffnet.** Zur Sicherung des Detailverstehens vervollständigen die S die vorgegebenen Satzanfänge. Dazu ggf. **2./3. Lesen** des Artikels auf SB-Seite 80 möglich.

Lösung

1 *..., they understand how ads work and know about the dangers / can reduce the dangers.*

2 *... they have money / they want to be cool and to fit in.*

3 *... by repeating a product name many times / by using stars from films, music and sport / by using special music jingles that make you think of a product when you hear them / by hiding the truth.*

4 *... what is cool: new trends / different and interesting styles.*

5 *... they tell the world what they like on the internet.*

More practice 4 p.134 TV fun

Erarbeitung **a) / b)** Diese Aufgabe ist sehr gut als freiwillige HA oder Projekt geeignet (PA oder GA möglich).

Hinweis: Um die Analyse zu erleichtern und die Ergebnispräsentation in **b)** zu illustrieren, können die S die interessantesten Werbespots aufnehmen.

Auswertung **b)** S präsentieren ihre Ergebnisse im Plenum, ggf. anhand der Realia aus **a)**. Dazu können die S „ihre" Werbespots nach jedem Trick stoppen, um diese einzeln / schrittweise zu analysieren.

Lösung Individuelle Lösungen.

---

5 ACTIVITY Get ad-savvy!

Wortschatz **irritate**

Erarbeitung S entscheiden sich für eine der folgenden Aufgaben. Beide können am besten zu Hause erledigt bzw. vorbereitet werden und sind deshalb als längerfristige HA geeignet.

Your ad diary

Erarbeitung **a) / b)** Anhand der Leitfragen im SB führen die S ein Tagebuch über Menge, Qualität und Formen von Werbung, die ihnen an einem bestimmten Tag über unterschiedliche Kanäle (Plakate, TV- / Radiowerbespots, Internet, ...) begegnen. Sie kommentieren sie im Hinblick auf Adressatengerechtheit etc. und präsentieren ihre Ergebnisse im Plenum.

Lösung Individuelle Lösungen.

Ad report

Erarbeitung **a)–c)** Diese Aktivität ist auch gut für PA oder GA geeignet. Entsprechend der Aufgabenstellung sammeln die S möglichst viele Werbeannoncen aus unterschiedlichen Quellen und analysieren sie im Hinblick auf typische Tricks, die sie dann mithilfe eines Posters oder ggf. einer elektronischen Präsentation in der Klasse vorstellen.

Lösung Individuelle Lösungen.

► WB 8–9, p. 50–51

More practice 5 p.134 Your own advert

Erarbeitung **SB geöffnet.** Gemäß SB. Gut als freiwillige HA oder Projekt (ggf. in GA) geeignet.

Hinweis: Die Aufgaben *MP 4* und *5* sowie *MC 2* (SB-Seite 134) können so eingesetzt werden, dass die S aus diesen drei Aufgaben wählen, aber eine verpflichtend erledigen.

Auswertung Präsentation der Werbeanzeigen im Plenum; die Mit-S nennen die verwendeten Tricks.

Lösung Individuelle Lösungen.

More challenge 2 p.134 WRITING Your opinion

Erarbeitung **SB geöffnet.** Gemäß SB in EA. Zum Verfassen ihrer Stellungnahme nutzen die S eigene Erfahrungen sowie Informationen aus dem Lesetext und wiederholen bei Bedarf wesentliche Kriterien anhand des *SF 8.2 Writing a comment* (SB-Seite 174).

Lösung Individuelle Lösungen.

FOCUS ON LANGUAGE

Inhalt Ausgehend von einem Artikel über eine aus dem Ruder gelaufene Party erarbeiten die S Bildung und Gebrauch der *conditional sentences (type 3)* um auszudrücken, was passiert wäre, wenn.

S. 82

1 Social media: what can go wrong

Struktur *Conditional sentences type 3:* Präsentation im Kontext

Einstieg **SB geschlossen.** *Pre-Reading*-Aufgabe: L schreibt die Überschrift des Artikels an (Tafel / Folie) und lässt die S anhand einer *Multiple choice*-Auswahl über deren Bedeutung spekulieren (Vorentlastung zentralen Wortschatzes).

L: *We're going to read an article called 'Hundreds of teenagers gatecrash party'. What does '(to) gatecrash a party' mean?*

- *(to) arrive at a party too early*
- *(to) destroy things in and around the house during a party*
- *(to) go to a party without an invitation (✓)*
- *(to) have great fun, sing and dance at a party*
- *(to) make neighbours angry by playing loud party music*

Überprüfung der Vermutungen beim **1. Lesen** (Globalverstehen).

Überleitung L: *Let's read the article on page 82 and find out if you were right.*

Hundreds of teenagers gatecrash party

Wortschatz **gatecrash (a party) • gatecrasher • a while • reach (**sb. / **a place) • damage** *(no pl)* **• clean-up • fault • learn a / your lesson • teach sb. a lesson • straight away**

Erarbeitung **a)** **SB geöffnet.** S lesen zunächst die Fragen 1–4 und suchen beim **1. Lesen** gezielt nach den passenden Antworten im Text.

Auswertung Vergleich durch ► Partner check (ggf. **2. Lesen** zur Kontrolle oder Ergänzung fehlender Antworten möglich); abschließend Ergebnissicherung im Plenum.

Lösung
1 Lots of the over 200 people at the party were gatecrashers = hadn't been invited. The owner of the house was not there and his 15-year-old daughter didn't know the gatecrashers and couldn't control the situation.
2 Leah (had) sent out the invitation to her birthday party on social media.
3 Mr Smith went out; he left his mobile at home.
4 Neighbours (phoned the police).

► DFF 4.7

Erarbeitung **b)** Anhand der im Text beschriebenen Verkettung unglücklicher Umstände und der vorgegebenen Redemittel formulieren die S mögliche Handlungsalternativen für Leah. (Was hätte ich an Leahs Stelle in dieser Situation (nicht) getan?) Sie schreiben die komplettierten Sätze in ihr Heft. (L kann Mindestanzahl vorgeben, z. B. *Write at least five sentences.*)

Auswertung Vorlesen der ausformulierten Sätze im Plenum, z. B. in Form einer ► Meldekette (S1: *I would / wouldn't have ... – What about you, S2? – ...*).

Alternative Die Teilaufgaben **b)** und **c)** können in PA arbeitsteilig erledigt und dann abwechselnd vorgelesen werden.

Lösungsbeispiel *I wouldn't have used social media (for the invitations).*
I would have sent the invitations by email. / I would have phoned my friends or written a message to my friends to invite them (personally) to my party.
I would have asked my dad to take his phone.
I wouldn't have let my dad leave.
I would have called the police.

Erarbeitung **c)** Anhand der im Text beschriebenen Verkettung unglücklicher Umstände und der vorgegebenen Redemittel formulieren die S mögliche Handlungsalternativen für Leahs Vater. (Was hätte ich an seiner Stelle in dieser Situation (nicht) getan?) Sie schreiben die komplettierten Sätze in ihr Heft. (L kann Mindestanzahl vorgeben, z. B. *Write at least five sentences.*)

Auswertung Vorlesen der ausformulierten Sätze in Form einer ▸ Meldekette (S1: *I would / wouldn't have ... – What about you, S2? – ...*).

Lösungsbeispiel *I would have helped Leah organize the party.*
I wouldn't have left Leah alone in the house. / I would have stayed at home.
I would have checked that I had my phone.
I would have phoned Leah to check if everything was OK.

Zusatz Zur Bewusstmachung bzw. Vertiefung der zu verwendenden grammatischen Form (z. B. nach der induktiven Regelableitung in Aufgabe **2** unterstreichen S die Verbformen in ihren Sätzen: *would have + past participle*.

S. 83

Erarbeitung **d)** Gemäß SB. Die S übertragen die komplettierten *Conditional sentences type 3* ins Heft.

Auswertung Mündlich im ▸ Partner check. Dabei liest ein S den Satzanfang vor, den der Partner vervollständigt. Nach jedem Satz wechseln die S die Rollen. Ggf. Vergleich im Plenum, z. B. in Form einer ▸ Meldekette.

Lösung ***1** C • **2** D • **3** B • **4** A*

2 *If I had ...* (Conditional sentences type 3)

Wortschatz **type (of)**

Struktur *Conditional sentences type 3:* Induktive Regelableitung

Erarbeitung **SB geöffnet.** Anhand des Beispielsatzes aus der Sprechblase (ggf. an Tafel übertragen) und der Fragen 1–3 in der FOCUS-Box erfassen die S die Bedeutung und Bildungsregeln der *Conditional sentences type 3.*

Hinweis: Um den S zu helfen, die Funktion zu verstehen, kann L den deutschen Satzanfang: „Was wäre gewesen, wenn ..." vorgeben.

Auswertung Vergleich der Antworten im Plenum.

Lösung ***1** No, she wasn't (careful). • No, it wasn't OK. / Everything went wrong.*
2** If + (c)* ***past perfect *(had + past participle)* → Verbform im Nebensatz rot unterstreichen
***3 would** + **have** + past participle* → Verbform im Hauptsatz grün unterstreichen

Zusatz Zur Bewusstmachung bzw. Vertiefung der zu verwendenden grammatischen Form unterstreichen die S nach der induktiven Regelableitung die Verbformen in den im Heft zusammengeführten Satzhälften aus **1d)** mit unterschiedlichen Farben (analog zum Beispielsatz in 2: *If + had + past participle* = rot; *would + have + past participle* = grün).

3 What would you have done?

Wortschatz **theme park**

Struktur *Conditional sentences type 3:* Passive Anwendung

Erarbeitung Gemäß SB. Die S übernehmen die von ihnen ausgewählten Antwortmöglichkeiten ins Heft.

// ● p.135 Es handelt sich um eine Parallelübung auf zwei Niveaus. Lernstärkere S formulieren selbstständig in ihrem Heft, was sie getan hätten: *I would / wouldn't have ...*

Auswertung Vergleich im Plenum, z. B. als ► Meldekette: S1 liest Bens Vorgabe; S2 liest die eigene Reaktion darauf. Zur Steigerung des Sprachumsatzes kann L die S auffordern, im Anschluss an ihre eigene Aussage ggf. die Frage, was sie in dieser Situation getan hätten, an weitere S zu richten: *I would have gone to the party. – What about you, S3 /...?*

Lösung Individuelle Lösungen.

4 Oh dear, what a shame!

Wortschatz **a shame** • °bracket

Struktur *Conditional sentences type 3:* Aktive Anwendung

Erarbeitung S übertragen die Lückensätze ins Heft und ergänzen dabei die jeweils fehlende Verbform. Auch als schriftliche HA geeignet.

Hinweis: Gerade in lernschwächeren Lerngruppen kann L ggf. anhand des ersten Satzes ausdrücklich darauf hinweisen, dass entweder die Form im *If*-Satz *(past perfect)* oder die Form mit *would have + past participle* gesucht ist.

// ● p.135 Es handelt sich um eine Parallelübung auf zwei Niveaus. Lernstärkere S ergänzen beide Verbformen.

Auswertung Diese Aufgabe eignet sich gut für ► Partner check, besonders in heterogenen zusammengesetzten Paaren. Dabei kann der lernschwächere S anhand der Vorgaben im SB besonders darauf achten, ob die genannte Lösung für die zweite Lücke in der schwierigeren Übung richtig ist. Abschließend Ergebnissicherung im Plenum.

Lösung
*2 If I **had worked** harder, I **would have got** better marks.*
*3 If I **hadn't chatted** for so long, I **wouldn't have missed** it (= the bus).*
*4 If I **had remembered** my book, I **would have done** my homework.*
*5 If I **had known** that she wanted to come, I **would have phoned** her.*
*6 If I **had worked** in the holidays, I **would have earned** some (money).*

► WB 10, p. 52 ► DFF 4.6
► INKL p. 73

Zusatz In Form einer Ausrede-Kette formulieren die S mündlich reihum im Plenum *Conditional sentences type 3*, indem sie den jeweiligen Hauptsatz wieder als Bedingung verwenden. Dazu kann L folgenden Anfang vorgeben (Tafel / Folie):

If I had set my alarm clock, I wouldn't have got up late. – If I hadn't got up late, I wouldn't have ... (missed the bus). If I hadn't missed the bus, I ... (wouldn't have been late for school). – If I hadn't been late for school, my teacher ... (wouldn't have been angry). – If my teacher hadn't been angry, he ... (wouldn't have given me some extra homework). – If he hadn't given me extra homework, I ... (would have had time to meet my friends). – If I had had time to meet my friends, we ...

More challenge 3 p.135 **Poor me!**

Wortschatz °crash

Struktur *Conditional sentences type 3:* Aktive Anwendung

Erarbeitung **SB geöffnet.** S vervollständigen die Bedingungssätze (Typ 3) in den Sprechblasen im SB und verwenden dabei die Verben in den passenden Zeitformen.

Auswertung ► Partner check und ggf. Präsentation im Plenum

Lösungsbeispiel *If I hadn't got up late, I wouldn't have missed the bus. • If I had caught the bus, I wouldn't have taken my bike. • If the car driver hadn't suddenly opened the door, I wouldn't have fallen off my bike. • If I hadn't crashed, I wouldn't have hurt myself. • I wouldn't have been in hospital if I hadn't hurt myself. • If I hadn't been in hospital, I would have gone to school.*

TEXT Gamer

Inhalt

In dem Auszug aus der Dystopie *Gamer* von Chris Bradford gerät der Protagonist Scott durch das Computerspiel *Virtual Kombat* in eine gefährliche Lage, in der sich virtuelle und reale Welt immer stärker zu vermischen scheinen.

Teil 1: Waisenjunge Scott, der wie viele andere Kinder auch seine Eltern durch einen mysteriösen Virus im Jahr 2030 verloren hat, sucht Ablenkung von den Alltagsproblemen in dem sehr realistischen Computerspiel *Virtual Kombat*, das nahezu zeitgleich mit dem tödlichen Virus bekannt wurde.

Teil 2: Scott verteidigt die jüngeren Zwillinge Tommy und Tammy und deren rares Brot gegen die Mitglieder einer Jugendgang, Stick und Juice. Dadurch gerät er selbst in den Fokus und muss vor der Gang und deren bewaffnetem Anführer Shark die Flucht ergreifen.

Teil 3: Scott versucht, über die Dächer zu entkommen, doch die Bande, allen voran Shark, bleibt ihm auf den Fersen. Nach einigen gefährlichen Manövern hat Shark ihn erreicht und zieht das Messer. In diesem Augenblick ertönt die Erkennungsmelodie von *Virtual Kombat*.

Teil 4: Scott begibt sich zu einem weißen LKW, wo Testpersonen für *Virtual Kombat* gesucht werden. Die Aussicht auf ein normales Leben mit Essen, Schlafplatz und Schule verleitet ihn dazu, sich in den LKW – eine Art mobile Spielekonsole – zu begeben. Dort trifft er sowohl auf Shark als auch auf Tommy, der ihm seinen Platz als Tester abtritt.

S. 84–87

1 Before you read

Erarbeitung

a) **SB geöffnet.** Die S machen sich zunächst in EA Notizen zu den Fragen 1–3 im SB (▶ Note-making) und diskutieren anschließend mit ihrem Partner darüber (▶ Partner talk).

Auswertung

S halten die Ergebnisse des ▶ Partner talk auf jeweils einem Blatt fest *(**1** what the story is about, **2** my experiences with computer games, **3** risks with computer games)*. Anschließend wandern sie einzeln oder paarweise von Tisch zu Tisch (max. fünf Wechsel), lesen die Antworten ihrer Mit-S und markieren dabei diejenigen, die ihnen besonders gut gefallen, mit einem farbigen Punkt. Die meistmarkierten Antworten werden dann im Plenum vorgestellt.

Lösungsbeispiel

1 *I think this story is about a computer game. In this game a boy with a green hoodie seems to be in trouble. Perhaps the people in the game are fighting for food / some bread and two bigger boys (members of a gang) are attacking two smaller children because they want to steal their bread. The boy with the green hoodie wants to help, but then he must escape from the gang and their leader, who has a knife. At the end the small boy and the gang leader are sitting in front of computers in the VK truck. Maybe they are playing computer games or taking part in a game show.*
2 Individuelle Antworten.
3 *Some computer games are really violent. The characters often have to use weapons and kill other characters. People who play computer games might become more violent if they mix up reality and virtual games. There is also the risk of becoming addicted to computer games.*

Erarbeitung
▶ 3.03

b) **1. Lesen / Hören**, ggf. im ▶ Mitleseverfahren: S erarbeiten den Text zunächst in EA und überprüfen dabei zur Sicherung des Globalverstehens ihre Vermutungen zu Frage 1 aus **a)**.

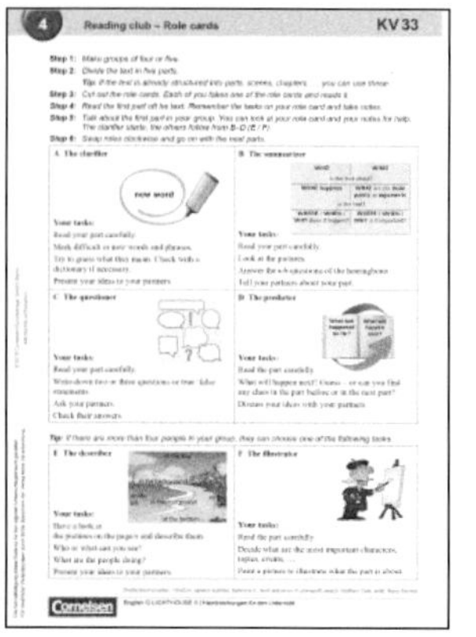
Reading club – Role cards
KV 33

Hinweis: Der Text eignet sich auch gut für die Methode des reziproken Lesens, siehe auch ▶ KV 33: Reading club – Role cards. Dabei machen sich die S gemäß der Aufgabenstellungen auf den Rollenkarten aus unterschiedlichen Blickwinkeln Notizen zu den vier Abschnitten der Geschichte.

Differenzierung Lernschwächere S bearbeiten die einfachere Textversion mit den zugehörigen differenzierten Aufgaben im Anhang (SB-Seiten 136–138; Kommentar siehe HRU-Seite 193f.

Gamer (adapted from the novel by Chris Bradford)

Wortschatz

S. 84: onto • virtual • combat • unwanted • killer • virus, *pl* **viruses • catch** sth. **• realistic •** the most realistic game **ever •** I haven't eaten **in days • °heavyweight • °turn away • °spread** sth., **spread, spread • °army • °take over • °energy • °torture**

S. 85: backstreet • rich • leave sb. **alone • finder • Finders keepers, losers weepers. • creep up (on** sb.**), crept, crept • drop • till • idiot • ... is bad news. • twins** *(pl)* **• twin sister / brother • °step • °weapon •** °lad *(infml)* • °sis *(infml)* • °pick on sb. • °Zap off. *(infml)*

S. 86: grin (at sb.**) • roof • fire escape • ladder • °frightened • Box 'frighten, frightened, frightening'** (SB-Seite 231) **• °shake, shook, shaken • °leather • °no need for** sth. **/ no need to do** sth. **• °know** sth. **like the back of your hand • °short cut • °choice • °crash • °flash • °freeze, froze, frozen •** °close on sb.

S. 87: mobile *(adj)* **• I can't ..., can I? • Box "Question tags (Frageanhängsel)"** (SB-Seite 230)

INFO-BOX Chris Bradford: *Gamer*

Chris Bradfords 2012 erschienenes Jugendbuch *Gamer* ist Teil einer Reihe von Büchern des Verlags *Barrington Stoke*, die mit relativ großer Schrift und geringem Umfang für Jugendliche mit Dyslexie entworfen wurden. Der Roman wird von der britischen Initiative *Dyslexia Action* empfohlen und wurde 2014 für den *Brilliant Book Award* sowie 2015 für den *Leicester Our Best Book Award* nominiert. Bradford beschreibt sich selbst als *Method writer*, der die Authentizität der Charaktere und Stimmen in seinen Romanen zu gewährleisten versucht, indem er sich bestmöglich in die Figuren und ihre Umwelt hineinversetzt. Für die preisgekrönte Jugendbuchserie *Young Samurai* lernte der Autor das Fechten mit Samurai-Schwertern sowie fernöstliche Kampftechniken wie Karate, Judo, Muay Thai und Kickboxen. Für die neu erschienene *Bodyguard*-Reihe absolvierte Bradford eine intensive Ausbildung zum Personenschützer, in deren Rahmen er sich Fähigkeiten zum unbewaffneten Kampf sowie zur Überwachung und Evaluation von Bedrohungen aneignete. Der dystopische Roman *Gamer* entfaltet sich um den 16-jährigen Protagonisten Scott, der für den Spielehersteller *Virtual Kombat* als Tester arbeitet. Seit im Jahr 2030 zahlreiche Erwachsene einem tödlichen Virus zum Opfer fielen, sind viele Waisenkinder auf der Straße einer rauen und gewalttätigen Umwelt ausgesetzt . Einige von ihnen schlagen sich als Tester durch, jedoch fällt es den Spielern zunehmend schwer, zwischen den harten Gesetzen ihrer Realität und den gewaltsamen Kämpfen in der virtuellen Welt zu unterscheiden. Auch Scott kämpft als *Gamer*, um zu überleben, steht jedoch bald vor der Frage, ob das virtuelle Spiel realer ist, als zunächst angenommen.

2 Which part ...

Erarbeitung S überfliegen den Text noch einmal abschnittsweise und ordnen die vorgegebenen Kurzbeschreibungen den passenden Teilen der Geschichte zu.

Auswertung Kontrolle durch ► Partner check (ggf. mit Lösungsblatt) oder / und Ergebnissicherung im Plenum.

Lösung

Part 2 *shows us what kind of person Scott is.*
Part 1 *gives information about street kids.*
Part 4 *gives some hope for Scott's future.*
Part 3 *describes an exciting race through the city.*

3 Information in the text

Erarbeitung

Gemäß SB. Die S übertragen die vervollständigten Sätze ins Heft.

Auswertung

Kontrolle durch ▸ Partner check (ggf. mit Lösungsblatt) oder / und Vorlesen der komplettierten Sätze im Plenum.

Lösung

1 ... their parents were killed by a virus in 2030. / ... the killer virus of 2030 killed their parents.
2 ... there are restaurants where the rich people eat. (These restaurants even throw food into big bins.) The rich people still go out to the huge shopping malls in their big cars.
3 ... he played / used to play video games like 'Street Fighter' when his parents were alive. He trained every day.
4 ... they share their bread with him. (Tammy gives him more than half of the bread.)
5 ... he can use it to escape from Shark's gang over the roofs.
6 ... will have the chance of a normal life: food every day, a bed and school.

4 Characters in the story

Erarbeitung

a) S wählen sich zwei oder mehr Figuren aus der Geschichte aus *(Scott, Tommy, Tammy, Shark, Juice, Stick)*. Beim **2. Lesen** der Geschichte (oder der betreffenden Stellen) fertigen sie sich gemäß der Überschriften im SB Notizen zur Personenbeschreibung an – z. B. in einer Tabelle (siehe Lösungsbeispiel).

Alternative

Die Aufgabe ist auch sehr gut geeignet, um sie im ▸ World Café zu bearbeiten: In der Klasse werden mehrere (hier: sechs) Gruppentische aufgebaut und mit mehreren fixierten Flipchartbögen bespannt. Auf jeden Tisch werden mehrere dicke Stifte verteilt und ein Aufgabenblatt (hier: *name of character, age, personality, appearance, what you think of him / her*) ausgelegt. Die Klasse wird in Gruppen aufgeteilt und die S begeben sich zu einem der Tische. Dort übernimmt ein S die Rolle des Gastgebers, der die Diskussion moderiert. Die S halten ihre Ergebnisse auf dem Flipchartbogen fest und wechseln auf ein akustisches Zeichen in die nächste Gruppe. Der Gastgeber bleibt am Tisch und informiert die neuen Gäste, die die Ergebnisse der vorherigen Gruppe ergänzen. Es können mehrere Runden durchgeführt werden. Am Ende kehren die Gruppen in ihre Ursprungsgruppe zurück und informieren ihren Gastgeber über die anderen Gruppenergebnisse.

Auswertung

b) **Walk around:** Partnerkontrolle und Austausch über die Figuren gemäß SB als ▸ Milling-around activity.

Alternative

▸ Partner check: Zu diesem Zweck treffen sich die S an vorbereiten Plätzen: L legt Zettel mit den Namen der sechs Personen im Klassenraum aus, die S begeben sich dorthin und vergleichen / ergänzen ihre Notizen mit einem Mit-S ihrer Wahl bzw. ihres jeweiligen Lerntempos (▸ Lerntempoduett). Auf diese Weise können schnellere S mehr Charaktere analysieren und ihre Ergebnisse vergleichen.

Lösungsbeispiel

In Tabellenform:

name	age	personality	appearance	what you think of him / her
Scott	*teenager*	*tough, helpful, fair, brave, sporty, energetic*	*tall, slim, dark hair, wears a green hoodie and jeans*	*I think Scott is a good fighter who helps other people when they have problems. I like him, although he seems to be a bit °careless or to love taking risks (e.g. when he starts fighting against Shark's whole gang).*

name	age	personality	appearance	what you think of him / her
Tommy	*young boy, Tammy is his twin sister*	*tough, very helpful friendly*	*small, skinny, blond hair, blue eyes*	*I like Tommy because his life is really hard, but he tries to help people who have less than he has. He seems to be brave and helpful and he feels responsible for his sister. (He offers Scott his place on the VK truck although he needs food, a bed and the chance of a normal life too, but he doesn't want to leave his sister.)*
Tammy	*young girl, Tommy's twin sister*	*tough, very helpful, afraid of the gang, shy*	*small, skinny, blond hair, blue eyes*	*I think she's a tough girl and knows what she has to do to °survive. She offers Scott some bread although she doesn't have enough to eat. She doesn't say much – maybe she's a bit shy.*
Shark	*teenager / young adult*	*a bully, rude, violent, strong, mean, gang leader*	*black leather jacket, broken teeth (looks like a shark), blond hair, blue eyes, fast runner*	*I don't like him because he's very rude and violent. He would kill people just for a loaf of bread.*
Juice	*teenager / young adult*	*a bully, rude and violent, °cowardly (needs the help of the gang to fight against Scott and Tommy)*	*grey T-shirt, shorts, smaller than Stick, short, with dark red hair*	*I don't like him because I think he's violent and mean. I think Juice and Stick are bullies who only feel strong in a group and who like to bully / hit / °pick on smaller kids.*
Stick	*teenager / young adult*	*a bully, rude and violent, cowardly (needs the help of the gang to fight against Scott and Tommy)*	*black, long shirt, taller than Juice*	*I don't like him at all. He's violent and he only thinks of himself. He doesn't even want to share the stolen bread with his friend Juice.*

Zusatz Leistungsstärkere S formulieren ihre Notizen zu ihrer Lieblingsfigur (ggf. auch zu mehreren Figuren) zu einer kurzen Personenbeschreibung aus.

More practice 6 p. 139 An email to Scott

Wortschatz °hopeful

Erarbeitung Gemäß SB. Die S notieren die passenden Lösungswörter zu den Lücken 1–12 im Heft oder übertragen den gesamten komplettierten E-Mail-Text ins Heft (gut als schriftliche Hausaufgabe geeignet).

Auswertung Selbstkontrolle mit Lösungsblatt.

Lösung ***(1)*** *about* • ***(2)*** *scary* • ***(3)*** *happy* • ***(4)*** *died* • ***(5)*** *twins* • ***(6)*** *gang* • ***(7)*** *brave* • ***(8)*** *bread* • ***(9)*** *escaped* • ***(10)*** *win* • ***(11)*** *games* • ***(12)*** *from*

5 WRITING An email to the author

Erarbeitung S machen sich zunächst Notizen zu den Leitfragen im SB (▸ Note making; Wörterbuch erlaubt). Beim Ausformulieren ihrer E-Mail an den Autor können sie sich an der (Struktur-) Vorlage aus *More practice 6* (SB-Seite 139) sowie den formalen Kriterien aus *SF 8.3 Writing an email / a letter* (SB-Seite 174) orientieren.

Auswertung Kontrolle und Feedback zu den E-Mail-Entwürfen kann in einer Schreibkonferenz (▸ Correcting circle) in Gruppen à vier bis fünf S mit verteilten Rollen bzw. Zuständigkeiten erfolgen:

- S1: Inhalt (anhand der Leitfragen im SB)
- S2: Rechtschreibung
- S3: Zeiten
- S4: Struktur (anhand *SF 8.3 Writing an email / a letter*, SB-Seite 174)
- evtl. S5: Satzbau / Wortschatz / ...

Anschließend überarbeiten die S ihre eigene E-Mail in EA. Die gelungensten Versionen können in der ▸ English corner ausgehängt oder / und im ▸ Gallery walk gewürdigt werden.

Lösungsbeispiel *Dear Mr Bradford*
I read your book 'Gamer' and I think the story is very good and interesting. I really like the main character, Scott, especially the scene when he first meets and helps Tammy and Tommy. I don't like Shark because he seems to be very violent and in some ways stupid and cowardly (because he needs his gang to feel strong).
The setting of the story is interesting because the characters seem to live in two different worlds, the real one and the virtual one. The mood of the story is rather dark and scary. The characters have to fight to survive, and there are dangerous gangs who threaten young children. The scene when Juice hits Tammy made me feel angry and sad. I hope we won't have to deal with problems like that in our future.
'Gamer' also shows the risks of computer games. They can seem very real and the user might even mix up the real and the virtual world.
I am looking forward to your next book.
Yours XXX

▸ WB 15–17, p. 55 ▸ INKL pp. 70–72

Alternative Alternativ bearbeiten S die ▸ KV 34: Gamer – RAFT in der Methode ▸ RAFT. Diese liefert eine Aufgabenauswahl zur Angebotsdifferenzierung, wobei die Aufgabe **5** des SB integriert wurde.

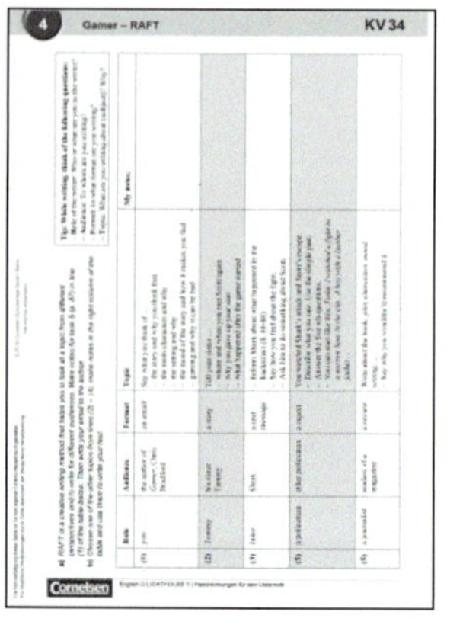
4 Gamer – RAFT KV 34

More challenge 4 p.139 **WRITING A blurb**

Erarbeitung

S erstellen anhand des Musters aus Unit 3 (SB-Seite 62, **1**) einen Klappentext *(blurb)* für *Gamer*. L wiederholt ggf. vorab die Merkmale der Textsorte im Plenum *(tells the reader what the text / story is about = very short summary, main characters, open ending (to get the reader interested, ...)*.

Auswertung

Vergleich durch ► Partner check; z. B. im ► Lerntempoduett mit anderen S, die diese Zusatzaufgabe bearbeitet haben. Abschließend können einzelne / freiwillige S ihre *blurbs* im Plenum vorlesen.

Lösungsbeispiel

'Gamer' by Chris Bradford is a science fiction story: Street kid Scott loses his parents to a killer virus in 2030. The realistic computer game 'Virtual Kombat' helps him to escape from his dull life in the real world. But Scott soon realizes that the virtual world has a strong influence on his life – and there are lots of dangers, like Shark and his gang ...

S. 136–138 TEXT

TEXT – Easier version

Gamer (adapted from the novel by Chris Bradford)

Wortschatz

S. 136: onto • virtual • combat • unwanted • killer • virus, *pl* **viruses • catch** sth. **• realistic •** the most realistic game **ever •** I haven't eaten **in days • backstreet • rich • leave** sb. **alone • finder • Finders keepers, losers weepers.**

S. 137: creep up (on sb.**), crept, crept • drop • till • idiot • ... is bad news. • twins** *(pl)* **• twin sister / brother • grin (at** sb.) **• roof • fire escape • ladder • fire escape ladder • mobile • I can't ..., can I?**

Erarbeitung
► 3.04

Der gemeinsame Einstieg in die Geschichte erfolgt im ► Partner talk anhand der Fragen aus der *Pre-reading*-Aufgabe **1a)** (*Before you read*, SB-Seite 84); nähere Details zu dieser Aufgabe siehe auch HRU-Kommentar-Seite 184.

Anschließend wählen lernschwächere S die kürzere und leichtere Version der Geschichte mit dem angepassten Aufgabenapparat im Anhang: **1. Lesen / Hören**, ggf. im ► Mitleseverfahren, und Sicherung des Globalverstehens gemäß Aufgabe **1b)**, siehe auch HRU-Seite 184.

2 Which part ...

Erarbeitung

S überfliegen den Text noch einmal abschnittsweise und ordnen die vorgegebenen Kurzbeschreibungen den passenden Teilen der Geschichte zu.

Auswertung

Kontrolle durch ► Partner check (ggf. mit Lösungsblatt) oder / und Ergebnissicherung im Plenum.

Lösung

Part 2 *shows us what kind of person Scott is.*
Part 1 *gives information about street kids.*
Part 4 *gives some hope for Scott's future.*
Part 3 *describes an exciting race through the city.*

3 Information in the text

Erarbeitung — Gemäß SB. Die S suchen in den angegebenen Textpassagen gezielt nach den fehlenden Detailinformationen und übertragen die vervollständigten Sätze ins Heft.

Auswertung — Kontrolle durch ▸ Partner check (ggf. mit Lösungsblatt) oder / und Vorlesen der komplettierten Sätze im Plenum.

Lösung — ***1*** *a killer virus.* • ***2*** *rich* • ***3*** *dad.* • ***4*** *a big piece of bread.* • ***5*** *the roof.* • ***6*** *food every day, a bed and the chance of a normal life.*

4 Characters in the story

Erarbeitung — **a)** S wählen sich eine Figur aus der Geschichte aus *(Scott, Tommy, Tammy, Shark, Juice, Stick)*. Beim **2. Lesen** der Geschichte (oder der betreffenden Stellen) fertigen sie sich gemäß der Überschriften im SB Notizen zur Personenbeschreibung an – z. B. in einer Tabelle.

Auswertung — **b)** **Walk around:** Partnerkontrolle und Austausch über die Figuren gemäß SB als ▸ Milling-around activity.

Lösungsbeispiel — Siehe Lösungstabelle im Kommentarteil zu Aufgabe **4**, HRU-Seite 186/187.

5 WRITING An email to the author

Erarbeitung — Die S übertragen das E-Mailgerüst aus dem SB ins Heft und vervollständigen dabei die Lücken. Kreativere S können weitere Kommentare an den Autor ergänzen.

Auswertung — Vergleich durch ▸ Partner check oder / und Vorlesen im Plenum.

Lösungsbeispiel —
Dear Mr Bradford
I read your book 'Gamer', and I thought it was ***good / great / exciting****. The main character is Scott and I think he's* ***very brave and helpful****. I really liked it when he* ***helped the twins Tammy and Tommy****. The setting for this story is very interesting because* ***it shows two different worlds in the future, a real and a virtual one****. I think the story is sad when* ***Juice takes the bread from Tammy and pushes Tommy to the ground****. It's exciting and a bit scary when* ***Shark and his gang are running after Scott and Shark is trying to attack Scott with a knife****.*
Gaming can be bad for you if ***you start to think the virtual world is like the real world****.*
I hope you will write more books like this.
Yours, XXX

SPEAKING COURSE (4) Taking part in discussions

Inhalt Die S verfolgen eine Diskussion zwischen Jugendlichen zum Thema Nutzung sozialer Medien. Sie entnehmen dem Film nützliche Redemittel zur Diskussionsführung und wenden sie an, um vorgegebene Aussagen zu kommentieren. Abschließend diskutieren sie im Organisationsrahmen einer ▸ Pro-und-Kontra-Debatte zum vorgegebenen Thema *Video games are good for you.*

S. 88

1 Shocking news!

Wortschatz **shocking • Box "shock, shocked, shocking"** (SB-Seite 231) **• vamping • vampire**

Erarbeitung **a)** **SB geöffnet.** Im ▸ Partner talk beschreiben die S einander anhand der Fragen im SB abwechselnd die abgebildeten Filmszenen (z. B. S1: Bild 1+3, S2: Bild 2+4). Die jeweiligen Zuhörer ergänzen ggf. die Aussagen des Partners.

Auswertung Ergebnissammlung im Plenum.

Lösungsbeispiel ***Scene 1:*** *A girl is lying in her bed but she isn't sleeping. I think she's listening to music or watching videos on her smartphone (because she's wearing earphones). She's hiding under the cover / blanket. She probably hopes her parents won't find out what she is doing. Maybe she is thinking: "This song is great. I just love listening to music before I go to sleep – it's very relaxing.")*
Scene 2: *The same girl is reading and / or answering a text message. She's lying in bed and she looks very tired because she was woken up by the sound of her phone. Maybe she's thinking "Who is this in the middle of the night? I'm tired. I want to sleep."*
Scene 3: *A boy is lying in his bed and I think he's reading a text message. Perhaps it's bad news because he looks a bit worried. Or maybe he's just thinking: "Can't this wait till tomorrow? I'm really tired."*
Scene 4: *Now the boy is at school. He's sitting in a classroom and he looks very sleepy (he's yawning). I think he's tired because he used his smartphone late at night. Perhaps he's thinking "I should have gone to bed earlier. Today I'll switch off my smartphone."*

▸ **b)** Beim **1. Sehen** des Films überprüfen die S ihre Vermutungen aus **a)**. Anschließend formulieren sie passende Bildunterschriften zu den vier Szenen.

Auswertung Vorlesen / Sammeln der unterschiedlichen Bildunterschriften im Plenum.

Lösungsbeispiel ***1*** *Watching videos late at night •* ***2*** *Sleepy texting •* ***3*** *Horrible text messages at night •* ***4*** *Tired at school*

Erarbeitung **c)** Vor dem **2. Sehen** lesen die S die Zitate (1–10) und notieren die fehlenden Wörter (aus dem Gedächtnis) im Heft.

More help p. 140 In der leichteren Übung werden die einzusetzenden Wörter ungeordnet vorgegeben.

Auswertung Vergleich durch ▸ Partner check.

Lösung ***1*** *shocking •* ***2*** *true •* ***3*** *bad •* ***4*** *with •* ***5*** *good •* ***6*** *something •* ***7*** *point •* ***8*** *say •* ***9*** *what •* ***10*** *about*

Erarbeitung ▸ **d)** Beim **2. Sehen** des Films im Plenum vergleichen die S ihre Ergebnisse zu **c)** und notieren gleichzeitig weitere nützliche Redemittel zur Diskussionsführung. L hält Video ggf. an den betreffenden Stellen an und sichert die Redemittel aus dem Film in möglichst allgemeingültiger – d. h. in anderen Kontexten wiederverwendbarer – Form (Tafel / Folie), siehe Lösungsbeispiel.

O Differenzierung Leistungsschwächere S erhalten eine Kopie des Tapescripts (z. B. aus dem Booklet zur DVD) zum Unterstreichen und Sammeln der Redemittel.

Lösungsbeispiel *Maybe it's true that teenagers ... • But you can't just ... • Actually I don't think that's such a bad idea. • What? You think it's OK to ...? • Sorry, but I can't agree with that. • Yeah. That's a good point. • Well, in my opinion, something has to be done. I mean ... • ... is right. Don't forget, ... • Another point is ... • And that's why ... • So I know ... • You say that ... But you have to remember that ... • Just ... • That's right. We can decide ... • It's true to say that ... • But let's be honest. It isn't easy. • And anyway, I like ... • I see what you mean. But my problem is ...*

More practice 7 p. 140

Banning social media at night

Erarbeitung Analyse der Standpunkte der vier Hauptfiguren gemäß SB zunächst in EA; dazu ggf. **3. Sehen** und ▶ Note-taking, z. B. in Form einer Tabelle, die L vorgibt (Tafel / Folie):

Name:	What do they think about banning social media at night? Why? (Give reasons / quotes from the film.)	Who agrees?	Who disagrees?	Who isn't sure?
Amy	- maybe it's true that teenagers do too much vamping - not such a bad idea - sth. has to be done - a lot of cyberbullying happens at night - vamping / watching videos at night / sleepy texting has to stop because it often gets a bit late + that's why I'm always so sleepy at school	✓		
Marek	- crazy: how can they do that? - shocking news - Amy's right: teenagers receive over 3000 text messages a month – most of them at night + some pretty horrible - true that we can decide ourselves, but: not easy because we all have screens in our rooms - a little technology in the bedroom is OK, but the problem is that I can't stop + the next day in school I'm so tired			✓
Tim	- you can't just ban social media at night: that's too much control - you can stop it yourself (just don't take your phone to bed!) - I like playing a few games before I go to sleep		✓	
Grace	- too much control = a good point - we can decide things like that for ourselves - I like chatting before I go to sleep		✓	

Alternative 👥 / 👥👥 Auch als PA oder in Gruppen à vier S möglich, wobei die Beobachtungsaufträge zu den vier Hauptfiguren beim **3. Sehen** aufgeteilt werden. Partner / Gruppen mit den gleichen Figuren vergleichen ihre Eindrücke zu deren Standpunkten zunächst untereinander und stellen anschließend ihre Ergebnisse im Plenum vor.

Auswertung Im ▸ Partner check / in der Kleingruppe.

Lösungsbeispiel

- *Marek isn't quite sure. On the one hand, he thinks that it's shocking news and that the government is crazy / can't do that. On the other hand, he agrees with Amy that it's a good idea because teenagers get too many (horrible) text messages at night. Another problem for him is that he can't stop vamping and is often tired at school the next day.*
- *Tim thinks that's not a good idea because it's too much control.*
- *Amy agrees that sth. has to be done about vamping although she likes to watch videos, listen to music or text her friends in bed.*
- *Grace agrees with Tim and thinks that teenagers can decide about the use of smartphones themselves.*

2 Expressing your opinion

Wortschatz **express** • **invention** • °return

Material Flipchartbogen / Packpapier, Flipchart-Marker, ggf. farbige Haftnotizen für die Kommentare

Erarbeitung **a)** 💬 **SB geöffnet.** Gemeinsames Lesen und ▸ Klären der Arbeitsanweisung zu den Teilaufgaben **a)–c)** im Plenum. Anschließend bilden die S entsprechend der Anzahl der Aussagen sechs Gruppen (▸ Gruppenbildung) und erhalten von L einen Flipchartbogen / Packpapier und Stifte. Sie schreiben ihre Aussage in die Mitte des Blattes, diskutieren das Thema und halten einen kurzen Kommentar dazu schriftlich auf dem Poster (oder einer Haftnotiz) fest.

Auswertung Sichtung und Ergänzung der Kommentare im ▸ Gallery walk, siehe Teilaufgabe **b)**.

Lösung Individuelle Lösungen.

Erarbeitung **b)** 💬 **Gallery walk:** Auf ein Signal von L wechseln die S im Uhrzeigersinn zu dem nächsten Poster, lesen zunächst die Aussage und dann die Kommentare ihrer Vorgänger, diskutieren diese und schreiben ihren eigenen Kommentar dazu. Dieses wird so oft wiederholt, bis die Gruppe wieder an ihrem Ausgangstisch ist.

Lösung Individuelle Lösungen.

Auswertung **c)** 💬 Zurück am Ausgangstisch lesen die S zunächst alle Einträge, diskutieren diese und stellen das Gruppenfazit anschließend im Plenum vor.

Lösung Individuelle Lösungen.

Alternative Diese Aufgabe kann auch gut als ▸ World Café durchgeführt werden. Entsprechend der Anzahl der Themen gibt es sechs Gruppentische, die mit Packpapier oder Flipchartbögen ausgestattet sind. Die S bearbeiten zunächst ihre Aussage, wechseln auf ein Zeichen an den nächsten Gruppentisch usw.

S. 89

3 NOW YOU Listen and speak

Wortschatz **observer • moderator • speaker • point • Box "point"** (SB-Seite 232) **• respectful •** °arrange • °persuade • °go by

Einstieg **SB geschlossen.** L fragt, ob die S aus dem Fernsehen politische Diskussionsrunden kennen; S beschreiben ggf. die Organisationsform solcher Runden.

L: *Do you sometimes watch political discussions (talk shows) on TV? Which ones?*
S: (ggf. auf Deutsch) *Parlamentsdebatten, Fernsehduelle der Spitzenkandidaten unterschiedlicher Parteien im Wahlkampf, Anne Will, Hart aber fair, Maybrit Illner, ...*
L: *How are they organized?*
S: *Presenter / Host who leads the discussion, guests / speakers who give arguments for and against the topic, audience can ask questions / give their opinion, ...*
L: *Now we are going to have a discussion like that. The topic will be 'Video games are good for you'. First you have to choose a role: for / against the statement or 'not sure'.*

Überleitung **SB geöffnet.** Gemeinsames Lesen und ► Klären der Arbeitsanweisung zu *Steps 1–3* einschließlich der Grafik zur Methode und Organisation im Klassenraum sowie der Redemittel zur Diskussionsführung. Anschließend werden die Rollen der Befürworter, Gegner, Unentschiedenen, Beobachter und des Moderators verteilt (durch L oder nach S-Neigung).

Hinweis: Die Rolle des Moderators kann auch von L übernommen werden (gerade bei Erstbegegnung mit der komplexen Methode sinnvoll). Der Ablauf der Debatte folgt strengen Regeln (siehe *Step 2* und ► Pro-und-Kontra-Debatte. Um zu vermeiden, dass einzelne S die Diskussion dominieren und zu gewährleisten, dass alle S zu Wort kommen, kann L ggf. zusätzlich vorab ► Discussion tickets verteilen. Abschließend gibt es eine Feedback-Runde (siehe *Step 3*).

Step 1: Prepare your arguments

Erarbeitung **a)** Entsprechend ihrer Rollen tauschen sich die S mit den (aufgabengleichen) Gruppenmitgliedern aus und halten ihre Argumente in einer Liste oder auf Karteikarten fest (► Note-making), um sie in der folgenden Diskussionsrunde *(Step 2)* benutzen zu können. Zum Sammeln der Argumente, Beispiele, Regeln und Redemittel in komprimierter Form bietet sich alternativ auch ein ► Buddy book an. Dieses steht den Teilnehmern während der Diskussionsrunde als Stichwortheft zur Verfügung.

More help p. 140 S, die Hilfe benötigen, können aus den unter **a)** angebotenen Argumenten auswählen.

Hinweis: Während die aktiven Diskussionsteilnehmer ihre Argumente sammeln, können die Beobachter *(observers)* die Zeit nutzen, um mehrere Feedbackbögen zu erstellen (s. *Step 2a)* und zugehöriges *More help*, SB-Seite 140 unten).

Auswertung In der anschließenden Diskussionsrunde im Plenum.

Lösung Individuelle Lösungen.

Erarbeitung **b)** Gemäß SB.

More help p. 140 S, die (weitere) Beispiele und Gründe für ihre Argumente benötigen, können auf die unter **b)** angebotenen Ideen zurückgreifen.

Alternative In den zuvor gebildeten Gruppen suchen die S nach Beispielen für ihre zuvor formulierten Argumente. Die Anzahl der Argumente kann durch eine ► Pyramidendiskussion auf mindestens drei Argumente reduziert werden. Diese werden dann mit den Argumenten auf der Karteikarte oder im ► Buddy book festgehalten.

Step 2: Take part in a discussion

Erarbeitung **a)** Gemäß SB. Die Grafik gibt ein Beispiel dafür, wie der Klassenraum umgestaltet werden kann und wo die jeweiligen Diskussionsteilnehmer sitzen sollten.

Hinweis: Die Gruppen sollten vorab festlegen, wer für sie den ersten Beitrag leistet und diesen in der Kleingruppe einüben. Die Beobachter machen sich Notizen zu einem oder mehreren (vorher festgelegten) Diskussionsteilnehmern, z. B. der in **1b)** vorbereiteten Feedbackbögen.

More help p.140 S, die Hilfe bei der Erstellung ihrer Feedbackbögen benötigen, nutzen die Vorlage im Anhang und ergänzen diese ggf. um weitere Kriterien, die sie mithilfe des *SF 7.4 Taking part in discussions* (SB-Seite 172) erarbeiten.

Erarbeitung **b)** Anhand der Vorgaben im SB bespricht L mit den S die Regeln für die ▸ Pro-und-Kontra-Debatte. S notieren sich ggf. die Redemittel für die Diskussionsführung auf Karteikarten oder in ihrem ▸ Buddy book oder lernen sie auswendig.

Alternative Die Diskussionsrunde kann auch als ▸ Fishbowl discussion durchgeführt werden.

Erarbeitung **c)** Gemäß SB. L (oder ein von ihm beauftragter S) achtet darauf, dass S nicht während eines Beitrags die Gruppe wechseln.

Auswertung Die Auswertung der Diskussion erfolgt in *Step 3* innerhalb der Kleingruppen aus *Step 1*.

Lösung Individuelle Lösungen

Step 3: Think about the discussion

Auswertung Die S finden sich wieder in den Ausgangsgruppen aus *Step 1* zusammen und sammeln anhand der Fragen im SB ihre Eindrücke zum Diskussionsprozess. Dabei können sie je nach ihrer Rolle im Diskussionsprozess eine eher subjektive Einschätzung *(participants for / against / not sure)* oder ein objektiveres Feedback *(observers)* äußern.

▸ WB 18–21, p. 57–58 ▸ INKL pp. 74–75

Zusatz Im Plenum erhalten die S die Gelegenheit, ihre Rückmeldung zur Methode in Form einer ▸ Blitzlichtrunde wiederzugeben. Im Anschluss daran kann eine Abstimmung per Handzeichen zum Thema der Diskussionsrunde erfolgen.

Hinweis: Es stimmen lediglich die Beobachter ab, da die anderen beteiligten Personen voreingenommen sind.

STOP! CHECK! GO!

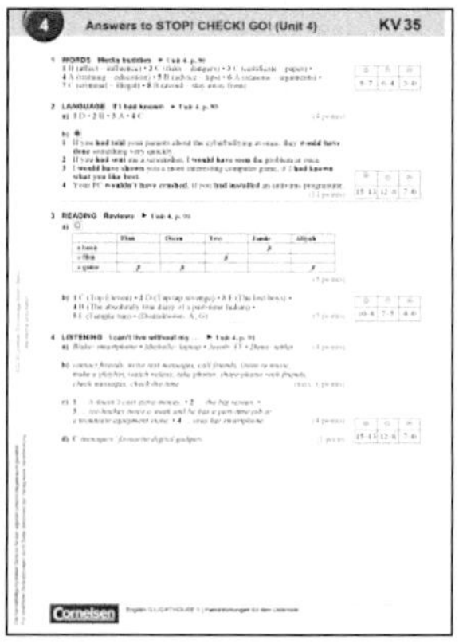

Hinweis

Übungsaufgaben zu wichtigen Themen und Kompetenzbereichen aus Unit 4. Bei geschlossenen Aufgabenformaten können die S ihre Ergebnisse mithilfe des Lösungsschlüssels auf ▸ KV 35: Answers to STOP! CHECK! GO! (Unit 4) überprüfen (auch als ▸ Partner check). Die KV bietet eine Auswertung nach Punkten, die in drei verschiedenen Smileys (☺/😐/☹) übersetzt werden. Diese Smileys können auch für die Selbsteinschätzung im *Workbook* (MY LEARNER LOG, p. 59) und in *Differenzieren – Fördern – Fordern* herangezogen werden. Weitere grundsätzliche Hinweise zur Konzeption und Durchführung von STOP! CHECK! GO! finden sich im Vorwort.

Die Hörtexte zu STOP! CHECK! GO! sind für die S auch auf der Audio-CD im *Workbook* zugänglich.

Tipp: Um den S ein individuelleres Vorgehen zu ermöglichen, kann die Auswertung in Form eines ▸ Lerntempoduetts *(Bus stop)* erfolgen. Zu diesem Zweck begeben sich die S, die eine Aufgabe bearbeitet haben, zu dem entsprechenden *Bus stop 1–7* in der Klasse und vergleichen ihre Ergebnisse mit einem S, der ebenfalls dort steht. Für mögliche Wartezeiten legt L kreative oder spielerische Zusatzaufgaben *(anchor activities)* aus, bzw. S bearbeiten eine andere Aufgabe aus dem S-C-G.

S. 90

1 WORDS Media buddies

Erarbeitung

SB geöffnet. Die S erschließen zunächst beim **1. Lesen** des gesamten Textes die Bedeutung der farbig hervorgehobenen Wörter aus dem Kontext. Dann prüfen sie die zu jedem der Wörter (1–7) vorgegebenen Alternativen und schreiben die passenden Synonyme in ihr Heft.

Auswertung

Mündlich im ▸ Partner check oder Selbstkontrolle mithilfe der KV. Alternativ: ▸ Bus stop (siehe auch Hinweis oben).

Lösung

▸ KV 35: Answers to Stop! Check! Go! (Unit 4)

2 LANGUAGE If I had known ...

Erarbeitung

a) SB geöffnet. Gemäß SB. Die S notieren die Zuordnung zunächst in Kurzform (Buchstabe – Zahl).

Auswertung

Vergleich mündlich im ▸ Partner check oder Selbstkontrolle mithilfe der KV. Alternativ: ▸ Bus stop (s.o.). Zur Ergebnissicherung können die S die Gegenüberstellung von Ausgangssituation (Satz 1–4) und zugehöriger Überlegung „Was wäre gewesen, wenn ..." (A–D) auch ausführlich schriftlich ins Heft übertragen.

Erarbeitung

b) Gemäß SB. S schreiben zunächst nur die fehlenden Verbformen in ihr Heft *(**1** had told – would have done • **2** had sent – would have seen • **3** would have shown – had known • **4** wouldn't have crashed – had installed).*

Auswertung

Vergleich mündlich im ▸ Partner check oder Selbstkontrolle mithilfe der KV. Alternativ: ▸ Bus stop (s.o.). Zur Ergebnissicherung übertragen die S die vollständigen Sätze ins Heft.

Lösung

▸ KV 35: Answers to Stop! Check! Go! (Unit 4)

S. 91

3 READING Reviews

Erarbeitung

a) ▤ **SB geöffnet.** S übertragen zunächst die Tabelle in ihr Heft und füllen sie nach dem **1. Lesen** bzw. Überfliegen (▶ Lesetechniken: *Scanning*) der Kommentare aus. L kann vorab einen Tipp geben: *What is typical of a game, a film or a book? Think of keywords that you can look for in the texts. (book: read / story(line) / character/s / ...; film: soundtrack, actor, hero, ...; games: play (against other players) / win / get (score) points / ...)*

Auswertung

Vergleich mündlich im ▶ Partner check oder Selbstkontrolle mithilfe der KV. Dazu ggf. auch **2. Lesen** der Kommentare möglich. Alternativ: ▶ Bus stop (s.o.).

Erarbeitung

b) Nach dem **1. Lesen** der sieben Kurzbeschreibungen ordnen die S den fünf Kommentaren aus **a)** den passenden Titel (A–G) zu.

Auswertung

Vergleich mündlich im ▶ Partner check oder Selbstkontrolle mithilfe der KV. Dazu ggf. auch **2. Lesen** der Kurzbeschreibungen (und Kommentare) möglich. Alternativ: ▶ Bus stop.

Lösung

▶ KV 35: Answers to Stop! Check! Go! (Unit 4)

Zusatz

Nach dem Muster der *teens' comments* in **a)** schreiben die S einen Kommentar zu einem der nicht gewählten Texte aus **b)**. Kreativere S können alternativ auch einen Kommentar oder / und eine Kurzbeschreibung zu ihrem eigenen Lieblingsbuch, -computerspiel oder -film verfassen. (Gut als *anchor activity* für *Bus stop 3* geeignet.) Individuelle Lösungen.

S. 92

4 LISTENING I can't live without my ...

Hinweis: Gemäß der Arbeitsanweisung im SB werden die Teilaufgaben **a)** und **b)** beide nach dem **1. Hören** bearbeitet. Die Teilaufgaben **c)** und **d)** sollten erst nach dem **2. Hören** bearbeitet werden.

Erarbeitung
▶ 3.05

a) **SB geöffnet.** Nach dem **1. Hören** ordnen die S zur Sicherung des Globalverstehens die abgebildeten Gegenstände (A–C) den Personen zu.

Differenzierung

Zur Vereinfachung können die S vor dem Hören in ihrem Heft zunächst eine Tabelle mit den Gegenständen und Personen erstellen, sodass anschließend nur noch abzuhaken ist:

	1 Blake	2 Michelle	3 Jacob	4 Dana
(A) game console				
(B) tablet				✓
(C) TV			✓	
(D) smartphone	✓			
(E) camera				
(F) laptop		✓		

Auswertung

Die Lösungen zu den Teilaufgaben **a)** und **b)** können zur Ergebnissicherung zusammen vor dem **2. Hören** verglichen werden; entweder mündlich im ▶ Partner check oder Selbstkontrolle mithilfe der KV. Alternativ: ▶ Bus stop (s.o.).

Erarbeitung

b) Nach dem **1. Hören** notieren die S mindestens sechs Aktivitäten, die die Interviewgäste mit ihren Smartphones ausüben, im Heft.

Auswertung s.o.

Erarbeitung **c)** Nach dem **2. Hören** vervollständigen die S die vorgegebenen Sätze in ihrem Heft.

Auswertung Die Lösungen zu den Teilaufgaben **c)** und **d)** können zusammen nach dem **2. Hören** verglichen werden; entweder mündlich im ▸ Partner check oder Selbstkontrolle mithilfe der KV. Alternativ: ▸ Bus stop (s.o.).

Erarbeitung **d)** Gemäß SB.

Auswertung s.o.

Lösung ▸ KV 35: Answers to Stop! Check! Go! (Unit 4)

5 WRITING One week without technology

Erarbeitung **SB geöffnet.** Gemäß SB. Beim Verfassen ihrer E-Mail können sich die S an den inhaltlichen Vorgaben in der gelben Tipp-Box und den formalen Kriterien aus *SF 8.3 Writing an email / a letter* (SB-Seite 174) orientieren. Falls technisch und organisatorisch möglich, erstellen die S ihre E-Mails am PC und schicken sich diese in Gruppen von vier S gegenseitig zu.

Auswertung Möglichst in einer ▸ Schreibkonferenz in Gruppen à vier S am PC. Aufgabenverteilung: S1 kontrolliert, ob die Aufgaben gemäß der Tipps erledigt wurden; S2 kontrolliert die Verwendung der Empfehlungen aus dem *Skills file*; S3/4 kontrolliert die E-Mails sprachlich: *spelling / tenses*.

Abschließend lesen freiwillige S ihre entsprechend überarbeiteten E-Mails im Plenum vor.

Lösungsbeispiel Individuelle Lösungen.

S. 93

6 SPEAKING Talking about a photo

Erarbeitung **SB geöffnet.** Gemäß der Arbeitsanweisung und der im SB vorgegebenen Fragen 1–3 beschreiben die S in einem Dialog das Bild und bewerten die Situation. Abschließend gehen die S näher auf die letzte Frage (4) ein, wobei sie Erkenntnisse aus der Bildbeschreibung in ihre eigene Lebenswelt übertragen.

Hinweis: Um das Gespräch in Gang zu halten und beiden Partnern Raum zum Sprechen zu geben, ist es empfehlenswert, dass ein S beginnt, zunächst einen Gesamteindruck abgibt und anschließend näher auf eine der abgebildeten Personen eingeht. Danach erhält S2 die Möglichkeit bzw. wird ausdrücklich aufgefordert, Dinge zu der ausgewählten Person zu ergänzen, um dann anschließend die nächste Person näher zu beschreiben, usw.

Auswertung Präsentation einiger Dialoge (freiwilliger S-Paare) im Plenum. S können die Dialoge zur Bewertung durch L auch aufnehmen, z. B. auf dem Smartphone.

Lösung Individuelle Lösungen.

7 MEDIATION Generation Y and Z

Erarbeitung **SB geöffnet.** Mithilfe des *SF 10 MEDIATION SKILLS* (SB-Seite 180/181) wiederholt L zunächst, worum es bei der Sprachmittlung geht und worauf die S achten müssen. Anschließend übertragen S die Tabelle in ihr Heft und ergänzen sie (auf Deutsch).

Hinweis: Beim **1. Lesen** bzw. *Scanning* (▸ Lesetechniken) des Textes konzentrieren sich die S zunächst auf die sieben Bereiche. Beim **2. Lesen** suchen sie dann gezielt nach den diesbezüglichen Unterschieden zwischen den Generationen und halten sie stichwortartig fest.

More help p.140 Lernschwächere S erhalten eine mit den sieben Begriffen vorgefertigte Tabelle und ergänzen lediglich die Unterschiede zwischen den Generationen. Eine gemeinsame Kontrolle von lernstärkeren und lernschwächeren S ist möglich.

Auswertung Mündlich im ► Partner check oder Selbstkontrolle mithilfe einer von L vorbereiteten Kopie der Lösungstabelle aus dem Lösungsbeispiel (unten). Alternativ: ► Bus stop oder ► Meldekette im Plenum (S1 nennt Bereich und Aussage für Generation Y; S2 ergänzt Aussage für Generation Z usw.).

Lösungsbeispiel

	Generation Y	Generation Z
1 Umgang mit Geld	genoss es, Geld sofort wieder auszugeben	57 % sparen lieber Geld als es auszugeben
2 Kaufverhalten	verbringt viel Zeit in Einkaufszentren	kauft die meisten Dinge online
3 Lebensbedingungen	wuchs in Zeiten einer starken Wirtschaft auf	erlebte Gewalt, Terrorismus und eine schwache Wirtschaft
4 Art des Filmkonsums	schaute Videos auf YouTube, Hulu und Netflix	erstellen und teilen eigene Videos (über soziale Netzwerke)
5 Sport	liebte Sport und Abenteuer	betrachtet Sport als wichtig für die Gesundheit, Spaß und Spiel findet sie jedoch eher drinnen (am heimischen Computer)
6 Online-Kommunikation	über SMS	hauptsächlich über Bilder, Symbole und Icons
7 Sorgen	hauptsächlich subjektive Themen wie ihr soziales Ansehen + ihre „likes" in sozialen Medien	übergreifendere Themen wie Wirtschaft und Klimawandel

► INKL pp. 76–77

More challenge 5 p.141

MEDIATION A German article

Erarbeitung **SB geöffnet.** Leistungsstärkere S bearbeiten zusätzlich die Aufgabe mit der Mediationsrichtung Deutsch–Englisch. Anhand der Vorgaben in der Arbeitsanweisung vermitteln sie die zentralen Informationen des deutschen Zeitungsartikels mündlich auf Englisch.

Auswertung Mündlich im ► Partner check.

Tipp: S, die diese Aufgabe bearbeiten, legen eine grüne Karte auf ihren Tisch, sodass ein Partner für die Kontrolle leicht zu finden ist.

Lösungsbeispiel *The text is about people who were born in the late nineties and who belong to Generation Z. They are called digital natives because they grew up in a digital world.*
They prefer communicating via Facebook or similar social media. They comment or like everything – but only digitally. They clearly distinguish between job and private life. Freetime activities and family are more important to them than work.
On the one hand, hey have different lives on different social media and they sometimes have thousands of (virtual) friends. On the other hand, they are not really interested in others. They are more interested in world ecology and fairness.
Their way of learning is different because the internet provides all kinds of information (at any time) and they have to be able to deal with it / find out what's really helpful / important.

MORE CHALLENGE 4

Inhalt Auf den *More Challenge*-Seiten erarbeiten die S orientiert an den Kompetenzen *listening, speaking, writing* und *reading* weitere Aspekte der Jugendkultur, speziell *street art* und Kultfilme. Die S beschreiben und analysieren reale Straßenkunstwerke (Bilder, Installationen) und lesen einen *film review* über den britischen Straßenkünstler Bansky. Abschließend verfassen sie auf Basis der Vorlage und Hinweise im SB eine eigene Filmrezension.

S. 94

Street art

1 LISTENING An outdoor art gallery

Wortschatz °analysis, *pl* analyses

Erarbeitung **a) SB geöffnet.** Gemäß SB.

Auswertung Vergleich durch ▶ Partner check oder / und als ▶ Meldekette im Plenum.

Lösung *You can find street art outdoors, in public places. Most of it will only be there for a short time. The artists are usually unknown. Most of them aren't professional artists. They paint their pictures on walls, bridges, trains, etc. so that everybody who passes by can see the artwork. Sometimes other people then add or write something to the pictures (e.g. graffiti). Some of these paintings are illegal because you aren't usually allowed to paint pictures on the walls of houses, for example.*

Erarbeitung ▶ 3.06 **b)** Die S machen sich beim **1. Hören** Notizen zu den SB-Fragen 1 und 2 und überprüfen / ergänzen ihre Antworten beim **2. Hören**. Anschließend beantworten sie Frage 3 schriftlich (oder mündlich im ▶ Partner talk).

Auswertung Vergleich durch ▶ Partner check. Anschließend ggf. Ergebnissicherung im Unterrichtsgespräch / Plenum.

Lösungsbeispiel

1 *This picture looks like a campaign poster, but it's also a piece of art. It is big and colourful and it was painted directly on a brick wall in London's Brick Lane. Brick Lane is a kind of outdoor gallery. The artists paint in public places and they don't know what will happen to their pictures next – perhaps someone will paint over them.*
2 *Rebecca thinks that the artist is against child marriage and wants to tell people that girls shouldn't have to marry at such an early age. The slogan 'Believe in me' means that people should give these girls a chance and allow them to get an education like everybody else.*
3 *I agree with Rebecca, because the picture shows a young girl who is wearing traditional (Indian) clothes. She looks a bit Indian and maybe she is wearing the dress because she is going to be married. The hashtag 'end child marriage' next to the portrait of the girl is a clear signal of the artist's message. Even nowadays it is a custom in some Indian families to marry their young daughters (often to a much older man) and the artist probably wants to stop this and allow them to get an education first – before they decide if, when and who they want to marry.*

2 SPEAKING Talking about street art

Wortschatz °location

Erarbeitung **SB geöffnet.** Die S bereiten einen Vortrag zu einem der abgebildeten Straßenkunstwerke vor. Dazu wählen sie zunächst ihren Favoriten aus und machen sich anhand der Tipps und Strukturierungshilfen (Spiegelstriche im SB) Notizen zur Beschreibung, Interpretation und Wirkung der *street art*, z. B. in einer Tabelle (▶ Note-making):

Talking about street art:	*Picture on the left:*	*Picture on the right:*
– *First describe it, its location, and the materials the artist used.*	– *road sign / "no entry"* – *figure carrying / supporting a white line, a bit like a heavy beam / piece of wood* – *or: figure broke down because of problems*	– *materials: shopping cart filled with trash* – *flat (cardboard) box with a naked man painted on it* – *man looks unhappy* – *man seems to be pushing a shopping cart full of trash* + *slogan: 'Art is trash'*
– *Then talk about what the artist might want to express with this object.*	– *artist's intention / personal reaction: life is hard; too many things we aren't allowed to do*	– *spending / wasting money on goods / things we don't need (art = a waste of money?)* – *problem of too much trash* – *unhappy even if we spend a lot of money* – *What is art worth?*
– *Finally, give your personal reaction to it.*	– *I (don't) agree with the message / idea because ...*	– *I (don't) like the message / slogan: 'Art is trash' because the artist made a piece of art out of trash.* – *why not: 'trash is art'?*

[O] Differenzierung In lernschwächeren Lerngruppen kann L vorab ggf. wichtige Kriterien und Redemittel für die Bildbeschreibung (mithilfe des *SF 9 Describing photos and pictures*, SB-Seite 179) und die Präsentation (mithilfe des *SF 7.1 Giving a presentation*, SB-Seite 170) wiederholen.

Auswertung Unter Verwendung ihrer Notizen präsentieren die S ihre Ergebnisse vor der Klasse.

Lösungsbeispiel *I think the artist used a street sign in the city and some black paint as materials. The street sign means 'No entry'. The artist drew a black figure under the big white line in the middle of the sign. The person seems to be °weightlifting / carrying something very heavy or maybe has even broken down because of all his problems. Perhaps the artist wants to express that there are lots of things we aren't allowed to do, or that life isn't easy and everybody has to deal with (big) problems. I really like this photo, because the idea is very funny.*

In the second picture you can see loads of rubbish on the pavement or in the backyard of a house / supermarket. The artist used different kinds of rubbish (old clothes, cardboard, a shopping cart) and °arranged it / put it together as a piece of art / statue / sculpture. On the left, the artist painted a picture of a man on a flat (cardboard) box and it looks as if the man is pushing a cart full of rubbish that is on the right of the photo. Maybe the artist added the words 'Art is trash' to tell us that everything can be art, even rubbish. I think you could also say 'trash is art'. But the artist's message could also be that we spend a lot of money on things we don't need and produce too much trash. I like this picture because nothing seems to be worthless.

S. 95

3 READING and WRITING A Banksy film

Wortschatz °exit • °gift • °lively • °get lucky • °sell, sold, sold • °incredibly • °even though • °sum • °hint • °in fact • °make sth. up • °entertaining • °aspect

Erarbeitung **a)** **SB geöffnet. 1. Lesen** gemäß SB.

Auswertung Austausch über die spontanen S-Reaktionen auf die Filmkritik im ▸ Partner talk oder / und im Plenum.

Lösungsbeispiel

- *I would like to watch the film because the review sounds interesting. I am interested in street art and documentaries and I would like to know more about this street artist / Banksy.*
- *I wouldn't like to watch the film because I'm not interested in art and documentaries. I prefer action movies / ...*

Zusatz Zur intensiveren Auswertung der Filmrezension bearbeiten die S nach dem **2. Lesen** die erste Spalte der Tabelle auf ▸ KV 36: A film review *(Exit through the gift shop)*

Alternative Die S beantworten die folgenden Fragen mündlich im Plenum:

1. *Who made the film? (The filmmaker is a French guy living in Los Angeles. The true identity is not clear though.)*
2. *What kind of person is the filmmaker according to the text? / How does the author describe the filmmaker? (He loves making films although he is not a professional camera man. He loves street art and follows the artists everywhere.)*
3. *Who is Banksy? (He is a British street artist and he is probably the most famous street artist of all.)*
4. *What do we know about him? (His art has sold for millions, but his identity is a secret.)*
5. *What happens to the filmmaker during the film? (He becomes a successful street artist himself. His art starts selling for huge sums.)*
6. *What's the message of the film? (Money is a bad influence on art.)*
7. *What's the reviewer's reaction to the film? (He thought the film was brilliant, interesting, entertaining and also funny.)*

Erarbeitung **b)** Gemeinsames Lesen der gelben Tipp-Box im Plenum. Anschließend verfassen die S in EA eine eigene Filmrezension, ggf. unter Zuhilfenahme des *SF 8.1 The steps of text writing* (SB-Seite 172/173). Zum Sammeln und Strukturieren ihrer Ideen können sie die Tabellenvorlage auf ▸ KV 36: A film review nutzen.

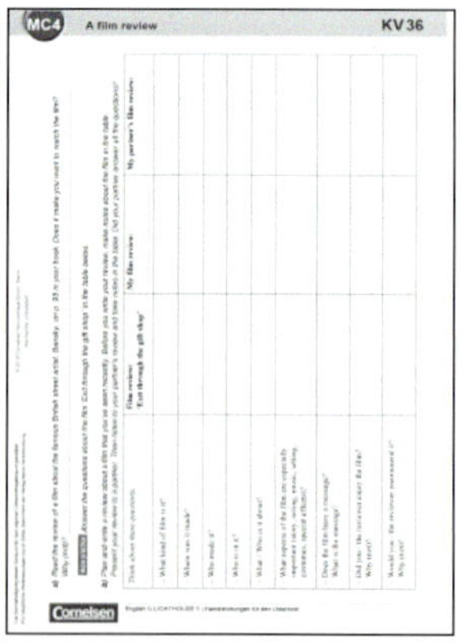
MC4 A film review KV 36

Auswertung Zunächst im ▸ Partner check, wobei der Partner darauf achtet, ob alle Fragen aus der gelben Tipp-Box bzw. der Checkliste auf ▸ KV 36: A film review beantwortet wurden. Die fertigen Filmrezensionen können anschließend illustriert, im ▸ Gallery walk gewürdigt und ggf. mit Klebepunkten bewertet oder / und im Dossier abgelegt werden.

Lösungsbeispiel Individuelle Lösungen.

TEXT FILE

TF 1 Oz: Facts for visitors

Inhalt Der erste *Text file* stellt eine Ergänzung des *Lead-in* zu Unit 1 SB-Seite 8/9 dar, mit dessen Hilfe die S eigenständig Informationen über Australien erschließen können. Hierzu zählen Einzelheiten über Klima, Geografie und Besiedelung, historische Entwicklung, Flora und Fauna sowie kulturelle Aspekte und Sehenswürdigkeiten. Einen besonderen Schwerpunkt bilden die Darstellung der *Indigenous Australians* und die gegenwärtige Auseinandersetzung mit der erzwungenen Separation von Kindern und Eltern *(the Stolen Generations)* im 20. Jahrhundert.

S. 146

Australia – An infographic

INFO-BOX Australien: Flagge

Der Ursprung der australischen **Flagge** liegt in einem Preisausschreiben begründet, das 1901 nach der Vereinigung der australischen Kolonien stattfand. Sie setzt sich aus der britischen Flagge und einem einzelnen, siebenzackigen Stern auf der linken Hälfte sowie einem weiteren Sternbild auf der rechten Hälfte zusammen. Der *Union Jack* repräsentiert die Zugehörigkeit zum *Commonwealth* und der darunter stehende Stern wird als „Commonwealth Star" bezeichnet. Sechs seiner Zacken verkörpern die Bundesstaaten *(Western Australia, Queensland, South Australia, New South Wales, Victoria, Tasmania)*, während der siebte Zacken die Territorien *(Northern Territory, Australian Capital Territory, Jervis Bay Territory)* repräsentiert. Die rechtsstehende Formation bildet das „Kreuz des Südens" ab, ein Sternbild, das im pazifischen Raum sichtbar ist.

Erarbeitung **SB geöffnet.** Beim **1. Lesen** suchen die S gemäß SB zunächst in EA gezielt nach Antworten auf die Fragen aus der ▸ Think-Pair-Share-Aufgabe aus dem *Lead-in* zu Unit 1 (***1** What do you know about Oz?*, SB-Seite 8). Dazu überfliegen sie die Infografik auf SB-Seite 146 und die Texte auf SB-Seite 147 anhand geeigneter Schlüsselwörter, siehe ▸ Lesetechniken *(Scanning)* und notieren die gefundenen Informationen stichwortartig im Heft. Dann vergleichen sie ihre Lösungen mit einem Partner (**2. Lesen** zur Kontrolle möglich) und abschließend im Plenum, z. B. in Form einer ▸ Meldekette. (Nähere Informationen zum Ablauf des ▸ Think-Pair-Share und Lösungsbeispiel siehe Kommentar zu Unit 1, *Lead-in* (HRU-Seiten 24/25).

Alternative **SB geöffnet.** Wenn die S das *Text file* unabhängig von der Aufgabenstellung in Unit 1 bearbeiten sollen oder wollen, kann L vor dem **1. Lesen** die ▸ KV 1: Australia Fact File austeilen. Darauf können die S zunächst ihre Assoziationen zu Australien ungeordnet in einem *network* sammeln (siehe Aufgabe **a)** *What do you know about Australia?*). Dann ergänzen sie die vorgegebene Tabelle mit den gesuchten Informationen aus dem Text.

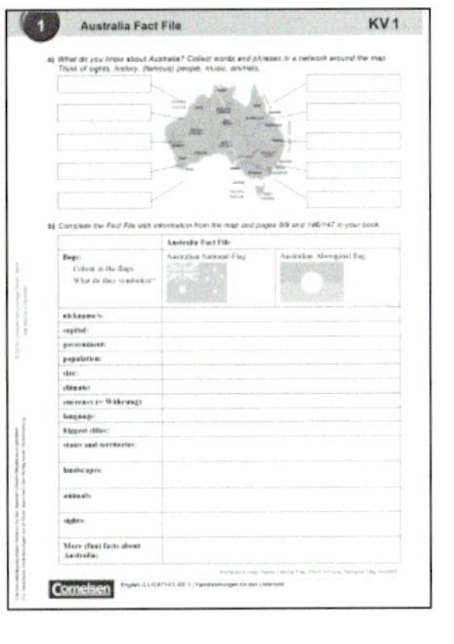

L: *Scan the texts on these two pages and fill in the fact file.*

Hinweis: Die KV kann auch zur Sicherung der im Laufe der Unit erworbenen Kenntnisse über Australien am Ende der Unit eingesetzt werden.

1 Find some more facts about Australia (e.g. online).

Erarbeitung Gemäß SB suchen die S zunächst in EA weitere interessante, ungewöhnliche oder witzige Informationen über Australien und notieren sie im Heft.

Auswertung Die S tauschen sich im ▸ Partner talk über ihr Vorwissen zu Australien aus.

S1: *Did you know that …?*
S2: *Yes, I did. / No, I didn't.*

Differenzierung

Lernstärkere S können dazu ermutigt werden, diejenigen Informationen, die sie besonders interessieren, schon an dieser Stelle möglichst detailliert zu recherchieren. In der Auswertung können auf diese Weise in der Partnerarbeit auch Nachfragen gestellt und beantwortet werden, sodass sich der Dialog interaktiv und (in Teilen) frei gestaltet. Die recherchierten Informationen können zudem als Grundlage für die in **2** als Zusatz vorgeschlagene Präsentation dienen.

INFO-BOX **Australien: Währung, Staatsform und -wappen**

Die **Währung** Australiens wird als australischer Dollar bezeichnet, wobei das Währungssymbol in Abgrenzung zur US-amerikanischen Währung mitunter um ein ‚A' ergänzt wird (A$) und die namentliche Abkürzung AUD üblich ist. Im internationalen Vergleich gilt der australische Dollar seit 2011 als fünfthäufigste Handelswährung und schließt damit an den US-Dollar, den Euro, den Yen, das britische Pfund und den Schweizer Franken an.

Die australische **Staatsform** entspricht einer föderalen, parlamentarischen Monarchie, deren Staatsoberhaupt aufgrund der Zugehörigkeit zum *Commonwealth* jeweils durch die Königin/den König Großbritanniens repräsentiert wird. Die amtierende britische Regentin Queen Elizabeth II wird in Australien durch den Generalgouverneur Peter Cosgrove (Stand 2015) vertreten. Das australische Parlament besteht mit Repräsentantenhaus und Senat aus zwei Kammern, wobei dem Generalgouverneur eine repräsentative Funktion ohne parlamentarischen Einfluss zukommt. Das Repräsentantenhaus wird im Zyklus von drei Jahren gewählt und setzt sich aus 150 Abgeordneten zusammen, die nach dem Mehrheitswahlrecht bestimmt werden und deren Sitze den Bevölkerungszahlen in den Bundesstaaten und Territorien entsprechen. Die Sitze des Senats sind hingegen mit zwölf Repräsentanten pro Bundesstaat und zwei pro Territorium gleichmäßig verteilt.

Im Zentrum des australischen **Staatswappens** (engl.: *coat of arms*) steht ein Schild, welcher gemäß der Bundesstaaten sechs unterschiedliche Abzeichen vereint. Links wird der Schild von einem Känguru, rechts von einem Emu getragen. Beide Tiere gelten als Symbole des Kontinents und können nicht rückwärts laufen. Diese seltene Eigenschaft wird als Symbol des Fortschritts Australiens begriffen. Die Tiere werden von einer goldenen Akazie, der Nationalpflanze Australiens, getragen. Mittig über dem Schild steht der *Commonwealth Star*.

Lösungsbeispiel

- *Did you know that Australia has more sheep than people?*
- *Did you know that the Australian dog fence (5,614 km) is the longest fence in the world?*
- *Did you know that kangaroos and emus can't walk backwards?*
- *Did you know that the Great Barrier Reef has its own postbox?*
- *Did you know that it's about 14,500 kilometres from Germany to Australia?*
- *Did you know that about seven million tourists visit Australia every year?*
- *Did you know that a hunting boomerang is not expected to come back but is built to hit and kill an animal?*
- *Did you know that the Blue Mountains seem to be blue because of the oil from eucalyptus trees in the air?*

S. 147

Oz highlights for visitors

2 Match the pictures A–E to the texts 1–5.

Erarbeitung

Gemäß Aufgabenstellung ordnen die S in EA die Bilder den Texten zu.

Auswertung

Einzelne S nennen im Plenum ihre Lösung. Lernstärkere S begründen dabei ihre Zuordnung.

S: *I think picture A goes with description ... because it shows ...*

Lösung

***1** B • **2** E • **3** A • **4** D • **5** C*

Zusatz

S wählen in EA ein Thema aus, recherchieren Informationen hierzu und bereiten eine ▸ Two-minute presentation vor.

L: *Choose one highlight of Oz and collect more information on it. Prepare a two-minute presentation.*

Hinweis: Die Vorbereitung und Durchführung der Präsentation wird nach Bearbeitung des *Speaking Course* in Unit 1 (SB-Seite 22) empfohlen. Zur Auswertung der Präsentationen kann die ▸ KV 6: Giving a presentation – Feedback sheets herangezogen werden.

Je vier bis fünf S, die möglichst unterschiedliche Themen vorbereitet haben, finden sich in Gruppen zusammen und präsentieren ihre Ergebnisse. Die jeweils zuhörenden S geben anhand der Checkliste aus dem *Speaking Course* (SB-Seite 22) Feedback.

Indigenous Australians and the Stolen Generations

3 Explain the terms 'terra nullius' and 'Stolen Generations' in German.

Erarbeitung

SB geöffnet. S erschließen den Text in EA und machen sich zur Erklärung der Begriffe Notizen auf Deutsch.

Auswertung

Im ▸ Partner talk erkären die S einander je einen der Begriffe. Dabei vergleichen sie die eigenen Notizen mit der Erklärung des Partners und ergänzen sie ggf. Offen bleibende Fragen können abschließend im Plenum besprochen werden.

Lösungsbeispiel

- ***terra nullius:*** Als die ersten Briten Ende des 18. Jahrhunderts in Australien landeten, gab es keine Zäune und Grenzen. Der Anwesenheit indigener Einheimischer zum Trotz erklärten die Siedler das Land zum Niemandsland und beanspruchten es folglich für sich. Erst 1992 gestand die australische Regierung ein, dass das beanspruchte Land gerechterweise der indigenen Bevölkerung gehört.
- ***Stolen Generations:*** Von 1910 bis 1970 wurden mindestens 100.000 Aborigine-Kinder zwangsweise aus ihren Familien entfernt und an weiße Pflegefamilien oder Institutionen gegeben. Es wurde den Kindern untersagt ihre eigene Sprache zu sprechen oder Kontakt zu ihren Familien zu suchen.

INFO-BOX **Indigene Australier und deren Flagge**

Die Beziehung zwischen Australiern europäischer Herkunft und indigenen Australiern ist von Vorurteilen und Unwissenheit bestimmt. Mit Ankunft der Europäer im 18. Jahrhundert begann die systematische Unterdrückung der Ureinwohner. Großbritannien erklärte den Kontinent zu Niemandsland *(terra nullius)*, wodurch den *Torres-Strait*-Insulanern der nördlichen australischen Inseln zwischen *Queensland* und Papua Neuguinea sowie den Aborigines der Anspruch auf einheimisches Land entzogen wurde. Das Recht zu wählen wurde den Aborigines erst 1965 zugestanden. Die Bezeichnung „Aborigine" stammt vom lateinischen „ab origine" ab, was übersetzt „Ureinwohner" bedeutet. Die Begrifflichkeit beinhaltete in der Vergangenheit eine sozial-darwinistische Komponente, weshalb sie im englischen Sprachgebrauch negativ konnotiert war und von indigenen Einwohnern zudem als vereinfachend abgelehnt wurde. Im Laufe der Jahre hat sich diese Wahrnehmung gewandelt und gegenwärtig gilt die Bezeichnung als politisch korrekt. Der Präsident der *Indigenous Social Justice Association* bestätigte 2011 in einer Stellungnahme, dass der Stolz der Urbevölkerung durch diese Bezeichnung nicht verletzt wird.

In Abgrenzung zur offiziellen Flagge Australiens entwarf der Aborigine-Künstler Harold Thomas 1971 eine inoffizielle Flagge für die indigene Bevölkerung. Die indigene Flagge ist horizontal in zwei Hälften geteilt, von denen die obere schwarz und die untere rot gefärbt ist. In der Mitte steht ein gelber Kreis. Hardy machte zur Bedeutung des Konzepts keine Andeutung, sodass mehrfache Interpretationen zum Design existieren. Der ockerfarbene Boden Australiens, die Mutter Erde, ist ebenso rot wie das durch Siedler vergossene Blut der einheimischen Bevölkerung. Die Haut der indigenen Australier ist vergleichsweise schwarz, ebenso wie der Nachthimmel fernab der Städte. Als schwarz gilt zudem der Schöpfungsmythos der Traumzeit – jener Welt, aus welcher den Aborigines zufolge jegliches Leben entsteht. Gelb gilt als Farbe der Sonne, die Leben spendet und es begleitet.

TF 2 Waiting for something to happen

Inhalt Die S lesen den Anfang einer Geschichte über den 15-jährigen Danny, der mit seinen Freunden unbeabsichtigt in eine gewalttätige Demonstration in Nord-London gerät. Die Protestanten demonstrieren gegen einen umstrittenen Polizeieinsatz, bei dem im Sommer 2011 ein Mann im Londoner Stadtteil Tottenham durch die Polizei erschossen wurde. Die Erzählung fokussiert die unterschiedlichen Reaktionen des jungen Protagonisten und seiner vier Freunde auf die gewaltsamen Ausschreitungen.

S. 148

Saturday 4 pm

Einstieg **SB geöffnet.** Anhand der drei im Text vorgegebenen Bilder und der Überschrift spekulieren die S im Plenum über den Inhalt der Geschichte.

Erarbeitung S beantworten nach dem **1. Lesen** des Abschnittes in EA zwei Fragen zum Detailverständnis gemäß SB.

Alternative Die S beantworten die Fragen zur Geschichte auf der ▸ KV 37: Waiting for something to happen.

Auswertung Der Vergleich der Ergebnisse erfolgt im Plenum. Wurde die KV verwendet, kann die Ergebnisauswertung auch zunächst in PA (▸ Partner talk) erfolgen, wobei die Partner ihre Antworten ergänzen.

Lösungsbeispiel

a) *Danny and his friends just hang out together, watch and talk about people. Sometimes they laugh at people, because there is nothing else to do.*

b) *They have little money and can't afford anything like going shopping or going to the cinema. One of Danny's friends is unemployed, two are on a job programme and one works in his father's shop. None of his friends have qualifications.*

S. 149

Saturday 5.30 pm

Erarbeitung **SB geöffnet.** Die S beantworten nach dem **1. Lesen** (detailliert) des Abschnittes in EA drei Fragen zum Detailverständnis.

Alternative **SB geöffnet.** Die S beantworten die Fragen zur Geschichte auf der ▸ KV 37: Waiting for something to happen.

Auswertung Der Vergleich der Ergebnisse erfolgt im Plenum. Wurde die KV verwendet, kann die Ergebnisauswertung auch zunächst in PA (▸ Partner talk) erfolgen, wobei die Partner ihre Antworten ergänzen.

Lösungsbeispiel

c) *He criticizes the fact that Kyle always talks about money (the banks are corrupt, he's going to make millions) and that he thinks he's the smartest person in the world.*

d) *Mark Duggan used to be a member of the Star Gang, but he quit a while ago. The police thought Duggan might try to take revenge on a friend who got stabbed in a killing in a nightclub. They followed him, stopped his car and shot him. Nobody knows for sure what happened.*

e) *The police say Mark Duggan was carrying a gun and shot first. However, his family and friends say that he would never carry a gun. The people who are protesting want to know the truth about what really happened that Thursday when Duggan was killed.*

S. 150

Saturday 8.20 pm

Erarbeitung

SB geöffnet. Die S beantworten nach dem **1. Lesen** (detailliert) des Abschnittes in EA vertiefende Fragen zu den Vorfällen auf der Demonstration.

Alternative

SB geöffnet. Die S beantworten die Fragen zur Geschichte auf der ▸ KV 37: Waiting for something to happen.

Auswertung

Der Vergleich der Ergebnisse erfolgt im Plenum. Wurde die KV verwendet, kann die Ergebnisauswertung auch zunächst in PA (▸ Partner talk) erfolgen, wobei die Partner ihre Antworten ergänzen.

Lösungsbeispiel

f) *He stays longer because he sees Riya, a girl from his school, in the crowd. He has strong feelings for her.*

g) *First, the protesters try to protect a girl who was beaten by four police officers. Then, Danny is pushed by other people and can't get out of the crowd anymore. A protester throws a stone and it hits a policeman in the face. Other people kick down a wall and use the bricks to throw them at other police officers.*

h) *Danny seems to be shocked about the whole situation. He wants to get out of the riots. His friends, however, are throwing stones. Kyle calls Danny a 'wuss'.*

Zusatz

Die S spielen verschiedene Szenen der Geschichte nach (z. B. die Anfangsszene unter den Freunden bzw. die finale Szene, in der Danny die Demonstration verlassen möchte und auf Widerstand bei seinen Freunden stößt). Das ▸ Scenic play kann den S als Grundlage dienen, sich in die Charaktere der Erzählung und die kulturellen sowie situativen Gegebenheiten einzufühlen. Ein Perspektivenwechsel kann in einer Anschlussdiskussion eingeleitet werden:

L: *How do you think hanging out on a Saturday without work or money makes the boys in the story feel? How did you feel playing them?*

S. 151

More challenge 1 The main characters

Erarbeitung

SB geöffnet. S notieren in EA verschiedene Adjektive, mit denen sie die Protagonisten Danny und Kyle beschreiben würden, in Listen- bzw. Tabellenform, z. B.:

Danny	Kyle
smart	impolite
honest	unemployed
in love	bored
scared	partly aggressive / violent
thoughtful	disrespectful
caring	self-confident

Die Adjektive werden im Plenum gesammelt und L führt ggfs. weitere nützliche Adjektive ein (siehe blaue Ergänzungen im Tafelbild). S verfassen mit den gesammelten Adjektiven eine Beschreibung der Charaktere.

Auswertung

S lesen ihre Personenbeschreibungen zunächst einem Mit-S vor. Einzelne Texte können dann von freiwilligen S im Plenum vorgestellt werden.

Lösungsbeispiel *Danny's friends call him 'The Professor'. He is the smartest of his gang and hopes to get a GCSE. The way he describes his friends shows that he is a thoughtful person. He cares about his friends and tries to make them leave the demonstration when it gets violent. He is in love with a girl from his school that he sees at the demonstration.*
Kyle is the leader of the boys' gang and Danny describes him as too self-confident. Kyle is unemployed and doesn't have much to do. As a result he seems bored. On the day of the story, he walks up to a girl while his friends are watching and makes disrespectful jokes. When the demonstration turns violent, Kyle acts aggressively.

More challenge 2 The plot

Erarbeitung Die S erzählen den abgedruckten Ausschnitt der Geschichte in einzelnen Sätzen in eigenen Worten nach.

Auswertung Freiwillige S können ihre Texte im Plenum vorstellen. Mit-S achten als Hörauftrag darauf, ob alle wichtigen Inhalte des Originaltextes wiedergegeben wurden und ergänzen ggf. fehlende Informationen.

Lösungsbeispiel *Danny hangs out with his friends Kyle, Todd, Reeko and Zee in the street. They are watching people because there is nothing else to do. They don't have jobs or any money to spend. On their way home, the friends see a crowd coming down the street, shouting and waving banners. Their banners say JUSTICE FOR MARK DUGGAN. Mark Duggan was shot by the police two days before the day of the story. The police say Duggan was carrying a gun and shot first, but his family says that he would never have carried a gun. The protesters want to know the truth. When a girl throws a leaflet at one of the police officers, four officers jump forward and start beating the girl. The protesters try to protect her and suddenly there is chaos. One of the protesters throws a stone that hits a policeman. The situation gets out of control. People start throwing things at the police officers who send in more armed police officers with riot shields. Danny is shocked by the violence and wants to get out of the riot. His friends, however, are throwing stones too. Kyle calls Danny a 'wuss'.*

More challenge 3 What happens next?

Erarbeitung Anhand der Informationen über Dannys Gedanken und Gefühle, die in den letzten drei Zeilen des Textes beschrieben werden, stellen die S Vermutungen zum Fortgang der Handlung an und verschriftlichen diese.

Auswertung Freiwillige S lesen ihre Texte im Plenum vor. Zuhörende S stimmen ab, welchen der vorgestellten Entwürfe sie als Fortgang der Handlung am realistischsten, einfallsreichsten oder interessantesten finden und lernstärkere S begründen ggfs. ihre Entscheidung.

Zusatz Wenn die abschließende Aufgabe das Interesse der S am Fortgang des Original-Textes geweckt hat, kann L die Lektüre *Riot* vorstellen, auf welcher der *Text file* basiert. Freiwillige S können den Text kapitelweise als Hausaufgabe lesen und den Fortgang im Plenum vorstellen.

Lösungsbeispiel Individuelle Lösungen.

TF 3 Job description: Cleaner of the world's oceans – Bilingual module GEOGRAPHY

Inhalt In diesem bilingualen *Text file*-Modul zum Erdkundeunterricht lernen die S Boyan Slat kennen, der mit seiner Erfindung einer schwimmenden Barriere die Ozeane von Plastikmüll befreien will. Die im Meer befindlichen Müllmengen bedrohen durch die schwere Abbaubarkeit das maritime Ökosystem.

S. 152

1 A teenager with a vision

Einstieg **SB geschlossen.** L zeigt unterschiedliche leere (Einweg-)Getränkeflaschen aus Kunststoff.

L: *What happens to these bottles when they are empty?*

S sammeln im ▸ Partner talk Ideen *(can be recycled, are thrown away, are returned to the supermarket, are thrown into countryside, can be refilled, can be used for model making, …)*

Überleitung L: *Some people don't care about recycling. They just throw their garbage away. Quite often you find a lot of empty plastic bottles in the ocean. Let's find out what we can do about it.*

Erarbeitung **a)** **SB geöffnet.** Die S tauschen sich im ▸ Partner talk zur Frage im SB aus.

Differenzierung Lernschwächere S erhalten folgende Hilfen (Tafel / Smartboard):

If I saw rubbish in the ocean / on the beach, I would / wouldn't …	collect it swim leave the beach be shocked do nothing tell the tourist board …	because	…

Auswertung Als ▸ Meldekette im Plenum.

Lösungsbeispiel *If I saw rubbish in the ocean, I wouldn't go swimming there, because I could get hurt by the pieces of rubbish. If there was garbage on the beach, I would collect it and throw it into a bin.*

Überleitung L: *Now read the text and find out how a twenty-year-old student from the Netherlands, Boyan Slat, is trying to solve the problem.*

Erarbeitung **b)** Nach dem **1. Lesen** des Textes und Erschließen des Fachvokabulars mittels der *Key terms*-Box. Die S beantworten die Fragen schriftlich in EA.

Auswertung Vergleich der Antworten im ▸ Partner check, danach im Plenum.

Alternative Erarbeitung des Textes nach dem Prinzip des *Reciprocal teaching* in Form eines ▸ Reading club, siehe auch Rollenkarten auf ▸ KV 33: Reading club.

Lösungsbeispiel

1 *Because it affects the animals living in the oceans. Chemicals in the plastic enter the food chain and are dangerous for humans too.*
2 *The currents move in huge gyres and carry the plastic garbage with them. So the garbage collects in large patches in the oceans.*
3 *The garbage will be collected through a system of barriers in the sea. The collected rubbish can then be recycled.*
4 *He has worked on his idea and started an organization called The Ocean Cleanup. Through the internet he collected money for his project and he has found many people who support him and work in his team.*

S. 153

2 Slat's ocean cleaning system

Einstieg

SB geöffnet. Die S beschreiben zunächst das Foto: *In the picture you can see the barrier in the sea / in the water. On the left of the barrier there are things in the water – probably rubbish. On the right of the barrier there is no rubbish. The barrier stops the rubbish. In the background there is a kind of tower in the water.*

Überleitung

L: *Let's see how the cleaning system works.*

Erarbeitung

a) Anhand der Redemittel und der Skizzen im SB beschreiben die S in PA die Funktionsweise des Reinigungskonzepts.

Auswertung

Einzelne S erläutern das Reinigungsprinzip mündlich im Plenum. Die Mit-S hören zu, korrigieren und ergänzen ggfs. L hält Ergebnisse stichpunktartig an der Tafel fest.

Zusatz

Als HA verfassen die S einen kurzen Text zur Funktionsweise.

Lösungsbeispiel

The currents move the rubbish in the water towards the barrier. The barrier stops the rubbish. The rubbish is carried towards the middle of the barrier where it can be collected. The barriers are attached to the ocean floor. Sea life like fish and dolphins can pass under the barrier, so it is not a barrier for them, only for the floating rubbish.

Erarbeitung

b) Bearbeitung im ▸ Placemat: Die S notieren mögliche Schwierigkeiten zunächst stichpunktartig in EA, bevor sie sich im nächsten Schritt dazu austauschen und die möglichen Probleme diskutieren. Jede Gruppe hält die ihrer Meinung nach drei größten Problempunkte in der Mitte der Placemat-Vorlage fest.

O Differenzierung

Lernschwächere S erhalten zur Unterstützung einige Ideen auf einer *Help card*, z. B.:

Think about fishing / fishermen / ships (e.g. for transportation) / tourism / costs / collection of rubbish / environmental education, etc.

Auswertung

Im Plenum tragen die Gruppen ihre Ergebnisse vor und diskutieren sie. L hält die *Top five possible problems* an der Tafel fest.

Lösungsbeispiel

Possible problems:
- *It will be difficult for fishermen to catch fish near the barriers. They might catch lots of rubbish. Some fishermen might lose their jobs.*
- *Ships that transport products can't pass through the barriers. They can be dangerous because they aren't easy to spot.*
- *The barriers might affect tourism.*
- *It is not clear who will pay for it. A barrier like that costs a lot of money and it will be difficult to attach it to the sea bed, especially in deep water.*
- *The barrier won't stay in place, but will move in a larger area.*
- *The collection of the rubbish must be organized. There are continuous costs that must be paid for.*
- *People must be taught not to pollute the ocean. With a cleaning system, many people might just throw their rubbish into the water because they know it will be collected.*

Zusatz

Lernstärkere / Besonders interessierte S recherchieren weitere Details auf der Website des Projekts (www.theoceancleanup.com) und gestalten einen durch geeignete Medien unterstützten Kurzvortrag zu den Hintergründen, der Funktionsweise des Systems oder der Bedrohung des Ökosystems Meer durch den Plastikmüll. Die einzelnen Teilthemen können auch von verschiedenen S komplementär bearbeitet und vorgetragen werden.

3 A complex problem

Einstieg L: *Plastic rubbish in the water can be dangerous – for animals and for humans. Let's find out why.*

Erarbeitung L stellt vorab folgende Verständnisaufgaben zum Text (Tafel / Smartboard / Folie):

> Right, wrong or not in the text?
> 1. Fifteen years ago there wasn't much plastic rubbish in the sea. (Wrong. Most of the rubbish has been there for a long time.)
> 2. Some of the plastic is highly toxic. (Not in the text.)
> 3. After they have broken down, the plastic particles can't be collected. (Right.)

Die S lesen den Text und bearbeiten die Aufgaben mündlich im ▸ Partner talk.

Auswertung Besprechung im Plenum.

Erarbeitung **a)** Gemäß SB erklären sich die S im ▸ Partner talk die Aussage des Schaubilds mündlich.

Auswertung Einzelne S erläutern das Schaubild im Plenum.

Lösungsbeispiel *The infographic shows that it takes a very long time for plastic materials to break down. Plastic shopping bags last for 10–20 years, but many other plastics last much longer, e.g. it takes about 450 years for a plastic bottle to break down.*

Zusatz Lernstärkere S bzw. *Fast finishers* beantworten zusätzlich die Frage: *What does that mean for us? (We have to make sure that we don't pollute the oceans. The plastic that we throw into the water today will still be there in hundreds of years, so we will affect future generations. We have to take action now and start to clean up the oceans.)*

Erarbeitung **b)** Ausgehend von der Aussage des Schaubilds diskutieren die S im ▸ Partner talk, welchen Beitrag junge Menschen leisten können, um die Verschmutzung der Meere zu reduzieren oder zu verhindern. Dazu machen sie sich Notizen.

Auswertung Einzelne S-Paare präsentieren exemplarisch anhand ihrer Notizen ihre Ergebnisse und diskutieren diese im Plenum. L hält die Ideen an der Tafel fest.

Lösungsbeispiel *What could young people do about plastic pollution? They could …*

- *volunteer for clean-up activities on the coast.*
- *start a project and inform people about the effects of plastic pollution on animals and humans.*
- *try not to use plastic bags when they go shopping and ask their parents, friends and relatives to do the same.*
- *write to people working in politics and ask them to take action.*
- *start an online campaign to inform people about the effects of plastic in the sea.*
- …

Zusatz Die S bauen ein funktionsfähiges Modell eines Reinigungssystems (z. B. in einer kleinen, mit Wasser gefüllten Wanne mit Strohhalmen, dickerem Papier, Klebeband etc.) und erklären auf einem Elternabend / Schulfest interessierten Besuchern die Funktionsweise. Dadurch können multiplikatorisch weitere Menschen auf die Problematik und die mögliche Lösung aufmerksam gemacht und das Vorhaben somit unterstützt werden.

TF 4 Music in your life

Inhalt In diesem *Text file* wird Bibi's blog vorgestellt, in dem sich Internet User aus aller Welt über ihre Lieblingsmusik austauschen. Anschließend schreiben die S einen Text über ihre Lieblingsmusik und darüber, welche Rolle Musik in ihrem Leben spielt. Anschließend tauschen sich in einer ► Milling-around activity dazu aus. Alternativ beschreiben sie ein Ereignis aus ihrem Leben und sagen, welche Musik dazu passt.

S. 154

About me

Einstieg **SB geschlossen.** Anknüpfen an die Erfahrungswelt der S im gelenkten Unterrichtsgespräch.

L: *Do you sometimes post in a blog? If so, what is the blog about? What do you write? How often do you post something? What are the responses to your posts?*
S: *I sometimes post in a blog about the protection of nature. I think this is very important for us and I often get positive responses to my post. But a few people say I write stupid things without giving any reasons. That makes me angry.*

Überleitung **SB geöffnet.** Gemeinsames Lesen des Steckbriefes auf der linken Seite *(About me)*. Zur Sicherung des Globalkverstehens stellt L folgende Fragen im Plenum:

- *Who writes the blog? (Bibi)*
- *How old is she? (16)*
- *Why did she start the blog? (moved to NZ, wanted sth. to help her remember this special time in her life)*

Erarbeitung **SB geöffnet.** Zur Sicherung des Textverstehens des Blogs vor der Bearbeitung der SB-Aufgaben **1** und **2** füllen die S beim **1. Lesen** die Tabelle zu *Step 1* ► KV 38: Music in your life aus.

Auswertung Im ► Partner check ggf. nach **2. Lesen** zur Kontrolle oder Selbstkontrolle mithilfe eines Lösungsblatts.

Lösungsbeispiel (In Tabellenform, siehe ► KV 38: Music in your life)

name of the blogger	**Bibi**		**Cara**		**Alex**		**Billie**	
from	New Zealand		Wellington, NZ		Texas, USA		Scotland	
favourite song	Wake me up		What a wonderful world		Black Dog		All of the stars	
singer / band	Avicii		Louis Armstrong		Led Zeppelin		Ed Sheeran	
further information	The song helps her to find out who she really is.		It's her song of the week. I think she's a positive person.		He loves rock music and plays the guitar.		This song reminds him of his dead grandmother.	
Do you like the blog? (Tick √ Yes or No.)	Yes ☺	No ☹	Yes ☺	No ☹	Yes ☺	No ☹	Yes ☺	No ☹

S. 155

1 Your kind of music – or not?

Erarbeitung **a) SB geöffnet.** Gemäß SB. Falls kein Computerraum zur Verfügung steht oder die Schulordnung Smartphones nicht erlaubt, bearbeiten S dies als vorbereitende Hausaufgabe.

Alternative **SB geöffnet.** S beantworten die Fragen unter *Step 2 a)* auf der ► KV 38: Music in your life.

Auswertung Im Plenum.

Lösung Individuelle Lösungen.

Erarbeitung **b)** Gemäß SB. S schreiben ihren Lieblingssong auf einen Zettel.

Alternative Um Aufgabe 2 bereits vorzubereiten, beantworten S die Fragen unter *Step 2 b)* auf der ► KV 38: Music in your life.

Lösung Individuelle Lösungen.

Erarbeitung **c)** **Walk around:** Gemäß SB.

Zusatz Um die Sprechzeit zu erhöhen, befragen die S im Rahmen der ► Milling-around activity ihre Mit-S zu allen Fragen unter *Step 2* auf der ► KV 38: Music in your life.

Auswertung In der ► Milling-around activity im Partneraustausch.

Lösungsbeispiel
A: I like pop music. My favourite song is 'Hello' by Adele. I really like her voice. She's awesome.
B: Oh no, I don't like her. She's a little bit too soft for me. I prefer One Direction. I think they're great, especially their song 'Drag me down'.
A: I'm not really a fan of their music. Why do you like 'Drag me down'?
B: I like the video that was made at a NASA space center. And I like the message of the lyrics. It is a song to a lover who has given the songwriter the power to stand everything.
A: Okay, I see your point. I also like your choice, but I still prefer 'Hello'.

Erarbeitung **d)** Mithilfe der Zettel (s. 1b) erstellen die S eine Liste der Lieblingssongs der Klasse mit Erstellungsdatum. Um Caras Aussage *(Next week it might change.)* zu überprüfen, wird die Erhebung in vier Wochen wiederholt.

Alternative Einzelne S präsentieren im Plenum die Ergebnisse ihrer Umfrage mithilfe der ► KV 38: Music in your life.

Auswertung Klassenhitliste wird ausgehängt.

Lösung Individuelle Lösungen.

2 Music and me

S wählen je nach Interesse oder Leistungsvermögen eine der beiden Schreibaufgaben **a)** oder **b)** aus und bearbeiten sie in EA.

Erarbeitung **a)** Gemäß SB.

Alternative S nutzen die Ergebnisse, die sie unter *Step 2* auf der ► KV 38: Music in your life festgehalten haben, als Grundlage für ihren Text.

Auswertung Zunächst im ► Partner check mit einem Mit-S, der die gleiche Aufgabe ausgewählt hat. Anschließend werden auf freiwilliger Basis Texte in der Klasse ausgehängt und S begutachten diese im ► Gallery walk.

Hinweis: Die fertigen S-Texte können abschließend auch illustriert und im Dossier abgelegt werden.

Lösungsbeispiel *I really like music, but I don't need it all the time. Music helps me to relax, so I often listen to music when I come home from school. I also listen to music on the bus home, because it is really loud in the bus. At the weekend I meet friends. We usually go shopping in the morning, but in the afternoon we listen to music. You can find rock, pop and hip hop on our playlists. My favourite song at the moment is a classic; it's 'Stairway to heaven' by Led Zeppelin. I started to play the guitar and I'd like to play this song on my guitar.*

Erarbeitung **b)** Gemäß SB.

Auswertung Zunächst im ► Partner check mit einem Mit-S, der die gleiche Aufgabe ausgewählt hat. Anschließend werden auf freiwilliger Basis Texte in der Klasse aufgehängt und S begutachten diese im ► Gallery walk.

Hinweis: Die fertigen S-Texte können abschließend auch illustriert und im Dossier abgelegt werden.

Lösungsbeispiel *When I was five years old, my parents, my older sister and I went on holiday. We had a caravan and spent two weeks in Spain by the sea. The closer we came to the sea, the more excited my sister and I became. When we could first see the sea in southern France, the song 'What's up?' by the Four Non Blondes was playing on the radio. It's a pop song and it always gives me a kind of holiday feeling. Today, when I hear the song I can smell the sea and feel the sandy beaches.*

EXAM FILE 1

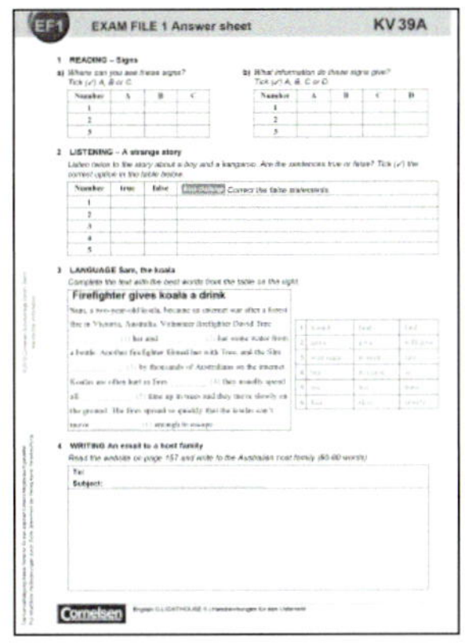
EF1 EXAM FILE 1 Answer sheet KV 39A

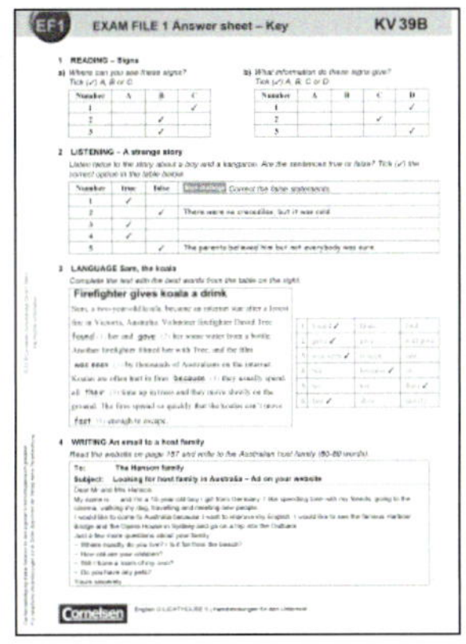
EF1 EXAM FILE 1 Answer sheet – Key KV 39B

Inhalt S, die am Ende der Klasse 9 eine schriftliche Abschlussprüfung zum Erwerb des Hauptschulabschlusses (Berufsreife / Berufsbildungsreife – Abschluss) absolvieren müssen, können in diesem *Exam file* die *Skills*-Bereiche Leseverstehen / *reading* (Übung 1), Hörverstehen / *listening* (Übung 2) und Schreiben / *writing* (Übung 4) trainieren. Außerdem wird eine Übung zum Bereich Grammatik und Wortschatz (im Kontext) / *language* (Übung 3) angeboten. Thematisch beziehen sich die Aufgaben auf den (landeskundlichen) Schwerpunkt der Unit 1, Australien.

Hinweis: Die S können die Aufgaben in EA bearbeiten und die Lösungen ins Heft oder auf einen Antwortbogen (▶ KV 39A: EXAM FILE 1 Answer sheet) übertragen. Bei geschlossenen Aufgabenformaten können sie ihre Ergebnisse individuell oder im ▶ Lerntempoduett mithilfe eines von L bereitgestellten Lösungsblattes (▶ KV 39B: EXAM FILE 1 Answer sheet – Key) kontrollieren und ggf. korrigieren. Alternativ können die Aufgaben auch gemeinsam im Plenum bearbeitet und ausgewertet werden.

S. 156/157

1 READING Signs

Einstieg **SB geschlossen.** Hinführung zum Thema Abschlussprüfungen und typische Aufgabenstellungen wie z. B. Lesen / Interpretation von Schildern durch L.

L: *In English exams, you are often asked to explain signs. What helps you to describe the meaning of a sign?*
S: *First you can look at the pictures / icons and / or read the text on the sign and think about where / in which context you might find it. Then you can try to explain / interpret its meaning / message.*
L: *What can signs be about?*
S: *They usually give you some important information, for example about where you can find something, what you are or aren't allowed to do, what you should / shouldn't do in a special place / situation, …*
L: *Look at the three signs at the top of page 156 in your book. (Where can you find them?)*

Erarbeitung **a)** ▤ **SB geöffnet.** Die S betrachten die Fotos auf dieser Seite. Nach dem **1. Lesen** bearbeiten sie in EA die Aufgabe **a)** und notieren die Lösungen in Kurzform (Aufgabenbuchstabe – Ortsangabe) im Heft oder in der Antworttabelle auf ▶ KV 39A: EXAM FILE 1 Answer sheet. Erst

Auswertung nach Aufgabe **b)**.

Lösung *1 C • 2 B • 3 B*

Überleitung L: *Now look at the three signs in part b) of this exercise. Where can you see them? (sign 1 on a beach; sign 2 on a bus or train door; sign 3 at a library)*

Erarbeitung **b)** ▤ **1. Lesen** und Entschlüsselung der Schilder anhand der *Multiple choice*-Auswahl im SB. Die S übertragen ihre Lösungen ins Heft oder ggf. auf ▶ KV 39A: EXAM FILE 1 Answer sheet.

Auswertung Selbstkontrolle mithilfe eines von L bereitgestellten Lösungsblattes (▶ KV 39B: EXAM FILE 1 Answer sheet – Key). Abschließend ggf. Ergebnissicherung im Plenum (siehe Zusatz).

Alternative Ergebnissicherung auch im ▶ Lerntempoduett möglich: S besprechen mit einem Partner ihre Lösungen zu **a)** und **b)**. Anschließend kontrollieren sie mithilfe des Lösungsblattes.

Lösung *1 D • 2 C • 3 D*

Zusatz Bei einer abschließenden gemeinsamen Auswertung im Plenum fragt L nach einer Begründung für die Antwortauswahl. Lernstärkere S nennen Symbole bzw. Textstellen, die ihnen beim Entschlüsseln der Schilder geholfen haben, z. B.:

L: *Why did you choose ...? Explain with the help of the information / pictures on the signs.*
S: *Sign 1 is at the beach because it says something about water and sharks.*

Zudem kann L die S auffordern, die Bedeutung der Schilder in **a)** in eigenen Worten zu beschreiben (ggf. nach dem Muster der *Multiple choice*-Auswahl zu **b)**).

2 LISTENING A strange story

Einstieg ► Klären der Arbeitsanweisung im Plenum und gemeinsames Lesen der zugehörigen *true/false-statements* (auch still in EA möglich).

Erarbeitung ► 3.10 **SB geöffnet.** Die S übertragen die Satznummern 1–5 ins Heft und notieren dahinter beim **1. Hören** ihre Einschätzung zu deren Wahrheitsgehalt (ggf. in Kurzform: *T(rue)–F(alse)*) oder nutzen die Antworttabelle auf ► KV 39A: EXAM FILE 1 Answer sheet. Dann **2. Hören** zur Überprüfung und Ergänzung.

Differenzierung Bei lernstärkeren S kann bereits nach dem **1. Hören** eine Auswertung gemäß SB erfolgen. Für das **2. Hören** kann ggf. der Auftrag gestellt werden, die falschen Aussagen zu verbessern (siehe blaue Klammern im Lösungsbeispiel).

Auswertung Selbstkontrolle in EA oder im ► Lerntempoduett mithilfe des Lösungsblattes (► KV 39B: EXAM FILE 1 Answer sheet – Key).

Alternative Ergebnissicherung im Plenum. Ein S übernimmt die Rolle des L und hält die Lösungen ggf. schriftlich fest (Tafel / Folie).

Lösung ***1*** *true* • ***2*** *false (They were worried because it was cold and the Australian bush isn't a park / can be dangerous, but there are no salt water crocodiles in the bush / this story.)* • ***3*** *true* • ***4*** *true* • ***5*** *false (The boy's parents believed him, but other people weren't sure.)*

3 LANGUAGE Sam, the koala

Einstieg **SB geöffnet.** Zur situativen Einbettung überfliegen die S zunächst den Lückentext (ohne die Sprachaufgabe zu beachten), um herauszufinden, um welche Textsorte es sich handelt und worum es inhaltlich geht (► Lesetechniken: *Skimming*).

L: *Look at exercise 3. What kind of text is it?*
S: *It's a newspaper article / an article / a report.*
L: *Now skim the article (= look at the photo / caption and the headline). What is it about?*
S: *It's about a koala who was hurt in a forest fire and a firefighter who gave it some water.*

Überleitung L: *Now read the article in detail and fill in the missing words.*

Erarbeitung Die S bearbeiten die Aufgabe gemäß SB und übertragen ihre Lösungen ins Heft oder ggf. auf ► KV 39A: EXAM FILE 1 Answer sheet.

Auswertung Selbstkontrolle oder Vergleich im ► Lerntempoduett mithilfe von ► KV 39B: EXAM FILE 1 Answer sheet – Key oder / und abschließende Ergebnissicherung im Plenum.

Lösung ***1*** *found* • ***2*** *gave* • ***3*** *was seen* • ***4*** *because* • ***5*** *their* • ***6*** *fast*

4 WRITING An email to a host family

Einstieg **SB geschlossen.** Austausch über Reisepläne und Unterkunftsmöglichkeiten in Australien im gelenkten Unterrichtsgespräch (anknüpfend an Unit 1, *Lead-in* und *Theme 3*), ggf. mittels ► Meldekette im Plenum.

L: *Would you like to go to Australia one day? Imagine you are planning your trip: What would you like to do and where would you like to stay (and why)?*
S1: *I would like to go on a road trip and stay at campsites. It's cheaper than staying in a hotel and you see lots of different places / meet lots of different people along the way.*
S2: *I'd like to go to Australia when I finish school to 'work and travel'. (etc.)*

Überleitung

L: *If you want to learn English in Australia, you can also stay with an Australian family and get to know the "Australian way of life" from inside. A family who invites teenagers or other guests from other countries to share their home and their life for some time is called a host family. You can find host families with the help of language schools or through internet adverts, but of course it's important to check if you might get along before you go there. That's why you usually have to send them a short °description of yourself first. Let's have a look at the website of an Australian host family and find out more.*

Erarbeitung

SB geöffnet. Die S lesen zunächst die Internet-Anzeige still in EA oder gemeinsam (laut) im Plenum. Als Basis für das Verfassen der E-Mail kann L im Unterrichtsgespräch relevante Angaben sichern, z.B.:

L: *What's the name of the family?*
S: *The Hanson family.*
L: *What do we learn about them?*
S: *A family of five: mum / dad / three kids. They love meeting new people and welcome foreign students in their home every year.*
L: *Now we know a bit about the Hansons, but they don't know anything about you. They want to find out more about you. What are they interested in?*
S: *My name / age / hobbies; why I'd like to come to Australia / what I'd like to see / if I've got any more questions for them (and which).*

Anhand der Vorgaben im SB schreiben die S ihre E-Mail, z. B. in der E-Mailvorlage auf ▸ KV 39A: EXAM FILE 1 Answer sheet. Dabei beachten sie die Gestaltungskriterien der Textsorte, siehe auch *SF 8.3 Writing an email / a letter*, SB-Seite 174.

Hinweis: L kann ggf. auch eine E-Mailadresse vorgeben (z. B. die eigene oder eine Schulmailadresse), an die die S diese Mail tatsächlich senden können. Dies bietet sich insbesondere an, wenn diese Aufgabe als Hausaufgabe gegeben wird.

Auswertung

Im Sinne des *Exam training* bietet sich hier eine Korrektur durch L an. Eine Sammlung von wiederkehrenden Fehlern könnte dann im Plenum besprochen werden.

Alternative

Sichtung und Korrektur der E-Mails im ▸ Correcting circle. Mögliche Kriterien: Inhalt (Werden alle Vorgaben von SB-Seite 157 bedient?), Aufbau / Struktur (Abgleich mit *SF 8.3 Writing an email / a letter*, SB-Seite 174), sprachliche Richtigkeit *(spelling, tenses, word order)*. Abschließend lesen freiwillige S besonders gelungene Beispiele im Plenum vor.

Lösungsbeispiel

To: The Hanson family
Subject: Looking for host family in Australia – Ad on your website

Dear Mr and Mrs Hanson
My name is ... and I'm a 15-year-old boy / girl from Germany. I like spending time with my friends, going to the cinema, walking my dog, travelling and meeting new people. I would like to come to Australia because I want to improve my English. I would like to see the famous Harbour Bridge and the Opera House in Sydney and go on a trip into the Outback.
Just a few more questions about your family:
Where exactly do you live? / Is it far from the beach?
How old are your children? / Will I have a room of my own? / Do you have any pets?
Yours sincerely ...

EXAM FILE 2

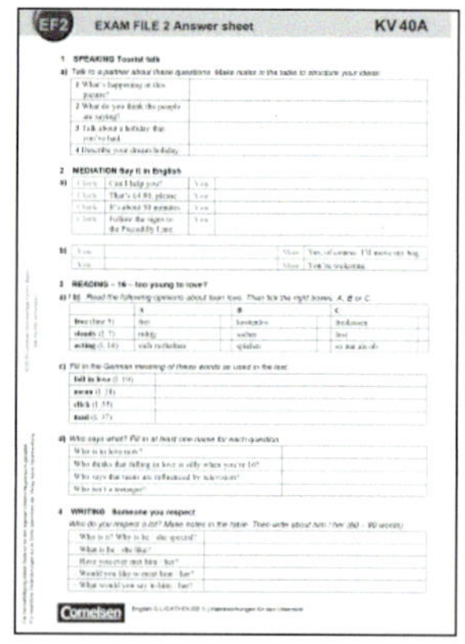

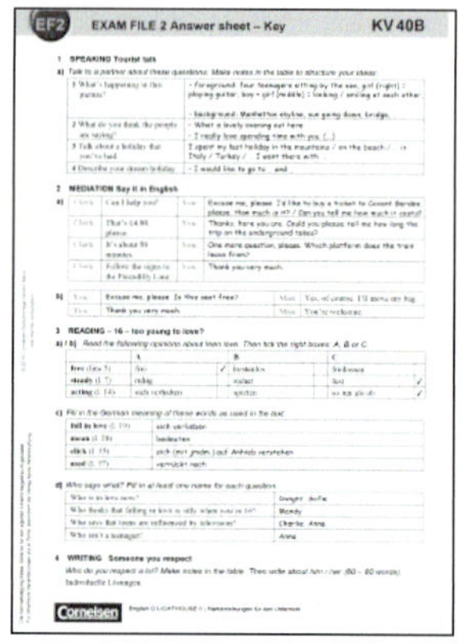

Inhalt

Dieses *Exam file* trainiert die *Skills*-Bereiche Sprechen / *speaking* (Übung 1), Sprachmittlung / *mediation* (Übung 2), Leseverstehen / *reading* (Übung 3) und Schreiben / *writing* (Übung 4). Thematisch beziehen sich die Aufgaben auf die Schwerpunkte der Units 2 und 4, Kommunikation und Jugendkultur.

Beim Sprechen wird im Rahmen einer Bildbeschreibung sowie eines Rollenspiels sowohl das monologische (1a) als auch das dialogische Sprechen (1b) trainiert. Bei der Mediation geht es um die Bewältigung touristischer Situationen (U-Bahn: Preis, Weg, Fahrtzeit, Frage nach freiem Sitzplatz). Die Leseaufgabe befasst sich mit dem Thema *teenage love*. Die Aufgaben zielen auf die Bedeutung des Kontexts hinsichtlich des Erschließens der Wortbedeutung, aber es geht auch um die inhaltliche Auswertung durch Namenszuordnung. In der Schreibaufgabe sollen sich die S mit dem Thema *personal heroes* auseinandersetzen.

Hinweis: Die S können die Aufgaben in EA bearbeiten und die Lösungen ins Heft oder auf einen Antwortbogen (▸ KV 40A: EXAM FILE 2 Answer sheet) übertragen. Bei geschlossenen Aufgabenformaten können sie ihre Ergebnisse individuell oder im ▸ Lerntempoduett mithilfe eines von L bereitgestellten Lösungsblattes (▸ KV 40B: EXAM FILE 2 Answer sheet – Key) kontrollieren und ggf. korrigieren. Alternativ können die Aufgaben auch gemeinsam im Plenum bearbeitet und ausgewertet werden.

S. 158/159

1 SPEAKING Tourist talk

Einstieg

SB geschlossen. Für die Bildbeschreibung (Teilaufgabe **a)**) kann L ggf. anhand des *SF 9 Describing photos and pictures* (SB-Seite 179) geeignete Techniken (allgemeiner Einstieg, Reihenfolge: Vordergrund, Hintergrund, Vermutungen zu den abgebildeten Personen, eigene Meinung), Strukturen *(present progressive)* und Redemittel wiederholen *(in the foreground / background; in the middle, etc.)*.

Erarbeitung

a) **SB geöffnet.** Im ▸ Partner talk äußern die S anhand der SB-Fragen ihre unmittelbaren Reaktionen zum Bildimpuls (monologisches und dialogisches Sprechen).

Hinweis: Zur besseren Strukturierung und Verteilung der Sprechanteile bietet sich eine Trennung an: Zunächst Konzentration auf die Fragen 1 und 2 (S1 beginnt und sagt so viel wie möglich zu Frage 1, S2 ergänzt; bei Frage 2 dann umgekehrt), anschließend äußern beide Partner nacheinander (monologisch) ihre Ideen zu den Fragen 3 und 4. Die Bearbeitung kann auch in Kleingruppen erfolgen.

O Differenzierung

Lernschwächere S bereiten sich schriftlich auf das monologische Sprechen vor (▸ Note-making), z. B. in Form des ▸ Think-Pair-Share.

Think: S machen sich zu den SB-Fragen (1–4) Notizen auf Karteikarten *(prompt cards)* oder in der Tabelle auf ▸ KV 40A: EXAM FILE 2 Answer sheet.
Pair: Mit einem Partner können die Notizen verglichen und ergänzt werden (insb. zu Frage 1 und 2).
Share: Die S stellen ihre Überlegungen weiteren Mit-S vor, z. B. im Rahmen einer ▸ Milling-around-activity oder eines ▸ Double circle. L gibt eine Zeitvorgabe.

L: *Talk to as many people as possible about the picture and your own (dream) holidays. You've got 10 / 15 /... minutes.*

Auswertung Es gibt verschiedene Auswertungsmöglichkeiten:

(1) L begibt sich in die Klasse und sammelt beim Herumgehen ggf. typische sprachliche und inhaltliche Schwierigkeiten bei der Bildbeschreibung, die anschließend anonymisiert besprochen werden.
(2) Die einzelnen SB-Fragen werden gemeinsam im Plenum bearbeitet. Die Ergebnisse werden anschließend in einem Musterdialog von zwei freiwilligen S im Plenum vorgestellt.
(3) Freiwillige / Lernstärkere S-Paare präsentieren ihre Ergebnisse zur Sprechaufgabe im Plenum. Die Zuhörer werden aufgefordert, darauf zu achten, ob die Sprecher alle Fragen beantworten und ob sie die Techniken und Redemittel zur Bildbeschreibung funktional einsetzen.

Lösungsbeispiel

1 *In the foreground there are four teenagers sitting on a beach / by the sea. The sun is going down and in the background, you can see the (Manhattan) skyline. There's a bridge (Brooklyn Bridge) on the right. The four teenagers are enjoying the evening in NYC and the romantic light / sunset on the water. The girl on the right is playing a song on her guitar. Maybe it is a love song because the boy and the girl in the middle of the photo are looking / smiling at each other and the girl is putting her arm around the boy, so they seem to be in love.*

2 *The blond girl might be saying, "What a lovely evening out here. I really love spending time with you." The boy might answer, "I feel the same." The boy on the left is saying, "Hey, we're here as well. Don't forget everything around you."*

3 *I spent my last holiday in the mountains / on the beach / ... in Italy / Turkey / ... I went there with my family / with friends. I enjoyed my stay there because we went on some great hiking trips / we spent every day on the beach and in or on the water, swimming, surfing and sailing. We stayed in a hotel / youth hostel / holiday flat. I had a room of my own. / I shared a room with ...*

4 *My dream holiday would be one / two / ... week(s) in ... I would really like to go there because I would like to see / visit / go / do / ...*

Überleitung L führt in die Dialogsituation zu **b)** ein und wiederholt ggf. anhand des *SF 7.2 Successful conversations* (SB-Seite 170/171) die zentralen Phasen und Redemittel für einen erfolgreichen Gesprächsverlauf im Plenum.

L: *Now imagine you are standing at a bus stop in Dublin. One of you (partner B) is a tourist, the other one (partner A) is a Dubliner. Your task is to ask for / explain the way to the city centre. First decide who is who. Partner A (the Dubliner) starts. You can look at the role cards for ideas on what you can say. Start the conversation politely, keep it going for a while and then find a good ending. You can find more useful phrases for conversations on pages 170/171 in your book.*

Erarbeitung **b)** **ROLE-PLAY** Anhand der Vorgaben auf den Rollenkarten im SB üben die S den Dialog in PA oder im ▸ Double circle.

O Differenzierung Lernschwächere S formulieren ihre Sätze anhand der Stichworte im SB und ggf. der *useful phrases* von SB-Seite 171 zunächst schriftlich aus. Dann üben sie den Dialog mittels ▸ Read-and-look-up technique ein.

Auswertung Einzelne Dialoge werden im Plenum vorgetragen. Sprachliche oder inhaltliche Schwierigkeiten können durch L odere zuhörende S gesammelt und anschließend besprochen werden.

Lösungsbeispiel (In Tabellenform; kann für besonders lernschwache S auch kopiert und als *jumbled dialogue* vorgegeben werden:)

Partner A	*Partner B*
Excuse me, can I help you?	*Oh, yes, please. Do you know which bus goes to the city centre?*
Yes, the number 16 bus goes to the city centre.	*Oh good, thank you. And can you please also tell me where I can buy a bus ticket?*
You can buy tickets on the bus.	*Thanks. Just one more question, please: How much is a ticket to the city centre?*
It's €2.55.	*Thank you very much.*
You're welcome. Where are you from? / Where do you come from?	*I'm from Germany.*
And do you like Dublin?	*Yes, very much. Dublin is fun and the people here are so friendly.*
How long are you staying here?	*I'm here for a week and I'm staying in a hostel.*
Have you visited Dublin before?	*No, I haven't. It's my first visit. Do you have any good tips for me?*
I'd go on a 'hop-on-hop-off' bus tour so you can see all the interesting sights. You can get off at different places and stay there / look around for as long as you like.	*That's a good suggestion. / That sounds great, thanks.*
Sorry, I have to hurry. My bus is coming. Bye. Have a good time.	*Bye and thanks for your help. It was really nice talking to you.*

2 MEDIATION Say it in English

Einstieg **SB geschlossen.** Vor Bearbeitung der Aufgabe in EA wiederholt L ggf. anhand des *SF 10 MEDIATION SKILLS* (SB-Seite 180) noch einmal im Plenum, was sie bei der ► Mediation besonders beachten müssen.

L: *What are the most important mediation strategies? (You can look up some tips on page 180 in your book.)*
S: *The important thing is the message / the idea. You don't have to translate everything (word for word) but only the most important information, and you can use your own words or paraphrase if you don't know an English word.*

Erarbeitung **a)** **SB geöffnet.** Die S lesen zunächst die Situationsbeschreibung still in EA oder laut im Plenum und leiten daraus die zentralen Fragestellungen ab. Anschließend verschriftlichen sie diese auf Englisch im Heft oder im Dialograster auf ► KV 40A: EXAM FILE 2 Answer sheet.

Auswertung Selbstkontrolle in EA oder im ► Lerntempoduett anhand des Musterdialogs auf (► KV 40B: EXAM FILE 2 Answer sheet – Key. Anschließend üben die S den Dialog mit einem Partner ein und spielen ihn mit verteilten Rollen im Plenum vor. Dabei können sprachliche oder inhaltliche Schwierigkeiten durch L oder zuhörende S gesammelt und anschließend besprochen werden.

Lösungsbeispiel

Clerk	*Can I help you?*	**You**	*Excuse me, please. I'd like to buy a ticket to Covent Garden, please. How much is it? / Can you tell me how much it costs?*
Clerk	*That's £4.80, please.*	**You**	*Thanks, here you are. Could you please tell me how long the trip on the underground takes?*
Clerk	*It's about 50 minutes.*	**You**	*One more question, please. Which platform does the train leave from?*
Clerk	*Follow the signs to the Piccadilly Line.*	**You**	*Thank you very much.*

Erarbeitung

b) Die S lesen zunächst die Situationsbeschreibung still in EA oder laut im Plenum und leiten daraus die zentrale Fragestellung ab. Anschließend verschriftlichen sie diese auf Englisch im Heft oder im Dialograster auf ▶ KV 40A: EXAM FILE 2 Answer sheet.

Auswertung

Selbstkontrolle in EA oder im ▶ Partner check bzw. ▶ Lerntempoduett anhand des Musterdialogs auf ▶ KV 40B: EXAM FILE 2 Answer sheet – Key. Anschließend üben die S den Dialog mit einem Partner ein und spielen ihn mit verteilten Rollen im Plenum vor. Dabei können sprachliche oder inhaltliche Schwierigkeiten durch L oder zuhörende S gesammelt und anschließend besprochen werden.

Lösungsbeispiel

You	*Excuse me, please. Is this seat free?*	**Man**	*Yes, of course. I'll move my bag.*
You	*Thank you very much.*	**Man**	*You're welcome.*

3 READING 16 – too young to love?

Einstieg

SB geschlossen. L schreibt die Überschrift an (Tafel / Folie) und sammelt spontane Reaktionen der S zum Thema *(16 – too young to love?)*.

Überleitung

L: *Let's find out what other / British teens think about this question.*

Erarbeitung

a) **SB geöffnet. 1. Lesen** der Meinungsäußerungen gemäß SB still in EA (oder laut im Plenum).

Zusatz

Zur Sicherung des Globalverstehens kann L ggf. die Aufgabenstellung aus dem SB erweitern: *Read the opinions about teen love and find out: Does the majority agree or disagree that "16 is too young to love"? (The majority agrees: 4 opinions for : 2 opinions against.)*

Erarbeitung

b) Gemäß SB in EA. Die S notieren die Lösungen in Kurzform (Ausgangswort: Lösungsbuchstabe) im Heft oder in der Tabelle auf ▶ KV 40A: EXAM FILE 2 Answer sheet.

Auswertung

Ergebniskontrolle erst nach Bearbeitung aller Teilaufgaben **a)–d)**, ggf. anhand ▶ KV 40B: EXAM FILE 2 Answer sheet – Key.

Lösung

free: A (frei) • *steady: C* (fest) • *acting: D* (so tun als ob)

Erarbeitung

c) Gemäß SB in EA. Die S notieren die passenden Wortbedeutungen im Heft oder in der Tabelle auf ▶ KV 40A: EXAM FILE 2 Answer sheet.

O Differenzierung

Je nach den Prüfungsanforderungen in den einzelnen Bundesländern kann L den S zur Lösung dieser Wortschatzaufgabe ein- oder zweisprachige Wörterbücher im Klassenzimmer zur Verfügung stellen.

Auswertung

Ergebniskontrolle erst nach Bearbeitung aller Teilaufgaben **a)–d)**, ggf. anhand ▶ KV 40B: EXAM FILE 2 Answer sheet – Key.

Lösung *fall in love:* sich verlieben • *mean:* bedeuten • *click:* sich (mit jmdm.) auf Anhieb verstehen / funken zwischen • *mad:* verrückt nacheinander

Erarbeitung **d)** Gemäß SB in EA. Die S notieren die passenden Namen im Heft oder in der Tabelle auf ▶ KV 40A: EXAM FILE 2 Answer sheet. Dazu ggf. **2. Lesen** der Meinungsäußerungen in **a)** möglich.

Auswertung Selbstkontrolle in EA oder im ▶ Partner check bzw. ▶ Lerntempoduett anhand ▶ KV 40B: EXAM FILE 2 Answer sheet – Key oder / und Ergebnissicherung bzw. Besprechung im Plenum.

Zusatz Die S begründen ihre Zuordnungen anhand geeigneter Textzitate (siehe blaue Lösungen in Klammern).

Lösung

- *Who is in love now? Dwight (ll. 10/11: "We're head over heels in love")* • *Sofia (ll. 34/35: "I met someone on holidays and we just clicked. ... / l. 37: We're mad about each other.")*
- *Who thinks that falling in love is silly when you're 16? Mandy (ll. 1/2: "It's ridiculous to fall in love when you're 16.")*
- *Who says that teens are influenced by television? Charlie (ll. 13/14 "..., but I think that they watch too many soaps on TV.")* • *Anna (ll. 21–23 "I ... saw the films, dreamed the dreams. With my friends, that was all we talked about.")*
- *Who isn't a teenager? Anna (l. 20: "When I was a teen ..." / ll. 25/26: "As a teenager I liked the idea of being in love ...")*

4 WRITING Someone you respect

Einstieg **SB geschlossen.** L schreibt das Wort *HERO* in Großbuchstaben an die Tafel.

Think: *Can you explain what a hero is? Write down typical qualities of a hero in a list or a network.*

Pair: *Compare your ideas with a partner and add to your list / network.*

Share: *Let's collect some typical qualities of heroes on the board.*

Überleitung L: *Do you have a personal hero? You don't have to explain in class if it's too personal.*

Freiwillige S nennen Beispiele für ihre Helden – ggf. mit kurzer Begründung – im Plenum: *One of my heroes is ... because ...*

Erarbeitung **SB geöffnet.** Gemeinsames Lesen und ▶ Klären der Arbeitsanweisung und ggf. Verweis auf *SF 8.1 The steps of text writing* (SB-Seite 172/173) zur Planung und Ausarbeitung der S-Texte. Zudem weist L auf die Leitfragen als Basis für die Ideensammlung hin und lässt diese ggf. ebenfalls vorlesen.

Auswertung Individuelle Korrektur durch L. Dabei können wiederkehrende sprachliche Fehlerquellen gesammelt und dann ggf. anonymisiert im Plenum besprochen werden. Anschließend bekommen die S ggf. noch einmal Zeit, ihre Texte sprachlich zu verbessern.

Die fertigen S-Produkte können illustriert und im Dossier abgelegt werden. Da es sich u. U. um sehr persönliche Texte handelt, sollte eine Veröffentlichung z. B. im Rahmen eines ▶ Gallery walk oder in der ▶ English corner den S auf freiwilliger Basis überlassen bleiben.

Lösungsbeispiel *My personal heroes are my mum and dad. When I need help, they are always there for me giving me advice or supporting me. We talk about mistakes I made and they show me what I could have done better in order not to make the same mistake again. Without them, I do not think I would be the person I am today. I love having both my parents in my life. Maybe I should tell them more often :-).*

EXAM FILE 3

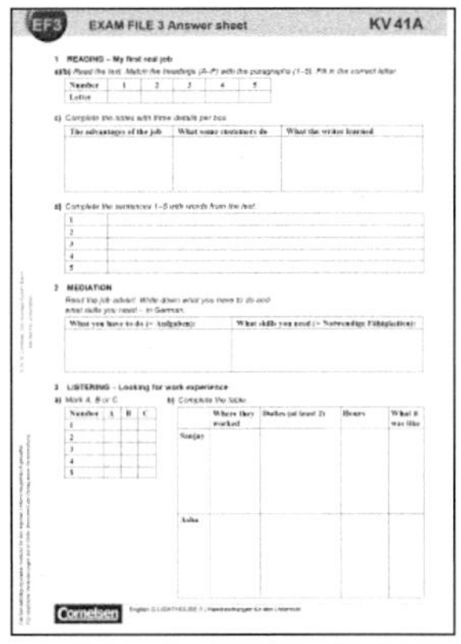
EXAM FILE 3 Answer sheet KV 41A

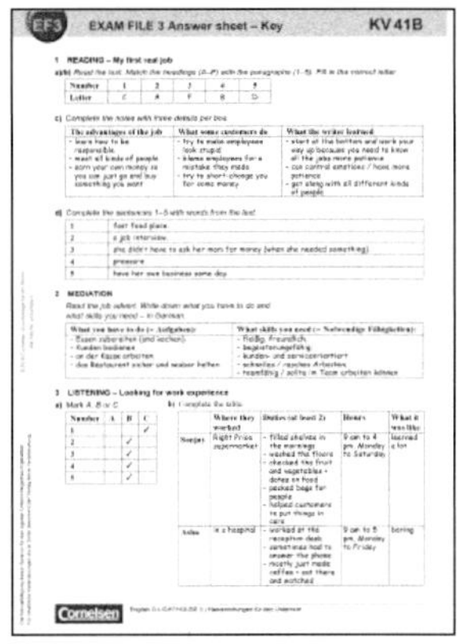
EXAM FILE 3 Answer sheet – Key KV 41B

Inhalt Dieses *Exam file* trainiert die *Skills*-Bereiche Leseverstehen / *reading* (Übung 1), Sprachmittlung / *mediation* (Übung 2), Hörverstehen / *listening* (Übung 3) und Schreiben / *writing* (Übung 4).

Thematisch beziehen sich die Aufgaben auf den Schwerpunkt der Unit 3, Berufswelt, berufliche Orientierung / Bewerbungen und erste berufliche Erfahrungen. Bei der Mediation geht es um die gezielte Entnahme von zentralen Informationen aus einer englischen Stellenanzeige und deren Vermittlung auf Deutsch (Aufgaben, Qualifikationen, ...). Bei der Schreibaufgabe können sich die S zwischen zwei Themen und Textformaten entscheiden und entweder ein Bewerbungsschreiben oder einen Bericht über eigene Arbeitserfahrungen / Praktika verfassen.

Hinweis: Die S können die Aufgaben in EA bearbeiten und die Lösungen ins Heft oder auf einen Antwortbogen (► KV 41A: EXAM FILE 3 Answer sheet) übertragen. Bei geschlossenen Aufgabenformaten können sie ihre Ergebnisse individuell oder im ► Lerntempoduett mithilfe eines von L bereitgestellten Lösungsblattes (► KV 41B: EXAM FILE 3 Answer sheet – Key kontrollieren und ggf. korrigieren. Die Aufgaben können alternativ auch gemeinsam im Plenum bearbeitet und ausgewertet werden.

S. 160/161

1 READING My first real job

Einstieg **SB geschlossen.** L stellt im Unterrichtsgespräch den Bezug zur Lebenswelt der S her und sammelt unterschiedliche Teilzeitjobs, die Jugendliche ausüben können, im Plenum.

L: *Do you get (enough) pocket money or do you earn your own money by doing a part-time job? (...) What part-time jobs can / do you do?*

Überleitung L: *Let's read a report and find out about an American teenager's first real job.*

Erarbeitung **a)** **SB geöffnet. 1. Lesen** des Erfahrungsberichtes (Teil 1–5) im Zusammenhang gemäß SB still in EA oder gemeinsam laut im Plenum. Zur Sicherung des Globalverstehens kann L folgende Leseaufträge geben (Tafel / Folie):

- *What job did the writer do? (She worked at a fast food place.)*
- *Did she like the job? (She liked having a job, meeting people and earning her own money, but she also names a few downsides of the job.)*

Überleitung L wertet die Leseaufträge zu **a)** im Plenum aus und leitet zum Aufgabenapparat im SB über: *So all in all the writer liked working at the fast food place. Now I'd like you to have a closer look at the text and do exercises **b)–d)** to find out more about her experiences.*

Hinweis: In lernschwächeren Lerngruppen kann L ein gemeinsames Lesen und ► Klären der Arbeitsanweisungen sowie SB-Vorgaben zu den Teilaufgaben **b)–d)** anregen. Im Sinne der Prüfungsvorbereitung sollten sich die S die Aufgabenstellung jedoch möglichst selbstständig in EA erschließen.

Erarbeitung **b)** Die S lesen zunächst die Arbeitsanweisung und die Überschriften still in EA. Für die Zuordnung können sie die Absätze 1–5 ggf. noch einmal einzeln kurz überfliegen (► Lesetechniken: *Scanning*). Anschließend notieren sie ihre Lösungen in Kurzform im Heft (Absatznummer – Überschriftenbuchstabe) oder übertragen sie in den Tabellenvordruck auf ► KV 41A: EXAM FILE 3 Answer sheet.

Auswertung Ergebniskontrolle erst nach Erledigung aller Teilaufgaben, ggf. anhand ► KV 41B: EXAM FILE 3 Answer sheet – Key.

Lösung *1 C • 2 A • 3 F • 4 B • 5 D*

Erarbeitung **c)** Die S übertragen die Tabelle aus dem SB ins Heft oder nutzen den Tabellenvordruck auf ▶ KV 41A: EXAM FILE 3 Answer sheet und ergänzen sie – ggf. nach dem **2. Lesen** – mit den passenden Angaben aus dem Text.

Auswertung Ergebniskontrolle erst nach Erledigung aller Teilaufgaben, ggf. anhand ▶ KV 41B: EXAM FILE 3 Answer sheet – Key.

Lösung Gemäß der Tabellenvorlage im SB:

The advantages of the job	*What some customers do*	*What the writer learned*
- *learn how to be responsible* - *meet all kinds of people* - *earn your own money so you can just go and buy something you want*	- *try to make employees look stupid* - *blame employees for a mistake they made* - *try to short-change you for some money*	- *start at the bottom and work your way up because you need to know all the jobs* - *more patience* - *can control emotions* - *get along with all different kinds of people*

Erarbeitung **d)** Die S übertragen die Satzanfänge aus dem SB ins Heft oder nutzen die Vorgaben auf ▶ KV 41A: EXAM FILE 3 Answer sheet und vervollständigen sie – ggf. nach dem **2. /3. Lesen** – mit den passenden Angaben aus dem Text.

Auswertung Selbstkontrolle in EA oder im ▶ Partner check bzw. ▶ Lerntempoduett anhand ▶ KV 41B: EXAM FILE 3 Answer sheet – Key oder / und Ergebnissicherung bzw. Besprechung im Plenum.

Lösung ***1*** *... fast food place.* • ***2*** *... a job interview.* • ***3*** *... she was in charge of her own money / she didn't have to ask her mother for money.* • ***4*** *... pressure.* • ***5*** *... have her own business some day.*

2 MEDIATION

Einstieg **SB geschlossen.** L wiederholt ggf. die Charakteristika von Stellenanzeigen im Plenum.

L: *What is a job advert?*
S: *Employers / Companies use job adverts to inform people about jobs they offer. If you're looking for a part-time job, you can look at the job adverts in newspapers or online.*
L: *What information do you get from a job ad (advert)?*
S: *What you have to do / When you have to work / How much you earn / What skills you need / ...*

Überleitung **SB geöffnet.** Situationseinbettung und Sicherung des Globalverstehens anhand des Bildes und der Überschrift.

L: *Skim the job advert in your book (on page 161) and find out what it is about. (A job in a sandwich bar.) Then mediate the most important information. Look at the tips in the instruction for help.*

Erarbeitung **SB geöffnet.** Gemäß SB in EA. Die S notieren die zentralen Fragestellungen aus der Arbeitsanweisung im Heft und ergänzen darunter die entsprechenden Angaben oder übertragen sie in die Tabellenvorlage auf ▶ KV 41A: EXAM FILE 3 Answer sheet.

Auswertung Selbstkontrolle in EA oder im ▶ Partner check bzw. ▶ Lerntempoduett anhand ▶ KV 41B: EXAM FILE 3 Answer sheet – Key oder / und Ergebnissicherung bzw. Besprechung im Plenum.

Lösung

What you have to do (= Aufgaben):	*What Skills you need (= Notwendige Fähigkeiten / Fertigkeiten):*
- *Essen zubereiten (und kochen)* - *Kunden bedienen* - *an der Kasse arbeiten* - *das Restaurant sicher und sauber halten*	- *fleißig, freundlich* - *begeisterungsfähig* - *kunden- und serviceorientiert* - *schnelles / rasches Arbeiten* - *teamfähig / sollte im Team arbeiten können*

3 LISTENING Looking for work experience

Einstieg

SB geschlossen. Zur situativen Einbettung der Höraufgabe kann L Vorerfahrungen der S zum Thema *work experience* (Schulpraktika) im ▶ Partner talk oder im Rahmen einer ▶ Milling-around activity austauschen lassen. Mögliche Aufgabenstellung:

- *Have you done your work experience yet? Tell your partner/s about it:*
- *Where did you do it?*
- *What did you have to do?*
- *Did you like it?*

Überleitung

▶ Klären der Arbeitsanweisung und Lesen der einführenden Situation (still in EA oder gemeinsam im Plenum). L kann ggf. folgendermaßen nachsteuern:

L: *Now listen to Sanjay. He is planning to do some work experience. You will listen to his phone call twice. You can do the exercise while listening. Write down the answers in note form (sentence number – letter of the correct answer) or mark your answers A, B or C on the answer sheet.*

Erarbeitung ▶ 3.11

a) **SB geöffnet. 1. Hören** und ▶ Note-taking zu den Antworten gemäß SB z. B. auf ▶ KV 41A: 3 Answer sheet. **2. Hören** zur Überprüfung / Ergänzung.

Auswertung

Selbstkontrolle in EA oder im ▶ Partner check bzw. ▶ Lerntempoduett anhand ▶ KV 41B: EXAM FILE 3 Answer sheet – Key oder / und Ergebnissicherung bzw. Besprechung im Plenum.

Lösung

***1** C • **2** B • **3** B • **4** B • **5** B*

Überleitung

L: *A few days after he had finished his work experience, Sanjay met his friend Asha in the street. Listen to them talking about their work experiences and take notes.*

Erarbeitung ▶ 3.12

b) Die S übertragen die Tabelle aus dem SB ins Heft oder nutzen den Tabellenvordruck auf ▶ KV 41A: EXAM FILE 3 Answer sheet und tragen beim **1. Hören** die fehlenden Angaben ein. **2. Hören** zur Überprüfung / Ergänzung.

Auswertung

Selbstkontrolle in EA oder im ▶ Partner check bzw. ▶ Lerntempoduett anhand ▶ KV 41B: EXAM FILE 3 Answer sheet – Key oder / und Ergebnissicherung bzw. Besprechung im Plenum.

Lösung

	Where they worked	*Duties (at least 2)*	*Hours*	*What it was like*
Sanjay	- *Right Price supermarket*	- *filled shelves in the mornings* - *washed the floors* - *checked the fruit and vegetables + the dates on food* - *packed bags for people* - *helped customers to put things in cars*	*9 am to 4 pm, Monday to Saturday*	*learned a lot*

Asha	- in a hospital	- worked at the reception desk - sometimes had to answer the phone - mostly just made coffee + sat there and watched	9 am to 5 pm; Monday to Friday	boring

4 WRITING Jobs and work experience

Einstieg **SB geöffnet.** Gemeinsames Lesen der Schreibaufgaben **a)** und **b)** und der dazugehörigen Vorgaben / Anregungen (Spiegelstriche) im Plenum. Je nach Leistungsstärke der Lerngruppe kann L vor Bearbeitung der Schreibaufgabe nochmals anhand des *SF 8.1 The steps of text writing* (SB-Seite 172/173) grundsätzliche Arbeitsschritte und Techniken wiederholen. Zusätzlich kann L die S ggf. ausdrücklich auf die Vorlagen bzw. Mustertexte zum Bewerbungsanschreiben in *SF 8.6 Writing a cover letter* (SB-Seite 177) und zum Erfahrungsbericht (SB-Seite 160, **1a)** *My first real job*) verweisen.

L: *Now choose one of the writing tasks and collect ideas. You can use the tips in the book for help.*

Erarbeitung **a)** Gemäß SB in EA. Die S sammeln zunächst Ideen zu den Spiegelstrichen aus dem SB im Heft (▸ Note-making).

Auswertung Individuelle Korrektur durch L. Dabei können wiederkehrende sprachliche und formale Fehlerquellen gesammelt und dann ggf. anonymisiert im Plenum besprochen werden.

Lösung Individuelle Lösungen.

Erarbeitung **b)** Gemäß SB in EA. Die S sammeln zunächst Ideen zu den Spiegelstrichen aus dem SB im Heft (▸ Note-making).

Auswertung Individuelle Korrektur durch L. Anschließend bekommen die S ggf. noch einmal Zeit, ihre Texte sprachlich zu verbessern. Die fertigen S-Produkte können illustriert und im Dossier abgelegt werden. Auch eine Veröffentlichung z. B. im Rahmen eines ▸ Gallery walk oder in der ▸ English corner ist möglich.

Lösung Individuelle Lösungen.

▸ INKL Exam File pp. 94–99

Didaktisch-methodisches Glossar

Akrostichon *(Acrostic)*

Das Akrostichon (griechisch *akros:* Spitze, *stichos:* Vers) ist eine Versform, bei der die Zeilenanfänge hintereinander gelesen einen Sinn, z. B. einen Namen oder einen Satz, ergeben. Dies können Buchstaben bei reinen Wortfolgen oder Worte bei Versfolgen sein.
Im Unterricht wird meist folgende vereinfachte Form eingesetzt: Die Buchstaben eines Wortes werden senkrecht untereinander geschrieben. Jeder Buchstabe kommt auch in einem anderen Wort vor (häufig als Anfangsbuchstabe), diese Wörter werden waagerecht um das senkrechte Startwort angeordnet.

Antwortkärtchen

► Right/wrong cards

Appointments

Die kooperative Lernform *Appointments* ist eine gesteuerte Form von wechselnder PA in vier Phasen:

1. Die S schreiben drei vorgegebene Uhrzeiten in eine Tabelle. Dann gehen sie zu drei Mit-S, bitten jeweils um ein *appointment (Can we meet at 1/2/3 o'clock?)* und tragen die Namen der Mit-S bei der entsprechenden Uhrzeit in ihrer Tabelle ein.
2. Im zweiten Schritt bearbeiten die S die Aufgabenstellung zunächst für sich und halten ihre Antwort in der Tabelle fest.
3. Auf das Signal von L *(It's 1/2/3 o'clock.)* gehen die S zum jeweiligen *appointment* mit ihrem Mit-S, befragen ihn und notieren die Antwort in der Tabelle.
4. In der letzten Phase berichten die S im Plenum über ihre Umfrageergebnisse.

Thema	Me: ____________	1 o'clock Name: ____________	2 o'clock Name: ____________	3 o'clock Name: ____________
Frage 1				
Frage 2				
Frage 3				

Bewegtes Lernen

Insbesondere die Ausweitung von Ganztagsschulen führt dazu, dass S länger im Unterricht sitzen und sich weniger bewegen. Neben gesundheitlichen Auswirkungen ist dies auch aus lernpsychologischer Sicht nicht förderlich für den Lernprozess. Der Faktor Bewegung verhilft S u. a. durch die Verknüpfung beider Hirnhälften miteinander, ihre Aufnahme- und Konzentrationsfähigkeit zu erhalten bzw. wiederherzustellen.
Im Sinne eines effektiven Fremdsprachenlernens sollten Bewegungselemente daher ein integrativer Bestandteil des Unterrichts sein. Dazu zählen neben dem Prinzip der ► Total Physical Response, bei dem Formulierungen in der Zielsprache mit „passenden" Bewegungen assoziiert werden, auch kooperative Lernformen (z. B. ► Bus stop), bei denen dem Aspekt Bewegung in einem inhaltlichen Kontext Rechnung getragen wird.

Binnendifferenziertes Arbeiten

Heterogene Lerngruppen erfordern einen individualisierten Unterricht, in dem differenziert auf lernstarke sowie lernschwache S eingegangen wird. Das Potential lernstärkerer S kann z. B. genutzt werden, indem sie aufstehen, sobald sie eine Aufgabe fertig bearbeitet haben. S, die sich mit der Aufgabe schwertun, können sich melden und von den stehenden S Unterstützung holen (**Schüler als Experten**). Dieses Vorgehen gewährleistet einen weitestgehend ruhigen Arbeitsablauf.
Da es in vielen Situationen nicht nötig ist, allen S der Lerngruppe Differenzierungshilfen zu geben, bietet es sich zum anderen an, diese verdeckt zu geben (► Optional help). Je nach Gegebenheiten im Unterrichtsraum können Hilfen z. B. auf ein verdecktes Flipchart geschrieben oder kopiert in Briefumschläge gelegt werden, die sich die S an ihren Tisch holen und nach Gebrauch wieder zurücklegen.

Blitzlichtrunde Die Methode der Blitzlichtrunde ermöglicht es allen S, eine kurze, persönliche Stellungnahme zu einem bestimmten Impuls (z. B. Fragen, Themen, Zitate etc.) mündlich abzugeben. Dabei strukturieren die S ihre Gedanken in jeweils nur einem Satz und äußern diesen einer nach dem anderen (meist im Sitzkreis). Die Beiträge der S werden nicht gewertet oder kommentiert. Die Einsatzmöglichkeiten der Methode umfassen den Einstieg in ein neues Thema, als Ritual für die Stundeneröffnung (z. B. Rückmeldungen oder Austausch zum letzten Lernstoff) oder für Evaluationen (z. B. als Reflexion für Gruppenarbeiten oder zu Aufgabenstellungen).

Brainstorming *Brainstorming* ist eine Methode, bei der durch freies Assoziieren möglichst viele – auch ungewöhnliche und zunächst scheinbar abwegige – Ideen und / oder Lösungsmöglichkeiten zu einem bestimmten Thema gefunden werden sollen. In der ersten Phase werden Ideen gesammelt, erweitert, kombiniert und schriftlich festgehalten. In der zweiten Phase stehen das Kommentieren und die Bewertung der einzelnen Ideen im Mittelpunkt, um zu einer Entscheidung zu gelangen. Verschiedene Techniken können beim Brainstorming zum Einsatz kommen:

- Listensystem: Alle Ideen werden untereinander aufgelistet; dabei bekommt jede Idee eine eigene Zeile. Wichtige Ideen werden dann unterstrichen und ggf. nach Wichtigkeit nummeriert, unwichtige gestrichen.
- Mindmap: Das Thema wird in der Mitte des Blattes festgehalten. Dann werden Oberbegriffe, die zu diesem Thema passen, mithilfe von Hauptästen hinzugefügt. Schließlich kommen Ideen, die zu den Oberbegriffen passen, auf Nebenäste. Die Mindmap erfordert bereits bei der Erstellung eine Strukturierung.
- W-Fragen: Who? What? When? Where? Why? Diese Fragewörter werden in eine Tabelle geschrieben. Die Ideen zur jeweiligen Frage werden darunter festgehalten.

Buddy-Book Das *Buddy-Book* ist ein kleines Buch mit acht bzw. 16 Seiten. Die S können es selbst herstellen, denn es kann in wenigen Schritten aus einem DinA4-Blatt gebastelt werden. Als kompakter selbstgemachter Lernbegleiter wird es unter anderem eingesetzt als: Notizbuch zu einem Thema, ähnlich wie Karteikarten zum Vokabellernen sowie als Gedankenstütze für einen Vortrag oder auch als Medium zur Reflexion von Lernfortschritten.

Eine Bastelanleitung findet sich hier: ▸ http://www.brigg-paedagogik.de/images/stories/Ein%20Buddy-Book%20gestalten.pdf

Bus stop ▸ Lerntempoduett

Buzz group **(Murmelgruppe)** Die *Buzz group* ist eine variabel einsetzbare Methodik, um S zu eigenen Stellungnahmen anzuregen oder auch Verständnisfragen zu klären.

1. L bittet S, mit den Nachbarn spontane Kleingruppen zu bilden und sich in den nächsten (z. B. zwei) Minuten leise über die Frage / das Thema zu unterhalten.
2. L sorgt wieder für Ruhe (akustisches Signal) und animiert einige Gruppen dazu, die Klasse kurz über die Inhalte ihres Gesprächs zu informieren.

Tipp: Bei schwierigeren Themen ist es sinnvoll, Moderationskarten bereitzustellen, um offene Fragen an Pinnwänden auszuhängen und damit weiterzuarbeiten.

Buzz reading **(Lesegemurmel)** Das *Buzz reading* dient dazu, den Redeanteil aller S zu erhöhen und Sprachhemmungen abzubauen. Alle S lesen einen bekannten Text gleichzeitig und leise murmelnd vor sich hin. Die Methode kann flexibel im Unterricht eingesetzt werden. Es empfiehlt sich, diese Phase kurz zu halten und sie z. B. zur Vorbereitung auf einen Lesevortrag einzusetzen. In Kombination mit dem ▸ Mitleseverfahren trägt diese Methode besonders zur Festigung von Aussprache und Intonation bei.

Continue my story Nach Vorgabe eines spannenden / interessanten Einstiegssatzes erstellen die S mündlich eine fortlaufende Geschichte, wobei jeder S nacheinander einen semantisch passenden Satz zur Geschichte ergänzt.

Correcting circle **(Schreibkonferenz)**

Bei der Methode *Correcting circle* (auch *Peer correction*) handelt es sich um die gegenseitige Textkorrektur und Hilfe der S untereinander. Diese Form des Feedbacks ist für manche S weniger einschüchternd als die Fehlerkorrektur durch L. Die Methode eignet sich besonders für die Arbeit in Kleingruppen. Es sollte ein Kriterienkatalog für die Textkorrektur vorliegen, der vorher gemeinsam erarbeitet werden kann. **Ablauf:**

1. Jedem S wird ein spezielles Gebiet zugeteilt (z. B. *content, structure, spelling, tenses, word order*).
2. Die S geben ihre Texte reihum weiter und nehmen Korrekturen zu ihrem Gebiet vor, bis der Text wieder bei seinem Verfasser angekommen ist.
3. Zum Abschluss fertigt jeder S eine Reinschrift seines Textes an.

L sammelt nach dem Zufallsprinzip einige Ergebnisse zur Bewertung ein. Im Sinne des selbstständigen Lernens kann vereinbart werden, dass S eine *DOs-and-DON'Ts*-Liste anlegen, die in der Klassenarbeit verwendet werden darf. Dies hilft S bei der Selbstkorrektur und motiviert, an den eigenen Fehlern zu arbeiten.

Democratic vote

Davon ausgehend, dass bei Gruppenarbeiten häufig die Frage aufkommt, welches Gruppenmitglied das Ergebnis präsentiert, stellt die *Democratic vote* ein Zufallsprinzip zur Auswahl eines S aus einer Gruppe dar. Um möglichst alle S in den Arbeitsprozess einzubinden, sollte erst am Ende der Arbeitsphase ein S bestimmt werden, der das Ergebnis vorstellt. Zur Auswahl dieses S stellen sich alle Gruppenmitglieder in einem Kreis auf und zeigen auf ein Signal hin auf einen S der Gruppe. Der S, auf den die meisten oder die wenigsten Finger zeigen, trägt das Ergebnis vor. Damit sich jedoch die S nicht schon vorher einen Mit-S „aussuchen“, sollte regelmäßig zwischen beiden Varianten gewechselt werden.

Didaktische Folge

Für den effektiven Spracherwerb ist es bei der Einführung von neuem Wortschatz wichtig, die didaktische Folge zu beachten. Dabei ist die Reihenfolge der Fertigkeiten, die im Zusammenhang mit einem neuen Lexem gefordert sind, genau festgelegt:

1. Hören: Die S hören ein neues Wort mehrfach (Sprachvorbild L oder CD).
2. Sprechen: Die S sprechen das neue Wort mehrfach nach (▶ Lautschulung).
3. Lesen: Die S sehen das Schriftbild und lesen das neue Lexem.
4. Schreiben: Erst in diesem Schritt produzieren die S das neue Wort schriftlich.

Mit zunehmendem Lernstand können S in verstärktem Maße, vor allem in der Textarbeit, auf erworbene Erschließungstechniken zurückgreifen.

Discussion tickets

Die S erhalten vor einer *speaking activity* (z. B *discussion, role play* etc.) jeweils drei bis vier *discussion tickets*, mit denen sie während der Diskussion für jede Äußerung bezahlen. Dadurch müssen alle S mindestens drei- bis viermal reden, dürfen aber auch nicht mehr beitragen, sodass die Diskussion gleichmäßig von allen getragen wird.
Variante: Die *discussion tickets* können auch bestimmte Redemittel enthalten, die von den S an passenden Stellen in der *speaking activity* verwendet werden müssen. Sie können auch Angaben für den Diskussionsprozess enthalten, die im Laufe der Diskussion befolgt werden müssen (z. B *In the course of the discussion ask one of the students in your group for his / her opinion. / In the course of the discussion use the following phrase: I see what you mean but ...*).

Double circle **(Doppelter Stuhlkreis, Kugellager)**

Die kooperative Lernform *Double circle* ist eine Form von wechselnder PA, die sich zum Üben von Diskussionsstrategien eignet. Sie ermöglicht einen hohen Sprachumsatz bei niedriger Hemmschwelle zur aktiven Teilnahme. **Ablauf:**

1. Die S sitzen (oder stehen) sich in einem Innen- und einem Außenkreis gegenüber. Sie diskutieren ein vorgegebenes Thema oder eine Fragestellung mit ihrem Gegenüber und machen sich ggf. Notizen.
2. Auf ein (akustisches) Signal von L hin bewegen sich entweder die S im Innen- oder im Außenkreis um einige Plätze weiter, damit neue Paarungen entstehen. L bestimmt sowohl die Länge der Gesprächszeit als auch die Anzahl der weiterzurückenden Plätze.

3. In einem zweiten Durchgang berichten sich die S über das Gehörte, wobei die Partner jeweils korrigieren und ergänzen. So sind die S zum aktiven Zuhören gezwungen.

Als Variante bietet es sich an, Innen- und Außenkreis verschiedene Themen oder Fragestellungen zu geben, die sich die S gegenseitig erklären oder beantworten.

English corner Die *English corner* ist eine Pinnwand bzw. ein Teil einer Pinnwand im Klassenzimmer, die ganz dem Fach Englisch vorbehalten ist. In der *English corner* werden z. B. Unterrichtsergebnisse (Texte, Poster etc.) ausgestellt. Der Bereich wird von den S grafisch-visuell gestaltet, sodass er leicht erkennbar ist. Zum einen ergibt sich hierdurch die Möglichkeit, z. B. an Elternabenden oder sonstigen Schulveranstaltungen die Unterrichtsprodukte zu veröffentlichen. Zum anderen können in der *English corner* weitere Lernangebote für *fast finishers* dargeboten werden.
Im Sinne des ▸ Binnendifferenzierten Arbeitens können zudem lernstärkere S die ausgestellten Produkte korrigieren bzw. den Mit-S nach vorgegebenen Kriterien ▸ Feedback geben.

English-only-**Karte** Die *English-only*-Karte ist ein nützliches Hilfsmittel um den S einen Anreiz zu geben, Hemmungen zu überwinden und auch in GA mit den Mit-S Englisch zu sprechen. Sie wird als Hinweis für die S zu Beginn einer einsprachigen Arbeitsphase an die Tafel geheftet und fungiert dann wie ein „Schwarzer Peter“: Wer Deutsch spricht, erhält die Karte und darf sie erst abgeben, wenn ein anderer S Deutsch spricht. Wer bei Beendigung der Arbeitsphase die Karte besitzt, muss eine kleine Pflicht erfüllen, wie z. B. einen Zungenbrecher oder Limerick vortragen oder einen spontanen Kurzvortrag (z. B. *My life as a chair*) halten.

Feedback Die Durchführung von Feedback-Phasen ist von grundlegender Bedeutung für die Entwicklung von methodischen Kompetenzen wie beispielsweise Vortragstechniken. Als Grundlage werden im Vorfeld klare Kriterien definiert, an denen sich das Feedback orientiert. Folgende Regeln sollten dabei beachtet werden:

1. Das Feedback wird so konkret wie möglich formuliert. Dabei werden immer zuerst positive Dinge genannt, bevor in einer zweiten Runde optimierungswürdige Aspekte angeführt werden – am besten mit Handlungsalternativen.
2. Zunächst hat der Präsentierende Gelegenheit, sich zu äußern, danach die übrigen S und zuletzt ergänzt L.
3. Wer ein Feedback gibt, sollte versuchen, das Gesehene zu beschreiben, anstatt zu bewerten. Dabei redet man den Angesprochenen am besten direkt an (also 2. Person, nicht 3.), wobei Meinungen in der Ich-Form vorgetragen werden sollten.
4. Die Person, die das Feedback erhält, sollte zuhören und es vermeiden, sich zu verteidigen. Letztlich geht es darum, sich selbst durch die Kritik der anderen zu verbessern. Hierzu ist es auch sinnvoll die Rückmeldungen in einer Art *DOs and DON'Ts*-Liste zu notieren.

Film dice Den Zahlen 1–6 eines Würfels werden Satzanfänge zugeordnet, mit deren Hilfe die S den Film oder Filmausschnitt kommentieren. Alternativ basteln die S einen Würfel, auf dem die Satzanfänge stehen. Die Methode ist in PA oder in Vierergruppen möglich. Falls ein S einen Satzanfang ein zweites Mal würfelt, muss er den Wurf wiederholen.

Fishbowl discussion Es handelt sich um eine dynamische Diskussionsform, die eine Mischung aus Podiumsdiskussion und Diskussion im Plenum darstellt. In einem Innenkreis sitzend tauschen fünf S ihre Argumente aus, während die übrigen S im Außenkreis sitzend oder stehend die Diskussion beobachten. Ein Stuhl im Innenkreis ist frei. Auf diesen kann sich jederzeit ein Beobachter aus dem Außenkreis setzen, um selbst aktiv an der Diskussion teilzunehmen. Nach seinem Beitrag kehrt dieser S wieder in den Außenkreis zurück und der nächste Beobachter kann teilnehmen. Auf diese Weise können auch stillere S ihre Sprechhemmungen abbauen, da sie sich zunächst als Beobachter in die Diskussion einfinden können, bevor sie selbst aktiv werden. Gleichzeitig haben sie die Sicherheit, dass sie jederzeit wieder in ihre Beobachterrolle im Außenkreis zurückkehren können.

Vor Beginn der Diskussion sollte bestimmt werden, welche Positionen (Ansichten) die fünf S im Innenkreis in der Diskussion einnehmen. Ggf. werden Rollenkarten verteilt. Die S im Außenkreis beobachten den inhaltlichen und formalen Verlauf. Über gezielte und differenzierte Beobachtungsaufträge (z. B. Verwendung von Redemitteln, Beitragshäufigkeit, Gesprächsverhalten, Argumentationstiefe, Sprechlautstärke etc.) kann anschließend der Diskussionsverlauf reflektiert werden.

Five-finger brainstorming

Das *Five-finger brainstorming* intendiert eine begrenzte Sammlung von Informationen zu einem Thema bzw. Sachverhalt. Die S zeichnen dazu ihre eigene Hand auf ein Blatt Papier und notieren in jedem Finger einen Aspekt zur vorgegebenen Frage- oder Themenstellung. Einsatzort ist insbesondere die Einstiegsphase zur Reaktivierung oder zur Sammlung des Wortschatzes als Grundlage für den weiteren Ablauf der Unterrichtsstunde (z. B. die Sammlung von Vor- und Nachteilen für eine sich anschließende Diskussion; die Sammlung von eigenen Interessen für eine folgende kurze Mini-Präsentation etc.).

Flashcards

Flashcards sind Bildkarten, die den S helfen, das Laut- bzw. Schriftbild eines Wortes nachhaltig mit seiner Bedeutung zu verknüpfen. Sie nutzen den auditiven und visuellen Lernkanal parallel *(Dual Code Theory)*, wenn ihnen ein Wort mit dem entsprechenden Bild präsentiert wird und damit im Gehirn verknüpft werden kann. Als Applikationen an der Tafel eignen sich *Flashcards* auch zur schüleraktivierenden Wortschatzarbeit, z. B. indem in einer Reorganisationsphase die Bilder den entsprechenden Wörtern zugeordnet werden.

Gallery walk
(Galeriespaziergang)

Die kooperative Lernform *Gallery walk* bietet eine gute Möglichkeit, Arbeitsergebnisse zu präsentieren und zu diskutieren. **Ablauf:**

1. Die S sind in EA oder GA zu einem Arbeitsergebnis gelangt (z. B. Text, Bild, Poster), das im Raum ausgestellt wird.
2. Die S gehen einzeln oder in Gruppen im Uhrzeigersinn von Station zu Station und schauen sich die Ergebnisse der anderen an.
3. Wenn alle S alle Arbeitsergebnisse gesehen haben, präsentieren sie entweder nacheinander ihre Eindrücke oder besprechen sie gemeinsam in der Klasse.

Als Variante der GA bietet es sich an, die S neu aufzuteilen. In jeder neuen Gruppe sollte jeweils ein S aus den ursprünglichen Gruppen sein. Derjenige aus der neuen Gruppe, der an dem ausliegenden Produkt mitgewirkt hat, präsentiert es den anderen. Die Gruppen wechseln im Uhrzeigersinn so lange die Tische, bis jeder S jedes Gruppenergebnis einmal erklärt bekommen hat und sein eigenes Gruppenprodukt einmal erklären musste.

Gruppenbildung

Eine Einteilung der S in Gruppen kann mithilfe folgender Methoden erfolgen:

1. Methoden mit gelenktem Zufall: L bereitet Elemente vor, die zusammen ein Ganzes ergeben. Dies können z. B. Puzzleteile sein, die ein Bild ergeben, oder Wortkarten, die einem Oberbegriff zugeordnet werden können. Die S ziehen ein solches Element und finden sich in den jeweils entsprechenden Gruppen zusammen.
2. Gruppen können durch Auszählen, Würfeln oder nach dem *Line-up*-Verfahren gebildet werden. Bei diesem stellen sich S in der aufsteigenden Reihenfolge ihrer Geburtstage oder Hausnummern auf. L zählt dann die benötigten Gruppen ab, z. B. die ersten drei S, die gemeinsam eine Gruppe bilden, usw.
3. L teilt Gruppen ein und gibt die Namen der Gruppenmitglieder bekannt. Dabei sollten Leistungsniveau, Arbeitstempo und Sozialverhalten der S berücksichtigt werden.

Herringbone technique

Diese Technik fungiert als *graphic organizer* und ermöglicht es den S, Informationen aus einem Text (in der Regel zu den fünf *wh*-Fragen und *how*) in übersichtlicher Form zusammenzufassen. Zu diesem Zweck zeichnen die S eine schematische Fischgräte mit sechs Abzweigungen für die Fragewörter in ihr Heft und notieren dazu die entsprechenden Informationen.

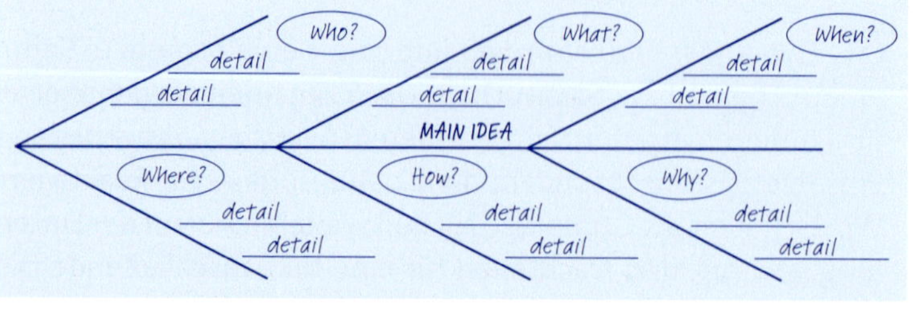

Hot seat

Hot seat ist eine Methode bei der ein S von den Mit-S auf einem *hot seat* befragt wird oder diese ihre (kontroverse) Meinung wiedergeben. Auf diese Weise können zuvor erarbeitete Unterrichtsinhalte zur Diskussion gestellt bzw. genutzt werden.
Variante: L stellt fünf Stühle vor der Klasse auf. Vier Stühle werden von S besetzt. Jeweils zwei vertreten den gleichen Standpunkt (z. B *We like the film because ... / We don't like it because ...*). Der freie Stuhl kann von Mit-S, die die Diskussion verfolgen, belegt werden, um fehlende Gesichtspunkte zu ergänzen.

Info-gap activity

Bei der *Info-gap activity* handelt es sich um eine kooperative Lernform, die den aktiven Umsatz der Fremdsprache erfordert und schult. Den S fehlen Informationen zum Lösen einer Aufgabe, die ihrem Partner vorliegen und die sie durch gegenseitiges Befragen herausfinden. Es empfiehlt sich PA in einem festem Team (Partner A, Partner B).

Für die Durchführung müssen den S die Informationen und die zu füllenden Lücken vorliegen (Kopiervorlage, Arbeitsblatt, Tabelle im SB etc.). Es ist sinnvoll, den S eine Zeitvorgabe für die Bearbeitung zu machen. Eine Auswertung der Ergebnisse kann zunächst mit einem anderen S-Paar und anschließend im Plenum erfolgen.

Jigsaw
(Gruppenpuzzle)

Als *Jigsaw* wird eine arbeitsteilige Gruppenarbeit in zwei Phasen bezeichnet.

1. Phase: Die S bilden Expertengruppen (Gruppe A, B, C etc.), innerhalb derer jedem Gruppenmitglied eine Nummer zugeteilt wird (1, 2, 3 etc.). Alle S einer Expertengruppe (A1, A2, A3 etc.) bearbeiten innerhalb einer vorgegebenen Zeitspanne die gleiche Aufgabe in EA. Anschließend diskutieren die S ihre Arbeitsergebnisse und halten die wichtigsten Informationen fest. Bei Abschluss der 1. Phase verfügen somit alle Mitglieder der Expertengruppe über die gleichen Informationen.

2. Phase: Es werden nun Querschnittsgruppen gebildet, in denen alle S mit der gleichen Nummer zu einer neuen Gruppe zusammenkommen (A1, B1, C1 etc.). Die S berichten den neuen Gruppenmitgliedern über die Ergebnisse ihrer Expertenrunde und beantworten Fragen. Alle S machen sich hierbei Notizen, sodass sie abschließend in der Lage sind, die Ergebnisse sowohl in ihrer Stammgruppe als auch ggf. im Plenum zu präsentieren.

Klären der Arbeitsanweisung

Für das Klären von Arbeitsanweisungen gibt es unterschiedliche Möglichkeiten. Im Hinblick auf selbstständiges Arbeiten sollten S möglichst früh dazu befähigt werden, Arbeitsanweisungen ohne Hilfe von L zu erschließen. Damit S sich aktiv mit der Arbeitsanweisung auseinandersetzen, empfiehlt sich folgendes Vorgehen:

1. Stilles Lesen der Arbeitsanweisung
2. Verständnisklärung mit einem Partner
3. Erklärung der Arbeitsanweisung durch einen S im Klassenverband
4. Bestätigung oder Korrektur durch L

Andere Möglichkeiten sind:
1. L demonstriert die Vorgehensweise (ggf. mit einem S) anhand von Gesten, einem Produkt oder Beispielen.
2. Die Arbeitsanweisung wird gemeinsam im Plenum gelesen und erläutert.

Kugellager ▸ Double circle

Lautschulung Für die Lautschulung bieten sich verschiedene Techniken an:

1. Chorsprechen: Es bietet besonders zurückhaltenden S eine gute Übungsmöglichkeit. Hoher Sprachumsatz, da alle S gleichzeitig sprechen. L spricht jeweils vor und gibt dann ein Zeichen (z. B. Gestik: Hand ans Ohr halten), auf das hin die S nachsprechen.
2. Nachsprechen im Teilchor: L teilt Gruppen ein (z. B. Tischgruppen, Sitzreihen, Jungen/Mädchen), die auf das Signal hin nachsprechen. Diese Methode dient dazu, Fehler genauer zu lokalisieren.
3. Einzelsprechen: Dies bietet die Möglichkeit, eine individuelle Korrektur durchführen zu können.

Nachsprechen sollte generell abwechslungsreich gestaltet werden – durch Lautstärke, Geschwindigkeit, verstellte Stimme *(like a parrot, like a computer)*. Neben der Lautschulung von einzelnen Wörtern können auch ganze Sätze nachgesprochen werden, um das Intonationsmuster der Fremdsprache zu üben.

Lernen an Stationen Bei dieser Form des offenen Unterrichts wird der Lernstoff auf mehrere Stationen aufgeteilt, die die S eigenständig in ihrem Tempo nach ihren Interessen bearbeiten. Normalerweise gibt es Pflichtstationen und Wahlstationen, die zu einem übergeordneten Thema gehören, aber unterschiedliche Schwerpunkte setzen. Sie sprechen durch verschiedene Materialien, Medien, Sozialformen und Aufgabenarten möglichst alle Lerntypen an. Diese handlungsorientierte Methode bietet sich zur differenzierten Vertiefung von Wissen oder auch fächerübergreifendem Unterricht besonders an.

Lerntempoduett *(Bus stop)* Die Methode des Lerntempoduetts ermöglicht es den S, gemäß ihrer individuellen Arbeitsgeschwindigkeit zu arbeiten und ihre Arbeitsergebnisse eigenverantwortlich in PA zu kontrollieren. S, die eine Aufgabe fertig bearbeitet haben, stehen auf. Sobald ein zweiter S aufsteht, kontrollieren sie die Aufgabe im ▸ Partner check. Vorteil: Es arbeiten nicht immer dieselben S (Freunde, Tischnachbarn) zusammen und schnellere S müssen nicht warten, bis alle Mit-S die Aufgabe gelöst haben und diese im Plenum ausgewertet wird.

In gestuften Übungsarrangements bietet sich auch die erweiterte Form *Bus stop* an. Dabei ist es nicht das Ziel, alle Aufgaben zeitlich zu schaffen, sondern je nach individuellem Lernstand das eigene Pensum zu erledigen (Ermöglichen zieldifferenten Arbeitens). Um jederzeit auf diese kooperative Lernform zurückgreifen zu können, empfiehlt es sich, dass L im Klassenraum – z. B. in den vier Raumecken – Schilder mit dem Symbol einer Bushaltestelle anbringt, die entsprechend durchnummeriert sind (A–D oder 1–4). Diese Schilder können von den S selbst erstellt und für alle Fächer genutzt werden. **Ablauf:**

1. Die S bearbeiten die erste Aufgabe ihrer Wahl in EA.
2. Wenn ein S fertig ist, begibt er sich zum jeweiligen *Bus stop* im Klassenraum und wartet auf einen Mit-S, der die gleiche Aufgabe bearbeitet hat. Um evtl. Wartezeiten zu überbrücken, kann L dort kleinere (spielerische) Aufgaben mit hohem Aufforderungscharakter bereitlegen. Die S besprechen ihre Ergebnisse in PA. Um zu gewährleisten, dass der Austausch auf Englisch stattfindet, kann L im Vorfeld Redemittel zur Verfügung stellen. Alternativ (z. B. wenn keine Schilder zur Verfügung stehen) kann die Methode auch durchgeführt werden, indem S, die fertig sind, aufstehen und durch vorher vereinbarte Handzeichen, z. B. das Hochhalten von Fingern (1 Finger: Aufgabe 1 usw.) einen entsprechenden Partner finden, der die gleiche Aufgabe bearbeitet hat und für die PA bereit ist.

3. Nach erfolgtem Lösungsvergleich begeben sich die S wieder an ihre Plätze und arbeiten an der nächsten Aufgabe weiter. Die Kontrolle erfolgt am nächsten *Bus stop*, i. d. R. mit einem anderen Mit-S, der ebenfalls die Aufgabe schon bearbeitet hat. Eine abschließende Kontrolle aller Aufgaben im Zusammenhang kann schließlich im Plenum oder mithilfe eines Lösungsblattes erfolgen und durch eine Reflexion der Methode ergänzt werden.

Leseacht Die Methode Leseacht ermöglicht den S ein kooperatives Erschließen eines Sachtextes, indem sie sich den Text absatzweise abwechselnd vorlesen und sich beim Erfassen des Textinhaltes gegenseitig unterstützen können. Dabei werden zwei Stühle so aufgestellt, dass die S in entgegengesetzte Richtungen blicken. Mit der „20-cm-Stimme" klappt der verbale Austausch untereinander ohne Mit-S zu stören.

Lesegemurmel ▸ Buzz reading

Lesetechniken Die Leseintention legt fest, wie tief die S in einen Text eindringen müssen, um die gewünschten Informationen zu erhalten. Die S müssen lernen, dass die Tiefe des Textverständnisses eng an die gestellten Aufgaben gebunden ist, und abhängig davon eine passende Lesetechnik auswählen und anwenden. Für L bedeutet dies sorgfältig zu prüfen, welche Intention die Aufgaben zum Leseverstehen haben und welche Leseleistungen die S zur Lösung jeweils erbringen müssen.
Die folgenden Lesetechniken eignen sich für unterschiedliche Aufgabenstellungen. Als überfliegende Lesetechniken stehen sie dem vollständigen Lesen eines Textes, dem *Reading for detail*, gegenüber:

Skimming: Das *Skimming* stellt eine erste, oberflächliche Beschäftigung mit dem Text dar. S überfliegen Überschriften, Fotos/Zeichnungen oder die Aufmachung des Textes. Dies gibt ihnen z. B. Aufschluss über das Thema oder den möglichen Inhalt und zeigt, ob der Text für sie interessant ist oder ihnen zum Lösen einer Aufgabe nützt.

Speed reading: Beim *Speed reading* geht es darum, einen Text zu überfliegen, einen groben Eindruck zu gewinnen und nach *key words* zu suchen. *Speed reading* bedeutet, mit einem Blick mehr Wörter zu erfassen als gewöhnlich, um eine höhere Lesegeschwindigkeit zu erreichen.

Scanning: Das *Scanning* ist eine suchende Lesetechnik, die auf Schlüsselwörter und -gedanken ausgerichtet ist. Dabei gehen die S von einer Frage oder Aufgabe aus und überfliegen den Text, bis sie die gesuchte Information gefunden haben. Auch hier ist es nicht das Ziel, den Inhalt des gesamten Textes oder jedes unbekannte Wort zu verstehen.

Line-up-**Verfahren** ▸ Gruppenbildung

Market-place activity **(Marktplatz)** Bei der kooperativen Lernform *Market-place activity* sprechen die S mit verschiedenen Partnern über ein vorgegebenes Thema. **Ablauf:**

1. Die S bewegen sich frei im Klassenraum. L stellt eine Aufgabe, die S in einem vorgegebenen Zeitrahmen bearbeiten. Dieser kann durch ein akustisches Signal wie z. B. das Abspielen und Anhalten von Musik begrenzt werden.
2. Auf das vereinbarte Signal hin bleiben die S stehen und tun sich mit dem S zusammen, der vor ihnen steht. Die Partner tauschen sich über das Thema bzw. die Aufgabe aus. Je nach Aufgabenart machen sich die S Notizen.
3. Auf das erneute Signal durch L wechseln die S ihren Partner, sodass sie in einem begrenzten Zeitraum mit möglichst vielen S sprechen.
4. Die Ergebnisse können in einem anschließenden Unterrichtsgespräch ausgewertet werden.

Die *Market-place activity* ist eine Form der ▸ Milling-around activity.

Mediation **(Sprachmittlung)** Vermittlungsstrategie zwischen Gesprächspartnern, die sich nicht direkt sprachlich verständigen können. Im Englischunterricht bedeutet dies die zusammenfassende, paraphrasierende Wiedergabe eines Hör- oder Lesetextes in der jeweils anderen Sprache. Bei der *Mediation* werden vom Sprachmittler sowohl rezeptive Kompetenzen (einen Ausgangstext zu verstehen) als auch produktive Kompetenzen (einen Ausgangstext in der anderen Sprache wiederzugeben) und häufig auch interkulturelle Kenntnisse verlangt.
L kann den S zur Unterstützung folgende Leitregeln geben:
- Keine Wort-für-Wort-Übersetzung!
- Freie Wiedergabe der wichtigsten Informationen!
- Nicht alle Details wiedergeben!

Meldekette Die Meldekette dient der Förderung der Schüler-Interaktion. Sie ist in Plenumsphasen universell einsetzbar, z. B. zur Auswertung von Ergebnissen oder zur Besprechung von Aufgaben. Die S rufen sich gegenseitig auf, wobei jeder S einen Satz oder eine Antwort nennt. L greift nur bei Bedarf korrigierend ein.

Metakognition Metakognition bedeutet, dass S über ihr Lernen nachdenken, Strategien und Methoden reflektieren und daraus die für sie geeigneten Lernstrategien ableiten. Bereits zu Beginn des Sprachenlernens ist es wichtig, dass S hinterfragen, warum sie in einer Lernsituation so vorgehen, wie sie es tun. Die Erkenntnis dieses Prozesses soll den S helfen, das Sprachenlernen bewusst zu erlernen.

Milling-around activity Bei dieser Methode bewegen die S sich innerhalb einer vorgegebenen Zeitspanne frei im Klassenraum und begeben sich wieder auf ihren Platz, sobald sie die relevanten Informationen erfragt haben. Auswertung im Plenum. ► Market-place activity

Mindmap Eine Mindmap dient den S als „Gedankenkarte". Sie ordnen darin ihre Ideen übersichtlich an, wobei Zusammengehöriges beieinander steht, alle Ideen vernetzt werden können und Farben sowie Zeichnungen Wichtiges hervorheben. Mindmaps können individuell und in der Gruppe erstellt werden und eignen sich als Anregung für mündliche und schriftliche Äußerungen. Mögliches Vorgehen:

1. Die Ideen werden zuerst ungeordnet gesammelt (z. B. auf Kärtchen).
2. Im zweiten Schritt werden Oberbegriffe für die Ideen gefunden (z. B. auf farbigen Kärtchen).
3. Im letzten Schritt visualisieren die S diese Grundlagen systematisch in einer Mindmap.

Mini saga Die S schreiben zu einem bestimmten Thema eine Geschichte, wobei die exakte Wortzahl von 50 erreicht werden muss. Aufgrund der begrenzten Wortzahl setzen sich die S lexikalisch, textlich und inhaltlich aktiv mit der Geschichte auseinander (z. B *Write a mini-saga about your best school day so far.*).

Mitleseverfahren Beim Mitleseverfahren hören die S während des Lesens eines neuen Textes diesen zugleich. Die Aktivierung des visuellen und des auditiven Kanals (Mehrkanallernen) ermöglicht eine enge Verknüpfung von Laut- und Schriftbild, sodass unbekannte Lexeme nachhaltiger verarbeitet werden können. Das Mitleseverfahren ist didaktisch dem Leseverstehen zugeordnet, da die primäre Sprachaufnahme über die Textvorlage erfolgt.
Das laute Lesen dient der Ausspracheschulung und nicht dem Leseverstehen, da durch die Konzentration auf die phonologische Oberfläche das Erfassen des Textinhalts erschwert wird. Als Faustregel gilt: Das laute Lesen sollte immer erst eingesetzt werden, nachdem ein Text bereits inhaltlich erarbeitet worden und unbekannter Wortschatz erschlossen worden ist.

Mnemotechniken Unter dem Begriff Mnemotechniken werden verschiedene Methoden des Gedächtnistrainings zusammengefasst. Im Fremdsprachenunterricht eingesetzt, helfen sie S, sich Worte und Informationen über die Schritte des Rekodierens, Assoziierens und schließlich des Abrufens besser einprägen zu können. Häufig verwendete Mnemotechniken sind das ► Akrostichon, das Finden von Ersatzwörtern, das Einprägen von Merkversen, die Assoziation von Begriffen/Schriftbild und Bildkarten (► Flashcards) und das Memo-Spiel.

Mothering — *Mothering* beschreibt ein Korrekturverhalten der Lehrkraft, das mit dem Korrekturverhalten der Mutter bzw. der Eltern beim Mutterspracherwerb vergleichbar ist. Fehlerhafte Aussagen der S werden dabei z. B durch Wiederholung, übertriebene Intonation oder übertrieben langsames Sprechtempo korrigiert.

Note-making — Das Anfertigen von Notizen ist eine Methodenkompetenz, die auch im Alltag bedeutsam ist. Das *Note-making* ist für die S eine wichtige Fertigkeit zum Generieren und Organisieren von Informationen und Ideen. Die dazu notwendigen Arbeitsschritte reichen vom Sammeln, Sichten und Ordnen der Notizen bis zum Überarbeiten und Anwenden von Stichwörtern, Themen etc. Für das Ordnen von Notizen eignet sich auch eine ▸ Mindmap.

Note-taking — Das *Note-taking* ist eine Strategie des Hörverstehens. Wenn möglich, versuchen die S zunächst aus Titel oder Überschrift und ggf. aus Fotos, Bildern oder Grafiken erste Informationen über den Hörtext abzuleiten. Sie stellen sich darauf ein und bauen inhaltliche Erwartungen auf. Während des Hörens machen sie sich Notizen. Diese dienen ihnen dazu, wichtige *key words* oder Ideen aus dem Hörtext festzuhalten. Grundlegendes in Form von Stichpunkten aufzuschreiben, ermöglicht nicht nur einen besseren Zugang zu einem Text, sondern den Zugriff auf das Notierte an späterer Stelle. Insgesamt wird dadurch das Lernen effektiver.

L kann folgende Tipps geben:
- Höre auf das, was gesagt wird und wie es gesagt wird.
- Halte einen Stift bereit und schreibe mit. Nicht jedes Wort ist wichtig.
- Nutze Abkürzungen und Symbole beim Notieren (z. B. Sternchen, Ausrufezeichen, Fragezeichen).
- Achte auf Schlüsselwörter und -sätze, besonders solche, die wiederholt werden.

Numbered heads together — Diese kooperative Lernform ermöglicht eine hohe Schüleraktivierung, da die S, die das Gruppenergebnis präsentieren, per Zufallsprinzip ausgewählt werden und somit jeder S Verantwortung für das Gruppenergebnis übernehmen muss. Zunächst bildet L Gruppen (▸ Gruppenbildung). Innerhalb dieser Gruppen erhält nun jeder S eine Zahl (abhängig von der Gruppengröße). L (oder auch eine der Gruppen) stellt nun eine Aufgabe, die die Gruppen gemeinsam bewältigen. Das Startsignal für die Beratungsphase ist *Numbered heads together!* Nach Ablauf einer zuvor festgelegten Zeit beendet L die Beratung und wählt durch Nennung einer Zahl die Person aus, die aufsteht und für die Gruppe antwortet. Pro richtige Antwort erhält die Gruppe einen Punkt.
Die einzelnen Gruppen können unterschiedliche, aber auch gleiche Aufgaben bearbeiten. Um bei gleichen Aufgaben zu verhindern, dass die ausgewählten S mit der gleichen Zahl die Antworten der anderen Gruppe mithören, verlassen sie zunächst den Klassenraum.

One-minute presentation — Eine *one-minute presentation* ist ein Mini-Referat, in dem einzelne S die Klasse über ein zuvor besprochenes / gewähltes Thema informieren. Der Vortrag erfolgt möglichst frei. Der Zeitrahmen von ca. einer Minute dient zur Beschränkung auf wesentliche Punkte (kann aber bei Bedarf beliebig variiert und z. B auch auf zwei Minuten ausgeweitet werden: ▸ Two-minute talk). Gleichzeitig ermöglicht die Zeitbeschränkung das Halten von mehreren Vorträgen, ohne dass es für die zuhörenden S langweilig wird.
In fortgeschritteneren Lerngruppen achten die S auf eine kurze Anmoderation und geeignete Überleitungen zwischen den vorgetragenen Aspekten.

Optional help — Bei der *Optional help* handelt es sich um eine Form der Differenzierung (▸ Binnendifferenziertes Arbeiten), bei der die S individuell bei Bedarf eine zusätzliche Lernhilfe verwenden können. Dies kann z. B. ein Hilfsblatt sein, das auf dem Pult bereitliegt und dort eingesehen oder mitgenommen werden kann. Es kann zudem eine zusätzliche Hilfe auf den Arbeitsmaterialien sein. Ideal ist es, wenn die *Optional help* zunächst nicht für S sichtbar ist (z. B. als umgeknickter Wort-/Lösungspool am unteren Blattrand) und sie nur dann darauf zurückgreifen, wenn sie Hilfe benötigen.

Partner check Die Methode des *Partner check* ist eine Form der ▸ Peer correction. Sie fördert einerseits die Eigenverantwortung der S für ihre Lernergebnisse und ermöglicht andererseits eine breite Aktivierung der S und einen hohen Sprachumsatz. Auch kann damit in gestuften Aufgabenstellungen den unterschiedlichen Lerntempi der S Rechnung getragen werden, z. B. mithilfe der Methode ▸ Bus stop. Beim *Partner check* tauschen sich die S nach Bearbeitung einer Aufgabe bzw. eines Aufgabenteils mündlich zu den Ergebnissen aus und korrigieren mögliche Fehler. Dieses Vorgehen gibt besonders lernschwächeren S zusätzliche Sicherheit für die anschließende Auswertung im Plenum und ist schnell und flexibel einsetzbar.

Partner talk Die Methode des *Partner talk* ist eine einfache Methode, die sich an vielen Stellen des Lernprozesses einsetzen lässt und die dazu dient, Schüleraktivität und Sprechzeit der Lernenden zu erhöhen. S tauschen sich dabei kurz (oft sind ein bis zwei Minuten ausreichend) mit einem Partner über einen vorgegebenen Sprechanlass (bestimmte Fragestellung, Vorerfahrungen etc.) aus. Die Fragestellungen sollten – wenn nicht im SB enthalten – an der Tafel oder auf Folie festgehalten werden, damit S darauf zurückgreifen können. In lernschwächeren Gruppen sollte L zusätzlich einige situationsbezogene Redemittel anbieten.

Partnerpuzzle Das Partnerpuzzle ist eine Variante des ▸ Jigsaw mit dem Unterschied, dass bei dieser Aktivität insgesamt vier S (A, B, C, D) in unterschiedlichen Schritten kooperativ miteinander arbeiten. So erhalten die S-Paare A + B sowie C + D jeweils eine andere Aufgabe, die zunächst von jedem Schüler alleine bearbeitet wird. Anschließend tauschen sich die Partner A + B sowie C + D, die die identische Aufgabe hatten, untereinander aus. In der letzten Phase informieren sich Partner A + C und B + D gegenseitig über die Inhalte ihrer Aufgaben und nehmen so nach der Rolle des Lernenden, die des Lehrenden ein.

Peer correction ▸ Correcting circle

Phasen des Schreibprozesses Zur nachhaltigen Schreibförderung sollten S bei der Textproduktion grundsätzlich folgende drei Phasen durchlaufen:

1. Entwerfen *(*▸ Brainstorming*)*: Die S sammeln Ideen, z. B. in einer Mindmap oder bei einem stummen Schreibgespräch *(*▸ Silent dialogue*)*.
2. Schreiben: Die S verfassen auf dieser Grundlage einen ersten Entwurf. Dieser sollte entweder von L oder in höheren Klassenstufen durch Mit-S, z. B. in Form eines ▸ Correcting circle, korrigiert werden.
3. Überarbeiten: Auf der Grundlage der Korrekturanmerkungen fertigen die S eine Reinschrift an.

Im Sinne einer Differenzierung (▸ Binnendifferenziertes Arbeiten) ist es oftmals hilfreich oder gar notwendig, entsprechende Schreibhilfen oder Sprachmuster bereitzustellen.

Picture dictation Die S malen bzw. zeichnen nach den genauen Anweisungen der Lehrkraft ein Bild (z. B *In the middle of the picture there is a big house …*). Alternativ kann auch ein S die Rolle der Lehrkraft übernehmen und Bildanweisungen geben.

Placemat Bei einer *Placemat activity* sitzen vier oder fünf S um ein Blatt Papier (DIN A3 oder DIN A4), welches in einen Schreibbereich pro S sowie einen zusätzlichen Bereich für die Gruppe in der Blattmitte eingeteilt ist.

1. *Placemat* in Gruppen à vier S:

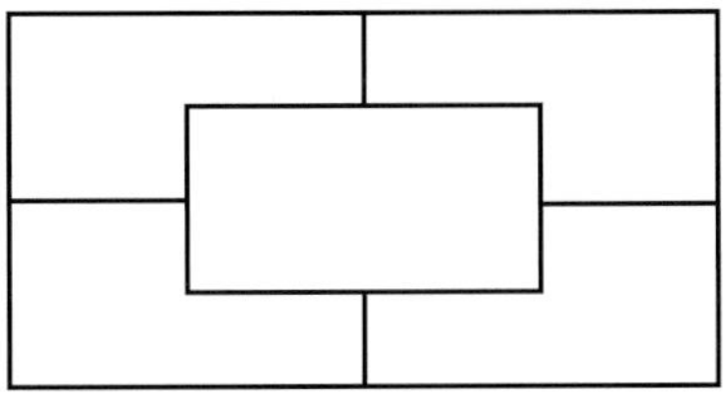

2. *Placemat* in Gruppen à fünf S:

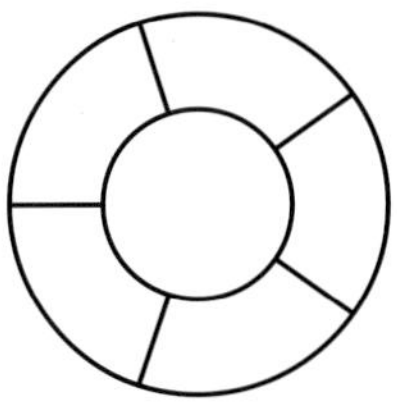

Zu Beginn der Gruppenarbeit schreibt jeder S zunächst seine Ideen in den eigenen Schreibbereich. Anschließend wird die *placemat* so lange gedreht, bis jedes Gruppenmitglied die Ideen der anderen S kommentieren und zudem die Kommentare der anderen zu den eigenen Ideen lesen konnte. Um zu verdeutlichen, wer welche Kommentare verfasst hat, sollten die S verschiedenfarbige Stifte verwenden. Im nächsten Schritt diskutiert die Gruppe die notierten Gedanken und schreibt die wichtigsten Punkte oder Argumente in die Mitte der *placemat*. Auch kontroverse Positionen sollten dabei aufgenommen werden. Abschließend werden die Ergebnisse im Plenum ausgewertet.
Der Zeitbedarf variiert je nach Komplexität des Themas von zehn bis 30 Minuten. Die Vorgabe eines Zeitlimits für die einzelnen Phasen kann sinnvoll sein.

Pro-und-Kontra-Debatte

Ausgehend von einer Problemstellung, die eine Pro-Kontra Diskussion zulässt, bilden die S Gruppen, denen sie sich zuordnen: Befürworter, Gegner, Unentschiedene, Beobachter und Moderator (diese Rolle kann von L übernommen werden). Zur Untermauerung ihrer jeweiligen Positionen suchen die S in ihren Gruppen nach Argumenten und Beispielen, um diese zu belegen. Es ist empfehlenswert, die jeweiligen Gruppen auf eine Größe von 3–5 S zu beschränken. Die Debatte kann durch eine Abstimmung im Plenum beendet werden.

Die Sitzordnung muss umorganisiert werden.

Die Debatte folgt festen Regeln:

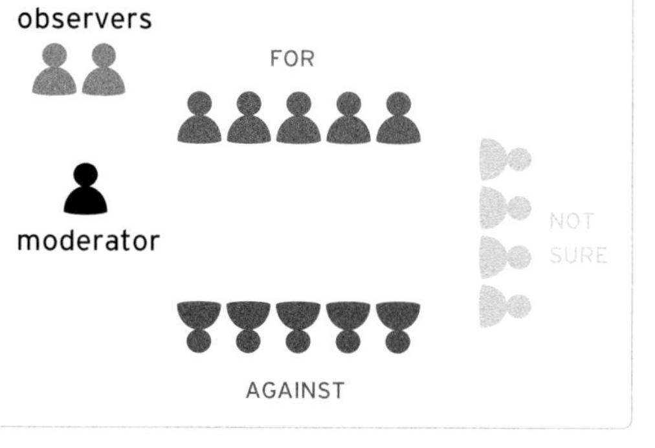

1. Der Moderator eröffnet die Debatte, indem er das Problem vorstellt und die Regeln erklärt.
2. Er erteilt dann den einzelnen Rednern das Wort, wobei darauf zu achten ist, dass die Gruppen abwechselnd zu Wort kommen, jeder die Chance hat zu sprechen, aber niemand zu viel redet. Dafür empfiehlt sich der Einsatz von discussion tickets. Der Moderator kann ggf. eine Rednerliste führen.
3. Wenn S von einem Argument der Gegenseite überzeugt sind, steht es ihnen frei, in diese Gruppe zu wechseln (aber erst dann, wenn der Redner ausgesprochen hat).
4. Beobachter müssen auf ihrem Platz bleiben.
5. Wenn man etwas sagen will, muss man die Hand heben. Wenn man direkt etwas entgegnen will, muss man beide Hände heben.
6. Die Redner beziehen sich auf die Vorredner, signalisieren Zustimmung oder Ablehnung und nennen ihr Argument, das sie durch ein Beispiel untermauern.
7. Die Debatte wird mit einer Abstimmung beendet.
8. Die Beobachter geben den Teilnehmern eine Rückmeldung.

Pyramidendiskussion

Die Pyramidendiskussion (wachsende Gruppe) ist eine Methode, bei der S ein Thema zunächst in Einzel-, dann in Partner- und schließlich in Gruppenarbeit bearbeiten, um sich darüber zu informieren und aus vielen Perspektiven die zentralsten Ideen, Aspekte und Meinung dazu in der Diskussion zu ermitteln. Die Erarbeitung, bei der die Auseinandersetzung mit Thema und Sprache durch die stetig wachsende Gruppe immer intensiver wird, erfolgt in folgenden Schritten:

1. Die Aufgabe wird in EA von jedem S erarbeitet. S machen sich Notizen zum Thema und halten eine vorgegeben Anzahl an Vorschlägen am besten ranglistenartig fest.
2. L gibt nach vorgegebener Zeit ein Signal zum Bilden von Paaren und die Aufgabe wird in PA fortgeführt. Die Partner müssen ihre Listen vergleichen und in der Diskussion eine neue Liste mit gleicher Anzahl an Aspekten erstellen.
3. Nach erneutem Signal finden sich Vierergruppen zusammen, die wiederum ihre Listen vergleichen und auf die anfangs festgelegte Anzahl vereinheitlichen und priorisieren.

4. Nach Ablauf der festgelegten Zeit bilden sich Achtergruppen, in denen der Vorgang wiederholt wird und durch Priorisierung und Abwägen die endgültige Liste erstellt wird.
5. Die Gruppen oder L wählen je einen Sprecher, der das Ergebnis im Plenum vorstellt. In erneuter Diskussion kann sich auch noch im Plenum auf ein Klassenergebnis geeinigt werden.
6. Zum Abschluss wird im Plenum die Methode im Plenum reflektiert.

Question pot

Die Methode des *Question pot* eignet sich besonders gut zur Sicherung des Hör-/Sehverstehens von Filmen oder des Leseverstehens von längeren (fiktionalen) Texten. In einem Gefäß auf dem Lehrertisch werden Fragen oder (*True-False-*)Aussagen zu einem gezeigten Film oder einem Lesetext auf Papierstreifen gesammelt. Anschließend ziehen die S einen Streifen, beantworten die Frage oder sagen, ob die Aussage richtig oder falsch ist. Wird die Methode zur Sicherung des Hör-/Sehverstehens eingesetzt, so sollten sich die Aufgaben nicht nur auf das Gesagte, sondern besonders auch auf Gesehenes beziehen. Die Fragen und Aussagen können je nach Leistungsstand der Klasse entweder von L vorgegeben oder von (lernstärkeren) S formuliert werden.

RAFT

RAFT ist eine Methode zur Angebotsdifferenzierung u.a. beim Schreiben unterschiedlicher Textformate. Sie kann sich auf einen Text, aber auch auf eine ganze Unit beziehen. Der Schüler sucht sich aus mehreren Aufgaben zur Textproduktion diejenige/n aus, die er für sich geeignet hält. Beim Schreiben machen sich die S bewusst, in welcher **R**olle sie schreiben, welchen **A**dressaten sie ansprechen, welche **F**orm von Text sie schreiben und was das **T**hema ihres Textes ist.

Read-and-look-up technique

Diese Lesetechnik dient der Förderung des freien Sprechens und bildet für die S einen behutsamen Übergang zwischen dem Ablesen und Vortragen von Texten, Informationen und Inhalten. Der präsentierende S hält die Vorlage in den Händen und liest sich einen (Teil-)Satz still durch, bevor er die Klasse oder seinen Partner anschaut und den Satz aus dem Gedächtnis wiedergibt. Dabei ist es wichtig, dass S erst dann spricht, wenn er Blickkontakt hergestellt hat. Diese Technik bereitet den freien Vortrag bzw. die Präsentation (auch mithilfe von Stichwortzetteln) vor und hilft unsicheren S, Inhalte vor dem Plenum darzustellen.
L kann die *Read-and-look-up technique* zunächst anhand eines beliebigen Textes demonstrieren. Die S üben danach mit geeigneten kurzen Texten, wobei der zuhörende Partner darauf achtet, dass nicht abgelesen, sondern vor dem Sprechen Blickkontakt hergestellt wird.

Reading circle

Beim *Reading circle* lesen alle S den gleichen Text oder die gleichen Texte (z. B. S-Produkte), wobei jeder S eine andere Rolle übernehmen oder sich auf einen bestimmten Aspekt des Textes konzentrieren kann. Die S schreiben dazu jeweils Informationen, Aussagen oder Assoziationen auf ein Blatt, das anschließend ausgelegt oder bei dem Text aufgehängt wird. Sie gehen herum, lesen die Beiträge der anderen S und tragen ihre Kommentare dazu ein. Die Eindrücke der S werden anschließend im Plenum diskutiert.

Reading club (Reciprocal / Guided reading)

Der *Reading club* ist eine Kooperative Lernform, bei der die Erschließung eines Textes in 4er-Gruppen arbeitsteilig in verschiedenen Rollen erfolgt. Pro Kapitel / Abschnitt etc. übernimmt jeder S im Wechsel eine der folgenden Aufgaben:

Der **Clarifier** klärt unbekannten Wortschatz (schlägt diesen nach und erklärt den Mit-S die neuen Begriffe.

Der **Summarizer** fasst die Inhalte des Abschnitts zusammen und beantwortet die 5 W-Fragen *(Who? What? When? Where? Why?)*.

Wenn der Lesetext Illustrationen zu mehreren Abschnitten enthält, kann statt des Summarizers alternativ auch ein **Describer** eingesetzt werden, der die Bilder beschreibt und daraus Rückschlüsse auf den Handlungsverlauf zieht.

Der **Questioner** formuliert Fragen an den Text, die von den Mit-S beantwortet werden.

Der **Predictor** stellt anhand des bisherigen Inhalts Hypothesen zum weiteren Verlauf der Handlung an. Nach jedem Textabschnitt tauschen die S ihre Arbeitsergebnisse aus und rotieren für den nächsten Abschnitt in der Aufgabenverteilung. Durch die arbeitsteilige Vorgehensweise werden metakognitive Textverarbeitungsstrategien gezielt und effektiv angebahnt; zugleich herrscht ein hohes Maß an Kommunikation und Sprachumsatz. Die S müssen an die Methode des *Reading club* (*Reciprocal reading*) schrittweise herangeführt werden. Dazu können entsprechende *Role cards* mit Hinweisen zur jeweiligen Aufgabe hilfreich sein.

Reading log
(Lesetagebuch)

Ein *Reading log* dient als Unterstützung beim Lesen einer Ganzschrift (Lektüre) oder von längeren Texten. Der Text wird dabei in entsprechende Abschnitte aufgeteilt, z. B Kapitel oder Sinneinheiten. Zu diesen Abschnitten gibt L Aufgaben und Arbeitsaufträge – im besten Fall bereits als *Reading log*-Heftchen zusammengestellt – vor, die die S nach dem Lesen des entsprechenden Teils bearbeiten.
Kernbereiche eines *Reading log* sind grundlegende Informationen zu den fünf W-Fragen *Who? When? Where? What? Why?* sowie eine kurze Inhaltsangabe des jeweiligen Kapitels. Eine vertiefende Charakterisierung der Protagonisten kann den S dabei helfen, ein tieferes Verständnis für die Handlungszusammenhänge und -motive zu erlangen.
Zusätzlich kann ein Lesetagebuch den S Raum geben, um vor dem Lesen des Abschnitts jeweils ihre Erwartungen zu notieren; diese werden dann anschließend mit den Leseerfahrungen verglichen und können am Ende so eine Bewertung des gelesenen Buchs/Texts unterstützen.
Für die Lehrkraft bietet sich der Vorteil, dass durch den Einsatz eines *Reading log* besser kontrolliert werden kann, ob die S die Lektüre tatsächlich lesen oder nicht.
Hinweis: Bei dem in LH 4, Unit 4 verwendeten *Reading log* handelt es sich um eine spezielle Form des Lesetagebuchs, die schrittweise für alle Abschnitte des Leseprozesses ergänzt wird. Der Leseprozess soll so in einzelne Sinnabschnitte zerlegt werden, um den S das Textverständnis zu erleichtern und sie zudem langsam an die Methode des *Reading log* heranzuführen.

Right/wrong cards
(Antwortkärtchen)

Der Einsatz von *Right/wrong cards* eignet sich besonders zur Überprüfung von Aussagen zum Textverständnis. Die Karten können sowohl zur Lese- als auch Hörverstehenskontrolle eingesetzt werden. Ihr Einsatz ermöglicht eine valide Erfassung des Detailverständnisses und erfordert dabei keine eigene Sprachproduktion der S.
L stellt den S Karten aus farbigem Karton zur Verfügung (alternativ auch farbige Gegenstände, z. B. Stifte). Es wird vereinbart, dass grün für *right* und rot für *wrong* sowie ggf. blau für *not in the text* steht. Nachdem L eine Aussage zum Text vorgelesen hat, halten die S auf Kommando eine Karte in die Höhe. L erhält auf diese Weise auf einen Blick eine breite Rückmeldung darüber, ob der jeweilige Textinhalt von den S verstanden wurde. Wenn sich hier größere Abweichungen zeigen, sollte L dies zum Anlass nehmen, einen erneuten Lese-/Hörauftrag zu stellen, um das gesuchte Detail zu erfassen (selektives Lese-/Hörverstehen).
Das synchrone Ausführen auf Kommando ist wichtig, damit sich unsichere S nicht an ihren Mit-S orientieren. Wenn die Methode mehrfach eingesetzt wurde, können lernstärkere S die L-Rolle übernehmen.

Role-play

Role-plays dienen der Förderung des freien Sprechens und Reagierens in klar umrissenen Gesprächssituationen. Die S schlüpfen in die Rolle einer anderen Person und orientieren sich bei der Ausgestaltung an den Rollenvorgaben bzw. füllen ein vorgegebenes Dialoggerüst mit eigenen Ideen. Dürfen leistungsschwächere bzw. unsichere S Notizen zu Hilfe nehmen, sollte L die ▸ Read-and-look-up technique einsetzen und darauf achten, dass S nicht „am Blatt kleben", um das freie Sprechen zu schulen.

Für die Präsentation ist es vorteilhaft, einen Tisch zwischen die Klasse und die Präsentierenden zu stellen, um somit v. a. für verunsicherte S einen „geschützten Raum" zu schaffen. Bei relativ frei zu gestaltenden *Role-plays* sollte vor der Einübung auf jeden Fall eine Kontrolle und Korrektur stattfinden, um ein Einschleifen von fehlerhaften Sprachmustern zu verhindern.

Running competition

Die Methode *Running competition* ist eine Form der *whole-class activity* mit Wettbewerbscharakter. Sie vereint das Festigen von Vokabeln oder Strukturen mit Bewegung und kommt daher insbesondere jüngeren S sehr entgegen. **Ablauf:**

L platziert eine Liste (z. B. mit unregelmäßigen Verben, wobei die Anzahl der Hälfte der Klassengröße entspricht) auf dem Lehrerpult, ohne dass diese für die S von ihrem Platz aus einzusehen ist. Die Klasse wird in zwei Gruppen eingeteilt und jeder Gruppe wird eine Tafelseite zugeteilt.

Die Teams legen fest, in welcher Reihenfolge die S „aktiv" werden (am besten von vorne nach hinten). Pro Gruppe geht ein S zum Pult und schaut nach, welches Verb dort steht. Er oder sie bildet die entsprechende unregelmäßige Form des *simple past* und schreibt diese an die Tafelseite seines Teams. Ähnlich wie bei einem Staffellauf, kehrt S möglichst schnell zu seiner Gruppe zurück und übergibt die Kreide an den Nächsten in der Reihe. Dabei darf weder gerannt, noch dürfen Hinweise von den nicht agierenden S gegeben werden. Die Gruppe, die als erste die Liste abgearbeitet hat, bekommt einen Punkt.
Im Anschluss erhält jede Gruppe die Möglichkeit ihre Ergebnisse zu verbessern. Dabei sollte L die Zahl der S, die verbessernd eingreifen dürfen, sowie die zur Verfügung stehende Zeit begrenzen (z. B. zwei Minuten). Die festgelegten S kommen an die Tafel und greifen korrigierend in das Ergebnis ein. Es folgt eine Auswertung im Plenum, bei der pro richtige Form ein Punkt vergeben wird. Die Gruppe mit den meisten Punkten hat gewonnen.
Diese Form der Wiederholung und Festigung von sprachlichen Mitteln ist auf zahlreiche Inhalte, wie z. B. Vokabeln, Adjektive, Steigerungsformen und Wortfelder, übertragbar.

Scenic play
(Szenisches Spielen)

Durch die Methode des *Scenic play* werden kognitive Fähigkeiten, emotionale und körperliche Ausdruckskräfte sowie manuelle und künstlerische Fertigkeiten der S entwickelt und geschult. Das szenische Spielen von Geschichten bettet die Fremdsprache in einen Kontext ein, an dem die S selbst mit allen Sinnen beteiligt sind. L sollte vorher mit den S besprechen, was für das Nachspielen benötigt wird, und dann die Rollen verteilen. Benötigte Requisiten können oft als Zeichnungen an der Tafel dargestellt werden oder es finden Gegenstände aus dem Klassenraum Verwendung.

Schreibgespräch

Ein Schreibgespräch ist eine schriftliche Form der Kommunikation, bei der zwei Partner in Stillarbeit auf einem Blatt und mit nur einem Stift einen Dialog führen. Jeder Partner schreibt abwechselnd und in Reaktion auf den vorherigen Beitrag seine Gedanken auf, wobei ihn der andere nicht beobachten darf. Es entsteht somit ein Text, in dem sich beide Partner intensiv und konzentriert mit den Gedanken des Gegenübers auseinandersetzen und welcher im Anschluss mündlich diskutiert und kommentiert werden kann.

Schreibkonferenz

► Correcting circle

Schüler als Experten

► Binnendifferenziertes Arbeiten

Semantisierungstechniken

Neuer Wortschatz sollte grundsätzlich nicht isoliert, sondern stets im Zusammenhang eingeführt werden. Hierbei bieten sich verschiedene Verfahrensweisen an:

1. **Deiktische Semantisierungstechniken:** Hierunter versteht man bildhafte, nonverbale Verfahren, die sich besonders in der Orientierungsstufe eignen. Zum Einsatz kommen:

   Realia: Realgegenstände eignen sich vorrangig zur anschaulichen Vermittlung konkreter Begriffe. Geht es z. B. um das Wort *pencil case*, so hält L ein Federmäppchen hoch und sagt: *This is a pencil case*. Wort und Bedeutung können so nachhaltig miteinander verknüpft werden.

Flashcards: ▸ Flashcards

Mimik, Gestik, Demonstration: Lebendiges Lehrerhandeln kann den S die Bedeutung entsprechender Lexeme nachhaltig vermitteln. Dies kann geschehen durch:

a) Mimik: L demonstriert ein Wort mithilfe des entsprechenden Gesichtsausdrucks, z. B. *angry*, *happy*, *sad*. Dies kann auch verbal unterstützt werden, z. B. *angry: Hey, stop that!*

b) Gestik: Wenn es um das Wort *first* geht, streckt L den Daumen nach oben und sagt: *It's the first morning in London.*

c) Demonstration: Das Verb *open* wird eindeutig demonstriert, indem L das Fenster öffnet und dabei sagt: *Let's open the window.* Noch lernwirksamer ist es, wenn dazu das gegenteilige Lexem *close* demonstriert und eingeführt wird: *Now let's close the window.*

2. Verbal-definitorische Semantisierungstechniken: Mit zunehmendem Lernstand spielen verbal-definitorische Semantisierungstechniken in der Zielsprache eine stärkere Rolle. Dabei sollten den S alle zur Semantisierung herangezogenen Wortschatzelemente bekannt sein. Zum Einsatz kommen:

Ganzheitliche Verfahren: Verwendung des Wortes in einem typischen Kontext: *We wash our hands with soap and water.*

Logische Bezüge: Einführung eines Lexems durch:

a) Definition: *A dog is an animal with four legs and a tail. It barks.*

b) *Rule of three* (Dreisatz): *A man has a mouth, a bird has a beak, ...*

c) *Part – whole* (Rückschluss vom Ganzen aufs Einzelne): *a week = seven days*

Lexikalische Bezüge: Einführung eines Lexems mithilfe von:

a) Synonymen: *shop – store*

b) Antonymen: *young ≠ old*

c) Über-/Unterordnung: *Dogs, cats and rabbits are pets.*

d) Herleitung: *happy – happiness*

Der Rückgriff auf die Muttersprache sollte nur sehr selten erfolgen. In einigen Ausnahmefällen kann dieser allerdings hilfreich sein:

- um auf orthografische Ähnlichkeiten aufmerksam zu machen: *theatre* – Theater
- um phonetische Ähnlichkeiten hervorzuheben: *shoe* – Schuh
- wenn die fremdsprachliche Erklärung sehr umständlich wäre (z. B. *although*)

3. Erschließungstechniken: Mit zunehmendem Lernstand sollten wichtige Erschließungstechniken (Kontext, Vorwissen aus der Fremdsprache, Ähnlichkeiten im Schrift- oder Lautbild zur Muttersprache etc.) trainiert werden. Ein neues Wort sollte v. a. dann semantisiert werden, wenn:

a) es sich um ein Schlüsselwort für das Textverständnis handelt,

b) eine hohe Diskrepanz zwischen Laut- und Schriftbild besteht, die Aussprachefehler bewirken kann,

c) es nicht aus dem Kontext oder auf andere Weise erschließbar ist.

Situativer Wortschatz, der keine zentrale Bedeutung für das Textverständnis hat, muss nicht semantisiert werden. Den S wird auf diese Weise verdeutlicht, dass sie einen Text auch dann verstehen können, wenn sie nicht jedes einzelne Wort kennen (= Training der Toleranz im Umgang mit „Verständnislücken").

7 letters Die S wählen sieben Buchstaben des Alphabets und nutzen diese als Anfangsbuchstaben für das Schreiben von Wörtern zu einem bestimmten Thema. Anschließend wird aus diesen Wörtern ein zusammenhängender Text geschrieben.

Speed dating — Entspricht im Prinzip der Idee des ► Double Circle mit dem Unterschied, dass die S nicht in einem Kreis sondern in zwei sich anschauenden Linien interagieren.

Sprachmittlung — ► Mediation

Stimmungsbarometer — Diese Methode wird i. d. R. zu Beginn oder zum Abschluss einer Gruppenarbeit angewandt, um die anfängliche bzw. abschließende Stimmungslage der Mitglieder zu erfassen und zu veranschaulichen. Die moderierende Person stellt hierzu ein Plakat bereit, auf welchem z. B. eine Sonne, Nebel und Gewitterwolken abgebildet sind. Die Gruppenmitglieder erhalten die Gelegenheit, je einen Punkt neben diejenige Abbildung zu kleben bzw. zeichnen, die ihrer Stimmung am ehesten entspricht. Das entstandene Stimmungsbild dient der Gruppe als Diskussionsgrundlage und sofern die Methode regelmäßig durchgeführt wird, kann eine langfristige Entwicklung der Gruppenstimmung protokolliert werden.

Stummes Schreibgespräch *(Silent dialogue)* — Hierbei kommunizieren zwei oder mehrere S schriftlich und bei absolutem Schweigen miteinander. Die S geben ein Blatt herum und jeder von ihnen schreibt nacheinander eine These zu einem Thema, eine Antwort auf eine Frage, einen Kommentar o. Ä. auf und gibt das Blatt dann weiter. Der Nächste schreibt eine Ergänzung oder eine neue Stellungnahme dazu, die wichtig für das Thema ist. Auch Schlagworte, Zeichnungen oder Symbole sind erlaubt.

Auf diese Weise lassen sich Ideen und Antworten zu einem Thema entwickeln, Beziehungen aufbauen und vertiefen sowie ein Gedankenaustausch entwickeln. Falls die Ergebnisse im Plenum präsentiert werden sollen, bietet es sich an, dass die beteiligten S sich auf eine festgelegte Anzahl von Ideen oder Thesen einigen, die ihnen am wichtigsten oder prägnantesten erscheinen.

Variante: Es besteht auch die Möglichkeit, dass jeder S auf einem eigenen Blatt anfängt und die Blätter reihum zur Kommentierung weitergegeben werden. Wenn am Ende alle jedes Blatt kommentiert haben, liest jeder die Kommentare auf seinem eigenen Blatt.

Szenisches Spielen — ► Scenic play

Think-Pair-Share — Diese kooperative Lernform dient den S dazu, von einer individuellen zu einer gemeinsamen Lösung zu gelangen. **Ablauf:**

1. EA: S denken allein über die Aufgabenstellung nach und machen sich ggf. Notizen.
2. PA: Zwei S besprechen ihre Notizen und kommen zu einer gemeinsamen Lösung.
3. GA: Zwei Paare bilden eine Vierergruppe, die gemeinsam ihre Lösungen bespricht. Eine andere Möglichkeit ist, dass die Paare ihre Lösungen im Plenum vorstellen.

L sollte für jeden Arbeitsschritt ein Zeitlimit setzen.

Ticket vote — Die Methode des *Ticket vote* dient dazu, eine Einschätzung der Lerngruppe zu einem Film zu erhalten. Zu diesem Zweck erhält jeder S eine (imaginäre) Eintrittskarte, die nach dem Sehen in vorbereitete Schachteln geworfen wird. Die Schachteln können zwei (+, –) oder drei (+, O, –) Kategorien haben. Das Ergebnis kann als Grundlage zu einer Diskussion über den Film dienen, die z. B als ► Hot seat organisiert werden kann.

Total Physical Response (TPR) — Das Konzept der *Total Physical Response (TPR)* beruht auf der Einbeziehung von Körpersprache und Bewegung, um das Hörverstehen der S zu fördern. *TPR* spricht in besonderem Maße S mit Sprechhemmungen oder geringem Sprachinventar an, die mithilfe der Methode die Fremdsprache handelnd umsetzen und so Erfolgserlebnisse erzielen.

S reagieren auf eine Anweisung von L oder einem anderen S nonverbal, indem sie diese in Bewegung umsetzen. Die Anweisungen sollten z. B. durch Gestik oder den Einsatz von Realgegenständen verständlich gemacht werden. Durch mehrfache Wiederholung kann die Behaltensleistung gesteigert werden, indem Handlung und Sprache nachhaltig miteinander verknüpft werden.

Two-minute talk — ► One-minute presentation

Two stars and a wish — Diese Feedbackmethode birgt einen hohen Grad an Wertschätzung und sprachlicher Würdigung, da grundsätzlich die erbrachte Leistung mit mehr Positiva im Vordergrund steht. Es werden zunächst zwei positive Aspekte benannt *(= stars)* und anschließend ein Optimierungswunsch *(= wish)*.

Voting finger — ▸ Democratic vote

Wachsende Gruppe — ▸ Pyramidendiskussion

Word memory — Der Wortschatz (einzelne Wörter, Wortgruppen) wird senkrecht an der Tafel notiert und nacheinander im Chor gesprochen. Nach jedem Chorsprechen wird ein Wort / eine Wortgruppe von der Tafel gewischt. Die abgewischten Wörter werden jedoch beim Chorsprechen weiterhin (auswendig) mit aufgesagt. Am Ende ist der gesamte Wortschatz von der Tafel gewischt worden und wird komplett auswendig (nacheinander) im Chor gesprochen. Zusätzlich kann der verwendete Wortschatz anschließend im Kontext versprachlicht werden (z. B indem Beispiele oder Definitionen genannt werden).

World Café — Bei dieser Methode gibt es je nach Themen in der Klasse mehrere Gruppentische, die wahlweise mit Flipchartbögen, Packpapier und Stiften ausgestattet sind. Das jeweilige Thema der Gruppe steht in der Mitte der Bögen. Ein S übernimmt die Rolle des Gastgebers, d.h. er moderiert die Diskussion und verbleibt bei dem Wechsel der anderen Gruppenmitglieder am Tisch, um die nächste Gruppe über die bisherigen Ergebnisse zu informieren und den weiteren Prozess zu moderieren.

Der Gastgeber stellt das Thema vor, die anderen Gruppenmitglieder haben nun Zeit, nachzudenken, zu diskutieren und anschließend ihre Überlegungen auf die Bögen zu schreiben. Diese dienen nun im weiteren Verlauf als Diskussionsgrundlage. Der Gastgeber hält ggf. weitere Ergebnisse fest. Auf ein Signal von L wechseln die Gäste den Tisch und werden an dem neuen Tisch vom Gastgeber über die bisherigen Ergebnisse informiert. Nun beginnt der oben beschriebene Ablauf erneut. Zum Abschluss der Diskussionsrunden kehren die S an ihren Ausgangstisch zurück, tauschen ihre Erfahrungen aus und berichten dem Plenum von den Ergebnissen ihrer Gruppe.

Wortschatzsemantisierung — ▸ Semantisierungstechniken

Zufallsgenerator — Mithilfe dieser Methode kann L nach Zufallskriterien S auswählen, die eine Aufgabe, ein Projekt oder Ähnliches präsentieren sollen. Zu diesem Zweck stehen zunächst alle S auf und L nennt ein Kriterium. Falls S dieses erfüllen, setzen sie sich hin. Die Person, die am Ende noch steht, präsentiert die Aufgabe.

Tipp: Um zu verhindern, dass sich am Ende alle S setzen können, wählt L Sätze mit Superlativen (z. B *The youngest / the tallest / …*).

Australia Fact File

a) *What do you know about Australia? Collect words and phrases in a network around the map. Think of sights, history, (famous) people, music, animals, …*

b) *Complete the Fact File with information from the map and pages 8/9 and 146/147 in your book.*

	Australia Fact File	
flags: – Colour in the flags. – What do they symbolize?	Australian National Flag: 	Australian Aboriginal flag: 
nickname/s:		
capital:		
government:		
population:		
size:		
climate:		
currency (= Währung):		
language:		
biggest cities:		
states and territories:		
landscapes:		
animals:		
sights:		
More (fun) facts about Australia:		

Shutterstock (map: Pjasha; National Flag: Prawit Siriwong; Aboriginal Flag: dovla982)

a) *Watch the road trip film. What do we learn about Australia? Make notes in the table below.*

climate	kinds of landscape	roads and driving	other details

Then compare your notes with a partner and add more details.

b) *Watch again. Complete the list of activities with the places where the people in the film do them.*

activities	places
swimming	
surfing	
running	
walking	
diving	
jumping	
climbing	
cycling	
washing	
dancing	
skateboarding	
cooking	
riding	
camping	

in a river • near a reef • on a boat • beside a road • in a wood • in the outback • in the sea • in the city • on a rock • through a desert • on a beach • in a town • on a track • at a campsite • ...

c) *Make notes on the questions in the table. Then talk about Australian road trips in class.*

questions	notes
– Would you like to do a road trip in Australia? Why (not)?	
– Where would you like to go? Why?	
– Who would you go with?	
– What activities would you like to do?	

Shutterstock (man with boomerang: advent)

What makes Oz special?

a) Make groups of five. Each member of the group should read one of the articles (A–E) on p. 10/11. Guess what the new words mean. Check in a dictionary if neccessary.
b) *Work alone. Make notes on anything in your article that makes Australia special in the table.*
c) *Compare your notes with someone who has read the same article.*
d) *Go back to your group and tell them what you have found out. Listen to the other group members and take notes on their article in the table. Together choose the top three things that make Australia special for you, and rank them 1 to 3. Report to the class.*

Article	New words	What makes Australia special:
A: **Ban on climbing Uluru comes nearer**	• **ban (on):** ______ • **well-known:** ______ • **central (Sydney):** ______ • ______	
B: **Australia welcomes its new citizens**	• **citizen:** ______ • **continue:** ______ • **be born:** ______ • ______ • ______	
C: **Teenagers help fight bush fires**	• **take / do an exam:** ______ • **go into action:** ______ • **Rural Fire Service:** ______ • ______ • ______	
D: **Camels in the outback**	• **camel** ______ • **expert:** ______ • **native animals/plants:** ______ • ______ • ______	
E: **Autralia's deadliest animals**	• **deadly, deadlier, deadliest:** ______ • **spider:** ______ • **be likely to do sth.** ______ • ______ • ______	

Getting help – Dialogues: At the beach

a) **Silent dialogue:** *Decide who's partner A and who's partner B.*

Partner A: Look at the picture. You are on a beach, and you have a problem. Your arm hurts. You see a lifeguard. Write the first line of your dialogue in the table below.
Then give it to B. Don't speak. Continue.

Partner B: You are a lifeguard on this beach. You see a young person with a problem. Try to help. Read what A wrote and write your answer. Give it to A. Don't speak. Continue.

b) *When you've finished the silent dialogue, practise saying it with your partner.*
c) *Act your dialogue for the class.*

Partner A: (Tourist)	Oh look, there's a lifeguard. ...
Partner B: (Lifeguard)	
Partner A:	
Partner B:	
Partner A:	
Partner B:	
Partner A:	
Partner B:	
Partner A:	
Partner B:	
Partner A:	
Partner B:	

More help *Cut out the sentences below and add the speakers on the left: 'tourist' or 'lifeguard'. Put the dialogue in the right order and read it with your partner. Then write your own dialogue.*

Tourist	Oh look, there's a lifeguard. – Excuse me, can you help me, please?
Lifeguard	G'day. How can I help you?
	Is it dangerous? Do jellyfish have deadly poison?
	Yes, I see. It's very red. Can you tell me what happened?
	Well, first of all – please stay calm. Luckily, the jellyfish that we usually have around here are smaller and less poisonous than the box jellyfish. So you'll be OK.
	My arm hurts and it's getting more and more red.
	No worries. Come with me. I've got some hot water and vinegar over there.
	We have to wash your arm in hot water and then we can put some vinegar on the sting. That'll help. The redness and the pain should get better in a few hours.
	Let me have a look at your arm, please. ... Well, it looks like it's a jellyfish sting.
	But it really hurts! What can we do?
	Thanks for your help.
	I stopped swimming when I felt that something was touching me in the water.

Getting help – Dialogues: At the doctor's

a) **Silent dialogue:** *Decide who's partner A and who's partner B.*

Partner A: Look at the picture. You are at a doctor's. You feel sick and have a headache. Try to tell the doctor about your problem. Write the first line of your dialogue in the table below. Then give it to B. Don't speak. Continue.

Partner B: You're a doctor. You're talking to a young person with a problem. Try to help. Read what A wrote and write your answer. Give it to A. Don't speak. Continue.

b) *When you've finished the silent dialogue, practise saying it with your partner.*

c) *Act your dialogue for the class.*

Partner A: (Patient)	
Partner B: (Doctor)	
Partner A:	
Partner B:	
Partner A:	
Partner B:	
Partner A:	
Partner B:	
Partner A:	
Partner B:	
Partner A:	
Partner B:	

More help *Cut out the sentences below and add the speakers on the left: 'doctor' or 'patient'. Put the dialogue in the right order and read it with your partner. Then write your own dialogue.*

Patient	Good afternoon, doctor. Can you help me, please? I feel sick and I have a headache.
Doctor	G'day. OK, please let me take your temperature first. – Hmm, it's quite high. And your skin looks very red. Have you been in the sun for a longer time?
	Go home and rest for a few hours. You should drink lots of water or juice with sugar and some salt. That'll help. And you have to stay out of the sun for the next few days.
	Is there anything else I can do?
	OK, doctor. Thank you very much.
	There was no shade on the beach. But we went swimming to cool down a bit because we left our water bottles at the hotel.
	You're welcome. Just remember that it's very important to protect yourself from the sun all the time. As we say in Australia: slip on a shirt, slap on a hat, slop on suncream, slide on sunglasses and last but not least: seek shade.
	Not so very long. My friend and I only spent a few hours on the beach.
	A few hours can be too long, especially because it was very hot. Did you sit in the shade?
	Well, I'm afraid swimming doesn't protect you from the sun – or from heat stress. Here are some pills that you can take for your headache and temperature. You can buy some more at the pharmacy next door.

© Dorina Tessmann, Berlin

a) *Complete this character network for the story. You can make notes about:*
- *how the characters are connected (e.g. boyfriend / girlfriend; father / daughter; etc.).*
- *how the characters feel about each other (e.g. likes / doesn't like / hates / loves / is afraid of / trusts / doesn't trust / thinks … is cool; etc.).*

Tip: You can write your notes on the empty labels below, cut them out and glue them next to the characters in the network.

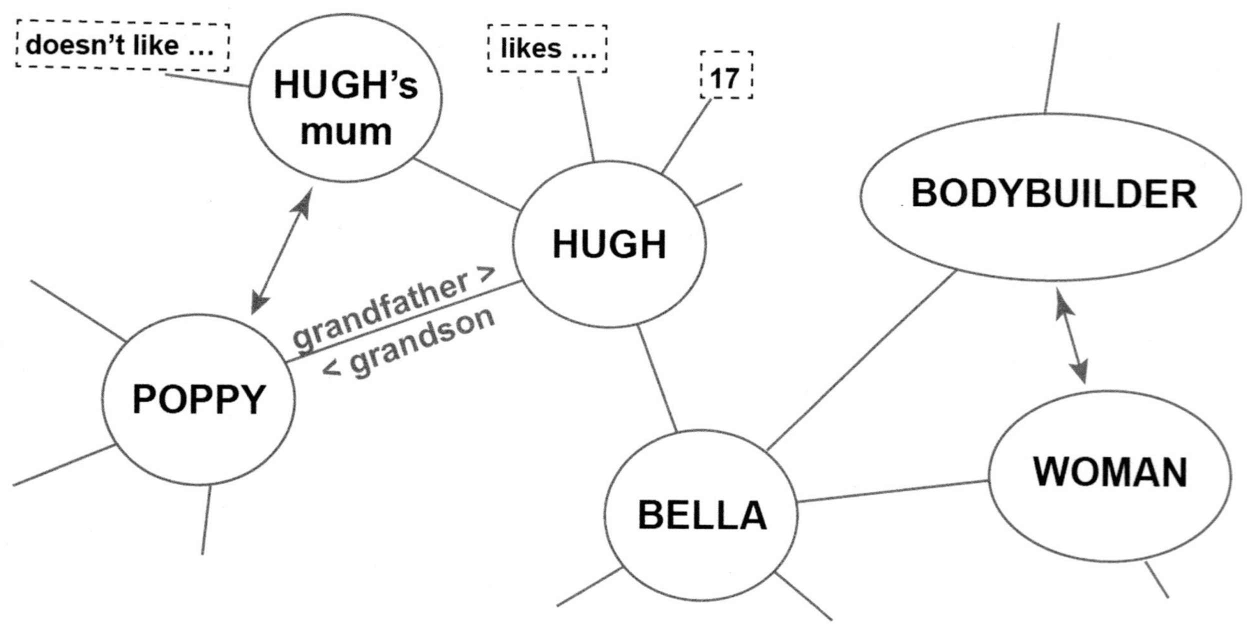

b) *Cut out the words below and put them in your character network. If you don't know some words, check in a dictionary. Add more words.*

big eyes	brave	cowardly	dishonest	friendly	glamorous	grey hair	helpful	honest	loving
messy hair	nice	old	ponytail	short	strange	stupid	terrible	thin	unfriendly
violent	young								

Giving a presentation – Feedback sheets

Complete the feedback tables with five important things for a presentation. More help

name(s): ______________________					
important things for a presentation	**very good**	**good**	**OK**	**needs work**	**notes**
1					
2					
3					
4					
5					

✂ -

name(s): ______________________					
important things for a presentation	**very good**	**good**	**OK**	**needs work**	**notes**
1					
2					
3					
4					
5					

✂ -

name(s): ______________________					
important things for a presentation	**very good**	**good**	**OK**	**needs work**	**notes**
1					
2					
3					
4					
5					

More help *Cut out the boxes and glue them in the first column of the first table. Then fill in the others:*

Your presentation was interesting.	Your presentation had a clear structure.	The audience could read your visuals.	You looked at the audience and smiled.
You used your own words.	You used good phrases.	You didn't just read from your notes.	You asked for questions at the end.
Your notes were short.	Your visuals were clear and interesting.	You talked slowly and clearly.	

SPEAKING Talking about a picture

a) *What can you see in your picture? Make notes in the table. Then describe it to your partner.* More help

Who? / What?	**Where? / When? / Why? / …**	**More details** (colour, number, activities, …)
a beach	in Australia, in the summer	

b) *Listen to your partner. Take notes about his or her picture in the table below.*

Who? / What?	**Where? / When? / Why? / …**	**More details** (colour, number, activities, …)

c) *Together find out what the pictures have in common and what is different.*

In picture A there is / are …

I can see a / some … in picture B too, but there isn't / aren't any …

The people / children / … in picture A / are wearing / sitting / playing with / … In picture B they …

I think picture A is in … but picture B is in … because …

More help ball • beach • beach chair (= Strandkorb, Liege) • beach shelter (= Strandmuschel, Windschutz) • book • bucket + shovel • children • cloud • cool bag • frisbee • hills (cliffs) • man • newspaper • sandcastle • sea • (warning) sign • suncream • sunshade (= umbrella) • surfboard • swimming ring • towel • woman • …

MEDIATION In a pharmacy / At the doctor's

You are in a pharmacy. Your mother has been stung by a bee.
Her hand is red and it hurts. Help her to talk to the pharmacist.

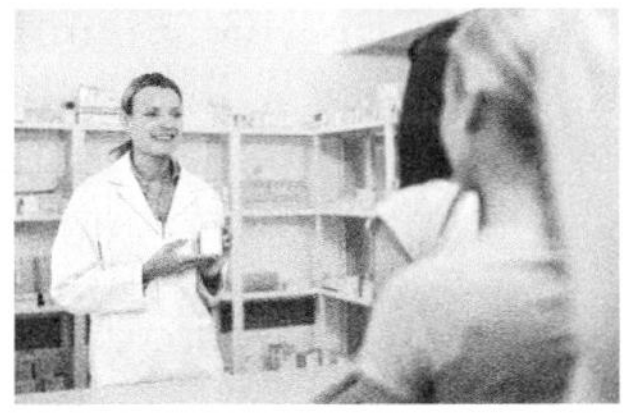

Pharmacist: G'day. What can I do for you?

Your mum: Erkläre bitte, was passiert ist.

(1) YOU: ______________________________

Pharmacist: Is she allergic to bee stings?

(2) YOU: Sie möchte wissen, ______________________________

Your mum: Nein, bin ich nicht.

(3) YOU: ______________________________

Pharmacist: Has she pulled out the stinger?

(4) YOU: ______________________________

Your mum: Ja, habe ich.

(5) YOU: ______________________________

Pharmacist: Put this cream on the sting once or twice a day. Keep it away from your eyes, nose and mouth. It will feel better pretty quickly, but it may be red for a few days. It will feel better if you put ice on it. Use a towel between the ice and your skin – you shouldn't put the ice directly on your skin. And don't let the ice stay on the skin for longer than 20 minutes.

(6) YOU: Du sollst diese ______________________________.

Sie darf nicht ______________________________.

Du kannst ______________________________.

Pharmacist: Your hand should be fine in two or three days. If it isn't better by then, you should see a doctor.

(7) YOU: Wenn es in ______________________________,

sollst du ______________________________.

Your mum: Thank you.

NOW YOU *Make your own dialogue in a pharmacy or at the doctor's*

Clip Dealer (oben re.: Wavebreak Media LTD); Shutterstock (unten li.: graphic-line); Fotolia (unten re.: davidteamen)

Answers to STOP! CHECK! GO! (Unit 1)

1 LISTENING Planning a trip ► Unit 1, p. 24

a) They will probably choose **the can regatta in Darwin** because **in the north, the weather in July will be perfect. / There are lots of events and festivals in Darwin. / Rani would like to see the regatta. / From Darwin they can visit the Holmes Jungle Nature Park and the famous outdoor rock art galleries in Kakadu National Park.** (4 points)

b) **1** C • **2** A • **3** B • **4** A • **5** B • **6** C (6 points)

☺	😐	☹
10–8	7–5	4–0

2 ○ LANGUAGE Rani's Oz Travel Blog ► Unit 1, p. 24 / //●, p. 108

July 1st: We're still at the airport. When we **arrived**, the pilots were just beginning to strike. But we're lucky and in about an hour our plane for Australia **is going to be** ready for take-off.
July 3rd: We **got to** our hostel in Darwin early in the morning and met our tour guide, Tony, who was waiting for us. Tomorrow we **are going to see** Aboriginal rock paintings in Kakadu National Park. It's 10 pm now and we **need** some sleep.
July 4th: It was amazing to see the ancient rock paintings. You can still **find** traditional Aboriginal art all over Oz. While I was enjoying the art, Sophie was chatting with the tour guide ;-))
July 6th: Yesterday we **spent** a lazy day. Tonight we **are going to visit** Mindil Beach Sunset Market. The market **starts** at 5 pm every Thursday. It's famous for live music.
July 7th: When we were having breakfast and making plans for the day, Tony arrived and **invited** us to Crocosaurus Cove. There we **swam** with crocodiles – well, we were in a cage and the crocodiles were swimming all around us. It was an awesome experience – the highlight of an amazing first week in Oz.

(11 points)

☺	😐	☹
10–8	7–5	4–0

(//● 17 points)

☺	😐	☹
17–14	13–9	8–0

3 READING Aussies – crazy about sports ► Unit 1, p. 25

a) **1** D • **2** B • **3** A • **4** C (E ist der Distraktor) (4 points)

b) **1** Australian way of life • **2** experts • **3** cool down • **4** continent • **5** nickname • **6** compare (6 points)

c) **1** swimming, windsurfing, diving, surfing
2 Australia has a great climate, most Australians live near the coast
3 horse racing
4 from an Aboriginal game, Marn Grook
5 powerful, fast, exciting (5 points)

☺	😐	☹
17–14	13–9	8–0

Is peer pressure a problem for you?

a) Pre-reading: *Look at the picture and the caption. Collect ideas on the topic of peer pressure around the picture.* **Tip:** *You can look at the questions in* **b)** *for help.*

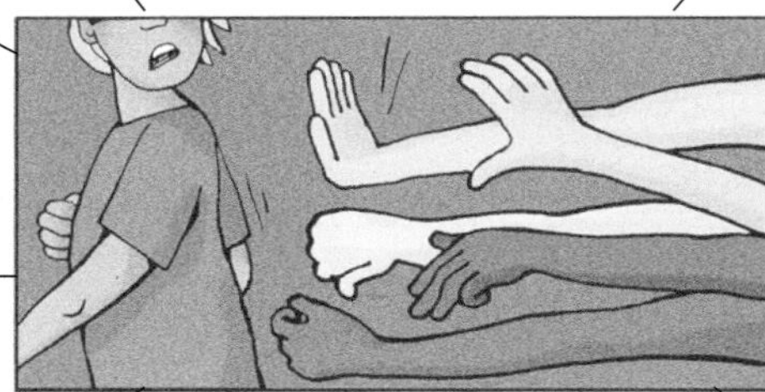

peer pressure

b) *Read the article on page 32 and answer the questions in the grid below.*

What is peer pressure and who is influenced by it?	**Why is peer pressure such a big issue for teens?**
Is peer pressure always a bad thing?	**How can teens deal with peer pressure?**

c) *Compare your results with a partner and add more information if you can.*

d) *Do you agree with the main points of the article? Why (not)? Discuss with a partner.*
OR: *Choose your TOP 3 facts about peer pressure and discuss them in class.*

More practice: *Is peer pressure a problem for* ***you****? Why (not)? Describe situations where peer pressure could become a problem:* ______________________________

1 *Read your group members' comments, one after the other.*
Fill in ☺ (= very good); 😐 (= OK) or : ☹ (= could be improved). Add more tips for the authors of the comments at the end of the checklist.

	Criteria	Text 1	Text 2	Text 3
general impression	Is the text easy to read?			
	Is there a clear structure? (beginning – middle – end)			
	Does the author use enough useful phrases for comments?			
beginning	Does the author introduce the topic?			
	Is the author's opinion clear?			
middle part	Does the author give good arguments (pro and contra?)			
	Are the examples / situations useful?			
	Is there a clear structure? (argument 1 + example; argument 2 + example etc.)			
	Are there other good ideas?			
end	Does the conclusion make sense – based on the middle part?			
	Does the author take up his opinion from the beginning?			
My tips for you	– What I like about your comment: I like the way …			
	– What you could do to improve your comment: You could add … / I would suggest … / …			

2 *Present your ideas and suggestions to each group member.*

3 *Listen to their ideas and suggestions for your comment. Now decide what changes you want to make in your second draft.*

a) *Everybody gets a badge: red, green, blue or orange and the matching role card (R/G/B/O). Sit with your colour group and read your role card:*

RED PEOPLE

Role card (R)

Ask this question:
If you could visit any country, where would you go?

Tips:
- The **blue people** are the most important. Try to talk to all of them.
- The **green people** are nice and funny. Talk to two or three of them.
- The **orange people** aren't so important. So don't worry if you don't have time for them. Maybe just talk to one.
- Be polite to everybody.

GREEN PEOPLE

Role card (G)

Ask this question:
If you were an animal, which animal would you like to be?

Tips:
- The **blue people** are the most important. Try to talk to all of them.
- The **orange people** aren't so important. So don't worry if you don't have time for them. Maybe just talk to one.
- The **red people** are a bit stupid. Their question is stupid, too. Don't answer it and don't ask them any questions.
- Be polite to everybody (except the red people).

BLUE PEOPLE

Role card (B)

Ask this question:
If you moved to a desert island, what three things would you take with you?

Tips:
- You like the **blue people** best. So talk to other blue people first.
- The **orange people** aren't so important. You can answer their question if you like, but don't ask your question.
- The **green people** aren't very interesting. You can talk to one or two if you like.
- Forget the **red people**. Don't even look at them when they talk to you. Just walk away.
- You aren't very polite.

ORANGE PEOPLE

Role card (O)

Ask this question:
If you could eat only one thing for lunch every day, what would that be?

Tips:
- The **blue people** are the most important. Try to talk to all of them.
- The **green people** are interesting. Talk to two or three of them.
- The **red people** aren't interesting. Don't answer their question and don't ask them any questions. Tell them you're too busy.
- Be polite to everybody (except the red people).

Shutterstock (globe, desert island: LHF Graphics; animals: Elena Paletskaya; food: godfather 744431)

b) *Walk around. Ask the question on your role card. Note the answers and the badge colour of your partners in the table below.*

Name	Badge colour	Answer

c) *Sit in your colour group again and answer these questions:*

	RED	GREEN	BLUE	ORANGE
1 How many people did you talk to?				
2 How many green people, red people etc.?				
3 What interesting things did you learn?				
4 Was everybody friendly and helpful?				
5 Did everybody answer your question?				
6 Did you enjoy the survey? Why (not)?				

d) *Then make new groups of four with one of each colour in every group. Answer c) again.*

e) *Now talk about these questions in class (Make notes on possible answers first.):*

1 Which colour was most popular?______________ Which was least popular?______________

Why?______________________________

____

2 How did you find the activity: fun / fair / frustrating / …?______________________________

Why?______________________________

____

3 Give examples of discrimination in real life.______________________________

____

____

More practice *Answer the feedback questions for your colour group. Make notes. Then answer the questions for the whole class. Compare / Discuss all your answers in class.*

Some questions for the RED PEOPLE:

– Did you enjoy the survey? Why/Why not? _____

____

____

____

– Were people polite / nice? ______________

____

– How did that make you feel? ______________

____

Some questions for the GREEN PEOPLE:

– How did you feel in this activity? ______________

____

– How many people wanted to talk to you? _____

____

– Who didn't want to talk to you? ______________

____

– Were people polite? ______________

____

Some questions for the BLUE PEOPLE:

– How did it feel to be a 'blue person'? ________

____

– How many people wanted to talk to you? _____

____

– Were people polite? ______________

– Were you polite and nice to others? ________

– Were you comfortable with that? Why (not)?

____

Some questions for the ORANGE PEOPLE:

– How was your experience? ______________

____

– Who did you enjoy talking to most?__________

____

– How many people did you talk to?__________

____

– Was anybody impolite? ______________

____

Questions for the WHOLE CLASS:

– Why do you think that the blue people and the red people had different experiences? ______________

____

– What's the difference between the two groups? ______________________________

– Was it fair to treat the red people like that? ______________________________

– Are there blue and red groups in normal life? ______________________________

Work together in a group of four. Decide who's partner A, B, C and D and do the tasks below.

Partner A+B:

1 *Watch the video and take notes about the **1st and 3rd scene** in the grey columns of the table.*
2 *Present your results to your partner. Add new ideas.*
3 *Present your results to partner C+D.*
4 *Then listen to partner C+D and take notes about the **2nd and 4th scene** in the white columns of the table.*

Partner C+D:

1 *Watch the video and take notes about the **2nd and 4th scene** in the white columns of the table.*
2 *Present your results to your partner. Add new ideas.*
3 *Listen to partner A+B and take notes about the **1st and 3rd scene** in the grey columns of the table.*
4 *Then present your results on scenes 2+4 to partner A+B.*

	Partner A + B		Partner C + D	
	Scene 1	**Scene 3**	**Scene 2**	**Scene 4**
Questions:				
Who are the people in the scene?				
Where does the scene take place?				
What is happening?				
What's the conflict and how do the characters deal with it?				
Do you like the scene? Why (not)?				

© Indigenous Advisory Council/Australian Human Rights Commission

Organizing a project – Role cards

If you want to do a project, it helps if everybody in your group takes a different role in the planning process to make sure that you keep everything in mind.
Read the role cards below and choose two roles that you like. Then decide in your group who takes which role. Cut out and share the role cards. Make sure that there is one student for each of the roles.

Task manager

You organize the work of your group. It's your job to make sure that the others do their job as good as possible.

You can say:

– Let's start/go on.
– What do we need for task 1/…? Write down your ideas.
– Listen to A's idea. It sounds good.
– Let's read the text/look for ... on the internet/ ...
– …

Language and noise monitor

You make sure that everybody speaks English and that your group doesn't get to loud. You also help your group with unknown words.

You can say:

– Say it in English, please.
– Please stop speaking German.
– I can look up the word in the dictionary …

– We're too loud. We must calm down.
– Use your indoor voices.
– …

Or you can show a yellow or red card to people who are too loud in your group.

Material manager

You take notes of important ideas/things you need/… in the planning process and organize the material for the presentation.

You can say:

– Say it again please.
– What shall I write down?
– I've got … Is that okay?
– What's missing?/Do we have everything?
– Sorry, but I need some help. I'm looking for …
– Can you help me with the …, please?

Time monitor

You must watch the time and tell your group how much time is left.

You can say:

– We have five minutes left.
– We must hurry up.
– Don't worry. There's enough time.
– Maybe we can meet again on Monday/… afternoon to do the interviews/practise our presentations/…

Shutterstock/Luis Molinero

Guess what happened last night

a) *Kai is telling his friend about what happened last night. Listen. Then answer the questions:*

1 Where did Kai meet Emily? ______________________________

2 Why did Kai start the conversation? ______________________________

3 Why was Emily interested in him? ______________________________

b) *What do they say? Cut out the sentences A-K below. Match them to the speech bubbles 1-11.*

1 I asked her if she __________ new.

2 She said that she __________ at the club for the first time.

3 I asked her what she ______________ of the music.

4 I told her that the singer ______________ my brother.

? ______________________________

? ______________________________

? ______________________________

5 I asked my brother to __________ hello to her.

6 He told me not to __________ a pain.

c) *What exactly does Kai say when he's telling the story to his friend? Listen again and complete the sentences below the pictures. Then underline all the differences. What has changed?*

A Are you new?	D Yes, this is my first time at the club.	G Can you say hello to that girl, please?	J What do you think of the music?
B Can you introduce me to him?	E It's great.	H Sure, no problem.	K Your brother has an amazing voice.
C Don't be a pain!	F OK. Just for a minute.	I The singer is my brother.	

1 While you read

a) *Read your side of the story (Natasha or Matt) and take notes on questions 1–5 in the table.*

Think about these questions:	**Natasha's side of the story …** 	**Matt's side of the story …** 
1 Who is the hero of the story?		
2 Where does he or she live?		
3 Who does he or she live with?		
4 What's he or she interested in?		
5 What does he or she think about the neighbour from across the road?		

*Compare your answers with a partner who has read the **same side**.*

b) *Find a partner who has read the **other side** of the story. Compare your answers to the five questions and take notes about the other side in your table.*

3 Talking about the text

Listen to your partner and take notes about his / her side of the story in the table below.

1 **The characters:** Who is the story about?		
2 **The setting:** Where does the story happen?		
3 **The plot:** Say what happens in the story – in a few sentences.		
4 **The mood:** How do you feel when you read this story? Why?		

a) *Listen to the conversations of your classmates. Give feedback for each dialogue. Fill in ☺ (= good) / 😐 (= OK) / ☹ (= needs more work).*

criteria	**our checklist**	**pair 1**	**pair 2**	**pair 3**	**pair 4**	**pair 5**
You followed all the tips for a good conversation.						
You started off with a good opening phrase.						
You kept the conversation going.						
You chose a good phrase for the ending.						
You kept eye contact.						
You spoke clearly and fluently.						
You tried to speak freely.						
You gave clear and interesting information.						
You listened carefully to your dialogue partner and reacted to what he / she said.						
You sounded friendly.						

b) *What could be improved? Give some tips:*

You could work on …

Next time, you shold try to …

1 LANGUAGE How to talk to your parents ► Unit 2, p. 46

a) ○
Jay I **want** to meet Amy after school.
Mum But it**'s** a school night. How much homework **do** you **have**?
Jay Oh, I **don't have** very much.
Mum Where **does** Amy **live**?
Jay I **don't** know. We **want** to go to the mall. **Can** you pick me up from there?
Mum **Do** you **have** any money?
Jay No, I **don't**. But it**'s** nearly my birthday.
Mum **Are** you serious? You **can't** go. (11 points)

b) ●
1 Meg told me **to choose a good time to ask my parents**.
2 Max told me **to stay calm and not (to) get angry**.
3 Elli had a great idea. She told me **to finish all my homework before I asked**.
4 Tia told me **to tell them that I really wanted to go**.
5 Meg told me **not to ask for money for the tickets**.
6 Max **told me to use my birthday money**. (12 points)

b) ○ / //● , **p. 118**
I asked my parents if I could **(1)** talk to them about the One Direction concert.
I told them I really **wanted (2)** to go.
Dad asked if I **had (3)** any homework. I said that it **was (4)** all finished.
Mum wanted to know how much the tickets **cost (5)**.
I told them that they **were (6)** expensive but I **had (7)** the money from my birthday.
Dad asked what time the concert **ended (8)**. I said ten o'clock.
Dad said it **was (9)** a bit late for a school night. And mum agreed with him. She said she **didn't (10)** want me to be tired at school.
I said it **was (11)** just one night, but I **respected (12)** her opinion. Mum said she really **liked (13)** my attitude. Dad said that I **could (14)** go (14 points)

☺	😐	☹
37–30	29–18	17–0

2 READING Volunteering ► Unit 2, p. 47

a) ○ **1** excellent • **2** crew • **3** life-saving equipment • **4** children with special needs • **5** be disappointed • **6** time management • **7** patient • **8** respect other people (8 points)

b) text **A**: sentence **4** • text **B**: sentence 1 • text **A**: sentence **2** (6 points)

c) **(1)** last month I became the leader of our school first aid crew / The highlight of every lesson is the water polo game we all play together. • **(2)** At school I used to have problems with keeping appointments and being on time. (…) Since I started I've never been late or missed a lesson. • **(3)** The swimming has even helped me to do better in PE. • **(4)** Because a lifeguard has to be an excellent swimmer, I'm in a swimming program. / Also, this volunteer job keeps me fit. • **(5)** I've learned about the different needs of all these children and how to help them to improve their skills. / It makes my fellow students and me happy to help these kids to feel pride, improve their self-respect and have fun.

☺	😐	☹
14–11	10–7	6–0

3 LISTENING Tell your story ► Unit 2, p. 48

a) ○ story **1**: sign **C** • story **2**: sign **D** • story **3**: sign **A** • story **4**: sign **B** • (Distraktor: sign E) (4 points)

b) **1** there were terrible comments about him and his family / everybody seemed to know the website • **2** they never found out who created it • **3** told lies, called her names, turned everyone against her • **4** talk to other people even you are afraid – it helps • **5** people ask his wife why she married a foreigner • **6** wanted her to try drugs / said she was a coward and if she didn't try it, they wouldn't be her friends anymore / said they would tell everyone what a silly little girl she was • **7** disappointed, but also proud of herself for being strong / wonders if they were ever real friends (7 points)

☺	😐	☹
11–9	8–6	5–0

Part 1: Ideas for the future (p. 55, ex. 3b)

Listen to the five teenagers and choose the correct statement (A–E) for each person. Then listen again and take notes on their strengths, weaknesses and plans in the table below. Check with a partner.

	statement	strengths	weaknesses	future plans
Charlotte				
Tom				
Max				
Ruby				
Summer				

Part 2: Your identity card (p. 55, ex. 4a)

a) *Make notes about yourself on this card. If you need help, look at the chart from 3b.*

Three adjectives to describe myself:	My strengths (2–…):
My weaknesses (1–2):	My hopes and plans for the future:

b) *Make appointments with three classmates. Tell each partner about yourself, and listen to what they have to say about themselves. Ask questions and take notes of the answers in the table below.*

time	name	What are your …?		
		strengths	weaknesses	future plans
1 o'clock				
2 o'clock				
3 o'clock				

2 Different jobs – different duties

1 *Read the adverts again and tick the boxes in the chart. If there is more than one job on the website, add the relevant job title.*

2 *Compare your answers with a partner.*

duties:	1 Chandlers UK	2 Elite Stylists	3 LOLA Events Management	4 Jobs in Canada	5 Pet Care Business	6 Pilot
work with your hands						
go to school / college						
work with food						
work with kids						
work outdoors						
work with famous people						
work in a team						
work at night						
work with animals						

skills and qualities:	1 Chandlers UK	2 Elite Stylists	3 LOLA Events Management	4 Jobs in Canada	5 Pet Care Business	6 Pilot
be calm in all situations						
be energetic and reliable						
be polite and helpful						
have a qualification						
be adventurous and fun						
have some experience						
have a feeling for colour						
be enthusiastic						
have good communication skills						

Across →:

1 Your most important qualifications are your *(2 words)* …
5 When it's easy for you to react fast to different situations, you're very …
7 the process of learning in schools or colleges: …
9 place where you can get fuel for your car / motorbike *(2 words):* … …
11 to send sth. with a letter or an email (as an attachment): …
14 you should … the phone when it rings.
15 a person / company who can tell others how you did, e.g. at work experience or at school: …
16 sth. you send with your CV, to give extra information on your job qualifications *(2 words):* …

Down ↓:

1 if you like doing sth. very much, you're … on sth.
2 person who works in a shop and sells things to customers *(2 words):* … …
3 place in a shop where you can try on new clothes *(2 words):* …
4 sb. who has a lot of energy and is very active is …
6 sth. that you have done successfully, especially using your own skills, is an …
8 important and useful to people in a certain situation: …
10 if you are looking for a job, look at the …s in the newspapers or online
12 place in a shop where you pay for what you buy *(2 words):* … …
13 right or appropriate for a particular situation: …

A checklist for cover letters

a) *Use the checklist (tick ✓) to see if your cover letter is OK or what you can do better.*

b) *Then read your partner's cover letter and give feedback in the chart below. Fill in:*
☺ *= very good;* 😐 *OK;* ☹ *= not very good.*

Criteria	My cover letter	________'s cover letter	________'s cover letter	________'s cover letter
You used long forms.				
Your put your address in the top right corner (without your name).				
You started the letter correctly with *'Dear Sir / Madam'*.				
You said where you saw the advertisement and which job you apply for.				
You wrote about relevant experience and gave references.				
You mentioned relevant skills that you have.				
You said why you would be suitable for the job.				
You gave information about your flexibility in working hours.				
You used paragraphs to structure your letter.				
You used good language.				
You used a good sentence to end your letter.				
You finished your letter with *'Yours faithfully'*.				
There are no mistakes in your letter.				
☹ If you found some mistakes, list them here:				

c) *Use your notes from the checklist to give feedback to your partner.*

Fast finishers: Comment on another student's CV.

Read the text in smaller parts and work on these tasks:

A. After parts 1+2: Right, wrong or not in the text?

Correct the wrong statements.

Statement	Right	Wrong	Not in text
1 Her teacher believed Cindy could do well on the job in a hotel.			
2 She had been to Atlantic City with her parents when she was younger.			
3 Cindy took an application form for her older sister.			
4 At home she told her parents that the school offered a program to work in hotels along the coast.			
5 When she filled out the application form, she just turned a number upside down.			
6 The Seashell Motel was a nice little hotel from where you could see the ocean.			
7 At first the man at the front desk thought that Cindy was younger than 19.			

B. After parts 3+4: Tick the right statement.

1 With her hair, clothes and make-up, Cindy looked …

☐ funny. ☐ older. ☐ cheerful. ☐ like a shift worker.

2 Cal was a nice guy who …

☐ went for a walk with Cindy. ☐ had long hair and blue eyes. ☐ gave Cindy some cans of lemonade.

3 Cindy was afraid to get fired when …

☐ Tim played a trick on her. ☐ she gave Munny a wake-up call. ☐ Cal took her to the boardwalk.

4 When Cal tried to kiss Cindy, she pulled back because …

☐ he was too young. ☐ she felt bad that she had lied. ☐ she couldn't find a way out.

C. After parts 5+6: Match the sentence halves.

1 When a hurricane hit Atlantic City, Cindy …
2 Cal thought that going for a walk in a hurricane …
3 Cindy was afraid but she …
4 It was dangerous, but Cindy …
5 Then she told him that she …
6 Cal told her that she …
7 Back at the motel a window had broken and …

a) agreed to come out.
b) was brave to be away from home at 16.
c) water was coming in.
d) was surprised that Cal wanted to go out with her.
e) had lied to him.
f) was a lot of fun.
g) felt safe with Cal.

3 The characters in the story

a) *Make notes about one of the main characters in the story in the table. Use words and phrases from the story – and your own ideas.*

NAME	FROM	AGE	PERSONALITY	APPEARANCE (hair, eyes, ...)	CLOTHES	WHAT HE / SHE DOES / LIKES
Cindy						
Tim						
Cal						

b) *Work with students who picked the other characters. Ask questions to get their information and complete the table.*

c) *Fill in this chart for one character (Cindy, Tim or Cal: Put an X on the lines in the right place. Then talk about your character.*

Character's name: ____________________

	not at all	not very	quite	very	extremely
kind					
brave					
honest					
adventurous					
funny					
hard-working					
reliable					

d) *Write a characterization of Cindy, Tim or Cal. Say what you think they are like and give reasons.*

e) *Then swap your text with other students and compare. (➤ Skills file 6.7, SB-Seite 169)*

Step 1: Look at the advert and think about these questions:

1 What skills are needed? ______________________________

2 Why are you a good candidate? ______________________________

3 Why do you want the job? ______________________________

4 What questions can you ask? ______________________________

Step 2: Perform the interview

Work in groups of at least three. Each member of the group will be interviewed for the job. The others will take turns to be the interviewer(s) or the assessor(s).

The interviewers should talk like this:	**The candidate:** Here are some ideas on how to answer typical interview questions:
Hello, pleased to meet you. My name is ...	Hello, my name is …
– Can you describe yourself? – What are your strengths and weaknesses? – Can you give me an example? – Do you have any work experience? What exactly do you do? – Why do you want the job? – …	– I'm confident, hard-working, friendly, … – I can work carefully / … / I have … I'm good at reacting to criticism / … I like working with people / …, for example … I'm not so good at …, that's why … – I have work experience as … / I don't have much work experience, that's why I'm applying for this job. / …
– Do you have any questions?	– …
Thank you for coming. We'll contact you soon.	– …

The assessors should listen to the interviews and make notes in the table below.

Name:	☺ **very good**	😐 **OK**	☹ **needs work**
How did the candidate present himself / herself?			
handshake			
body language			
eye contact			
smile / atmosphere			
clear speech			
How good were his / her answers?			
Did he / she ask good questions?			

Step 3: Decide who should get the job

The assessors should use their notes to give feedback to the candidates.
The group should decide who performed best in the interview. Then tell the class who got the job and why.

1 REVISION Driving in Ireland ► Unit 3, p. 68

a) 1 Do you have to pass any tests?
2 When does a learner licence end?
3 Are learner drivers allowed to drive on motorways?
4 How fast can a learner driver drive?
5 Can you drive alone?
6 Who is a qualified driver?
(6 points)

b) **Michael's questions**
1 Do you **have good news**?
2 Was **the theory test hard**?
3 Did **you have an accident**?
4 Were you **driving too fast**?
5 Where did **it happen**?
6 Was the lorry driver **talking on his phone**?
7 Was anybody **hurt**?
8 What **did your** driving teacher **do**?
9 When are you **going to take the test again**?
(9 points)

☺	😐	☹
15–13	12–8	7–0

2 Writing a CV ► Unit 3, p. 69

Nele	Address: Stankeweg 3, 22457 Hamburg
Personal statement	I am a reliable and well-organized person. I like talking to people, doing group work and I have lots of friends. I like languages best, but I am also very good at geography, politics and computer science, and I like learning new things.
Key skills	– Strong team member: good communication and computer skills – Friendly and polite: good English
Education	2012 to present: Otto-Hahn-Gesamtschule, Hamburg 2008 to 2012: Grundschule Eickum, Stade
Work experience	three weeks' work experience: in a hotel
Interests and achievements	In my free-time I play volleyball and I like reading. I am very interested in other countries and I often skype with my English friends.
References	Mrs Kurz (class teacher) Mr Rüttgers (manager of Hotel Nordsee) (14 points, 2 per heading)

☺	😐	☹
14–11	10–7	6–0

3 Completing a cover letter ► Unit 3, p. 69

a)

20th March 2016 (1)

Dear **Sir / Madam** (2),
I would like to **apply** (3) for work experience with your company.
I am in my last **year** (4) at Otto-Hahn-Gesamtschule and I will leave school with Fachhochschulreife in June. My favourite **subjects** (5) are English, German and French and I am also **interested** (6) in geography and computer science. I speak good English.
I am (7) a friendly, hardworking and reliable person and I like working with other people. I **do not** (8) mind working **on Saturdays** (9) and in the evenings. Last year I did work experience at a hotel for **three** (10) weeks, where I welcomed people from all over the world. I really enjoyed helping and advising people.
I **enclose** (11) my CV. **I am looking forward to hearing from you.** (12)
Yours **faithfully** (13)
(13 points)

b) Individuelle Lösungen

☺	😐	☹
13–11	10–7	6–0

4 READING Catherine Cook: A teenage millionaire ► Unit 3, p. 70

a) 1 Catherine was still a student when she **set up her business.**
2 She and her brother David went to **Montgomery High School in New Jersey.**
3 They got the idea for a digital way of meeting teens after they **(had) looked at the school's annual yearbook.**
(3 points)

b) 1 true • 2 not in the text • 3 true • 4 false (4 points)

c) **Geoff started a successful company while he was still a student. • His experience was very helpful because he is a successful businessman / entrepreneur.** (2 points)

d) 1 In Catherine's opinion you shouldn't be afraid of **asking for advice.**
2 Catherine says that if you can't find a solution, you should **get a friend to help you out.**
(2 points)

☺	😐	☹
11–9	8–6	5–0

1 What's cool and what's not?

a) *Note down the letters of five images that you like (✓): __, __, __, __, __ and five images that you don't like (✗): __, __, __, __, __.*

b) *Explain your reactions. You can use the words and phrases in the table below for help.*

c) *Which images got the most likes ________ and the most dislikes ________ in the class?*

I like / don't like image A / …	because	girl bands / (The Spice Girls) / boy bands (One direction)	is	beautiful.
		camping / vans		horrible.
		the actor (Daniel Craig / Halle Berry)		great.
		boots		silly.
		graffiti	are	exciting.
		tattoos		boring.
		the film (The Hunger Games)		trendy.
		tablets		old-fashioned.
		piercings		…
Image A / … is (not) cool …		selfies		
		(bell-bottom) trousers		
		cassette players		
		playstations		
		…		

2 LISTENING Teens react

a) *Listen and note down which five images (A–R) the teens are talking about.*

b) *Listen again. Note down if the teens think the things are cool (✓) or not (✗).*

	1		2		3		4		5	
Which picture?										
cool (✓) / uncool (✗)?	✓	✗	✓	✗	✓	✗	✓	✗	✓	✗
Amelia										
Why do they like it?										
Scarlett										
Why?										
Mohammed										
Why?										
Thomas										
Why?										

Step 1: *Collect pictures of things you think people in your class will find cool (films, music groups, styles, gadgets, etc). Together choose the six coolest pictures. Glue them behind the numbers 1–6 in the table below.*
Step 2: *Do a survey in your class. Note down in the table which of your six pictures people think are cool (or not), and why (or why not).*
Step 3: *Analyse your results. Which were the most and least popular pictures? Discuss why you think some pictures were or weren't popular with everybody.*
Step 4: *Present the results of your survey to the class.*

Picture	1		2		3		4		5		6	
cool /uncool?	✓	✗	✓	✗	✓	✗	✓	✗	✓	✗	✓	✗
name												
Why?												
name												
Why?												
name												
Why?												
name												
Why?												
name												
Why?												
name												
Why?												
name												
Why?												
name												
Why?												

Being a screenager / My digital world

1 *Match the following words from the screenager text to the correct English definition.*

word	**definition**
1 account	**a)** a standard / level that is usual or typical of a group of people
2 (be) addicted (to)	**b)** an arrangement with a company to use a service (e.g. Internet, email, …)
3 attraction	**c)** a small machine or piece of electronic equipment that does sth. useful
4 average	**d)** the reasons for and against (doing) sth.
5 digital gadget	**e)** a special quality that makes sth. interesting and worth having or doing
6 tablet	**f)** a mobile phone that works like a small computer
7 message	**g)** a small computer that you can carry with you and use by touching the screen
8 multitask	**h)** doing several things at the same time
9 the pros and cons	**i)** being unable to stop doing sth., e.g. because you enjoy the activity very much
10 screen	**j)** websites or programs that allow people to communicate and share information on the Internet
11 smartphone	**k)** a piece of information that you send to someone or get from someone
12 social media	**l)** the front of a digital gadget on which pictures appear

2 *Write about your digital world.*

As soon as I wake up …

At school … / In the breaks …

When I get home …

While eating breakfast, …

While doing my homework, …

On my way to school …

In the evening …

▼

▲ *fold here*

More help I switch on my phone / laptop / tablet / … • I check my messages / profile / … • I listen to music on my phone … • I text my friends … • I look up information on the net … • I play computer games … • I watch films / videos / … on … • I do stuff for school … • I share news with friends … • I (video-)chat / … • I'm connected to … • I surf the net … • I download films / songs / … • …

Selfies – A written discussion

a) *Which of the pictures on page 79 in your book would you call a selfie? Explain. You can use the ideas below for help:*

I think picture A / B / C is a selfie because the person / people in this picture want/s to show other people where they are / what they're doing / what they look like / that they're cool /…

I would / wouldn't call A / B / C a selfie because the person / people in the picture took (painted) / didn't take it themselves.

I (don't) agree. I wouldn't call C a selfie because it's a painting, not a photo.

b) *Cut out the paragraphs A–D and put them in order. What words or phrases helped you decide?*

A Why do some people hate selfies? Firstly, they say that the people who take them are vain. For example, people often use special apps to improve their photos and make themselves look good. Secondly, critics say that selfies can actually make you feel bad. For example, if you post your selfie on social media and nobody likes it, it can be depressing.

B Selfies are the photos that people take of themselves with their phones or tablets. Today everybody takes selfies – teenagers, adults, celebrities, presidents and astronauts. We post them on social media to show other people what we are like and what we're doing.

C To sum up, I think it's normal to take selfies. I definitely don't hate them. Like lots of famous people, I take them because they're fun!

D On the other hand, maybe the critics are too negative about selfies. Lots of artists have painted self-portraits over the years. They usually wanted to look good, and they definitely wanted people to look at their picture. In other words, selfies are modern-day self-portraits.

c) *Cut out the following sentences and put them in the text where they fit best. Compare ideas.*

So they feel that selfies are a bad idea.	Although the word selfie is new, self-portraits aren't.
In my opinion, the critics can relax.	People started taking them in about 2002 with the first camera phones.

Extra: *Cut out the labels for the parts of a written discussion. Glue them next to the correct paragraphs.*

introduction – describe the general topic	arguments for (or against)
arguments against (or for)	conclusion – give your personal opinion

Extra: *Describe the cartoon. What's the message of the cartoon? Do you agree with?*

Fotolia/rms 164

Structuring a written discussion

Step 1: *Collect ideas and structure them in the table below.*
Step 2: *Make a plan. Look at page 133 in your book for help.*
Step 3: *Write the written discussion.*
Step 4: *Check your text.*

TOPIC: "Tattoos – are they a good idea or not?"	
Introduction – describe the general topic:	
arguments for:	**arguments against:**
conclusion – give your personal opinion:	

More help *Cut out the arguments for and against tattoos below and match them to the correct column in the table above. Add more arguments for and against on the empty labels.*

– My parents don't like the idea.	– You can get an infection.
– Lots of celebrities have them.	– They are artistic.
– They're very trendy.	– You might not like it in a few years' time.
– They are very expensive.	– Maybe it will be difficult to get a job.
– All my friends have them.	– Employers might not like it.
– Once you have one, it's hard to get rid of it.	– They are individual.

Shutterstock/motuwe

a) *Look at the checklist and find out if your written discussion is OK or what you can do better.*
b) *Then look at the written discussions of your classmates and complete the checklist for them. (Tick ✓ 'yes ☺' or 'no ☹'.)*

	My text:		**Partner 1:**		**Partner 2:**		**Partner 3:**	
Check if …	**Yes ☺**	**No ☹**	**Yes ☺**	**No ☹**	**Yes ☺**	**No ☹**	**Yes ☺**	**No ☹**
– you understand what the writer wants to say								
– the text is well-structured (has four paragraphs)								
– there is a good introduction								
– there are at least 2 or 3 arguments for								
– there are at least 2 or 3 arguments against								
– the writer gives reasons and examples for each argument								
– there is a logical conclusion								
– the writer used at least five of the following phrases (tick ✓ the phrases below):								
Lots of people think …								
You often hear people say that …, so the question is: should … or not?								
Firstly …, Secondly …								
Another argument for / against is …								
For example, …								
People think that because …								
However, lots of people feel …								
On the one hand …								
On the other hand (we shouldn't forget) …								
To sum up, (I think / I would say) …								
After looking at all the arguments I think / I come to the conclusion that …								
What did you like best?								
What advice would you like to give?								

Reading club – Role cards

Step 1: *Make groups of four or five.*
Step 2: *Divide the text in five parts.*
Tip: *If the text is already structured into parts, scenes, chapters, … you can use these.*
Step 3: *Cut out the role cards. Each of you takes one of the role cards and reads it.*
Step 4: *Read the first part of the text. Remember the tasks on your role card and take notes.*
Step 5: *Talk about the first part in your group. You can look at your role card and your notes for help. The clarifier starts, the others follow from B–D (E / F).*
Step 6: *Swap roles clockwise and go on with the next parts.*

A The clarifier

Your tasks:

Read your part carefully.

Mark difficult or new words and phrases.

Try to guess what they mean. Check with a dictionary if necessary.

Present your ideas to your partners.

B The summarizer

WHO	WHAT
is the text about?	
WHAT happens	WHAT are the main points or arguments
in the text?	
WHERE / WHEN / WHY does it happen?	WHERE / WHEN / WHY is it important?

Your tasks:

Read your part carefully.

Look at the pictures.

Answer the *wh*-questions of the herringbone.

Tell your partners about your part.

C The questioner

Your tasks:

Read your part carefully.

Write down two or three questions or true / false statements.

Ask your partners.

Check their answers.

D The predictor

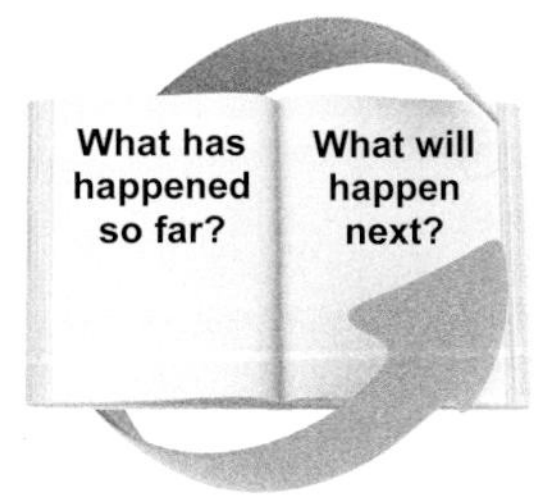

Your tasks:

Read the part carefully.

What will happen next? Guess – or can you find any clues in the part before or in the next part?

Discuss your ideas with your partners.

Tip: *If there are more than four people in your group, they can choose one of the following tasks:*

E The describer

Your tasks:

Have a look at the pictures on the page/s and describe them.

Who or what can you see?

What are the people doing?

Present your ideas to your partners.

F The illustrator

Your tasks:

Read the part carefully.

Decide what are the most important characters, topics, events, …

Paint a picture to illustrate what the part is about.

Shutterstock (marker: VikaSuh; speech bubbles: Kateryna A.; book and arrow © cherezoff; beach: Matthew Cole; artist: Barry Barnes)

a) *RAFT is a creative writing method that helps you to look at a topic from different perspectives and to write for different audiences. Make notes for task 5 (p. 87) in line (1) of the table below. Then write your email to the author.*
b) *Choose one of the other topics from lines (2) – (4), make notes in the right column of the table and use them to write your text.*

Tip: While writing, think of the following questions:
– **R**ole of the writer: Who or what are you as the writer?
– **A**udience: To whom are you writing?
– **F**ormat: In what format are you writing?
– **T**opic: What are you writing about (subject)? Why?

	Role	**Audience**	**Format**	**Topic**	**My notes:**
(1)	you	the author of *Gamer*, Chris Bradford	an email	Say what you think of … – the story and why you think that – the main characters and why – the setting and why – the mood of the story and how it makes you feel – gaming and why it can be bad	
(2)	Tommy	his sister Tammy	a story	Tell your sister … – where and when you met Scott again – why you gave up your seat – what happened after the game started	
(3)	Juice	Shark	a text message	– Inform Shark about what happened in the backstreet (ll. 48-88) – Say how you feel about the fight. – Ask him to do something about Scott.	
(5)	a policeman	other policeman	a report	You watched Shark's attack and Scott's escape. – Describe what you saw. Use the simple past. – Answer the five wh-questions. – You can start like this: *Today I watched a fight in a narrow lane in the city. A boy with a leather jacket ...*	
(5)	a journalist	readers of a magazine	a review	Write about the book: *plot, characters, mood, setting, ...* – Say why you would(n't) recommend it.	

1 WORDS Media buddies ► Unit 4, p. 90

1 B (affect – influence) • **2** C (risks – dangers) • **3** C (certificate – paper) • **4** A (training – education) • **5** B (advice – tips) • **6** A (reasons – arguments) • **7** C (criminal – illegal) • **8** B (avoid – stay away from)

☺	😐	☹
8–7	6–4	3–0

2 LANGUAGE If I had known ► Unit 4, p. 90

a) **1** D • **2** B • **3** A • **4** C (4 points)

b)

1 If you **had told** your parents about the cyberbullying at once, they **would have done** something very quickly.
2 If you **had sent** me a screenshot, I **would have seen** the problem at once.
3 I **would have shown** you a more interesting computer game, if I **had known what you like best.**
4 Your PC **wouldn't have crashed**, if you **had installed** an antivirus programme.

(11 points)

☺	😐	☹
15–13	12–8	7–0

3 READING Reviews ► Unit 4, p. 91

a)

	Finn	Owen	Tess	Jamie	Aliyah
a book				✗	
a film			✗		
a game	✗	✗			✗

(5 points)

b) **1** C (Top Eleven) • **2** D (Tap tap revenge) • **3** E (The lost boys) • **4** B (The absolutely true diary of a part-time Indian) • **5** F (Temple run) • (Distraktoren: A, G) (5 points)

☺	😐	☹
10–8	7–5	4–0

4 LISTENING I can't live without my … ► Unit 4, p. 91

a) *Blake: smartphone • Michelle: laptop • Jacob: TV • Dana: tablet* (4 points)

b) *contact friends, write text messages, call friends, listen to music, make a playlist, watch videos, take photos, share photos with friends, check messages, check the time* (max. 6 points)

c) **1** *... it doesn't cost extra money.* • **2** *... the big screen.* • **3** *... ice-hockey twice a week and he has a part-time job at a mountain equipment store.* • **4** *... uses her smartphone.* (4 points)

d) **C** *teenagers' favourite digital gadgets* (1 point)

☺	😐	☹
15–13	12–8	7–0

A film review

a) *Read the review of a film about the famous British street artist, Bansky, on p. 95 in your book. Does it make you want to watch the film? Why (not)?* ______________________________

More practice *Answer the questions about the film 'Exit through the gift shop' in the table below.*

b) *Plan and write a review about a film that you've seen recently. Before you write your review, make notes about the film in the table. Present your review to a partner. Then listen to your partner's review and take notes in the table. Did your partner answer all the questions?*

Think about these questions:	**Film review: 'Exit through the gift shop'**	**My film review:** ____________	**My partner's film review:** ____________
– What kind of film is it?			
– Where was it made?			
– Who made it?			
– Who is in it?			
– What / Who is it about?			
– What aspects of the film are especially important (story, acting, music, setting, costumes, special effects)?			
– Does the film have a message? What is the message?			
– Did you / the reviewer enjoy the film? Why (not)?			
– Would you / the reviewer recommend it? Why (not)?			

a) *Pre-reading: Look at the pictures and the headline. What might the story be about?*

b) *While-reading: Read the text and do the tasks.*

	Questions	Answers
Saturday 4 pm	**a)** How do Danny and his friends spend their afternoons?	
	b) Explain from Danny's point of view why they do what they do.	
Saturday 5.30 pm	**c)** What does Danny criticize about Kyle?	
	d) Describe who Mark Duggan is and what happened to him.	
	e) Explain why the people are protesting.	
Saturday 8.20 pm	**f)** Why does Danny stay longer at the demo?	
	g) Describe what happens after the police beat a protester.	
	h) Compare Danny's reaction and his friends' reactions to the violence.	

c) *Compare and check your results with a partner.*

Step 1 *Read the blog entries and note down important information in the table below.*

name of the blogger								
from								
favourite song								
singer / band								
further information								
Do you like the blog (Tick ✓ Yes or No.)	Yes ☺	No ☹	Yes ☺	No ☹	Yes ☺	No ☹	Yes ☺	No ☹

Step 2 Your kind of music – or not?

a) *Go online and listen to the songs the blog is about. Which song do you like best? Which song do you like least? Why? Write your answers in the first column of the questionnaire below.*

b) *Work alone. If you had to choose your own favourite song, what would it be and what role does music play in your life? Make notes in the table.*

c) **Walk around:** *Talk to different people about their own favourite song. Ask them to explain their choice and what role music plays in their life. Take notes in the table below.*

question:	**Me:** ______	**student 1:** ______	**student 2:** ______	**student 3:** ______
Which song from the blogs do you like best? Why?				
Which song from the blogs do you like least? Why?				
If you had to choose your own favourite song, what would it be? Why?				
How important is music to you? Why?				
What other kinds of music do you listen to?				
Where and when do you listen to music?				
Who do you listen to music with?				

d) *Report the results to the class. What are the most popular songs in your class and what role does music play in the life of your classmates?*
I talked to … I found out … People listen to …

1 READING – Signs

a) *Where can you see these signs? Tick (✓) A, B or C.*

Number	A	B	C
1			
2			
3			

b) *What information do these signs give? Tick (✓) A, B, C or D.*

Number	A	B	C	D
1				
2				
3				

2 LISTENING – A strange story

Listen twice to the story about a boy and a kangaroo. Are the sentences true or false? Tick (✓) the correct option in the table below.

Number	true	false	More challenge *Correct the false statements.*
1			
2			
3			
4			
5			

3 LANGUAGE Sam, the koala

Complete the text with the best words from the table on the right.

Firefighter gives koala a drink

Sam, a two-year-old koala, became an internet star after a forest fire in Victoria, Australia. Volunteer firefighter David Tree ___________ (1) her and ___________ (2) her some water from a bottle. Another firefighter filmed her with Tree, and the film ___________ (3) by thousands of Australians on the internet. Koalas are often hurt in fires ___________ (4) they usually spend all ___________ (5) time up in trees and they move slowly on the ground. The fires spread so quickly that the koalas can't move ___________ (6) enough to escape.

1	found	finds	find
2	gave	give	will give
3	was seen	is seen	saw
4	but	because	so
5	his	her	their
6	fast	slow	slowly

4 WRITING An email to a host family

Read the website on page 157 and write to the Australian host family (60-80 words).

To: ______________________________

Subject: ______________________________

1 READING – Signs

a) *Where can you see these signs? Tick (✓) A, B or C.*

Number	A	B	C
1			✓
2		✓	
3		✓	

b) *What information do these signs give? Tick (✓) A, B, C or D.*

Number	A	B	C	D
1				✓
2			✓	
3				✓

2 LISTENING – A strange story

Listen twice to the story about a boy and a kangaroo. Are the sentences true or false? Tick (✓) the correct option in the table below.

Number	true	false	More challenge *Correct the false statements.*
1	✓		
2		✓	There were no crocodiles, but it was cold.
3	✓		
4	✓		
5		✓	The parents believed him but not everybody was sure.

3 LANGUAGE Sam, the koala

Complete the text with the best words from the table on the right.

Firefighter gives koala a drink

Sam, a two-year-old koala, became an internet star after a forest fire in Victoria, Australia. Volunteer firefighter David Tree found (1) her and gave (2) her some water from a bottle. Another firefighter filmed her with Tree, and the film was seen (3) by thousands of Australians on the internet. Koalas are often hurt in fires because (4) they usually spend all their (5) time up in trees and they move slowly on the ground. The fires spread so quickly that the koalas can't move fast (6) enough to escape.

1	found ✓	finds	find
2	gave ✓	give	will give
3	was seen ✓	is seen	saw
4	but	because ✓	so
5	his	her	their ✓
6	fast ✓	slow	slowly

4 WRITING An email to a host family

Read the website on page 157 and write to the Australian host family (60-80 words).

To: The Hanson family
Subject: Looking for host family in Australia – Ad on your website

Dear Mr and Mrs Hanson,
My name is … and I'm a 15-year-old boy / girl from Germany. I like spending time with my friends, going to the cinema, walking my dog, travelling and meeting new people.
I would like to come to Australia because I want to improve my English. I would like to see the famous Harbour Bridge and the Opera House in Sydney and go on a trip into the Outback.
Just a few more questions about your family:
– Where exactly do you live? / Is it far from the beach?
– How old are your children?
– Will I have a room of my own?
– Do you have any pets?
Yours sincerely …

1 SPEAKING Tourist talk

a) *Talk to a partner about these questions. Make notes in the table to structure your ideas:*

1 What's happening in this picture?	
2 What do you think the people are saying?	
3 Talk about a holiday that you've had.	
4 Describe your dream holiday.	

2 MEDIATION Say it in English

a)

Clerk	Can I help you?	You	
Clerk	That's £4.80, please.	You	
Clerk	It's about 50 minutes.	You	
Clerk	Follow the signs to the Piccadilly Line.	You	

b)

You		Man	Yes, of course. I'll move my bag.
You		Man	You're welcome.

3 READING – 16 – too young to love?

a) / b) *Read the following opinions about teen love. Then tick the right boxes: A, B or C.*

	A		B		C	
free (line 5)	frei		kostenlos		freilassen	
steady (l. 7)	ruhig		sicher		fest	
acting (l. 14)	sich verhalten		spielen		so tun als ob	

c) *Fill in the German meaning of these words as used in the text.*

fall in love (l. 19)	
mean (l. 28)	
click (l. 35)	
mad (l. 37)	

d) *Who says what? Fill in at least one name for each question.*

Who is in love now?	
Who thinks that falling in love is silly when you're 16?	
Who says that teens are influenced by television?	
Who isn't a teenager?	

4 WRITING Someone you respect

Who do you respect a lot? Make notes in the table. Then write about him / her (60 – 80 words).

– Who is it? Why is he / she special?	
– What is he / she like?	
– Have you ever met him / her?	
– Would you like to meet him / her?	
– What would you say to him / her?	

1 SPEAKING Tourist talk

a) *Talk to a partner about these questions. Make notes in the table to structure your ideas:*

1 What's happening in this picture?	- foreground: four teenagers sitting by the sea, girl (right) = playing guitar, boy + girl (middle) = looking / smiling at each other, ... - background: Manhattan skyline, sun going down, bridge, ...
2 What do you think the people are saying?	- What a lovely evening out here. - I really love spending time with you. (...)
3 Talk about a holiday that you've had.	I spent my last holiday in the mountains / on the beach / ... in Italy / Turkey / ... I went there with ...
4 Describe your dream holiday.	- I would like to go to ... and ...

2 MEDIATION Say it in English

a)

Clerk	Can I help you?	You	Excuse me, please. I'd like to buy a ticket to Covent Garden, please. How much is it? / Can you tell me how much it costs?
Clerk	That's £4.80, please.	You	Thanks, here you are. Could you please tell me how long the trip on the underground takes?
Clerk	It's about 50 minutes.	You	One more question, please. Which platform does the train leave from?
Clerk	Follow the signs to the Piccadilly Line.	You	Thank you very much.

b)

You	Excuse me, please. Is this seat free?	Man	Yes, of course. I'll move my bag.
You	Thank you very much.	Man	You're welcome.

3 READING – 16 – too young to love?

a) / b) *Read the following opinions about teen love. Then tick the right boxes: A, B or C.*

	A		B		C	
free (line 5)	frei	✓	kostenlos		freilassen	
steady (l. 7)	ruhig		sicher		fest	✓
acting (l. 14)	sich verhalten		spielen		so tun als ob	✓

c) *Fill in the German meaning of these words as used in the text.*

fall in love (l. 19)	sich verlieben
mean (l. 28)	bedeuten
click (l. 35)	sich (mit jmdm.) auf Anhieb verstehen
mad (l. 37)	verrückt nach

d) *Who says what? Fill in at least one name for each question.*

Who is in love now?	Dwight, Sofia
Who thinks that falling in love is silly when you're 16?	Mandy
Who says that teens are influenced by television?	Charlie, Anna
Who isn't a teenager?	Anna

4 WRITING Someone you respect

Who do you respect a lot? Make notes in the table. Then write about him / her (60 – 80 words).

Individuelle Lösungen.

1 READING – My first real job

a)/b) *Read the text. Match the headings (A–F) with the paragraphs (1–5). Fill in the correct letter.*

Number	1	2	3	4	5
Letter					

c) *Complete the notes with three details per box.*

The advantages of the job	What some customers do	What the writer learned

d) *Complete the sentences 1–5 with words from the text.*

1	
2	
3	
4	
5	

2 MEDIATION

Read the job advert. Write down what you have to do and what skills you need – in German.

What you have to do (= Aufgaben):	What skills you need (= Notwendige Fähigkeiten):

3 LISTENING – Looking for work experience

a) *Mark A, B or C.*

Number	A	B	C
1			
2			
3			
4			
5			

b) *Complete the table.*

	Where they worked	Duties (at least 2)	Hours	What it was like
Sanjay				
Asha				

1 READING – My first real job

a)/b) *Read the text. Match the headings (A–F) with the paragraphs (1–5). Fill in the correct letter.*

Number	1	2	3	4	5
Letter	C	A	F	B	D

c) *Complete the notes with three details per box.*

The advantages of the job	What some customers do	What the writer learned
- learn how to be responsible - meet all kinds of people - earn your own money so you can just go and buy something you want.	- try to make employees look stupid - blame employees for a mistake they made - try to short-change you for some money	- start at the bottom and work your way up because you need to know all the jobs more patience - can control emotions / have more patience - get along with all different kinds of people

d) *Complete the sentences 1–5 with words from the text.*

1	fast food place.
2	a job interview.
3	she didn't have to ask her mom for money (when she needed something).
4	pressure.
5	have her own business some day.

2 MEDIATION

Read the job advert. Write down what you have to do and what skills you need – in German.

What you have to do (= Aufgaben):	What skills you need (= Notwendige Fähigkeiten):
- Essen zubereiten (und kochen), - Kunden bedienen, - an der Kasse arbeiten, - das Restaurant sicher und sauber halten	- fleißig, freundlich, - begeisterungsfähig; - kunden- und serviceorientiert - schnelles / rasches Arbeiten; - teamfähig / sollte im Team arbeiten können

3 LISTENING – Looking for work experience

a) *Mark A, B or C.*

Number	A	B	C
1			✓
2		✓	
3		✓	
4		✓	
5		✓	

b) Complete the table.

	Where they worked	Duties (at least 2)	Hours	What it was like
Sanjay	Right Price supermarket	- filled shelves in the mornings - washed the floors - checked the fruit and vegetables + dates on food - packed bags for people - helped customers to put things in cars	9 am to 4 pm, Monday to Saturday	learned a lot
Asha	in a hospital	- worked at the reception desk - sometimes had to answer the phone - mostly just made coffee + sat there and watched	9 am to 5 pm, Monday to Friday	boring